이 책의
머리말

해야 할 일도 많고 공부할 것도 많은 우리 친구들!
모든 교과목을 따로 따로 공부하기에는 시간이 부족하지 않나요?

초코 전과목 단원평가는 바쁜 우리 친구들을 위해
단 한 권으로 교과 평가를 대비할 수 있게 하였습니다.

개념을 스스로 채워가며 빠르게 정리하고,
실전 문제를 풀면서 학교 시험에 완벽하게 대비할 수 있어요.

초코 전과목 단원평가가 우리 친구들의 학습 부담을
조금이라도 덜어줄 수 있는 소중한 친구가 되었으면 합니다.

그럼, 지금부터 초코 전과목 단원평가를 학습해 볼까요?

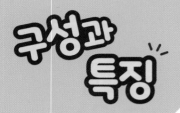

구성과 특징

"빠르고 정확한 전과목 초등 코어 학습으로

단원평가 100점!"

핵심 개념

○ 과목별 핵심 개념을 스스로 채워가며 기본 실력을 다져요.

○ 핵심 개념을 대표 지문과 자료에 적용하며 응용 실력을 키워요.

> QR코드를 스캔하면 핵심 개념을 한눈에 모아 보면서 정리할 수 있어요.

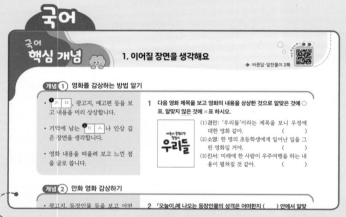

핵심 개념을 익히고, 시험에 자주 나오는 대표 지문과 문제를 한 번에 학습합니다.

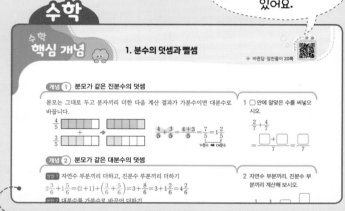

핵심 개념을 익히고, 확인 문제를 통해 익힌 개념을 다시 한 번 학습합니다.

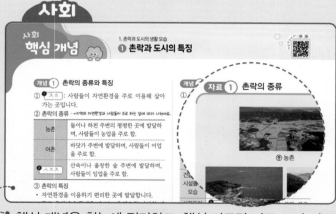

핵심 개념을 한눈에 정리하고, 핵심 자료만 따로 모아 자료 해석 능력을 키웁니다.

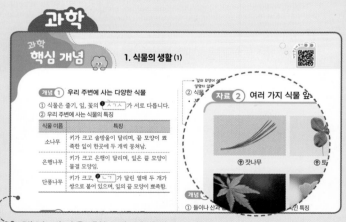

핵심 개념을 한눈에 정리하고, 탐구 자료만 따로 모아 개념과 탐구를 한 번에 학습합니다.

초

전과목
단원평가

국어·수학·사회·과학

4·2

초등 교과 학습의 달성도를 측정하는
단원평가

어떤 학교, 어떤 교과서라도
초코 전과목 단원평가 한 권이면 충분합니다!

WRITERS

미래엔콘텐츠연구회
No.1 Content를 개발하는 교육 콘텐츠 연구회

COPYRIGHT

인쇄일 2024년 6월 17일(1판1쇄)
발행일 2024년 6월 17일

펴낸이 신광수
펴낸곳 (주)미래엔
등록번호 제16–67호

융합콘텐츠개발실장 황은주
개발책임 정은주 **개발** 김지민, 송승아, 마성희, 윤민영, 한솔, 이신성,
백경민, 김현경, 김라영, 박새연, 김수진, 양은선

디자인실장 손현지
디자인책임 김기욱 **디자인** 윤지혜

CS본부장 강윤구
제작책임 강승훈

ISBN 979-11-6841-829-5

단원평가

- 기본/실전 단원평가로 구분한 단계별 학습으로 실전을 대비해요.
- 교과서 통합 문제를 제공하여 모든 교과서의 단원평가를 대비해요.

기본

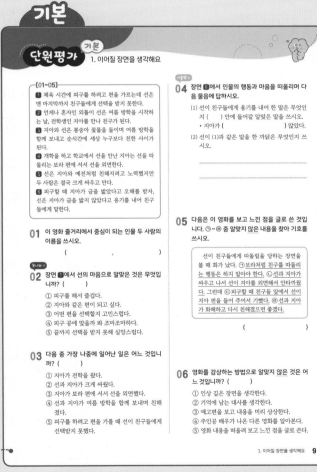

실전

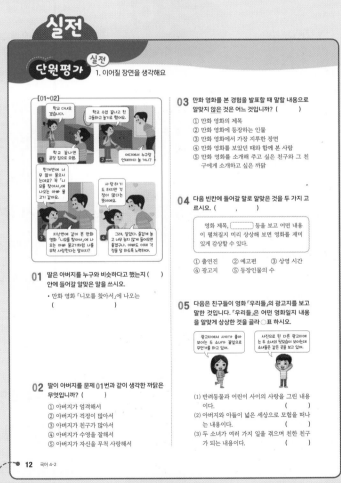

개념 확인 문제부터 단계별 서술형 문제, 출제율 높은 대표 유형 문제를 모두 모아 풀면서 차근차근 학교 시험에 대비합니다.

한 단계 높아진 난이도의 문제와 실전 서술형 문제, 최신 경향 문제까지 다양한 문제를 풀면서 학교 시험에 완벽하게 대비합니다.

이 책의 차례

학습을 시작하기 전에 숨은 그림을 찾아보세요.

숨은그림

콩	젓가락	김밥	버스	멸치	당나귀	여의주

국어

1. 이어질 장면을 생각해요

➡ 바른답·알찬풀이 2쪽

개념 1 영화를 감상하는 방법 알기

- ❶ ㅈ ㅁ , 광고지, 예고편 등을 보고 내용을 미리 상상합니다.

- 기억에 남는 ❷ ㄷ ㅅ 나 인상 깊은 장면을 생각합니다.

- 영화 내용을 떠올려 보고 느낀 점을 글로 씁니다.

1 다음 영화 제목을 보고 영화의 내용을 상상한 것으로 알맞은 것에 ○표, 알맞지 <u>않은</u> 것에 ×표 하시오.

마음이 통했으면 좋겠어
우리들

(1) 경민: '우리들'이라는 제목을 보니 우정에 대한 영화 같아. ( )
(2) 소영: 한 명의 초등학생에게 일어난 일을 그린 영화일 거야. ( )
(3) 진서: 미래에 한 사람이 우주여행을 하는 내용이 펼쳐질 것 같아. ( )

개념 2 만화 영화 감상하기

- 광고지, 등장인물 등을 보고 어떤 내용이 펼쳐질지 상상합니다.

- 일이 일어난 ❸ ㅊ ㄹ 를 생각하며 만화 영화의 내용을 정리합니다.

- 등장인물이 한 말이나 행동을 보고 인물의 ❹ ㅅ ㄱ 을 짐작합니다.

- 인상 깊은 장면에 대해 생각해 보고, 감상 평을 써 봅니다.

2 「오늘이」에 나오는 등장인물의 성격은 어떠한지 ( ) 안에서 알맞은 말을 찾아 ○표 하시오.

> 오늘이는 원천강으로 돌아가는 길에 행복을 찾겠다며 열심히 책을 읽는 매일이를 만난다.
> 매일이는 원천강으로 가는 길을 책에서 찾아 오늘이에게 알려 준다.

- 매일이는 열심히 책을 읽은 것으로 보아 (게으르고 , 성실하고), 오늘이에게 원천강으로 가는 길을 알려 주는 것으로 보아 (친절하다 , 무뚝뚝하다).

개념 3 만화 영화를 감상하고 사건을 생각하며 이어질 내용 쓰기

- 등장인물의 고민을 살펴보고, 인물이 고민을 ❺ ㅎ ㄱ 하는 과정을 알아봅니다.

- 등장인물의 고민과 관련지어 이어질 이야기를 상상해 봅니다.

- ❻ ㅈ ㅅ 인물, 일어나는 일, 그 일의 해결 과정을 상상하여 앞 내용과 잘 어울리도록 이어 씁니다.

3 「오늘이」 뒤에 이어질 이야기를 계획할 때, 다음 질문에 어울리는 답을 보기 에서 찾아 기호를 쓰시오.

보기

> ㉮ 오늘이
> ㉯ 오늘이의 친구인 매일이의 병을 고치려고 치료법 책을 찾아야 하는 일이 생긴다.
> ㉰ 오늘이는 매일이의 병을 고칠 치료법 책을 친구들과 같이 원천강에서 찾아 매일이를 살린다.

(1) 중심인물을 누구로 하고 싶나요? ( )
(2) 중심인물에게 어떤 일이 생기나요? ( )
(3) 중심인물은 그 일을 어떻게 해결하나요? ( )

[01~05]

❶ 체육 시간에 피구를 하려고 편을 가르는데 선은 맨 마지막까지 친구들에게 선택을 받지 못한다.

❷ 언제나 혼자인 외톨이 선은 여름 방학을 시작하는 날, 전학생인 지아를 만나 친구가 된다.

❸ 지아와 선은 봉숭아 꽃물을 들이며 여름 방학을 함께 보내고 순식간에 세상 누구보다 친한 사이가 된다.

❹ 개학을 하고 학교에서 선을 만난 지아는 선을 따돌리는 보라 편에 서서 선을 외면한다.

❺ 선은 지아와 예전처럼 친해지려고 노력했지만 두 사람은 결국 크게 싸우고 만다.

❻ 피구할 때 지아가 금을 밟았다고 오해를 받자, 선은 지아가 금을 밟지 않았다고 용기를 내어 친구들에게 말한다.

01 이 영화 줄거리에서 중심이 되는 인물 두 사람의 이름을 쓰시오.

(,)

꼭나와 ㉧

02 장면 ❶에서 선의 마음으로 알맞은 것은 무엇입니까? ( )

① 피구를 해서 즐겁다.
② 지아와 같은 편이 되고 싶다.
③ 어떤 편을 선택할지 고민스럽다.
④ 피구 공에 맞을까 봐 조마조마하다.
⑤ 끝까지 선택을 받지 못해 실망스럽다.

03 다음 중 가장 나중에 일어난 일은 어느 것입니까? ( )

① 지아가 전학을 왔다.
② 선과 지아가 크게 싸웠다.
③ 지아가 보라 편에 서서 선을 외면했다.
④ 선과 지아가 여름 방학을 함께 보내며 친해졌다.
⑤ 피구를 하려고 편을 가를 때 선이 친구들에게 선택받지 못했다.

서술형 ㉧

04 장면 ❻에서 인물의 행동과 마음을 떠올리며 다음 물음에 답하시오.

(1) 선이 친구들에게 용기를 내어 한 말은 무엇인지 ( ) 안에 들어갈 알맞은 말을 쓰시오.
• 지아가 ( ) 않았다.

(2) 선이 (1)과 같은 말을 한 까닭은 무엇인지 쓰시오.

_____

_____

05 다음은 이 영화를 보고 느낀 점을 글로 쓴 것입니다. ㉠~㉣ 중 알맞지 않은 내용을 찾아 기호를 쓰시오.

선이 친구들에게 따돌림을 당하는 장면을 볼 때 화가 났다. ㉠보라처럼 친구를 따돌리는 행동은 하지 말아야 한다. ㉡선과 지아가 싸우고 나서 선이 지아를 외면해서 안타까웠다. 그런데 ㉢피구할 때 친구들 앞에서 선이 지아 편을 들어 주어서 기뻤다. ㉣선과 지아가 화해하고 다시 친해졌으면 좋겠다.

( )

06 영화를 감상하는 방법으로 알맞지 않은 것은 어느 것입니까? ( )

① 인상 깊은 장면을 생각한다.
② 기억에 남는 대사를 생각한다.
③ 예고편을 보고 내용을 미리 상상한다.
④ 주인공 배우가 나온 다른 영화를 알아본다.
⑤ 영화 내용을 떠올려 보고 느낀 점을 글로 쓴다.

국 어

[07~10]

1 오늘이, 야아, 여의주가 원천강에서 행복하게 산다.

2 수상한 뱃사람들이 야아 몰래 오늘이를 데려가다가 화살로 야아를 쏜 뒤에 원천강이 얼어붙는다.

3 오늘이는 원천강으로 돌아가는 길에 행복을 찾겠다며 책만 읽는 매일이를 만난다.

4 오늘이는 사막에서 비와 구름을 벗어나고 싶어 하는 구름이를 만난다.

5 오늘이는 여의주를 많이 가지고도 용이 되지 못한 이무기를 만난다.

6 이무기는 여의주를 버리고 갈라진 얼음 사이로 떨어지는 오늘이를 구해 마침내 용이 되고, 용이 불을 뿜어 원천강이 빛을 되찾는다.

07 오늘이에 대해 알맞게 말한 것을 두 가지 고르시오. (,   )

① 야아와 여행을 다니고 있다.

② 원천강으로 돌아가려고 한다.

③ 비와 구름을 벗어나고 싶어 한다.

④ 얼어붙은 원천강에서 길을 잃었다.

⑤ 수상한 뱃사람들이 먼 곳으로 데려갔다.

08 매일이가 책을 많이 읽은 까닭은 무엇인지 (   ) 안에 들어갈 알맞은 말을 쓰시오.

• (   )을/를 찾기 위해서

꼭나와 ☺

09 다음 친구는 어떤 등장인물의 성격을 짐작하여 말하였습니까? (   )

> 많은 여의주를 가진 것으로 보아 욕심이 많지만 나중에 여의주를 버리고 오늘이를 구했기 때문에 마음씨가 착하다는 것을 알 수 있어.

① 야아   ② 매일이   ③ 구름이

④ 이무기   ⑤ 뱃사람

서술형 ☺

10 장면 1~6에서 등장인물의 행동 중에 본받고 싶은 행동을 떠올리며 다음 물음에 답하시오.

(1) 오늘이가 원천강으로 돌아가는 길에 만난 인물을 모두 쓰시오.

(   )

(2) 등장인물 중 본받고 싶은 인물과 그 까닭을 쓰시오.

_____

_____

_____

[11~13]

등장인물	고민	해결
오늘이	원천강으로 가야 하는데 가는 길을 모른다.	매일이, 연꽃나무, 구름이, 이무기를 만나 원천강으로 가게 된다.
연꽃나무	꽃봉오리를 많이 가지고 있는데, 이상하게도 하나만 꽃이 핀 까닭을 알고 싶다.	연꽃이 꺾어지자마자 송이송이 다른 꽃들이 피기 시작했다.
이무기	여의주를 많이 가졌는데도 용이 되지 못한 까닭을 모른다.	위험에 빠진 오늘이를 구하려고 품고 있던 여의주를 모두 버려 마침내 용이 되었다.
매일이	행복이 무엇인지 알고 싶다.	책에서 벗어나 구름이와 행복한 시간을 보낸다.

11 등장인물과 인물의 고민을 알맞게 짝 지은 것을 보기에서 찾아 기호를 쓰시오.

> **보기**
>
> ㉮ 오늘이 - 행복이 무엇인지 알고 싶음.
> ㉯ 이무기 - 원천강으로 가는 길을 모름.
> ㉰ 연꽃나무 - 많은 꽃봉오리 중에서 하나만 꽃이 핀 까닭을 알고 싶음.

( )

12 매일이의 고민이 해결된 방법으로 알맞은 것을 찾아 ○표 하시오.

(1) 오늘이가 행복해지는 방법을 알려 준다.
( )

(2) 책에서 벗어나 구름이와 행복한 시간을 보낸다.
( )

(3) 위험에 빠진 오늘이를 구하고 행복의 의미를 깨닫는다.
( )

13 친구들이 이 만화 영화에 이어질 내용을 상상하며 이야기를 나누었습니다. 잘못 말한 친구의 이름을 쓰시오.

- 설영: 나는 오늘이를 중심인물로 하고 싶어. 오늘이에게 매일이가 아파서 치료법 책을 찾아야 하는 일이 생긴다고 할 거야.
- 민철: 오늘이가 그 일을 어떻게 해결하는지 이야기를 꾸밀 때 앞의 내용과 자연스럽게 어울리도록 해야 해.
- 지수: 그러지 말고 등장인물을 모두 바꿔. 새로운 인물로만 이어질 내용을 꾸미면 더 재미있을 거야.

( )

14 다음에서 태윤이가 쓴 내용으로 역할극을 할 때 친구들이 연기할 장면으로 알맞은 것을 두 가지 고르시오. (,)

> 나는 태윤이가 쓴 내용으로 역할극을 했으면 좋겠어. 야아가 시름시름 앓다가 죽자 오늘이는 깊은 슬픔에 빠졌지. 오늘이에게 웃음을 찾아 주고자 용이 된 이무기가 오늘이를 등에 태우고 여행을 떠난다는 내용이 마음에 들어.

① 오늘이가 잠자는 장면
② 야아가 시름시름 앓는 장면
③ 용이 된 이무기가 죽는 장면
④ 야아와 오늘이가 즐겁게 여행하는 장면
⑤ 용이 된 이무기가 오늘이를 등에 태우는 장면

15 만화 영화에 이어질 내용으로 역할극을 만드는 방법을 알맞게 말하지 <u>못한</u> 친구의 이름을 쓰시오.

역할을 정하고, 연기에 필요한 소품을 만들어. 하연

대본을 쓰고 정해진 대사를 외워. 재혁

적절한 표정, 몸짓, 말투로 연기를 해. 성규

즉흥적으로 내용에 어울리는 대사를 만들어. 슬기

( )

[01~02]

01 딸은 아버지를 누구와 비슷하다고 했는지 (   ) 안에 들어갈 알맞은 말을 쓰시오.

• 만화 영화 「니모를 찾아서」에 나오는
  (   )

02 딸이 아버지를 문제 **01**번과 같이 생각한 까닭은 무엇입니까? (   )

① 아버지가 엄격해서
② 아버지가 걱정이 많아서
③ 아버지가 친구가 많아서
④ 아버지가 수영을 잘해서
⑤ 아버지가 자신을 무척 사랑해서

03 만화 영화를 본 경험을 발표할 때 말할 내용으로 알맞지 **않은** 것은 어느 것입니까? (   )

① 만화 영화의 제목
② 만화 영화에 등장하는 인물
③ 만화 영화에서 가장 지루한 장면
④ 만화 영화를 보았던 때와 함께 본 사람
⑤ 만화 영화를 소개해 주고 싶은 친구와 그 친구에게 소개하고 싶은 까닭

04 다음 빈칸에 들어갈 말로 알맞은 것을 두 가지 고르시오. (,   )

> 영화 제목, [   ] 등을 보고 어떤 내용이 펼쳐질지 미리 상상해 보면 영화를 재미있게 감상할 수 있다.

① 출연진   ② 예고편   ③ 상영 시간
④ 광고지   ⑤ 등장인물의 수

05 다음은 친구들이 영화 「우리들」의 광고지를 보고 말한 것입니다. 「우리들」은 어떤 영화일지 내용을 알맞게 상상한 것을 골라 ○표 하시오.

광고지에서 사이가 좋아 보이는 두 소녀가 꽃잎으로 무언가를 하고 있어.

사진으로 된 다른 광고지에는 두 소녀의 뒷모습이 보이는데 소녀들은 같은 곳을 보고 있어.

(1) 반려동물과 어린이 사이의 사랑을 그린 내용이다. (   )

(2) 아버지와 아들이 넓은 세상으로 모험을 떠나는 내용이다. (   )

(3) 두 소녀가 여러 가지 일을 겪으며 친한 친구가 되는 내용이다. (   )

[06~10]

1 언제나 혼자인 외톨이 선은 여름 방학을 시작하는 날, 전학생인 지아를 만나 친구가 된다.

2 지아와 선은 봉숭아 꽃물을 들이며 여름 방학을 함께 보내고 순식간에 세상 누구보다 친한 사이가 된다.

3 개학을 하고 학교에서 선을 만난 지아는 선을 따돌리는 보라 편에 서서 선을 외면한다.

4 선은 지아와 예전처럼 친해지려고 노력했지만 두 사람은 결국 크게 싸우고 만다.

5 피구할 때 지아가 금을 밟았다고 오해를 받자, 선은 지아가 금을 밟지 않았다고 용기를 내어 친구들에게 말한다.

06 이 영화 줄거리의 내용으로 알맞지 <u>않은</u> 것을 두 가지 고르시오. (,   )

① 지아를 만나기 전에 선은 외톨이였다.
② 피구할 때 선이 지아의 편을 들어 주었다.
③ 선은 지아와 친해지려고 보라를 따돌렸다.
④ 여름 방학을 시작하는 날 지아가 전학 왔다.
⑤ 선과 지아, 보라는 여름 방학을 함께 보냈다.

07 다음 장면에서 선의 마음으로 알맞은 것을 보기 에서 찾아 기호를 쓰시오.

> **보기**
> ㉮ 지아가 원망스럽고 속상하다.
> ㉯ 친한 친구가 생겨서 행복하다.
> ㉰ 지아와 화해하고 다시 친해지고 싶다.

(1) 장면 **2**: (   )
(2) 장면 **3**: (   )
(3) 장면 **5**: (   )

08 다음은 이 영화를 어떤 방법으로 감상한 것입니까? (   )

> 선이 자주 말하던 "아니, 그게 아니고……." 가 가장 기억에 남는다. 나도 선처럼 말을 할 때 "있잖아……."라는 말을 자주 하기 때문이다.

① 기억에 남는 대사를 생각하였다.
② 가장 인상 깊은 장면을 생각하였다.
③ 광고지를 보고 내용을 미리 상상하였다.
④ 제목과 예고편을 보고 내용을 상상하였다.
⑤ 인물의 입장이 되어 인물의 마음을 생각하였다.

09 이 영화를 보고 생각하거나 느낀 점을 알맞게 말하지 <u>못한</u> 친구의 이름을 쓰시오.

> • 민지: 늘 혼자였던 선에게 지아는 무척 소중한 친구일 거야. 영화를 보면서 둘의 우정이 아름답게 느껴졌어.
> • 영우: 운동을 못한다고 친구를 따돌리면 안 돼. 보라가 사람마다 잘하는 게 다르다는 것을 알면 모두 친하게 지낼 수 있을 거야.
> • 동진: 선이 지아가 금을 밟지 않았다고 용기를 내어 말할 때 감동적이었어. 앞으로도 친구들에게 당당하게 의견을 말하면 좋겠어.

(   )

서술형

10 이 영화에서 가장 인상 깊은 장면과 그 장면이 인상 깊은 까닭을 쓰시오.

인상 깊은 장면	(1)
인상 깊은 까닭	(2)

[11~15]

1 오늘이, 야아, 여의주가 원천강에서 행복하게 산다.
2 수상한 뱃사람들이 야아 몰래 오늘이를 데려가다가 화살로 야아를 쏜 뒤에 원천강이 얼어붙는다.
3 오늘이는 원천강으로 돌아가는 길에 행복을 찾겠다며 책만 읽는 매일이를 만난다.
4 오늘이는 꽃봉오리를 많이 가졌지만 꽃이 한 송이밖에 피지 않는 연꽃나무를 만난다.
5 오늘이는 사막에서 비와 구름을 벗어나고 싶어 하는 구름이를 만난다.
6 오늘이는 여의주를 많이 가지고도 용이 되지 못한 이무기를 만난다.
7 이무기는 여의주를 버리고 갈라진 얼음 사이로 떨어지는 오늘이를 구해 마침내 용이 되고, 용이 불을 뿜어 원천강이 빛을 되찾는다.
8 구름이는 연꽃을 꺾어서 매일이에게 주고, 둘은 행복한 시간을 보낸다.
9 야아와 다시 만난 오늘이는 행복하게 산다.

11 오늘이가 만난 다음 인물들의 특징을 찾아 선으로 알맞게 이으시오.

(1) 구름이 •

(2) 매일이 •

• ㉮ 행복을 찾으려고 책만 읽음.

• ㉯ 사막에서 비와 구름을 벗어나고 싶어 함.

12 이무기는 어떻게 해서 용이 되었습니까?
( )

① 연꽃을 꺾어서
② 야아를 살려 내서
③ 여의주를 많이 모아서
④ 원천강이 빛을 되찾아서
⑤ 여의주를 버리면서 오늘이를 구해서

13 다음과 같은 행동을 통해 알 수 있는 오늘이의 성격으로 알맞은 것은 무엇입니까? ( )

수상한 뱃사람들이 오늘이를 먼 곳에 데려다 놓았는데 어려움을 이겨 내고 원천강으로 돌아갔다.

① 소극적이고 겁이 많다.
② 이기적이고 고집이 세다.
③ 명랑하고 호기심이 많다.
④ 친절하고 마음이 따뜻하다.
⑤ 용기가 있고 의지가 강하다.

14 진아가 이 만화 영화에서 인상 깊은 장면을 말하였습니다. 빈칸에 들어갈 내용으로 알맞은 것은 어느 것입니까? ( )

진아: [　　　　　　　　]이 인상 깊었어. 매일이가 책을 많이 읽는 것이 무척 부러웠고, 책을 읽으면서 매일이가 행복했으면 하는 생각을 했어.

① 매일이와 구름이가 만나는 장면
② 이무기가 오늘이를 구해 주는 장면
③ 매일이가 책을 많이 쌓아 놓고 읽는 장면
④ 연꽃나무에 핀 한 송이 꽃이 꺾어지는 장면
⑤ 야아가 화살에 맞고 원천강이 얼어붙는 장면

15 이 만화 영화를 보고 생각하거나 느낀 점이 드러나게 짧은 감상 평을 쓰시오.

_____

_____

_____

→ 바른답·알찬풀이 3쪽

16 만화 영화 「오늘이」 뒤에 이어질 이야기를 쓰는 방법으로 알맞지 <u>않은</u> 것은 어느 것입니까?
( )

① 이야기의 중심인물을 정한다.
② 중심인물에게 어떤 일이 생길지 생각한다.
③ 중심인물에게 생긴 일을 어떻게 해결할지 생각한다.
④ 중심인물의 성격이나 처한 상황은 고려하지 않는다.
⑤ 앞의 내용과 잘 어울리도록 일이 일어난 차례를 생각하며 쓴다.

18 어려워 ♨

가의 태윤이가 쓴 내용으로 역할극을 할 때 친구들이 연기를 실감 나게 하는 방법으로 알맞은 것을 보기 에서 찾아 기호를 쓰시오.

보기

㉮ 울 것 같은 표정과 슬픈 목소리로 연기한다.
㉯ 힘없는 목소리로 말하다가 스르르 눈을 감는다.
㉰ 오늘이에게 등을 내미는 몸짓을 하고 다정한 말투로 말한다.

(1) 야아 역할을 맡은 친구: ( )
(2) 오늘이 역할을 맡은 친구: ( )
(3) 이무기 역할을 맡은 친구: ( )

[17~20]

가 나는 태윤이가 쓴 내용으로 역할극을 했으면 좋겠어. 야아가 시름시름 앓다가 죽자 오늘이는 깊은 슬픔에 빠졌지. 오늘이에게 웃음을 찾아 주고자 용이 된 이무기가 오늘이를 등에 태우고 여행을 떠난다는 내용이 마음에 들어.
나 지호가 쓴 이야기를 역할극으로 하면 정말 재미있을 것 같아. 원천강에 갑자기 햇빛이 사라져 버리자 몇 날 며칠 어둠이 내려앉았어. 식물들은 말라 죽어 가고…… 야아가 용을 데리고 와서 빛을 잃어버린 해에게 불을 뿜자 햇빛이 원천강을 감쌌지. 다시 식물들이 살아나서 잔치를 벌이는 것을 역할극으로 했으면 좋겠어.

17 **가**, **나**에서 태윤이와 지호가 쓴 글은 무엇입니까? ( )

① 「오늘이」의 줄거리
② 「오늘이」의 뒷이야기
③ 「오늘이」를 소개하는 글
④ 「오늘이」를 보고 쓴 감상문
⑤ 「오늘이」의 등장인물에게 쓴 편지

19 **나**의 지호가 쓴 이야기에서 가장 먼저 일어난 일은 어느 것입니까? ( )

① 야아가 용을 데리고 왔다.
② 식물들이 말라 죽어 갔다.
③ 원천강에 갑자기 햇빛이 사라졌다.
④ 식물들이 살아나서 잔치를 벌였다.
⑤ 용이 해에게 불을 뿜자 햇빛이 원천강을 감쌌다.

서술형 ♨

20 태윤이와 지호처럼 「오늘이」에 이어질 내용을 상상하여 쓰시오.

_____

_____

_____

_____

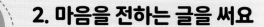

국어 핵심 개념

2. 마음을 전하는 글을 써요

→ 바른답·알찬풀이 4쪽

개념 ① 글쓴이가 전하려는 마음 알기

- 누가 누구에게 쓴 글인지, 어떤 일에 대해 썼는지 살펴봅니다.

- 글쓴이가 마음을 전하려고 사용한 ① ㅍ ㅎ 을 찾아봅니다.

- 글쓴이가 전하려는 ② ㅁ ㅇ 이 무엇인지 확인합니다.

1 다음 글에서 글쓴이가 선생님께 전하려는 마음은 무엇입니까? ( )

> 그날 만든 그릇은 지금도 제 책상 위에 놓여 있습니다. 이 그릇을 보면 친절하게 가르쳐 주시던 선생님 모습이 생각납니다. 선생님, 제 마음에 드는 그릇을 만들도록 도와주셔서 고맙습니다.

① 슬픈 마음　② 섭섭한 마음　③ 고마운 마음
④ 떨리는 마음　⑤ 부끄러운 마음

개념 ② 마음을 전하는 글을 쓰는 방법 알기

- 마음을 전하고 싶은 ③ ㅇ 을 떠올립니다.

- 글에서 전하려는 마음을 생각합니다.

- 마음을 잘 나타낼 수 있는 표현을 사용합니다.

- 글을 읽는 사람의 마음이 어떠할지 ④ ㅈ ㅈ 하며 씁니다.

2 ㉠~㉤ 중 글쓴이의 마음을 나타내는 표현을 모두 찾아 기호를 쓰시오.

> 사랑하는 아들 필립
> 　어머니의 편지를 받아 보았다. 네가 넘어져 ㉠팔을 다쳤다는 소식이 들어 있어 매우 ㉡걱정되는구나. 팔이 낫거들랑 내게 바로 알려라. 한 학년 올라가게 된 것을 ㉢축하한다. 아버지는 무척 기쁘구나. 나는 이곳에 편안히 잘 있다. 미국 국회 의원들이 동양에 온다고 해 홍콩으로 왔다만 그들이 이곳에 들르지 않아 ㉣만나지는 못했단다. 나는 곧 상하이로 ㉤돌아갈 거란다.

( )

개념 ③ 마음을 전하는 글 쓰기

- 마음을 표현해야 할 일을 떠올립니다.

- 마음을 전하는 글을 쓰는 데 필요한 내용을 ⑤ ㅈ ㄹ 합니다.

- 마음을 전하는 글을 쓰고, 자신의 마음을 잘 표현했는지 ⑥ ㅈ ㄱ 합니다.

3 다음 그림에서 말하는 아이가 마음을 전하는 글을 쓰려고 합니다. 글에 들어갈 내용을 <u>잘못</u> 정리한 것을 찾아 기호를 쓰시오.

마음을 전할 사람	㉠ 성호
전하려는 마음	㉡ 위로하는 마음
있었던 일	㉢ 병원에 입원한 일
마음을 나타내는 표현	㉣ 축하해

( )

답안 ① 표현 ② 마음 ③ 일 ④ 짐작 ⑤ 정리 ⑥ 점검

16 국어 4-2

국어

[01~02]

우리 반 친구들에게

친구들아, 안녕?

나 태웅이야. 오늘 운동회에서 있었던 일을 생각하면 아직도 가슴이 두근거려. 그때 그 고마운 마음을 직접 말로 전하고 싶었지만 쑥스러워서 이렇게 편지를 쓰게 되었어.

운동회 날이 되면 나는 기쁘면서도 두려웠어. 달리기 경기를 하는 게 늘 걱정이 되었거든. ㉠달리기를 할 때면 나는 어디론가 숨고 싶었어. 잔뜩 긴장해서 달리다가 오늘도 그만 넘어지고 말았지. 그런데 그때 너희가 달리다가 돌아와서 나를 일으켜 주었지. 내 손을 꼭 잡은 너희의 따뜻한 마음이 느껴져서 눈물이 날 것 같았어. ㉡힘껏 달리고 싶었을 텐데 나 때문에 참았을 것 같아서 미안한 마음이 들어.

고마워, 친구들아!

㉢같이 달려 주고 응원해 준 너희의 따뜻한 마음 잊지 않을게.

01 글쓴이가 반 친구들에게 이 편지를 쓴 까닭으로 알맞은 것은 어느 것입니까? ( )

① 서운한 마음을 전하려고

② 고마운 마음을 전하려고

③ 응원해 달라고 부탁하려고

④ 친하게 지내고 싶은 마음을 전하려고

⑤ 달리기 경기를 하고 싶지 않다고 말하려고

꼭나와 유

02 ㉠~㉢에 드러난 글쓴이의 마음을 찾아 선으로 알맞게 이으시오.

(1) ㉠ •   • ㉮ 미안한 마음

(2) ㉡ •   • ㉯ 고마운 마음

(3) ㉢ •   • ㉰ 부끄러운 마음

[03~05]

가 선생님, 안녕하세요? 저는 전지우입니다. 그동안 잘 지내셨습니까?

나 지난 체험 학습에서 도자기를 만들 때였습니다. 저는 진흙 반죽을 물레 위에 놓고 그릇 모양을 만들려고 했습니다. 그런데 생각처럼 잘되지 않았습니다. 만들고 나니 상상했던 모양과 너무 달라서 당황스러웠습니다. / 제가 속상해서 어찌할 바를 모를 때 선생님께서 오셨습니다. 그리고 어떻게 모양을 내는지 시범을 보여 주셨습니다.

다 선생님, 제 마음에 드는 그릇을 만들도록 도와주셔서 고맙습니다. 안녕히 계세요.

03 이 글은 누가 누구에게 쓴 편지인지 ( ) 안에 들어갈 알맞은 말을 쓰시오.

• ( )이/가 ( )께

04 지난 체험 학습 때 글쓴이가 당황한 까닭으로 알맞은 것을 두 가지 고르시오. (,)

① 진흙 반죽이 모자라서

② 선생님께서 시범을 보여 주셔서

③ 선생님과 함께 도자기를 만들어야 해서

④ 도자기를 만들 때 생각처럼 잘되지 않아서

⑤ 만든 도자기가 상상했던 모양과 너무 달라서

서술형 유

05 이 편지에서 글쓴이가 전하려는 마음을 떠올리며 다음 물음에 답하시오.

(1) 글쓴이가 마음을 전하려고 사용한 표현을 찾아 쓰시오.

( )

(2) 글쓴이가 (1)에서 답한 마음을 전하고 싶었던 까닭은 무엇인지 쓰시오.

_____

_____

[06~09]

가 사랑하는 아들 필립

어머니의 편지를 받아 보았다. 네가 넘어져 팔을 다쳤다는 소식이 들어 있어 매우 걱정되는구나. 팔이 낫거들랑 내게 바로 알려라. 한 학년 올라가게 된 것을 축하한다. 아버지는 무척 기쁘구나. 미국 국회 의원들이 동양에 온다고 해 홍콩으로 왔다만 그들이 이곳에 들르지 않아 만나지는 못했단다. 나는 곧 상하이로 돌아갈 거란다.

내 아들 필립아. 키가 크고 몸이 커지는 만큼 스스로 좋은 사람이 되려고 힘써야 한단다. 네가 어리고 몸이 작았을 때보다 더욱더 힘써야 하지.

나 좋은 사람이 되려면 진실하고 깨끗해야 해. 또 좋은 친구를 가려 사귀어야 한단다. 그게 좋은 사람이 되는 첫 번째 조건이지. 더욱 부지런해져라. 어려운 일도 열심히 견디거라. 책은 부지런히 보고 있니? 아무 책이나 읽지 말고, 좋은 책을 골라 꾸준히 읽어라. 좋은 책을 가려 보는 것이 좋은 사람이 되는 두 번째 조건이란다. 좋은 친구를 사귀고 좋은 책을 읽는 일을 멈추지 말아라. 책은 두 종류를 택하렴. 첫째는 좋은 사람들의 이야기가 담겨 있어 본받을 수 있는 책이고, 둘째는 너의 공부에 필요한 지식을 얻기 위한 책이다. 또 우리글과 책을 잘 익혀라. 즐거운 마음으로 내 말을 따라 주겠지? 너를 믿는다.

06 이 글은 글쓴이가 어디에 있을 때 누구에게 쓴 편지인지 ( ) 안에 들어갈 알맞은 말을 쓰시오.

• 글쓴이가 ( )에 있을 때
아들 ( )에게 쓴 편지

07 이 글에서 글쓴이가 마음을 전하기 위해 사용한 표현으로 알맞지 <u>않은</u> 것은 어느 것입니까?

( )

① 믿는다.　　　② 기쁘구나.
③ 받아 보았다.　④ 걱정되는구나.
⑤ 힘써야 한단다.

08 글쓴이는 좋은 사람이 되려면 어떻게 해야 한다고 했는지 알맞은 것을 두 가지 고르시오.

(,)

① 진실하고 깨끗해야 한다.
② 욕심을 부리지 않아야 한다.
③ 친구를 많이 사귀어야 한다.
④ 좋은 책을 가려 읽어야 한다.
⑤ 어려움에 처한 사람을 도와야 한다.

09 이 편지에서 전한 마음으로 알맞은 것을 에서 모두 찾아 기호를 쓰시오.

보기

㉮ 아들이 다친 일을 걱정하는 마음
㉯ 열심히 공부하는 아들을 기특해하는 마음
㉰ 아들이 한 학년 올라간 일을 축하하는 마음
㉱ 아들이 좋은 사람이 되기 위해 힘쓰기를 바라는 마음

( )

꼭나와 ♥

10 마음을 전하는 글을 쓰는 방법으로 알맞지 <u>않은</u> 것은 어느 것입니까? ( )

① 글에서 전하려는 마음을 생각한다.
② 마음을 전하고 싶은 일을 떠올린다.
③ 마음을 잘 나타낼 수 있는 표현을 사용한다.
④ 읽는 사람의 마음이 어떠할지 짐작하며 쓴다.
⑤ 읽는 사람을 고려해 마음을 솔직하게 드러내지 않는다.

[11~13]

가: 네가 싫어하는 별명을 부르며 놀려서 미안해.

나: 네가 우리 학년 달리기 대회에서 상을 받았다고 들었어.

11 그림 가에서 말하는 아이는 어떤 일에 대한 마음을 전하려고 합니까? (   )

① 거친 말을 사용한 일
② 위험한 장난을 친 일
③ 약속을 지키지 않은 일
④ 물건을 빌렸다가 잃어버린 일
⑤ 싫어하는 별명을 부르며 놀린 일

 꼭나와

12 그림 나에서 말하는 아이가 친구에게 전하려는 마음을 보기에서 찾아 쓰시오.

> 보기
>
> 미안한 마음, 그리운 마음, 축하하는 마음

(   )

서술형 상

13 그림 나를 보고 전하려는 마음을 떠올리며 다음 물음에 답하시오.

(1) 그림 나의 말하는 아이가 마음을 전하고 싶은 일은 무엇인지 (   ) 안에 들어갈 알맞은 말을 쓰시오.

• 학년 달리기 대회에서 (   ) 일

(2) (1)의 상황에서 마음을 나타내는 표현을 넣어 친구에게 마음을 전하는 짧은 글을 쓰시오.

_____

_____

[14~15]

재환이는 새로운 동네로 이사를 왔습니다. 재환이는 이웃들에게 인사를 하기로 했습니다. 그래서 재환이가 사는 아파트 승강기 안에 편지를 붙였답니다.

> 안녕하세요? 저는 12층에 이사 온 열한 살 이재환입니다.
>
> 새로 만난 이웃들에게 인사를 드리고 싶어 편지를 씁니다. 저희 가족은 엄마, 아빠, 귀여운 동생 그리고 저, 이렇게 넷입니다. 저희는 아직 이사 온 지 얼마 되지 않아 다니는 길도, 사람들도 낯설기만 합니다. 그래도 저는 나무도 많고 놀이터가 있는 이곳이 마음에 듭니다. 앞으로 여러분과 좋은 이웃이 되고 싶습니다.
>
> 이재환 올림

14 재환이가 쓴 편지에 대한 설명으로 알맞은 것을 모두 골라 ○표 하시오.

(1) 가족을 소개하고 이웃에게 인사하는 내용이다. (   )

(2) 낯선 동네로 이사 와서 속상한 마음이 드러나 있다. (   )

(3) 이사 온 동네의 이웃들에게 인사하려고 승강기 안에 붙였다. (   )

15 재환이의 편지를 읽은 이웃들이 '환영하는 마음'을 담은 쪽지를 붙였습니다. 쪽지의 내용으로 알맞은 것을 에서 모두 찾아 기호를 쓰시오.

> 보기
>
> ㉮ 환영해요! 이렇게 먼저 인사해 줘서 고마워요.
> ㉯ 반가워요. 저도 12층에 살아요. 좋은 친구가 되었으면 좋겠네요.
> ㉰ 이웃에게 소음 피해를 주지 않도록 집 안에서 뛰지 말아 주세요.

(   )

[01~02]

운동회 날이 되면 나는 기쁘면서도 두려웠어. 달리기 경기를 하는 게 늘 걱정이 되었거든. 달리기를 할 때면 나는 어디론가 숨고 싶었어. 잔뜩 긴장해서 달리다가 오늘도 그만 넘어지고 말았지. 그런데 그 때 너희가 달리다가 돌아와서 나를 일으켜 주었지. 내 손을 꼭 잡은 너희의 따뜻한 마음이 느껴져서 눈물이 날 것 같았어. 힘껏 달리고 싶었을 텐데 나 때문에 참았을 것 같아서 미안한 마음이 들어.

고마워, 친구들아!

같이 달려 주고 응원해 준 너희의 따뜻한 마음 잊지 않을게.

20○○년 9월 12일 / 태웅이가

01 이 편지에서 글쓴이의 마음을 나타내는 낱말을 두 가지 고르시오. (　　　,　　　)

① 일으켜　　② 미안한　　③ 친구들
④ 고마워　　⑤ 달리기

서술형 낭

02 이 편지를 받은 친구들은 글쓴이에게 어떤 말로 마음을 전할지 쓰시오.

_____

_____

03 다음에서 지수가 성현이에게 마음을 전하기 위한 말로 알맞은 것은 어느 것입니까? (　　　)

> • 성현: 내 글의 좋은 점도 말해 주면 좋았을 텐데.
> • 지수: _____

① 내가 깜빡했어.
② 네 글에는 좋은 점이 별로 없어.
③ 선생님께서 내가 글을 잘 쓴다고 하셨어.
④ 글에는 글쓴이의 생각이 잘 나타나야 해.
⑤ 미안해. 그 생각을 못 했어. 서운했겠구나.

[04~05]

존경하는 김하영 선생님께

선생님, 안녕하세요? 저는 전지우입니다. 그동안 잘 지내셨습니까? 선생님께 　　⊙　　을 전하려고 이렇게 글을 쓰게 되었습니다.

지난 체험 학습에서 도자기를 만들 때였습니다. 저는 진흙 반죽을 물레 위에 놓고 그릇 모양을 만들려고 했습니다. 그런데 생각처럼 잘되지 않았습니다. 만들고 나니 상상했던 모양과 너무 달라서 당황스러웠습니다.

제가 속상해서 어찌할 바를 모를 때 선생님께서 오셨습니다. 그리고 어떻게 모양을 내는지 시범을 보여 주셨습니다. 저는 선생님을 따라서 다시 해 보았습니다. 그랬더니 신기하게도 그릇 모양이 잘 만들어졌습니다.

그날 만든 그릇은 지금도 제 책상 위에 놓여 있습니다. 이 그릇을 보면 친절하게 가르쳐 주시던 선생님 모습이 생각납니다.

선생님, 제 마음에 드는 그릇을 만들도록 도와주셔서 고맙습니다. 안녕히 계세요.

20○○년 9월 24일 / 제자 전지우 올림

04 이 글의 특징으로 알맞지 않은 것은 어느 것입니까? (　　　)

① 편지 형식의 글이다.
② 읽는 사람이 정해져 있지 않다.
③ 체험 학습 때 있었던 일을 썼다.
④ 마음을 나타내는 표현을 사용했다.
⑤ 있었던 일에 대한 자신의 생각이나 느낌을 드러냈다.

05 ⊙에 들어갈 말로 알맞은 것은 어느 것입니까?
(　　　)

① 고마운 마음　　② 속상한 마음
③ 부모님의 말씀　　④ 직접 만든 그릇
⑤ 부탁드리고 싶은 일

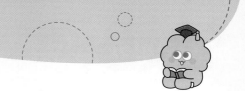

[06~08]

사랑하는 아들 필립

어머니의 편지를 받아 보았다. 네가 넘어져 팔을 다쳤다는 소식이 들어 있어 매우 걱정되는구나. 팔이 낫거들랑 내게 바로 알려라. 한 학년 올라가게 된 것을 축하한다. 아버지는 무척 기쁘구나. 미국 국회 의원들이 동양에 온다고 해 홍콩으로 왔다만 그들이 이곳에 들르지 않아 만나지는 못했단다. 나는 곧 상하이로 돌아갈 거란다.

내 아들 필립아. 키가 크고 몸이 커지는 만큼 스스로 좋은 사람이 되려고 힘써야 한단다. 네가 어리고 몸이 작았을 때보다 더욱더 힘써야 하지. 스스로 좋은 사람이 되려고 노력하는 네 모습을 내 눈으로 직접 보고 싶구나. 너는 워낙 남을 속이지 않는 진실한 사람이라 좋은 사람이 되기도 쉬울 거란다.

06 글쓴이가 이 편지를 쓴 목적으로 알맞은 것은 어느 것입니까? (　　　　)

① 집으로 돌아가는 일정을 알리기 위해
② 안부를 묻고 당부할 말을 전하기 위해
③ 해외에서 지내는 어려움을 전하기 위해
④ 가족의 안부를 전해 달라고 부탁하기 위해
⑤ 열심히 공부해야 하는 까닭을 알려 주기 위해

07 글쓴이가 편지를 쓴 방법을 잘못 말한 친구의 이름을 쓰시오.

> • 태우: 멀리 떨어져 있는 아들을 믿지 못해서 당부하는 말을 많이 썼어.
> • 이안: 아들과 관련된 일을 떠올리고, 편지를 읽을 아들의 마음을 고려해서 썼어.
> • 진솔: "걱정되는구나", "축하한다", "기쁘구나"와 같은 표현으로 아들을 사랑하는 마음을 드러냈어.

(　　　　　　　　)

08 글쓴이가 편지를 받는 사람에게 당부한 내용은 무엇인지 쓰시오.

_____

_____

[09~10]

좋은 사람이 되려면 진실하고 깨끗해야 해. 또 좋은 친구를 가려 사귀어야 한단다. 그게 좋은 사람이 되는 첫 번째 조건이지. 더욱 부지런해져라. 어려운 일도 열심히 견디거라. 책은 부지런히 보고 있니? 아무 책이나 읽지 말고, 좋은 책을 골라 꾸준히 읽어라. 좋은 책을 가려 보는 것이 좋은 사람이 되는 두 번째 조건이란다. 좋은 친구를 사귀고 좋은 책을 읽는 일을 멈추지 말아라. 책은 두 종류를 택하렴. 첫째는 좋은 사람들의 이야기가 담겨 있어 본받을 수 있는 책이고, 둘째는 너의 공부에 필요한 지식을 얻기 위한 책이다. 또 우리글과 책을 잘 익혀라. 즐거운 마음으로 ㉠내 말을 따라 주겠지? 너를 믿는다.

09 글쓴이가 읽으라고 한 책으로 알맞은 것을 두 가지 고르시오. (　　　,　　　)

① 훌륭한 사람이 쓴 책
② 감동과 재미를 주는 책
③ 공부에 필요한 지식을 얻기 위한 책
④ 읽고 나서 오래 기억에 남을 수 있는 책
⑤ 좋은 사람들의 이야기가 담겨 있어 본받을 수 있는 책

10 ㉠에 해당하지 않는 것은 어느 것입니까?

(　　　　)

① 더욱 부지런해져라.
② 건강한 몸을 만들어라.
③ 좋은 친구를 가려 사귀어라.
④ 어려운 일도 열심히 견뎌라.
⑤ 좋은 책을 골라 꾸준히 읽어라.

[11~12]

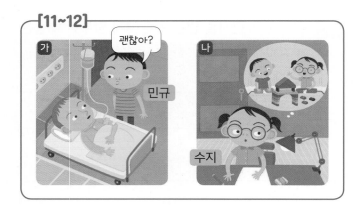

11 그림 **가**의 민규와 **나**의 수지의 마음을 찾아 선으로 알맞게 이으시오.

(1) 민규 •

(2) 수지 •

• ㉮ 친구가 그리운 마음

• ㉯ 친구를 위로하는 마음

12 그림 **나**의 수지가 친구에게 마음을 전할 때 사용할 표현으로 알맞은 것은 어느 것입니까?

( )

① 미안해.   ② 네가 보고 싶구나.
③ 네가 자랑스러워.   ④ 어서 낫기를 바랄게.
⑤ 다음엔 잘할 수 있을 거야.

어려워 ↷

13 마음을 전하는 글을 쓰는 순서에 맞게 번호를 쓰시오.

• 마음을 표현하고 싶은 일 떠올리기 (   )
• 글의 짜임에 맞게 쓸 내용 정리하기 (   )
• 글을 쓰는 목적과 글의 형식 생각하기
                                     (   )
• 읽는 사람을 생각하며 마음을 전하는 글 쓰기
                                     (   )
• 자신의 마음을 잘 표현했는지 점검하고 고쳐
  쓰기   (   )

[14~15]

얼마 전에 다쳐서 보건 선생님께 치료를 받은 적이 있어. 그때 참 고맙다는 말씀을 제대로 못 드렸어. 그래서 고마운 마음을 편지로 쓰고 싶어.

지원

14 지원이가 마음을 전하는 글을 쓰려고 필요한 내용을 정리했습니다. 빈칸에 들어갈 알맞은 말을 **보기**에서 찾아 기호를 쓰시오.

보기

㉮ 있었던 일   ㉰ 마음을 전할 사람
㉯ 전하려는 마음   ㉱ 마음을 나타내는 표현

(1) ( )	보건 선생님
(2) ( )	고마운 마음
(3) ( )	다쳐서 보건실에서 치료를 받은 일
(4) ( )	감사합니다

서술형 ⬆

15 지원이처럼 마음을 전하고 싶은 일을 떠올려 다음 내용이 드러나게 쓰시오.

마음을 전할 사람, 있었던 일, 전하려는 마음

_____

_____

_____

[16~19]

재환이는 새로운 동네로 이사를 왔습니다. 재환이는 이웃들에게 인사를 하기로 했습니다. 그래서 재환이가 사는 아파트 승강기 안에 편지를 붙였답니다.

> 안녕하세요? 저는 12층에 이사 온 열한 살 이재환입니다.
>
> 새로 만난 이웃들에게 인사를 드리고 싶어 편지를 씁니다. 저희 가족은 엄마, 아빠, 귀여운 동생 그리고 저, 이렇게 넷입니다. 저희는 아직 이사 온 지 얼마 되지 않아 다니는 길도, 사람들도 낯설기만 합니다. 그래도 저는 나무도 많고 놀이터가 있는 이곳이 마음에 듭니다. 앞으로 여러분과 좋은 이웃이 되고 싶습니다.
>
> 이재환 올림

하루, 이틀이 지날수록 재환이의 편지에는 신기한 일이 생겼어요.

승강기를 탄 이웃 사람들이 편지를 보고 마음을 담은 쪽지를 붙인 것이었어요. ㉠재환이도, 쪽지를 써서 붙인 이웃도 모두 훈훈한 마음이 한가득했습니다.

16 재환이가 이사 와서 한 일은 무엇인지 ( ) 안에 들어갈 알맞은 말을 쓰시오.

• ( ) 안에 ( ) 을/를 붙였다.

17 재환이가 쓴 편지의 내용으로 알맞은 것을 두 가지 고르시오. (,)

① 새 이웃에게 인사하는 내용
② 잃어버린 물건을 찾는 내용
③ 재환이네 가족을 소개하는 내용
④ 학교에 함께 갈 친구를 찾는 내용
⑤ 새로운 동네에 대해 궁금한 점을 묻는 내용

18 다음은 이웃 사람들이 재환이의 편지에 붙인 쪽지입니다. 쪽지에 담긴 마음으로 알맞은 것은 무엇입니까? ( )

좋은 이웃!	환영해요.
이사 온 거 축하합니다. 앞으로도 자주 소통하는 이웃이 됩시다.	친하게 지내요. 전 7층에 살아요. 집 앞 공원에서 같이 운동해요.

① 반가운 마음
② 귀찮은 마음
③ 아쉬운 마음
④ 부끄러운 마음
⑤ 못마땅한 마음

어려워

19 ㉠의 까닭으로 알맞은 것을 찾아 ○표 하시오.

(1) 서로에게 기분 좋은 칭찬을 해 주었기 때문에 ( )

(2) 서로의 마음을 배려하여 따뜻한 인사를 나누었기 때문에 ( )

(3) 낯선 동네를 싫어하는 아이를 돕기 위해 이웃들이 발 벗고 나섰기 때문에 ( )

20 학급 온라인 게시판에 친구가 쓴 소식을 읽고 전하고 싶은 마음을 댓글로 쓸 때 주의할 점을 잘못 말한 친구는 누구입니까? ( )

① 아정: 소식에 담긴 친구의 마음을 파악해야 해.
② 진주: 댓글을 읽을 친구의 마음을 생각하며 써야 해.
③ 효성: 거짓말하지 않고 자신의 마음을 정직하게 표현해야 해.
④ 강호: 소식에 대한 자신의 마음을 되도록 간단하게 표현해야 해.
⑤ 다윤: 직접 보지 않고 대화하는 온라인 게시판이어도 친구에게 나쁜 말을 하면 안 돼.

개념 1 대화 예절을 지켜며 대화하는 방법 알기

- 인사할 때에는 **❶** ㄴ 을 마주치며 인사합니다.

- 친구 앞에서는 **❷** ㄱ ㅅ ㅁ 을 하지 않습니다.

- 알맞은 높임말을 씁니다.

- 거친 말을 쓰지 않고 자기 말만 하지 않습니다.

1 다음 상황에서 신유 친구들이 지켜야 할 대화 예절로 알맞은 것을 찾아 ○표 하시오.

> 신유 어머니: (밝은 목소리로) 안녕? 어서 와라. 신유 친구들이구나. 반갑다.
> 지혜: (성급하게) 안녕하세요? 그런데 신유는 어디 갔나요? 어? 신유야, 생일 축하해!
> 원우: 야! 신유야, 생일 축하해! 하하하.

(1) 신유 어머니께 인사를 제대로 한다. ( )
(2) 신유 어머니께 거친 말을 사용하지 않는다. ( )

개념 2 예절을 지켜며 회의하기

- 다른 사람이 발표할 때 끼어들지 않습니다.

- 회의와 같은 공식적인 상황에서는 **❸** ㄴ ㅇ ㅁ 을 사용합니다.

- 의견을 말할 때에는 손을 들어 말할 **❹** ㄱ ㅎ 를 얻고 발표합니다.

- 다른 사람의 의견을 경청합니다.

2 회의할 때 지켜야 할 예절과 관련지어 빈칸에 들어갈 알맞은 말을 쓰시오.

> 이희정: 저는 고운 말을…….
> 강찬우: (끼어들며) 잠깐만. "심한 장난을 하지 말자."가 좋겠습니다. 왜냐하면 장난이 심해져서 싸우는 경우가 많기 때문입니다.
> 사회자: 강찬우 친구, 좋은 의견 감사합니다. 하지만 [   ]은 잘못입니다.

( )

개념 3 온라인 대화를 할 때 지켜야 할 예절 알기

- 바른 말을 사용해야 합니다.

- 상대가 보이지 않더라도 대화 전에 인사를 하고 끝날 때에도 인사합니다.

- 자신을 잘 표현하는 **❺** ㄷ ㅎ ㅁ 을 사용합니다.

- 줄임말이나 **❻** ㄱ ㄹ ㅁ 을 지나치게 사용하지 않습니다.

3 다음 온라인 대화에서 자신을 잘 표현하는 대화명을 사용하지 <u>않은</u> 친구의 이름을 쓰시오.

( )

[01~02]

윗마을 양반: ㉠바우야, 쇠고기 한 근만 줘라.

박 노인: (건성으로 대답하며) 알겠습니다.

해설: 이번에는 아랫마을 양반이 고기를 주문했다.

아랫마을 양반: (깍듯이 부탁하는 말투로) 박 서방, 쇠고기 한 근만 주게.

박 노인: (웃으면서 대답하며) 아이고, 네, 조금만 기다리시지요.

해설: 박 노인은 젊은 양반들에게 각각 고기를 주는데 둘의 크기가 한눈에 봐도 다르게 보였다. 윗마을 양반이 가만히 보니 자기가 받은 고기보다 아랫마을 양반이 받은 고기가 좋아 보이고 양도 훨씬 많아 보였다.

윗마을 양반: 야, 바우야! 똑같은 한 근인데, 어째서 이렇게 다르게 주느냐?

박 노인: (태연하게) 그러니까 손님 것은 바우 놈이 자른 것이고, 이분 것은 박 서방이 자른 것이기 때문이랍니다.

01 박 노인이 ㉠의 말을 듣고 지었을 표정으로 알맞은 것은 어느 것입니까? (   )

① 미안한 표정
② 즐거운 표정
③ 짜증 난 표정
④ 부끄러운 표정
⑤ 감동받은 표정

서술형

02 이 글에서 두 양반이 박 노인에게 한 말을 생각하며 다음 물음에 답하시오.

(1) 박 노인은 윗마을 양반과 아랫마을 양반 중 누구에게 고기를 더 많이 주었는지 쓰시오.
(   )

(2) 박 노인이 (1)에서 답한 사람에게 고기를 더 많이 준 까닭은 무엇인지 쓰시오.

_____

03 호준이가 한 말에서 대화 예절에 어긋나는 표현을 찾아 바르게 고쳐 쓰시오.

> 호준: 아버지, 내가 수저를 놓을게요.

(   ) → (   )

[04~05]

신유 어머니: (따뜻한 목소리로) 이렇게 신유의 생일을 축하하러 우리 집에 와 줘서 고맙구나. 손 씻고 식탁에 앉으렴.

원우, 지혜, 현영: ㉠야, 맛있겠다!

원우: 내가 닭 다리 먹어야지!

04 이 대화에서 신유 친구들이 예절을 지키지 않은 부분을 보기에서 찾아 기호를 쓰시오.

보기

㉮ 신유 어머니의 말씀을 가로챘다.
㉯ 친구들끼리 거친 말을 사용하였다.
㉰ 신유 어머니께 음식을 준비해 주셔서 고맙다는 말을 하지 않았다.

(   )

05 ㉠을 대화 예절에 맞게 고쳐 말한 것은 어느 것입니까? (   )

① 아주머니, 음식이 부족해요.
② 아주머니, 음식이 별로 맛이 없어요.
③ 아주머니, 이 음식은 어디서 사셨어요?
④ 아주머니, 맛있는 음식을 준비해 주셔서 고맙습니다.
⑤ 아주머니, 음식 준비하시느라 수고했어요. 잘 먹을게요.

[06~08]

06 그림 **가**와 **나**에서 거북과 사자 역할을 한 친구가 잘못한 점을 찾아 선으로 알맞게 이으시오.

(1) 거북 •　　　　• ㉮ 자기 말만 하였다.

(2) 사자 •　　　　• ㉯ 거친 말을 하였다.

07 그림 **가**와 **나**에서 토끼 역할을 한 친구의 기분으로 알맞은 것은 어느 것입니까? (　　　　)

① 고맙다.　　② 불쾌하다.　　③ 미안하다.
④ 흐뭇하다.　　⑤ 자랑스럽다.

꼭나와 ♥

08 ㉠을 예의 바른 말로 알맞게 고친 것은 어느 것입니까? (　　　　)

① 뭘 그만해? 너나 그만해.
② 기분이 상하더라도 조금만 참아.
③ 내 마음이야. 넌 가만히 듣고만 있어.
④ 친구끼리 장난치는 걸 넌 이해도 못 하냐?
⑤ 기분을 상하게 해서 미안해. 이제 그만할게.

[09~10]

사회자: 친구들과 사이좋게 지내려면 실천해야 할 일이 무엇인지 발표해 주십시오. 박태영 친구가 의견을 발표해 주십시오.

박태영: 제 의견은 "듣기 싫은 별명으로 부르지 말자."입니다. 기분이 나빠지면 서로 사이좋게 지내기가 어려워지기 때문입니다.

사회자: 좋은 의견입니다. 다른 의견이 더 있습니까? 이희정 친구가 의견을 발표해 주십시오.

이희정: ㉠저는 고운 말을…….

강찬우: (끼어들며) 잠깐만. "심한 장난을 하지 말자."가 좋겠습니다. 왜냐하면 장난이 심해져서 싸우는 경우가 많기 때문입니다.

사회자: 강찬우 친구, 좋은 의견 감사합니다. 하지만 다른 사람이 의견을 발표할 때 끼어드는 것은 잘못입니다. 다음부터는 꼭 ［　㉡　］ 발표해 주시기 바랍니다. 이희정 친구는 계속 발표해 주십시오.

이희정: 네, 제 의견은 "고운 말을 사용하자."입니다.

09 이희정 친구가 ㉠과 같이 의견을 끝까지 말하지 못한 까닭을 알맞게 말한 친구의 이름을 쓰시오.

• 재진: 말하려는 의견이 떠오르지 않았기 때문이야.
• 하경: 강찬우 친구가 말하는 도중에 끼어들었기 때문이야.
• 승호: 사회자가 강찬우 친구에게 말할 기회를 주었기 때문이야.

(　　　　　　　　)

10 ㉡에 들어갈 말로 알맞은 것은 어느 것입니까?

(　　　　)

① 높임말을 사용해서
② 중요한 내용만 요약하여
③ 의견에 대한 까닭을 들어
④ 말의 빠르기를 알맞게 해서
⑤ 손을 들어 말할 기회를 얻고 나서

[11~14]

11 지혜가 영철이를 알아보지 못한 까닭은 무엇인 지 ( ) 안에 들어갈 알맞은 말을 쓰시오.

• ( )을/를 이름이 아닌 다른 것으로 썼기 때문이다.

서술형 ⁰

12 이 온라인 대화에서 볼 수 있는 줄임말을 생각하 며 다음 물음에 답하시오.

(1) 친구들이 사용한 줄임말을 모두 찾아 쓰시오.

( )

(2) 온라인 대화에서 줄임말을 지나치게 사용하 면 일어날 수 있는 일을 한 가지만 쓰시오.

_____

_____

13 ㉠에 대한 설명으로 알맞은 것을 두 가지 고르시 오. (,)

① 그림말이다.
② 현영이의 대화명이다.
③ 화가 난 기분을 나타낸다.
④ 부끄러운 기분을 나타낸다.
⑤ 많이 사용할수록 대화가 잘 이루어진다.

꼭나와 ☺

14 이와 같은 온라인 대화를 할 때 지켜야 할 예절 을 알맞게 말하지 <u>못한</u> 친구는 누구입니까?

( )

① 은우: 바른 말을 사용해야 해.
② 재혁: 상대를 존중하며 대화해야 해.
③ 나영: 대화를 시작하고 끝낼 때 인사해야 해.
④ 효주: 요즘 유행하는 말로 대화명을 써야 해.
⑤ 태민: 그림말은 꼭 필요한 경우에만 사용해 야 해.

15 온라인 대화에서 다음 그림에 나타난 문제점이 생기지 않게 하려면 어떤 예절을 지켜야 하는지 알맞은 것을 찾아 ○표 하시오.

(1) 높임말을 사용한다. ( )
(2) 뜻을 모르는 표현을 사용하지 않는다.

( )
(3) 자기 위주로만 말을 하지 않도록 주의한다.

( )

[01~03]

윗마을 양반: 바우야, 쇠고기 한 근만 줘라.

박 노인: (건성으로 대답하며) 알겠습니다.

해설: 이번에는 아랫마을 양반이 고기를 주문했다.

아랫마을 양반: (깍듯이 부탁하는 말투로) 박 서방, 쇠고기 한 근만 주게.

박 노인: (웃으면서 대답하며) 아이고, 네, 조금만 기다리시지요.

해설: 박 노인은 젊은 양반들에게 각각 고기를 주는데 둘의 크기가 한눈에 봐도 다르게 보였다. 윗마을 양반이 가만히 보니 자기가 받은 고기보다 아랫마을 양반이 받은 고기가 좋아 보이고 양도 훨씬 많아 보였다.

윗마을 양반: 야, 바우야! 똑같은 한 근인데, 어째서 이렇게 다르게 주느냐?

박 노인: (태연하게) 그러니까 손님 것은 바우 놈이 자른 것이고, 이분 것은 박 서방이 자른 것이기 때문이랍니다.

01 고기를 사러 온 젊은 양반들은 박 노인을 각각 무엇이라고 불렀는지 선으로 알맞게 이으시오.

(1) [윗마을 양반] · · ㉮ [바우]

(2) [아랫마을 양반] · · ㉯ [박 서방]

어려워 하

02 이 글의 내용과 관련 있는 속담으로 알맞은 것을 두 가지 고르시오. (　　　,　　　)

① 백지장도 맞들면 낫다.

② 소 잃고 외양간 고친다.

③ 호랑이도 제 말 하면 온다.

④ 말 한마디에 천 냥 빚도 갚는다.

⑤ 가는 말이 고와야 오는 말이 곱다.

03 다음은 이 글을 읽고 대화 예절을 지켜야 하는 까닭을 말한 것입니다. (　　　) 안에서 알맞은 말을 골라 ○표 하시오.

> 똑같은 이야기라도 말하는 사람의 (생김새 , 말투 , 몸짓)에 따라 듣는 사람의 태도가 달라질 수 있기 때문이야.

[04~05]

영철: (교실로 들어오는 민수를 보며) 어이, 키다리! 왔냐?

민수: 뭐야, 아침부터 듣기 싫은 별명을 부르고……

채은: (밝은 목소리로) 민수야, 안녕?

민수: (밝은 목소리로) 안녕, 채은아? 어제 네가 빌려준 책 참 재미있더라. 고마워.

04 민수가 영철이의 말을 듣고 기분이 나빠진 까닭은 무엇입니까? (　　　)

① 높임말로 인사하지 않아서

② 얼굴을 쳐다보지 않고 인사해서

③ 채은이에게만 다정하게 인사해서

④ 듣기 싫은 별명을 부르며 인사해서

⑤ 자신의 이름을 큰 소리로 부르며 인사해서

서술형 상

05 영철이가 다음과 같이 대답했다면 민수는 어떻게 말했을지 쓰시오.

> · 영철: 어이, 키다리! 왔냐?
> · 민수: [　　　　　　　　　　　　　]
> · 영철: 미안해. 다음부터는 네 이름으로 부를게.

_____

_____

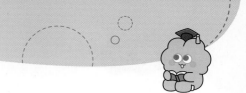

06 다음 그림에서 ㉠을 대화 예절에 맞게 고쳐 말한 것은 어느 것입니까? (   )

㉠아버지, 내가 수저를 놓을게요.

① 아빠, 내가 수저를 놓을까?
② 아빠, 내가 수저를 놓을게요.
③ 아버지, 제가 수저를 놓을게.
④ 아버지, 제가 수저를 놓을게요.
⑤ 아버지, 내가 수저를 놓겠습니다.

서술형

07 두 아이가 교통 봉사 활동을 하시는 아주머니께 고마움을 표현하였습니다. 두 아이가 한 말을 비교해 보고, 물음에 답하시오.

• 서우: 아주머니, 고맙습니다.
• 수현: 아주머니, 수고하셨어요.

(1) 두 아이 중 대화 예절에 맞게 말한 아이는 누구인지 쓰시오.

(   )

(2) (1)과 같이 답한 까닭을 쓰시오.

_____

_____

[08~10]

가 신유 어머니: (밝은 목소리로) 안녕? 어서 와라. 신유 친구들이구나. 반갑다.

지혜: (성급하게) 안녕하세요? 그런데 신유는 어디 갔나요? 어? 신유야, 생일 축하해!

원우: 야! 신유야, 생일 축하해! 하하하.

나 원우: 신유야, 이제 네 방으로 가서 놀자.

신유: 여기야.

원우: 신유야, 여기는 책이 정말 많구나.

현영: (귓속말로) 신유는 이 많은 책을 다 봤나 봐.

지혜: (귓속말로) 정말 많다. 그래서 공부를 잘하나 봐.

원우: (귓속말로) 역시 책을 좋아하는 신유답다.

08 글 **가** 의 상황에서 신유 친구들이 예절을 지키기 위해 할 말로 알맞은 것을 에서 찾아 기호를 쓰시오.

보기

㉮ 오늘 재미있게 잘 놀았습니다. 안녕히 계세요.

㉯ 아주머니, 안녕하세요? 생일잔치에 초대해 주셔서 감사합니다.

㉰ 아주머니, 맛있는 음식을 준비해 주셔서 고맙습니다. 잘 먹겠습니다.

(   )

09 글 **나** 는 어디에서 일어난 일인지 쓰시오.

(   )

10 글 **나** 에서 신유 친구들이 지켜야 할 대화 예절은 무엇입니까? (   )

① 눈을 마주치며 인사한다.
② 거친 말을 사용하지 않는다.
③ 친구가 말할 때 끼어들지 않는다.
④ 남의 집에서는 작은 목소리로 말한다.
⑤ 친구 앞에서는 귓속말을 하지 않는다.

[11~13]

11 그림 가에서 사슴 역할을 한 친구가 예절을 지키지 못한 점은 무엇입니까? (   )

① 심한 욕을 하였다.
② 대화 도중에 끼어들었다.
③ 친구와 눈을 마주치지 않았다.
④ 친구 앞에서 귓속말을 하였다.
⑤ 큰 소리로 친구의 별명을 불렀다.

어려워 ☺

12 그림 나에서 사자 역할을 한 친구에게 충고하는 말을 알맞게 한 친구의 이름을 쓰시오.

> • 가희: 자기 말만 하지 말고 남이 하는 말도 잘 들어 주었으면 좋겠어.
> • 혁준: 말끝을 흐리지 말고 자신 있는 말투로 자기의 생각을 발표했으면 좋겠어.
> • 소라: 수업에 방해가 되니까 큰 소리로 말하지 말고 옆 사람과 소곤소곤 귓속말로 하면 좋겠어.

(   )

13 ㉠, ㉡을 예의 바른 말로 고친 것을 찾아 선으로 알맞게 이으시오.

(1) ㉠ •

• ㉮ 그래, 다른 친구부터 하고 나서 할게.

(2) ㉡ •

• ㉯ 미안해. 네 말이 끝날 때까지 기다릴게.

[14~15]

> 이희정: 네, 제 의견은 "   ㉠   "입니다. 친구들이 나쁜 말을 주고받으면 사이가 안 좋아지는 것을 자주 봤기 때문입니다.
> 고경희: (비아냥거리며) 쳇, 친할 때 그런 말로 장난치는 것도 모르나?
> 이희정: (짜증 내며) 너는 그래서 날마다 친구들과 다투냐?
> 사회자: 모두 조용히 해 주십시오. 말할 기회도 얻지 않고 높임말도 사용하지 않은 고경희 친구 그리고 마찬가지로 말할 기회를 얻지 않고 거친 말을 사용한 이희정 친구에게 '주의'를 한 번씩 드립니다.

14 ㉠에 들어갈 이희정 친구의 의견으로 알맞은 것을 찾아 ○표 하시오.

(1) 고운 말을 사용하자.   (   )
(2) 심한 장난을 하지 말자.   (   )
(3) 줄임말을 사용하지 말자.   (   )

15 고경희 친구가 사회자에게 주의를 받은 까닭을 두 가지 고르시오. (,   )

① 높임말을 사용하지 않아서
② 다른 사람의 의견을 비난해서
③ 말할 기회를 얻지 않고 말해서
④ 자신의 의견만 옳다고 주장해서
⑤ 친구가 말하는 도중에 끼어들어서

➔ 바른답·알찬풀이 7쪽

[16~17]

가 박태영: 제 의견은 "듣기 싫은 별명으로 부르지 말자."입니다. 기분이 나빠지면 서로 사이좋게 지내기가 어려워지기 때문입니다.

사회자: 좋은 의견입니다. 다른 의견이 더 있습니까? 이희정 친구가 의견을 발표해 주십시오.

이희정: 저는 고운 말을……

강찬우: (끼어들며) 잠깐만. "심한 장난을 하지 말자."가 좋겠습니다. 왜냐하면 장난이 심해져서 싸우는 경우가 많기 때문입니다.

나 사회자: 지금부터 주제에 대한 실천 내용을 정하도록 하겠습니다. 표결을 하기 전에 추가로 의견을 이야기할 친구는 발표해 주시기 바랍니다. 김찬민 친구가 의견을 발표해 주십시오.

김찬민: (자신 없게) 고운 말? 뭐였지? 아무튼 그 의견보다는 '이름 부르지 않기'로 정하면 좋겠습니다. 왜냐하면 우리 반 모두가 싫어할 것 같기 때문입니다.

사회자: "고운 말을 사용하자."는 의견이 있었고, 이름이 아니라 "듣기 싫은 별명으로 부르지 말자."라는 의견이 있었습니다. 다른 사람 의견을 잘 들어 주시면 고맙겠습니다. 표결을 시작하겠습니다.

16 강찬우 친구가 회의하면서 지켜야 할 예절은 무엇입니까? (   )

① 고운 말을 사용한다.
② 말할 기회를 골고루 준다.
③ 의견에 대한 까닭을 들어 말한다.
④ 다른 사람의 의견을 비난하지 않는다.
⑤ 다른 사람이 발표할 때 끼어들지 않는다.

서술형

17 김찬민 친구가 회의할 때 예절에 어긋난 점을 쓰시오.

_____

_____

[18~20]

18 얼굴을 직접 확인할 수 없는 온라인 대화에서 자신을 나타내는 또 다른 이름은 무엇인지 쓰시오.

(   )

19 이 온라인 대화에 나타난 문제점을 두 가지 고르시오. (,   )

① 높임말을 사용하지 않았다.
② 그림말을 지나치게 많이 사용했다.
③ 누군지 알아보기 힘든 대화명을 썼다.
④ 뜻을 쉽게 알 수 있는 줄임말을 사용했다.
⑤ 자신이 할 말만 하고 대화방에서 나가 버렸다.

어려워

20 이와 같은 온라인 대화의 편리한 점을 알맞게 말한 친구를 찾아 ○표 하시오.

(1) 정훈: 서로 표정을 볼 수 있어서 오해가 생기지 않아. (   )

(2) 서우: 직접 만나지 않고도 필요한 이야기를 나눌 수 있어. (   )

(3) 유선: 상대가 보이지 않아서 대화 예절을 지키지 않아도 돼. (   )

개념 1 인물, 사건, 배경을 생각하며 이야기 읽기

- [ㅇ][ㅁ]은 이야기에서 어떤 일을 겪는 사람이나 사물을 말합니다.

- 사건은 이야기에서 일어나는 일을 말합니다.

- [ㅂ][ㄱ]은 이야기가 펼쳐지는 시간과 장소를 말합니다.

1 다음 내용은 이야기의 구성 요소를 정리한 것입니다. 빈칸에 들어갈 알맞은 말을 보기 에서 찾아 쓰시오.

> 보기
>
> 인물, 사건, 배경

(1)	사라의 방
(2)	사라, 사라의 어머니
(3)	사라의 어머니께서 법은 언젠가는 바뀐다며 사라를 위로해 주셨다.

개념 2 인물의 성격을 짐작하며 이야기 읽기

- 인물이 한 [ㅁ]을 살펴봅니다.

- 인물의 행동을 살펴봅니다.

- 인물이 한 말과 행동으로 인물의 [ㅅ][ㄱ]을 짐작합니다.

2 ㉠을 통해 알 수 있는 윤아의 성격으로 알맞은 것을 두 가지 고르시오.
(,)

> "손을 넣어 볼까?"
> ㉠"싫어. 그러다가 벌레라도 손에 닿으면 어떡해?"
> 나는 윤아 입에서 '벌레'라는 말이 나오자마자 사물함 밑으로 반쯤 넣었던 손을 얼른 뺐어요.

① 외롭다.　　　② 깔끔하다.　　　③ 장난스럽다.
④ 배려심이 많다.　　⑤ 조심성이 많다.

개념 3 사건의 흐름을 생각하며 이야기 읽기

- 사건이 일어난 [ㅊ][ㄹ]를 살펴봅니다.

- 인물의 성격에 따라 [ㅎ][ㄷ]이 어떻게 달라졌는지 살펴봅니다.

- 인물의 행동에 따라 이어질 이야기가 어떻게 달라질지 예측하며 읽습니다.

3 다음은 우봉이의 성격에 따른 사건의 흐름을 정리한 것입니다. 우봉이의 성격으로 미루어 보아 사건의 결과가 어떻게 될지 알맞게 말한 것을 골라 ○표 하시오.

우봉이의 성격	일어난 일
융통성 없는 성격 ➜	우봉이가 시장에서 손으로 음식을 드시는 주은이 어머니를 보고 메스꺼워하였다.

(1) 우봉이는 주은이 어머니에게 다가가 인사를 했다. ( )
(2) 우봉이는 주은이와 눈이 마주칠까 봐 다른 사람 뒤로 얼른 몸을 숨겼다. ( )

정답 ❶ 인물 ❷ 배경 ❸ 말 ❹ 성격 ❺ 차례 ❻ 행동

단원평가 ^{기본} 4. 이야기 속 세상

[01~03]

가 아침마다 사라는 어머니와 함께 버스를 탔습니다. 언제나 백인들이 앉는 자리와 구분된 뒷자리에 앉았습니다. 고개를 돌려 자기를 쳐다보는 백인 아이들에게 사라는 얼굴을 찡그렸습니다. 백인 아이들도 얼굴을 찡그리며 웃어 댔습니다. 그러다가 어머니들에게 잔소리를 들은 뒤에야 바로 앉았습니다.

"지금까지 언제나 이래 왔단다. 자리에 앉을 수 있는 것만으로도 만족해야지." / 어머니께서는 두 손을 깍지 낀 채 이렇게 말씀하시고는 했습니다.

나 어느 날 아침, 사라는 버스 앞쪽 자리가 얼마나 좋은 곳인지 알아보기로 마음먹었습니다. 사라는 자리에서 일어나 좁은 통로로 걸어 나갔습니다.

다 한 백인 아주머니께서 물으셨습니다.

"왜 그리 두리번거리니, 꼬마야?"

"뭐 특별한 게 있는지 알아보고 싶어서요."

아주머니께서 말씀하셨습니다.

"네 자리로 돌아가는 게 좋겠구나."

모두가 사라를 쳐다보았습니다.

사라는 계속 나아갔습니다. 앞쪽 끝까지 가서 운전사 옆자리에 앉았습니다.

01 이 글에 나오지 <u>않는</u> 인물은 누구입니까?
( )

① 사라
② 신문 기자
③ 사라 어머니
④ 백인 아이들
⑤ 백인 아주머니

02 이 글을 읽고 알 수 있는 사실로 알맞은 것은 어느 것입니까? ( )

① 사라는 백인이다.
② 흑인과 백인은 같은 버스를 탈 수 없다.
③ 버스 앞쪽 자리에는 백인만 앉을 수 있다.
④ 지금은 이전보다 흑인과 백인의 차별이 더 심해졌다.
⑤ 백인 아주머니는 사라가 자신의 옆자리에 앉기를 바란다.

서술형
03 이 글에서 일어난 사건을 떠올리며 다음 물음에 답하시오.

(1) 이 글에서 배경이 되는 장소를 쓰시오.
( )

(2) (1)에서 답한 장소에서 일어난 중요한 사건을 정리하여 쓰시오.

_____

_____

[04~05]

가 "그런데 왜 저는 버스 앞자리에 타면 안 되나요?"

"법이 그렇기 때문이야. 법이라고 다 좋은 것은 아니지만 말이다."

사라가 어머니의 피곤한 눈을 올려다보며 물었습니다. / "법은 절대 바뀌지 않나요?"

나 이튿날 아침, 어머니께서 사라에게 버스를 타는 대신 걸어가는 것이 어떻겠느냐고 물으셨습니다.

다 ㉠그날은 어떤 흑인도 버스를 타지 않았습니다. 그다음 날도 마찬가지였습니다. 버스 회사는 당황했습니다. 시장도 어쩔 줄 몰라 했습니다. 그리하여 사람들은 마침내 법을 바꾸었습니다.

04 흑인들이 ㉠과 같이 행동한 까닭은 무엇입니까?
( )

① 버스를 탈 돈이 없어서
② 잘못된 법을 따르고 싶지 않아서
③ 흑인들만 버스를 타게 하고 싶어서
④ 잘못된 법이 바뀐 것을 축하하기 위해서
⑤ 흑인들은 버스를 타지 못하게 법이 바뀌어서

05 ㉠으로 어떤 결과가 생겼는지 ( ) 안에 들어갈 알맞은 말을 쓰시오.

• 흑인들도 버스 ( )에 앉을 수 있게 되었다.

[06~08]

가 "우아, 윤아 공기 되게 잘한다!"

아이참, 정말 이상해요. 조금 전까지만 해도 윤아보다 내가 훨씬 더 잘했는데, 우진이가 나타나자마자 자꾸만 실수하는 거예요. ㉠우진이 칭찬을 듣고 헤벌쭉 웃는 윤아가 참 얄미웠어요.

"나 공기놀이 그만할래."

나 '떨어져라, 떨어져라, 떨어져라……'

나도 모르게 마음속으로 빌고 있는데 갑자기 윤아가 앞으로 폭 고꾸라지지 뭐예요. 장난꾸러기 창훈이가 다른 아이들이랑 장난치며 뛰다가 윤아와 부딪친 거죠. 그 바람에 윤아 손등에 있던 공기 알이 와르르 떨어져 두 개는 책상 밑으로, 한 개는 우진이 다리 밑으로, 나머지 한 개는 사물함 밑으로 굴러 들어갔어요.

다 윤아는 공기 알을 못 잡은 게 억울해서, 나는 사물함 밑으로 굴러 들어간 내 공기 알이 걱정돼서 소리쳤어요. 우리 목소리에 놀랐는지 창훈이는 온몸을 움찔하더라고요. 그것도 잠시뿐, 창훈이는 미안하다는 소리 대신 혀만 쏙 내밀고는 휙 도망가 버리는 거 있죠.

06 ㉠에서 알 수 있는 '나'의 성격으로 알맞은 것은 무엇입니까? ( )

① 차분하다.　　② 지혜롭다.
③ 샘이 많다.　　④ 다정다감하다.
⑤ 부끄러움이 많다.

07 공기 알이 사물함 밑으로 굴러 들어간 까닭은 무엇입니까? ( )

① 윤아가 공기 알을 잡다가 놓쳐서
② 창훈이가 공기 알을 사물함 밑으로 던져서
③ '나'와 창훈이가 장난치며 놀다가 윤아를 밀쳐서
④ 창훈이가 뛰다가 공기놀이를 하던 윤아와 부딪쳐서
⑤ 우진이가 실수로 공기놀이를 하던 윤아의 손을 쳐서

08 이 글에서 창훈이의 성격을 잘 나타내 주는, 다섯 글자로 된 낱말을 찾아 쓰시오.

( )

[09~10]

가 우진이는 어디서 가져왔는지 기다란 자를 들고 나타났어요. 그러고는 바닥에 납작 엎드려 자로 사물함 밑을 더듬거렸어요.

나 우진이는 공기 알과 나비 핀을 손에 들고 먼지를 툴툴 털어 냈어요. 그러고는 우리에게 공기 알과 나비 핀을 쑥 내밀었어요.

"여기 공기 알. 그리고 이 핀 가질래?"

나는 선뜻 손을 내밀지 못했어요. 어떻게 하면 좋을지 몰랐거든요.

그때 윤아가 얼굴을 찡그리며 말했어요.

"아유, 더러워! 그 핀을 어떻게 쓰냐?"

그러자 우진이는 공기 알만 나에게 건네주고 나비 핀은 쓰레기통에 넣어 버렸어요.

"그래, 더러울 거야."

우진이의 목소리에는 ㉠ 마음이 묻어 있었어요.

꼭나와 ㄴ

09 이 글에 나오는 인물의 성격을 알맞게 짐작한 친구의 이름을 쓰시오.

- 준이: 우진이가 내민 핀을 선뜻 받지 못하는 것으로 보아, '나'는 다른 사람의 마음을 잘 헤아리지 못하는 성격인 것 같아.
- 성훈: 우진이가 자를 들고 와서 사물함 밑으로 들어간 공기 알을 꺼내려는 모습을 보면 우진이는 적극적인 성격인 것 같아.

( )

10 ㉠에 들어갈 알맞은 말은 무엇입니까? ( )

① 뿌듯한　　② 행복한　　③ 미안한
④ 두려운　　⑤ 부끄러운

→ 바른답·알찬풀이 8쪽

[11~12]

가 "땡!" / "벌써 삼십 초가 지났어요? 하나만 더 옮겼으면 초급 합격인데."

우봉이가 몹시 아쉬워했어요.

할아버지가 우봉이 등을 다독이며 말씀하셨어요.

"우리 우봉이 아주 잘하는구먼. 젓가락을 바르게 사용할 줄 아니까, 조금만 더 연습하면 거뜬하겠구먼." / 우봉이는 할아버지 말씀에 용기가 났어요. 할아버지는 접시 한쪽에 바둑알을 수북이 놓았어요. ㉠우봉이는 나무젓가락으로 바둑알을 집어 빈 접시로 옮기는 연습을 계속했어요.

나 교실로 돌아왔을 때, 책상이 칠판 앞으로 옮겨져 있었어요. 주은이 책상도 마찬가지였어요. 그 두 책상 사이에는 교탁이 있었고, 교탁 위에는 스티커가 가득 든 유리병과 상품권이 든 파란 봉투가 놓여 있었어요.

"젓가락왕을 가리는 거니까 아이들이 잘 봐야겠지? 그래서 옮겼어."

선생님 말씀을 듣고 우봉이는 앞으로 나가 앉았어요. 주은이도 자기 책상을 찾아가 앉았어요.

11 우봉이가 할아버지의 도움을 받아 한 일로 알맞은 것을 찾아 ○표 하시오.

(1) 바둑을 배웠다. ( )

(2) 젓가락 쥐는 법을 배웠다. ( )

(3) 시간을 재며 젓가락질 연습을 했다. ( )

서술형 ✎

12 글 **가**, **나**에서 일어난 일의 흐름을 생각하며 다음 물음에 답하시오.

(1) ㉠을 통해 알 수 있는 우봉이의 성격을 쓰시오.

( )

(2) ㉠의 일로 글 **나**에서 어떤 사건이 일어났는지 쓰시오.

_____

_____

[13~15]

가 '어, 주은이잖아!'

주은이가 채소 ㉠가게 안에서 젓가락질 연습을 하고 있었어요. 나무젓가락으로 강낭콩을 들었다 놓았다 하고 있었어요. 주은이 옆에는 한 아줌마가 있었는데 생김새가 좀 남달랐어요. 얼굴도 가무잡잡했어요. 아줌마가 대나무로 만든 작은 그릇에서 뭔가를 꺼내 조몰락조몰락했어요.

"그렇게 먹지 마. 정말 싫어."

나 '왝! 저걸 먹다니!'

우봉이는 속이 메스꺼웠어요.

"아유, 정말 창피해."

주은이가 콩 집던 나무젓가락을 아줌마한테 얼른 내밀었어요. 그러고는 주위를 두리번거렸어요.

지켜보던 우봉이는 다른 사람 뒤로 얼른 몸을 숨겼어요.

13 우봉이가 채소 가게 앞에서 우연히 본 것을 두 가지 고르시오. (,)

① 주은이가 채소를 파는 모습

② 주은이가 젓가락질 연습을 하는 모습

③ 주은이가 젓가락으로 밥을 먹는 모습

④ 주은이가 어머니께 젓가락질을 배우는 모습

⑤ 주은이 어머니께서 손으로 음식을 먹는 모습

14 ㉠과 뜻이 비슷한 낱말을 두 가지 고르시오.

(,)

① 상점　　② 서점　　③ 점포

④ 정원　　⑤ 건물

꼭나와 ㉨

15 글 **나**에서 알 수 있는 우봉이의 성격으로 알맞은 것은 무엇입니까? ( )

① 사려 깊다. ② 긍정적이다.

③ 애교가 많다. ④ 융통성이 없다.

⑤ 다른 문화에 대한 편견이 없다.

01 인물, 사건, 배경에 대해 알맞게 말하지 <u>못한</u> 친구의 이름을 쓰시오.

> • 가연: 이야기에서 일어나는 일을 사건이라고 해.
> • 재영: 이야기에서 어떤 일을 겪는 사람이나 사물을 인물이라고 해.
> • 서호: 이야기가 펼쳐지는 배경 중에서 '언제'에 해당하는 것을 공간적 배경이라고 해.

( )

[02~05]

가 사라는 계속 나아갔습니다. 앞쪽 끝까지 가서 운전사 옆자리에 앉았습니다. 사라는 운전사가 기어를 바꾸고 두 손으로 커다란 핸들을 돌리는 것을 지켜보았습니다. 운전사가 성난 얼굴로 사라를 쏘아보았습니다.
"꼬마 아가씨, 뒤로 가서 앉아라. 너도 알다시피 늘 그래 왔잖니?"
사라는 그대로 앉은 채 마음속으로 말했습니다.
'뒷자리로 돌아갈 아무런 이유가 없어!'
나 운전사는 자리에서 일어나 쿵쾅거리며 버스 계단을 내려갔습니다. 버스 안에 있던 백인들이 화를 내며 소리쳤습니다.
"빨리 가자고! 이러다 지각하겠어."
잠시 뒤, 운전사는 경찰관과 함께 돌아왔습니다.
다 경찰관이 살짝 웃으며 말했습니다.
"아무렴. 법에는 말이다, 너희 같은 사람은 버스 뒷자리에 앉아야 한다고 나와 있단다. 그래서 말인데, 법을 어기고 싶지 않다면 네 자리로 돌아가거라."
밖에 사람들이 모여들기 시작했습니다. 사람들이 흥분하여 사라에게 큰 소리를 질렀지만, 몇몇은 사라를 응원했습니다.
한 아저씨께서 소리치셨습니다. / "일어나지 마라. 그 자리는 네 피부색과 아무 상관이 없어."

02 글 **가**를 통해 알 수 있는 사라의 성격으로 알맞은 것은 무엇입니까? ( )

① 당당하다.　　　② 비겁하다.
③ 게으르다.　　　④ 친절하다.
⑤ 어리석다.

어려워♨

03 이 이야기의 구성 요소를 알맞게 정리한 것을 **보기**에서 찾아 기호를 쓰시오.

> **보기**
> ㉮ 이 이야기의 공간적 배경은 경찰서이다.
> ㉯ 이 이야기에는 사라, 운전사, 경찰관 등이 나온다.
> ㉰ 사라가 한 아저씨에게 자리를 양보하여 칭찬을 듣게 된 사건이 일어났다.

( )

04 이 이야기를 읽고 나눈 대화에서 빈칸에 들어갈 대답으로 알맞은 것은 어느 것입니까? ( )

> • 나리: 사람들은 사라가 어떤 법을 어겼다고 생각했지?
> • 영민: [   ]을 어겼다고 생각했어.

① 버스에서 떠들면 안 된다는 법
② 흑인은 버스 뒷자리에 앉아야 한다는 법
③ 흑인은 버스에서 서서 가야만 한다는 법
④ 운전사에게 함부로 말을 하면 안 된다는 법
⑤ 어린아이는 부모와 함께 버스를 타야 한다는 법

서술형♨

05 이 글을 읽고 어떤 생각이 들었는지 한 문장으로 간단히 쓰시오.

_____

_____

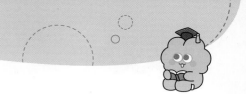

[06~09]

가 과자를 반쯤 먹었을 때 어머니께서 오셨습니다. 어머니께서 손을 내밀며 말씀하셨습니다.

"가자, 경찰관들이 진짜 범죄자들을 잡으러 가야 할 때인 것 같구나."

경찰관이 사라와 어머니의 뒤에 대고 소리쳤습니다.

"앞으로 당신 딸이 어디에 앉아야 하는지 단단히 일러 주시오!"

밖으로 나오자, 신문 기자가 사라의 사진을 좀 더 찍은 뒤에 잘 가라고 손을 흔들어 주었습니다.

나 그날 밤, 어머니께서는 사라의 방으로 들어와 사라를 안아 주셨습니다.

"사라야, 엄마는 너한테 화나지 않았어. 너는 세상의 어떤 백인 아이 못지않게 착한 아이란다. 너는 특별한 아이야."

사라는 몹시 혼란스러웠습니다.

"그런데 왜 저는 버스 앞자리에 타면 안 되나요?"

"법이 그렇기 때문이야. 법이라고 다 좋은 것은 아니지만 말이다."

사라가 어머니의 피곤한 눈을 올려다보며 물었습니다.

"법은 절대 바뀌지 않나요?"

어머니께서 부드럽게 대답하셨습니다.

"언젠가는 바뀌겠지."

06 이 글에서 일이 일어난 장소가 어떻게 바뀌었는지 쓰시오.

• 경찰서 → (   )

07 경찰서에서 일어난 일은 무엇입니까? (   )

① 경찰관이 사라에게 사과를 했다.
② 사라가 어머니께 꾸중을 들었다.
③ 기자가 사라의 사진을 찍어 갔다.
④ 사라가 경찰서에서 갑자기 쓰러졌다.
⑤ 사라의 어머니가 경찰관에게 호통을 쳤다.

08 글 **나**에서 사라가 어머니의 말씀을 듣고 혼란스러워한 까닭을 알맞게 말한 친구의 이름을 쓰시오.

• 승원: 자신이 특별한 아이라면 백인으로 태어났어야 했기 때문이야.
• 은지: 백인 아이가 착하고 특별한 아이라는 것을 알게 되었기 때문이야.
• 선후: 자신이 특별한 아이라고 했는데, 왜 버스 앞자리에 타면 안 되는지 이해되지 않았기 때문이야.

(   )

서술형 ☆

09 글 **나**에서 일어난 일을 정리하여 쓰시오.

_____

_____

10 ㉠의 행동으로 짐작할 수 있는 '나'의 성격으로 알맞은 것은 무엇입니까? (   )

윤아와 나는 교실 바닥에 엎드려 사물함 밑을 들여다봤지만, 사물함 밑은 너무 깜깜해서 아무것도 보이지 않았어요.

"손을 넣어 볼까?"

"싫어. 그러다가 벌레라도 손에 닿으면 어떡해?"

㉠나는 윤아 입에서 '벌레'라는 말이 나오자마자 사물함 밑으로 반쯤 넣었던 손을 얼른 뺐어요.

① 소심하다.   ② 적극적이다.
③ 조심성이 없다.   ④ 장난이 심하다.
⑤ 마음이 따뜻하다.

[11~14]

가 "이걸로 꺼내 보자."

우진이는 어디서 가져왔는지 기다란 자를 들고 나타났어요. 그러고는 바닥에 납작 엎드려 자로 사물함 밑을 더듬거렸어요.

나 자 끝에는 분홍색 꽃 모양의 작은 공기 알이 살짝 걸려 있었어요. 작은 물방울무늬가 있는 빨간색 나비 핀도요. 우진이는 공기 알과 나비 핀을 손에 들고 먼지를 툴툴 털어 냈어요. 그러고는 우리에게 공기 알과 나비 핀을 쑥 내밀었어요.

㉠"여기 공기 알. 그리고 이 핀 가질래?"

㉡나는 선뜻 손을 내밀지 못했어요. 어떻게 하면 좋을지 몰랐거든요.

그때 윤아가 얼굴을 찡그리며 말했어요.

㉢"아유, 더러워! 그 핀을 어떻게 쓰냐?"

그러자 우진이는 공기 알만 나에게 건네주고 나비 핀은 쓰레기통에 넣어 버렸어요.

"그래, 더러울 거야."

우진이의 목소리에는 부끄러운 마음이 묻어 있었어요. ㉣마음 같아서는 윤아를 한 대 콩 쥐어박고 싶었지만 참았어요.

11 우진이가 '나'와 윤아에게 내민 것을 두 가지 찾아 쓰시오.

( )

12 ㉠~㉢에서 알 수 있는 인물들의 성격을 찾아 선으로 알맞게 이으시오.

(1) ㉠ ·   · ㉮ 내성적이다.

(2) ㉡ ·   · ㉯ 배려심이 없다.

(3) ㉢ ·   · ㉰ 다정다감하다.

13 '나'가 ㉣과 같이 느낀 까닭은 무엇입니까?

( )

① '나'보다 공기를 잘하는 윤아에게 샘이 나서

② 우진이가 건넨 핀이 더럽다며 면박을 준 윤아가 얄미워서

③ 우진이가 '나'에게 건넨 핀을 윤아가 빼앗아 간 것이 미워서

④ 윤아가 '나'보다 우진이에게 좋아한다는 마음을 먼저 표현해서

⑤ 윤아가 우진이가 건넨 나비 핀만 갖고 공기 알은 쓰레기통에 버려서

어려워 ☝

14 이 글에 나오는 윤아와 비슷한 성격을 가진 친구를 골라 ○표 하시오.

(1) 선생님의 질문에 대답을 할까 말까 망설이는 재준 ( )

(2) 잃어버린 지갑을 찾기 위해 공원을 샅샅이 뒤지는 민아 ( )

(3) 어머니께서 정성껏 차려 주신 음식이 맛이 없다며 먹지 않는 세형 ( )

서술형 ☝

15 ㉠과 ㉡을 통해 알 수 있는 창훈이와 우진이의 성격을 쓰시오.

㉠창훈이가 다시 나타나 윤아와 나를 또 밀치고 지나가는 거예요. 윤아와 나는 하마터면 같이 넘어질 뻔했지요. 그런데 우진이가 갑자기 창훈이 팔을 팍 잡아채더니 윤아와 내 앞으로 창훈이를 돌려세웠어요.

㉡"너 왜 자꾸 여자애들 괴롭혀? 아까 일도, 지금 일도 얼른 사과해."

_____

_____

[16~18]

가 주은이가 ⑤채소 가게 안에서 젓가락질 연습을 하고 있었어요. 나무젓가락으로 강낭콩을 들었다 놓았다 하고 있었어요. 주은이 옆에는 한 아줌마가 있었는데 생김새가 좀 남달랐어요.

나 아줌마가 조몰락조몰락하던 것을 입에 쏙 넣었어요. 밥 덩어리 비슷했어요.

'왝! 저걸 먹다니!' / 우봉이는 속이 메스꺼웠어요.

다 "궁금한 게 있는데요, 손으로 밥을 조몰락조몰락해서 먹는 건 나쁜 거죠? 그런 사람 야만인이죠? 원시인이죠?"

우봉이가 묻자 아빠가 말씀하셨어요.

"왜? 아는 사람 중에 그런 사람이라도 있어?"

라 "손으로 먹는 걸 두고 나쁘다고, 또 야만인이라고 해서는 안 되는겨. 그게 그 나라 풍습이고 문화인겨. 할아버지가 된장찌개 좋아하는데, 외국 사람이 냄새나는 된장 먹는다고 나를 야만인이라고 부르면 기분 나쁠겨. 할아버지 말 알아듣겠능겨?"

16 우봉이는 손으로 음식을 먹는 것에 대해 어떻게 생각합니까? (   )

① 그 나라 문화일 뿐이다.
② 이해해야 하는 풍습이다.
③ 나쁘다고 해서는 안 된다.
④ 음식을 어떻게 먹든 괜찮다.
⑤ 야만인이나 원시인이 하는 행동이다.

17 우봉이에게 일어난 일을 순서에 맞게 기호를 쓰시오.

> ㉮ 가족과 손으로 음식을 먹는 것에 대해 이야기하였다.
> ㉯ 아줌마가 손으로 음식을 먹는 것을 보고 메스꺼워하였다.
> ㉰ 채소 가게에서 젓가락질 연습을 하는 주은이를 보게 되었다.

(   ) → (   ) → (   )

18 ⑤과 뜻이 비슷한 낱말이 쓰인 문장을 보기에서 찾아 기호를 쓰시오.

> **보기**
> ㉮ 나는 채식보다는 육식을 더 좋아한다.
> ㉯ 너는 과일 중에서 어떤 것을 좋아하니?
> ㉰ 할머니께서는 텃밭에서 야채를 기르신다.

(   )

[19~20]

주은이와 우봉이는 동시에 쇠젓가락을 집어 들었어요.

우봉이가 콩을 세 개 옮겼을 때, 귓바퀴에 저번처럼 감기는 말이 있었어요.

'더 좋은 것은 따로 있는디. 그냥 달인만 되는 거. 동무들 이길 생각일랑 말고.'

우봉이는 무시하듯 콩을 더 빨리 집어 옮겼어요. 그러자 할아버지 말씀이 귓바퀴에 더 칭칭 감겼어요. 그뿐만이 아니었어요. 주은이 일기도 눈앞에서 아른거리기 시작했어요. 상품권을 타서 젓가락과 머리핀을 사고 싶다던.

'아, 싫은데. 져 주기 싫은데……'

19 우봉이가 결승전에서 머뭇거린 까닭은 무엇인지 (   ) 안에 들어갈 알맞은 말을 쓰시오.

• (   )의 말씀과 주은이의
(   )이/가 생각나서

20 이 글에 나타난 우봉이의 성격에 어울리게 이어질 내용을 상상한 친구의 이름을 쓰시오.

> • 승아: 사려 깊고 인정이 많은 성격 때문에 대회에 집중하지 못해서 질 것 같아.
> • 윤후: 인정이 없고 배려심이 없는 성격 때문에 대회에서 이기려고 규칙을 어길 것 같아.

(   )

개념 ① 문장의 짜임 알기

- 문장은 '누가/무엇이'에 해당하는 부분과 '무엇이다/어찌하다/어떠하다'에 해당하는 ❶ㄷ 부분으로 나눌 수 있습니다.

- '누가/무엇이 + 어찌하다'에서 '어찌하다'는 움직임을 나타냅니다.

- '누가/무엇이+어떠하다'에서 '어떠하다'는 '누가/무엇이'의 성질이나 ❷ㅅㅌ를 나타냅니다.

1 다음 문장의 짜임에 대한 설명으로 알맞지 <u>않은</u> 것은 어느 것입니까?
(   )

> 세 아들은 밭으로 달려갔습니다.

① '누가' + '어찌하다'로 나눌 수 있다.
② '누가'에 해당하는 부분은 '세 아들은'이다.
③ '어찌하다'에 해당하는 부분은 '밭으로'이다.
④ '세 아들은'과 '밭으로 달려갔습니다'로 나눌 수 있다.
⑤ '밭으로 달려갔습니다'는 세 아들이 어찌했는지를 나타내는 부분이다.

개념 ② 문장의 짜임에 맞게 문장 쓰기

- 사건의 흐름을 생각하여 이야기의 내용을 간추려 봅니다.

- 문장의 ❸짜ㅇ에 맞게 간추린 내용을 글로 씁니다.

- 문장이 '❹ㄴㄱ/무엇이' 부분과 '무엇이다/어찌하다/어떠하다' 부분이 자연스럽게 연결되는지 살펴봅니다.

2 다음 글의 내용을 간추려 '누가 + 어찌하다'의 짜임으로 문장을 알맞게 쓴 것을 골라 ○표 하시오.

> 옛날 어느 마을에 목화 장수 네 사람이 살았다. 그들은 싼 목화가 있으면 함께 사서 큰 광 속에 보관해 두었다가 값이 오르면 팔았다. 그런데 그 광에는 쥐가 많아 목화를 어지럽히기도 하고 오줌을 싸기도 했다. 목화 장수들은 궁리 끝에 광에 고양이를 기르기로 하고 똑같이 돈을 내어 고양이를 샀다.

(1) 목화 장수들이 쥐를 + 잡았다.   (   )
(2) 목화 장수들이 + 고양이를 샀다.   (   )

개념 ③ 자신의 의견을 제시하는 글 쓰기

- ❺ㅁㅈ 상황을 자세히 씁니다.

- 자신의 의견을 분명하게 제시하고, 의견을 뒷받침하는 ❻ㄲㄷ을 씁니다.

- 읽는 사람을 생각하며 예의 바르게 글을 씁니다.

3 ㉠~㉢ 중에서 글쓴이의 의견으로 알맞은 것을 찾아 기호를 쓰시오.

> ㉠저는 댐을 건설하는 것에 반대합니다. ㉡우리 상수리에 댐을 건설하면 숲에 사는 동물들이 살 곳을 잃고, 우리는 만강의 물고기들을 다시는 볼 수 없게 될 것입니다. 그리고 ㉢마을 어른들께서는 평생 살아온 고향을 떠나야 한다고 말씀하십니다. 우리 마을에 댐을 건설하기로 한 계획을 취소해 주시기를 부탁합니다.

(   )

01 다음 문장의 짜임으로 알맞은 것은 어느 것입니까? (   )

> 예지가 열심히 공부합니다.

① 누가 + 어찌하다   ② 누가 + 어떠하다
③ 무엇이 + 어찌하다   ④ 무엇이 + 어떠하다
⑤ 무엇이 + 무엇이다

[02~05]

옛날 어느 마을에 목화 장수 네 사람이 살았다. 그들은 싼 목화가 있으면 함께 사서 큰 광 속에 보관해 두었다가 값이 오르면 팔았다. 그런데 그 광에는 쥐가 많아 목화를 어지럽히기도 하고 오줌을 싸기도 했다. 목화 장수들은 궁리 끝에 광에 고양이를 기르기로 하고 똑같이 돈을 내어 고양이를 샀다. 그러고는 공동 책임을 지려고 고양이의 다리 하나씩을 각자 몫으로 정하고 고양이를 보살피기로 했다.

어느 날, 고양이가 다리 하나를 다쳤다. ㉠그 다리를 맡은 목화 장수는 고양이 다리에 산초기름을 발라 주었다. 그런데 마침 추운 겨울철이라, 아궁이 곁에서 불을 쬐던 고양이의 다리에 불이 붙고 말았다. 고양이는 얼른 시원한 광 속으로 도망을 쳐서 목화 더미 위에서 굴렀다. 순식간에 목화 더미에 불이 번져 광 속의 목화가 몽땅 타 버리고 말았다.

목화 장수 네 명은 뜻하지 않게 ㉡큰 손해를 보게 되었다. 그러자 고양이의 성한 다리를 맡았던 목화 장수 세 명이 투덜투덜 불평을 늘어놓았다.

"이번 불은 순전히 고양이의 아픈 다리를 맡았던 저 사람 때문이야. 하필이면 불이 잘 붙는 산초기름을 발라 줄 게 뭐야?"

"맞아, 그러니 목홧값을 그 사람에게 물어 달라고 하자."

세 사람은 고양이의 아픈 다리를 맡았던 사람에게 목홧값을 물어내라고 했다. 억울한 그 목화 장수는 절대 목홧값을 물어 줄 수 없다며 큰 싸움을 벌였다.

02 이 글에서 일어난 일의 순서에 맞게 기호를 쓰시오.

> ㉮ 목화가 몽땅 타 버렸다.
> ㉯ 고양이의 다리에 불이 붙었다.
> ㉰ 목화 장수들이 큰 싸움을 벌였다.
> ㉱ 목화 장수들이 쥐 때문에 고양이를 샀다.

(   ) → (   ) → (   ) → (   )

03 ㉠을 '누가 + 어찌하다'로 나눌 때 '누가'에 해당하는 부분을 찾아 쓰시오.

(   )

04 ㉡이 뜻하는 것으로 알맞은 것은 어느 것입니까?
(   )

① 고양이가 다친 것
② 산초기름을 다 쓴 것
③ 돈을 내어 고양이를 산 것
④ 쥐가 목화를 못 쓰게 만든 것
⑤ 광 속의 목화가 모두 타 버린 것

서술형

05 이 글에서 목화 장수들의 의견을 살펴보며 다음 물음에 답하시오.

(1) 목화 장수들은 무엇에 대한 의견을 말하며 싸웠는지 (   ) 안에 들어갈 알맞은 말을 쓰시오.
  • (   )을/를 누가 물어야 하는지에 대한 의견

(2) (1)에서 답한 것에 대해 고양이의 성한 다리를 맡은 목화 장수 세 명의 의견은 무엇인지 쓰시오.

_____

_____

[06~08]

어제 만강에 댐을 건설할 수 있는지 알아보려고 담당자들께서 우리 마을을 방문하셨습니다. 담당자들께서는 작년에 비가 많이 와서 만강 하류에 있는 도시에 물난리가 났다고 말씀하셨습니다. 그래서 홍수를 막으려면 우리 마을에 댐을 건설해야 한다고 하셨습니다.

하지만 저는 댐을 건설하는 것에 반대합니다. 우리 상수리에 댐을 건설하면 숲에 사는 동물들이 살 곳을 잃고, 우리는 만강의 물고기들을 다시는 볼 수 없게 될 것입니다. 그리고 마을 어른들께서는 평생 살아온 고향을 떠나야 한다고 말씀하십니다. 우리 마을에 댐을 건설하기로 한 계획을 취소해 주시기를 부탁합니다.

06 글쓴이가 이 편지를 쓴 까닭은 무엇인지 ( ) 안에 들어갈 알맞은 말을 쓰시오.

- 상수리에 ( )을/를 건설 하기로 한 계획을 ( )해 주기를 부탁하려고

07 글쓴이의 의견으로 알맞은 것은 어느 것입니까? ( )

① 상수리의 숲을 가꾸어야 한다.
② 상수리에 댐을 건설해야 한다.
③ 만강이 오염되는 것을 막아야 한다.
④ 상수리에 댐을 건설하는 것을 반대한다.
⑤ 마을 어른들이 고향을 떠나는 것을 반대한다.

08 글쓴이의 의견을 뒷받침하는 까닭으로 알맞지 않은 것을 두 가지 고르시오. (,)

① 만강 하류의 홍수를 막을 수 있다.
② 아름다운 자연환경을 지킬 수 있다.
③ 숲에 사는 동물들이 살 곳을 잃는다.
④ 만강의 물고기들을 다시는 볼 수 없게 된다.
⑤ 마을 어른들은 평생 살아온 고향을 떠나야 한다.

[09~10]

김효은 학생의 편지를 잘 읽었습니다.

아름다운 상수리가 댐 건설로 겪게 될 어려움을 잘 압니다. 하지만 ㉠상수리 주변에 사는 주민들이 홍수로 겪는 정신적·물질적 피해는 해마다 늘어나고 있습니다.

㉡만강에 댐을 건설하면 여름철에 폭우로 생기는 문제를 막을 수 있습니다. 비가 내리는 대로 내버려 두면, 강 하류에서는 강물이 넘쳐서 논밭이 빗물에 잠기기도 합니다.

그리고 집과 길이 부서지고 심지어 사람이 목숨까지 잃을 만큼 위험합니다. 하지만 댐을 건설하면 홍수로 인한 이런 피해를 막을 수 있습니다.

㉢상수리에 댐을 건설해야 합니다. 우리는 상수리 마을 주민들에게 피해가 가지 않도록 주민들이 이사하는 데 모든 지원을 아끼지 않을 것입니다.

꼭나와 ♥

09 이 글에서 ㉠~㉢은 각각 무엇에 해당하는지 선으로 알맞게 이으시오.

(1) ㉠ •   • ㉮ 문제 상황

(2) ㉡ •   • ㉯ 의견

(3) ㉢ •   • ㉰ 의견을 뒷받침하는 까닭

10 이와 같은 글을 쓰는 방법으로 알맞지 않은 것은 어느 것입니까? ( )

① 문제 상황을 자세히 쓴다.
② 의견을 뒷받침하는 까닭을 쓴다.
③ 자신의 의견을 분명하게 제시한다.
④ 읽는 사람을 생각하며 예의 바르게 쓴다.
⑤ 읽는 사람이 들어주기 어려운 의견을 쓴다.

[11~13]

11 그림 **가**에 나타난 문제 상황을 보고 의견과 그 까닭을 알맞게 제시한 것을 보기에서 찾아 기호를 쓰시오.

> **보기**
>
> ㉮ 의견: 학교에서는 뛰지 말고 걸어야 한다.
> 　까닭: 넘어져서 다칠 위험이 있다.
> ㉯ 의견: 학교 화단에 꽃을 많이 심어야 한다.
> 　까닭: 주변 환경이 쾌적해서 공부가 잘된다.
> ㉰ 의견: 학교 화단에 쓰레기를 버리면 안 된다.
> 　까닭: 쓰레기 때문에 꽃과 풀들이 잘 자라지 못하고 보기에도 좋지 않다.

(　　　　　　　)

서술형
12 그림 **나**를 보고 다음 물음에 답하시오.

(1) 그림에 나타난 문제 상황은 무엇인지 (　) 안에 들어갈 알맞은 말을 쓰시오.

　• 여자아이가 (　　　　　　　)을/를 보면서 횡단보도를 건너고 있다.

(2) (1)에서 답한 문제 상황을 해결할 수 있는 의견과 그 까닭을 쓰시오.

의견	①
까닭	②

13 그림 **가**, **나**와 같이 의견을 제시할 필요가 있는 상황으로 알맞은 것을 두 가지 고르시오.

(　　　,　　　)

① 친구들이 도서관에 가는 상황
② 지각하는 친구가 한 명도 없는 상황
③ 점심시간에 급식을 많이 남기는 상황
④ 친구들끼리 거친 말을 자주 하는 상황
⑤ 힘을 합쳐 교실 청소를 빨리 끝낸 상황

14 학급 신문을 만들 때 가장 먼저 할 일은 어느 것입니까? (　　　)

① 학급 신문의 이름을 정한다.
② 학급 신문의 주제를 정한다.
③ 자신의 의견을 뒷받침할 자료를 찾는다.
④ 각자가 적은 종이를 학급 신문에 붙인다.
⑤ 자신의 의견과 의견을 뒷받침하는 까닭을 종이에 적는다.

15 다음은 학급 신문에 실을 의견을 정리한 것입니다. ㉠에 들어갈 의견으로 알맞은 것은 어느 것입니까? (　　　)

학급 신문 주제	지구 환경 살리기
의견	㉠
까닭	일회용품을 많이 쓰면 쓰레기가 많아진다.

① 책을 많이 읽어야 한다.
② 바르고 고운 말을 써야 한다.
③ 일회용품 사용을 줄여야 한다.
④ 휴대 전화 사용 시간을 줄여야 한다.
⑤ 자동차보다 자전거를 많이 타야 한다.

[01~03]

㉮ 늙은 농부의 세 아들은 게을렀습니다.
㉯ 늙은 농부는 세 아들에게 밭에 보물이 있다고 말해 주었습니다.
㉰ 세 아들은 밭으로 달려갔습니다.
㉱ 아버지께서 밭에 묻어 두신 보물은 주렁주렁 열린 포도송이였습니다.

01 문장 ㉮~㉱ 중에서 문장의 짜임이 '누가＋어떠하다'인 것을 찾아 기호를 쓰시오.

( )

02 문장 ㉯에서 '누가'에 해당하는 부분으로 알맞은 것은 어느 것입니까? ( )

① 늙은 농부는
② 늙은 농부는 세 아들에게
③ 늙은 농부는 세 아들에게 밭에
④ 늙은 농부는 세 아들에게 밭에 보물이
⑤ 늙은 농부는 세 아들에게 밭에 보물이 있다고

어려워 냥

03 다음 중 문장 ㉱와 문장의 짜임이 같은 것은 어느 것입니까? ( )

① 가을 하늘이 호수처럼 푸르다.
② 거친 말이 서로의 마음을 아프게 한다.
③ 아이가 신호등 규칙을 지키지 않아 위험하다.
④ 심술궂은 놀부가 동생 흥부를 집에서 쫓아냈다.
⑤ 교통 신호는 우리 모두가 꼭 지켜야 할 생명 규칙이다.

04 다음 문장을 완성하기 위해 ㉠에 들어갈 말로 알맞은 것을 두 가지 고르시오. (,)

누가	+	어찌하다
내 친구 예지는		㉠

① 키가 크다.
② 춤을 추고 있다.
③ 열심히 공부를 한다.
④ 초등학교 4학년이다.
⑤ 친구들에게 친절하다.

05 문장의 짜임을 알면 좋은 점을 <u>잘못</u> 말한 친구의 이름을 쓰시오.

• 정현: 문장에서 쓰인 어려운 낱말의 뜻을 쉽게 알 수 있어.
• 성우: 문장을 두 부분으로 끊어 읽을 수 있어서 이해하기 쉬워.
• 미라: 문장을 두 부분으로 나눠서 앞뒤 연결이 자연스러운지 생각하며 글을 쓸 수 있어.

( )

서술형 냥

06 다음 문장의 짜임에 맞게 문장을 만들어 쓰시오.

무엇이＋무엇이다	(1)
무엇이＋어찌하다	(2)
무엇이＋어떠하다	(3)

[07~08]

옛날 어느 마을에 목화 장수 네 사람이 살았다. 그들은 싼 목화가 있으면 함께 사서 큰 광 속에 보관해 두었다가 값이 오르면 팔았다. 그런데 그 광에는 쥐가 많아 목화를 어지럽히기도 하고 오줌을 싸기도 했다. 목화 장수들은 궁리 끝에 광에 고양이를 기르기로 하고 똑같이 돈을 내어 고양이를 샀다. 그러고는 공동 책임을 지려고 고양이의 다리 하나씩을 각자 몫으로 정하고 고양이를 보살피기로 했다.

어느 날, 고양이가 다리 하나를 다쳤다. 그 다리를 맡은 목화 장수는 고양이 다리에 산초기름을 발라 주었다. 그런데 마침 추운 겨울철이라, 아궁이 곁에서 불을 쬐던 고양이의 다리에 불이 붙고 말았다. 고양이는 얼른 시원한 광 속으로 도망을 쳐서 목화 더미 위에서 굴렀다. 순식간에 목화 더미에 불이 번져 광 속의 목화가 몽땅 타 버리고 말았다.

07 이야기의 흐름에 따라 내용을 정리한 〈보기〉의 문장 중 '누가 + 어찌하다'의 짜임에 해당하는 것을 모두 찾아 기호를 쓰시오.

〈보기〉
㉠ 목화 장수들은 목화를 큰 광에 보관했다.
㉡ 목화 장수들이 고양이를 샀다.
㉢ 목화 장수가 다친 고양이의 다리에 산초기름을 발랐다.
㉣ 광 속의 목화가 몽땅 불에 타 버렸다.

(   )

08 목화가 모두 타 버린 까닭으로 알맞은 것은 어느 것입니까? (   )

① 목화 장수가 광에 불을 질러서
② 목화 더미에 산초기름을 발라서
③ 목화 장수가 목화 더미 옆에서 불을 쬐어서
④ 불이 붙은 쥐가 목화 더미에 불을 번지게 해서
⑤ 다리 하나에 불이 붙은 고양이가 목화 더미 위에서 굴러서

[09~10]

가 목화 장수 네 명은 뜻하지 않게 큰 손해를 보게 되었다. 그러자 고양이의 성한 다리를 맡았던 목화 장수 세 명이 투덜투덜 불평을 늘어놓았다.

"이번 불은 순전히 고양이의 아픈 다리를 맡았던 저 사람 때문이야. 하필이면 불이 잘 붙는 산초기름을 발라 줄 게 뭐야?"

나 세 사람은 고양이의 아픈 다리를 맡았던 사람에게 목홧값을 물어내라고 했다. 억울한 그 목화 장수는 절대 목홧값을 물어 줄 수 없다며 큰 싸움을 벌였다.

"불이 붙은 고양이가 광으로 도망칠 때는 성한 세 다리로 도망쳤잖아? 그러니까 광에 불이 난 것은 순전히 너희가 맡은 세 다리 때문이야."

아무리 싸워도 해결이 나지 않자, 네 사람은 고을 사또를 찾아가 판결을 해 달라고 부탁했다.

09 다음은 누구의 의견인지 쓰시오.

불이 붙은 고양이가 성한 세 다리로 도망쳤으므로 성한 다리를 맡았던 사람들이 목홧값을 물어야 한다.

(   )

10 이 글의 내용을 정리한 다음 문장을 문장의 짜임에 맞게 나누어 쓰시오.

목화 장수들은 사또에게 판결을 부탁했다.

누가	어찌하다
(1)	(2)

[11~15]

가 어제 만강에 댐을 건설할 수 있는지 알아보려고 담당자들께서 우리 마을을 방문하셨습니다. 담당자들께서는 작년에 비가 많이 와서 만강 하류에 있는 도시에 물난리가 났다고 말씀하셨습니다. 그래서 홍수를 막으려면 우리 마을에 댐을 건설해야 한다고 하셨습니다.

하지만 저는 댐을 건설하는 것에 반대합니다. 우리 상수리에 댐을 건설하면 숲에 사는 동물들이 살 곳을 잃고, 우리는 만강의 물고기들을 다시는 볼 수 없게 될 것입니다. 그리고 마을 어른들께서는 평생 살아온 고향을 떠나야 한다고 말씀하십니다. 우리 마을에 댐을 건설하기로 한 계획을 취소해 주시기를 부탁합니다.

20○○년 10월 ○○일 / 김효은 올림

나 상수리 주변에 사는 주민들이 홍수로 겪는 정신적·물질적 피해는 해마다 늘어나고 있습니다.

만강에 댐을 건설하면 여름철에 폭우로 생기는 문제를 막을 수 있습니다. 비가 내리는 대로 내버려 두면, 강 하류에서는 강물이 넘쳐서 논밭이 빗물에 잠기기도 합니다. / 그리고 집과 길이 부서지고 심지어 사람이 목숨까지 잃을 만큼 위험합니다. 하지만 댐을 건설하면 홍수로 인한 이런 피해를 막을 수 있습니다.

상수리에 댐을 건설해야 합니다. 우리는 상수리 마을 주민들에게 피해가 가지 않도록 주민들이 이사하는 데 모든 지원을 아끼지 않을 것입니다. 댐 건설에는 상수리 마을 주민들의 협조가 필요합니다. 김효은 학생도 이러한 점을 잘 이해해 주시기를 바랍니다.

11 글 **가**와 **나**에 대해 잘못 말한 것을 찾아 ×표 하시오.

(1) 글 **가**는 만강 하류에 사는 효은이가 쓴 편지이다. ( )

(2) 글 **나**는 댐 건설 기관 담당자가 효은이에게 쓴 편지이다. ( )

(3) 글 **가**와 **나**에는 댐 건설에 대한 글쓴이의 의견이 제시되어 있다. ( )

12 글 **가**와 **나** 중 댐 건설에 반대하는 의견을 쓴 글의 기호를 쓰시오.

( )

13 글 **나**의 글쓴이가 의견을 뒷받침하는 까닭으로 제시한 내용은 무엇입니까? ( )

① 마을 주민들이 고향을 떠나야 한다.
② 숲에 사는 동물들이 살 곳을 잃는다.
③ 폭우로 생기는 문제를 막을 수 있다.
④ 만강의 물고기들을 다시 볼 수 없게 된다.
⑤ 가뭄으로 겪는 피해가 해마다 늘어나고 있다.

어려워 ♨

14 다음 중 상수리 마을 주민들이 할 수 있는 생각으로 알맞지 <u>않은</u> 것은 어느 것입니까? ( )

① 고향을 떠나야 한다니 막막해.
② 동물들과 자연환경을 지키는 것이 중요해.
③ 댐 건설 외에 폭우 피해를 막을 수 있는 다른 방법이 있는지 찾아봐야 해.
④ 주민들이 이사할 때 지원을 많이 할 수 있도록 적극적으로 노력해야겠어.
⑤ 홍수 때문에 사람들이 목숨을 잃을 수도 있다니 댐 건설에 협조해야겠구나.

서술형 ♨

15 이 글을 읽고 댐 건설에 대한 자신의 의견과 그렇게 생각한 까닭을 쓰시오.

_____

_____

_____

➜ 바른답·알찬풀이 11쪽

16 그림에 나타난 문제에 대해 자신의 의견을 제시하는 글을 쓸 때, 다음 내용은 각각 무엇에 해당하는지 보기에서 알맞은 말을 찾아 쓰시오.

의견, 까닭, 문제 상황

(1) 다른 사람의 저작권을 침해하게 된다.
( )
(2) 인터넷에서 찾은 자료를 함부로 베끼지 않아야 한다. ( )
(3) 숙제할 때 인터넷에 있는 글을 그대로 베끼는 친구들이 있다. ( )

17 의견을 제시하는 글을 쓴 뒤에 평가하는 기준을 잘못 말한 친구의 이름을 쓰시오.

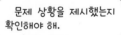

문제 상황을 제시했는지 확인해야 해.
연아

의견과 의견을 뒷받침하는 내용이 잘 드러났는지 살펴봐야 해.
해솔

읽는 사람을 생각하며 재미있게 글을 썼는지 확인해야 해.
태준

짜임이 자연스러운 문장을 썼는지 살펴봐야 해.
수민

( )

18 다음 친구들은 학급 신문 만들기 과정 중에서 무엇을 하고 있습니까? ( )

학급 신문의 이름을 뭐라고 정하지?
주제에 어울리게 정해야겠지?

① 학급 신문의 주제를 정한다.
② 학급 신문의 이름을 정한다.
③ 자신의 의견을 뒷받침할 자료를 찾는다.
④ 각자가 적은 종이를 모둠별로 학급 신문에 붙인다.
⑤ 자신의 의견과 의견을 뒷받침하는 까닭을 종이에 적는다.

19 우리 반에서 만드는 학급 신문의 주제로 알맞은 것을 두 가지 고르시오. (,)

① 집안일 나누기
② 지구 환경 살리기
③ 건강한 몸 만들기
④ 가족여행 일정 짜기
⑤ 반려동물 이름 정하기

서술형 ✎

20 학급 신문에 의견을 제시하는 글을 실으려고 합니다. 주변에서 일어나는 문제에 대해 어떤 의견을 제시하고 싶은지 자신의 의견과 그렇게 생각한 까닭을 쓰시오.

의견	(1)
까닭	(2)

6. 본받고 싶은 인물을 찾아봐요

➡ 바른답·알찬풀이 12쪽

개념 1 전기문의 특성 알기

- 전기문은 인물의 삶을 ❶ⓢⓢ에 근거해 쓴 글입니다.

- 전기문에는 인물이 살았던 시대 상황이 나타납니다.

- 전기문에는 인물이 한 ❷ㅇ과 인물의 가치관이 나타납니다.

1 ㉠과 ㉡ 중에서 인물이 살았던 시대 상황이 나타나 있는 부분의 기호를 쓰시오.

> 가 ㉠1790년부터 4년 동안 제주도에는 흉년이 계속되었다. 그 바람에 양식이 없어 굶주리는 사람들이 늘어났다.
>
> 나 '제주도 사람들을 굶어 죽게 내버려둘 수는 없다. 내가 나서서 그들을 살려야겠다.'
> ㉡김만덕은 전 재산을 들여 육지에서 곡식을 사 오게 하였다.

(   )

개념 2 전기문의 특성을 생각하며 읽기

- 인물이 살았던 ❸ㅅㄷ 상황을 생각하며 읽습니다.

- 인물이 언제, 어떤 일을 했는지 파악하며 읽습니다.

- 인물의 생각과 인물이 한 일에서 인물의 ❹ㄱㅊㄱ을 짐작하며 읽습니다.

2 정약용이 가치 있게 생각하는 삶으로 알맞은 것을 골라 ○표 하시오.

> 가 정약용은 암행어사로 일하는 동안 지방 관리가 어떤 마음을 가져야 하는지에 대해 깊이 생각했어요. 임금이 아무리 나라를 잘 다스려도 지방 관리가 나쁜 짓을 일삼으면 백성은 어렵게 살 수밖에 없다는 것을 알게 되었거든요.
>
> 나 정약용은 쉰일곱 살이 되던 1818년, 이런 생각들을 자세히 담은 『목민심서』라는 책을 펴냈어요.

(1) 백성에게 도움이 되는 일을 하는 삶   (   )
(2) 나라를 지키고 임금에게 충성하는 삶   (   )

개념 3 인물의 본받을 점을 생각하며 전기문 읽기

- 인물의 ❺ㅅㄱ을 짐작하며 읽어 봅니다.

- 인물의 말이나 ❻ㅎㄷ에서 본받을 점을 찾아봅니다.

3 다음 글을 읽고, 헬렌 켈러에게서 본받을 점은 무엇인지 (   ) 안에 들어갈 알맞은 말을 쓰시오.

> 말하기를 배우는 것이 너무 힘들었지만 헬렌은 포기하지 않았습니다. 뜻대로 말이 되지 않아 어려움을 많이 겪었지만 자신도 마침내 말을 할 수 있을 것이라는 희망을 버리지 않고 끊임없이 노력했습니다. 새에게도 말을 걸고 장난감과 개에게도 말을 했습니다.

- 장애를 극복하기 위해 포기하지 않고 (   )한 점

01 다음 글에서 빈칸에 들어갈 알맞은 인물은 누구입니까? (   )

> 우리나라 최초로 국어 문법의 틀을 세운 ☐☐☐이 살던 시대는 우리글이 있었지만 글을 읽지 못하는 사람들이 대부분이었다.

① 이순신   ② 유관순   ③ 안중근
④ 주시경   ⑤ 세종 대왕

[02~05]

가 김만덕은 1739년에 제주도의 가난한 선비 집안에서 태어났다. 비록 가난하였으나 사랑과 정이 깊은 부모님 밑에서 자랐다. 그러나 열두 살이 되던 해에 심한 흉년과 전염병 때문에 부모님을 차례로 여의고 말았다. 친척 집을 이리저리 옮겨 다니며 살던 김만덕은 기생의 수양딸이 되었다가 스물세 살이 되던 해에 드디어 기생의 신분에서 벗어났다.

나 몇십 년이 흘렀다. 김만덕은 제주도에서 손꼽히는 큰 상인이 되었다. 많은 돈을 벌어들여 '제주도 부자 김만덕' 하면 모르는 사람이 없을 정도였다. 그러나 김만덕은 돈이 많다고 하여 함부로 돈을 낭비하지 않았다. 오히려 더 절약하고 검소한 생활을 하였다.

"풍년에는 흉년을 생각하여 더욱 절약해야 돼. 그리고 편안히 사는 사람은 어렵게 사는 사람을 생각하여 하늘의 은혜에 감사하며 검소하게 살아야 하고……."

김만덕은 주위 사람들에게 늘 이렇게 말하였다.

1790년부터 4년 동안 제주도에는 흉년이 계속되었다. 그 바람에 양식이 없어 굶주리는 사람들이 늘어났다.

다 배가 침몰하였다는 소식을 들은 제주도 사람들은 이제는 굶어 죽을 수밖에 없다며 절망에 빠졌다. 이것을 보고 김만덕은 생각하였다.

'제주도 사람들을 굶어 죽게 내버려둘 수는 없다. 내가 나서서 그들을 살려야겠다.'

㉠김만덕은 전 재산을 들여 육지에서 곡식을 사 오게 하였다.

02 김만덕에 대한 설명으로 알맞지 <u>않은</u> 것은 어느 것입니까? (   )

① 가난한 선비 집안에서 태어났다.
② 열두 살 때 부모님이 돌아가셨다.
③ 스물세 살 때 기생의 신분이 되었다.
④ 제주도에서 손꼽히는 큰 상인이 되었다.
⑤ 친척 집을 이리저리 옮겨 다니며 살았다.

03 이 글에 나타난 시대 상황으로 알맞은 것을 두 가지 고르시오. (,   )

① 신분이 있는 사회였다.
② 여자는 장사를 할 수 없었다.
③ 제주도에는 사람이 거의 살지 않았다.
④ 먹을 것이 풍족해 굶주리는 사람이 없었다.
⑤ 1790년부터 제주도에 4년 동안 흉년이 들었다.

 꼭나와 ♥

04 ㉠으로 짐작할 수 있는 김만덕의 가치관을 알맞게 말한 친구의 이름을 쓰시오.

> • 성아: 자신이 가진 것을 나누고 베푸는 삶을 중요하게 생각해.
> • 민서: 많은 돈을 모아 가족과 편안하게 사는 삶을 중요하게 생각해.

(   )

05 이와 같은 글의 특성으로 알맞은 것을 보기 에서 모두 찾아 기호를 쓰시오.

> 보기
> ㉮ 인물의 삶을 재미있게 상상해 쓴 글이다.
> ㉯ 인물이 살았던 시대 상황이 나타나 있다.
> ㉰ 인물이 한 일과 인물의 가치관이 드러난다.

(   )

[06~08]

가 정약용은 1762년 지금의 경기도 남양주에 있는 마재에서 태어났어요. 지방 관리였던 아버지 덕분에 정약용은 어릴 때부터 백성의 삶을 가까이서 지켜볼 수 있었어요.

백성은 이른 아침부터 해가 떨어질 때까지 한시도 쉬지 않고 일했지요. 그런데도 백성은 늘 배불리 먹지 못했어요. 세금을 내지 못해 남의 집 머슴살이를 하는 사람도 많았어요.

나 열다섯 살 때, 아버지를 따라 한양으로 간 정약용은 많은 사람을 만나 학문을 배우고 익혔어요. 훗날 정약용에게 큰 영향을 준 이익의 책을 처음 본 것도 이즈음이었지요. 그때까지 정약용은 사람이 바르게 사는 도리를 따지는 성리학을 주로 공부했어요. 그런데 이익이 사물에 폭넓게 관심을 두고 해박한 지식을 쌓은 것을 보면서 정약용의 생각도 조금씩 달라졌어요. 백성이 잘 사는 데 도움이 되는 실학에 관심을 갖게 된 거예요.

꼭나와 ♥

06 정약용이 살았던 시대에 백성들이 사는 모습으로 알맞지 <u>않은</u> 것을 골라 ×표 하시오.

(1) 한시도 쉬지 않고 일했지만 늘 배불리 먹지 못했다. ( )

(2) 중국에 가서 해박한 지식을 쌓고 오는 사람이 많았다. ( )

(3) 세금을 내지 못해 남의 집 머슴살이를 하는 사람이 많았다. ( )

07 정약용이 한양으로 가서 학문을 배우고 익힌 때는 언제인지 쓰시오.

( )

08 정약용이 실학에 관심을 갖게 된 까닭은 무엇인지 ( ) 안에 들어갈 알맞은 말을 쓰시오.

• ( )이/가 잘 사는 데 도움이 되는 학문이어서

[09~10]

그즈음 정조는 수원에 성을 크게 쌓을 계획을 세우고 있었어요. 정조는 정약용에게 책을 보내며 좋은 방법을 생각해 보라고 했어요.

"수원에 새로이 성을 지으려 하네. 성을 짓는 데 드는 돈을 줄이면서 백성의 수고도 덜 수 있는 방법을 찾아보게."

정약용은 정조가 보내 준 책들을 꼼꼼히 읽으며 고민에 빠졌어요. 정약용이 생각하기에 성을 쌓을 때 가장 큰 문제는 돌을 옮기는 일이었어요. 힘을 덜 들이고 크고 무거운 돌을 옮길 방법을 찾던 정약용은 서른한 살 되던 해, 마침내 거중기를 만들었어요. 도르래의 원리를 이용해 작은 힘으로도 무거운 물건을 들 수 있도록 만든 기계였지요.

거중기 덕분에 백성은 성을 짓는 일에 자주 나오지 않아도 되어 마음 편히 농사를 지을 수 있었어요. 나라에서도 성을 짓는 데 드는 비용을 크게 줄일 수 있었어요.

09 정조가 정약용에게 생각해 보라고 한 것으로 알맞은 것을 두 가지 고르시오. (,)

① 성을 지을 장소를 결정하는 방법
② 성을 아름답게 지을 수 있는 방법
③ 성을 짓는 데 드는 돈을 줄이는 방법
④ 성을 지을 때 백성의 수고를 덜 수 있는 방법
⑤ 성을 잘 지을 수 있도록 백성을 가르치는 방법

서술형 ♥

10 이 글에서 정약용이 한 일을 살펴보며 다음 물음에 답하시오.

(1) 정약용이 서른한 살 때 한 일은 무엇인지 ( ) 안에 들어갈 알맞은 말을 쓰시오.

• ( )을/를 만들었다.

(2) 정약용이 (1)과 같은 일을 해서 백성들에게 어떤 도움을 주었는지 쓰시오.

_____

_____

11 전기문에서 인물의 가치관을 알 수 있는 방법으로 알맞은 것을 보기 에서 모두 찾아 기호를 쓰시오.

> **보기**
>
> ㉮ 인물이 한 말과 행동을 찾아본다.
> ㉯ 인물의 생각이 드러난 곳을 찾아본다.
> ㉰ 인물이 태어난 때와 장소를 찾아본다.

( )

[12~13]

> 헬렌의 부모는 헬렌을 치료하려고 먼 곳까지 여행하면서 의사들을 찾아다녔지만 어떤 의사도 도움이 되지 못했습니다. 헬렌은 어둠과 침묵의 세계 속에 갇힌 채 몸부림쳤습니다. 오랜 시간이 지난 뒤 헬렌은 그 시절을 되돌아보며 이렇게 말했습니다.
>
> "나는 너무 어려서 무슨 일이 일어났는지 알지 못했다. 잠에서 깨어나 보니 모든 것이 깜깜하고 조용했다. 나는 밤이 되었다고 생각했다."
>
> 다른 사람들과 의사소통을 할 수 없게 되자 헬렌은 슬퍼하는 날이 많아졌습니다. 그리고 화를 잘 내고 소리를 지르며 걷어차고 물어뜯고 때렸습니다. 헬렌은 제멋대로였고 성격이 난폭해져서 집안 식구들을 괴롭혔습니다.

12 다른 사람과 의사소통을 할 수 없게 된 헬렌의 모습으로 알맞지 <u>않은</u> 것은 어느 것입니까?

( )

① 화를 잘 냈다.　　② 성격이 난폭해졌다.
③ 소리를 질렀다.　　④ 제멋대로 행동했다.
⑤ 집안 식구들의 말을 잘 들었다.

13 이 글에서 헬렌의 마음은 어떠했을지 보기 에서 알맞은 것을 모두 찾아 ○표 하시오.

> **보기**
>
> 슬프다 , 무섭다 , 흐뭇하다 , 답답하다

[14~15]

> 선생님은 헬렌의 손을 잡고 펌프가로 데리고 갔습니다. 펌프로 물을 퍼 올리자 헬렌의 손바닥으로 시원한 물이 쏟아져 내렸습니다. 선생님은 헬렌의 손바닥에 처음에는 천천히, 나중에는 빨리 'w-a-t-e-r'라고 거듭 써 주었습니다. 그러자 ㉠헬렌의 얼굴이 환히 빛났습니다. 그러더니 선생님에게 'w-a-t-e-r'라고 여러 번 써 보여 주는 것이었습니다. 그 순간 헬렌은 자기 손에 쏟아지는 물을 나타내는 낱말이 'water'이고, 세상의 모든 것은 각각 이름을 가지고 있다는 것을 비로소 깨닫게 된 것입니다. 마침내 헬렌의 앞에 빛의 세계가 열렸습니다. 헬렌은 배우고 싶다는 뜨거운 마음이 생겼습니다. 헬렌은 아침에 일찍 일어나자마자 글자를 쓰기 시작해 하루 종일 글을 쓰고는 했습니다. 결국 헬렌은 글자를 통해 다른 사람에게 자기 생각을 전할 수 있게 되었습니다.

꼭나와 ♥

14 ㉠의 까닭으로 알맞은 것은 어느 것입니까?

( )

① 쏟아져 내리는 물이 시원해서
② 선생님과 함께 있는 시간이 즐거워서
③ 펌프로 물을 퍼 올리는 것이 신기해서
④ 손바닥에 글자를 쓰는 것이 재미있어서
⑤ 세상의 모든 것은 각각 이름을 가지고 있다는 것을 깨닫게 되어서

서술형 냥

15 이 글에서 일어난 일과 인물의 행동을 살펴보며 다음 물음에 답하시오.

(1) 헬렌이 처음으로 낱말과 사물의 관계를 알았을 때 어떤 마음이 생겼는지 쓰시오.

( )

(2) 헬렌에게서 본받을 점을 쓰시오.

_____

_____

01 인물의 삶을 사실대로 기록한 글은 무엇입니까?
( )

① 시   ② 기행문   ③ 전기문
④ 옛이야기   ⑤ 독서 감상문

[02~03]

가 우리나라 최초로 국어 문법의 틀을 세운 주시경이 살던 시대는 우리글이 있었지만 글을 읽지 못하는 사람들이 대부분이었다.

나 "장애는 불편하다. 하지만 불행하지는 않다."라는 말을 남긴 헬렌 켈러는 장애에 대한 편견을 없애는 데 큰 역할을 했다.

다 세종 대왕은 한자가 너무 어려워 많은 백성이 글로 자신의 생각을 표현하지 못하는 것을 안타깝게 여겨 훈민정음을 만들었다.

02 다음은 글 가 ~ 다 의 인물 중 어느 인물이 살았던 시대 상황인지 쓰시오.

> 한자가 너무 어려워 많은 백성이 글로 자신의 생각을 표현하지 못하였다.

( )

03 글 가 ~ 다 의 인물이 한 일을 선으로 알맞게 이으시오.

(1) 주시경 •   • ㉮ 훈민정음을 만듦.

(2) 헬렌 켈러 •   • ㉯ 최초로 국어 문법의 틀을 세움.

(3) 세종 대왕 •   • ㉰ 장애에 대한 편견을 없애는 데 큰 역할을 함.

[04~05]

1 주시경 선생님은 어떤 일을 하셨기에 본받고 싶다는 거니?

2 백 년 전만 해도 글을 읽지 못하는 사람들이 대부분이었는데, 주시경 선생님의 노력 덕분에 지금은 우리글을 쉽게 배울 수 있는 거래.

3 주시경 선생님은 왜 그런 노력을 하셨을까?

4 우리나라가 외세의 침략을 받지 않고 잘 살려면 우리글을 모두가 알아야 한다고 생각하셨고, 그래서 누구나 쉽게 배울 수 있도록 문법을 연구하셨대.

04 여자아이가 본받고 싶은 인물을 소개할 때 말한 내용으로 알맞지 <u>않은</u> 것을 두 가지 고르시오.
(,)

① 인물의 성격
② 인물이 한 일
③ 인물이 쓴 책의 제목
④ 인물이 한 일의 까닭
⑤ 인물이 살았던 시대 상황

서술형 낭

05 여자아이처럼 인물이 한 일을 드러내어 자신이 본받고 싶은 인물을 소개하는 짧은 글을 쓰시오.

_____

_____

_____

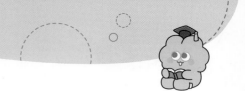

[06~07]

육지에서 온 상인들은 김만덕의 객줏집에서 묵어 갈 뿐만 아니라 김만덕에게 육지의 물건을 맡기기도 하였다.

"쌀, 무명이오. 좋은 값에 팔아 주시오."

김만덕은 육지의 물건을 제주도 사람들에게 팔아 이익을 남길 수 있었다. 또 김만덕은 녹용, 약초, 귤, 미역, 전복 같은 제주도의 특산물에 눈길을 돌렸다. 이러한 물건들을 제주도 사람들에게 사들여 육지 상인들에게 팔았다. 육지 상인들은 제주도의 특산물을 적당한 가격에 사들일 수 있어 김만덕의 객줏집으로 몰려들었다.

김만덕은 장사를 하면서 세 가지 원칙을 지켰다. 첫째는 이익을 적게 남기고 많이 판다. 둘째는 적당한 가격에 물건을 사고판다. 그리고 셋째는 반드시 신용을 지키고 정직한 거래를 한다. 이러한 세 가지 원칙을 철저히 지켰기 때문에 김만덕의 사업은 나날이 번창하였다.

[08~10]

"그분이 없었다면 우리는 어떻게 되었을까?"

"모두 굶어 죽었겠지. 그분은 제주도 사람들의 은인이야."

제주도 사람들은 모이기만 하면 김만덕의 업적과 어진 덕을 칭찬하였다. 제주 목사는 임금에게 ㉠김만덕의 행동을 칭찬하는 글을 올렸다. 임금은 제주 목사의 편지를 받고 눈이 화등잔만 해졌다.

"제주도에 사는 여인이 전 재산을 내놓아 굶주린 사람들을 살렸다고? 참으로 고마운 일이로구나. 김만덕의 소원을 들어 주도록 하여라."

제주 목사가 김만덕에게 소원을 묻자, 김만덕은 임금의 용안을 뵙는 것과 금강산 구경을 말하였다. 임금은 김만덕에게 벼슬을 내려 임금을 만날 수 있게 해 주었다. 양민의 신분으로는 임금을 만날 수 없었기 때문이다. 그리고 제주도 여자는 제주도를 떠날 수 없었던 그 당시의 규범을 깨고 김만덕에게 금강산을 구경하도록 해 주었다.

06 김만덕이 장사를 하면서 지킨 원칙을 보기 에서 모두 찾아 기호를 쓰시오.

> **보기**
>
> ㉮ 이익을 적게 남기고 많이 판다.
> ㉯ 적당한 가격에 물건을 사고판다.
> ㉰ 제주도의 특산물은 비싼 가격에 판다.
> ㉱ 반드시 신용을 지키고 정직한 거래를 한다.
> ㉲ 자신의 객줏집에 묵는 상인의 물건만 사고판다.

(   )

07 문제 **06**번에서 답한 원칙을 통해 김만덕은 어떤 사람이라고 짐작할 수 있습니까? (   )

① 장사에 서투르다.
② 정직을 중요하게 여긴다.
③ 사람들과 어울리는 것을 좋아한다.
④ 자신이 상인인 것을 자랑스러워한다.
⑤ 이익을 남기려고 수단과 방법을 가리지 않는다.

08 ㉠이 뜻하는 것은 무엇인지 (   ) 안에 들어갈 알맞은 말을 쓰시오.

• 굶주린 사람들을 살리기 위해 (   )을/를 내놓은 것

09 김만덕이 말한 소원으로 알맞은 것을 두 가지 고르시오. (,   )

① 금강산 구경   ② 배불리 먹는 것
③ 양반이 되는 것   ④ 한양에서 사는 것
⑤ 임금의 용안을 뵙는 것

서술형

10 김만덕이 말한 소원으로 짐작할 수 있는 김만덕의 가치관은 무엇인지 쓰시오.

_____

_____

[11~14]

서른세 살 때, 정약용은 정조의 비밀 명령을 받고 암행어사가 되었어요. 암행어사는 임금을 대신해 지방 관리들이 백성을 잘 다스리는지 알아보는 중요한 벼슬이었어요.

어느 날 연천 지역을 돌던 정약용은 주막에서 들려오는 이야기 소리에 귀가 번쩍 뜨였어요.

"아이고, 못 살겠다. 흉년이 들어 나라에서는 세금을 면제해 주었다는데, 왜 우리 사또는 세금을 걷는 거야? 그걸로 자기 재산 불리려는 속셈을 누가 모를 줄 알고? 흉년이 들어 먹을 것도 없는데 욕심 많은 사또 때문에 아주 죽겠네그려."

정약용은 서둘러 사실을 알아보았어요. 그러고는 백성의 재물을 빼앗아 자기 배를 불린 연천 현감 김양직을 크게 벌했어요.

정약용은 암행어사로 일하는 동안 지방 관리가 어떤 마음을 가져야 하는지에 대해 깊이 생각했어요. 임금이 아무리 나라를 잘 다스려도 지방 관리가 나쁜 짓을 일삼으면 백성은 어렵게 살 수밖에 없다는 것을 알게 되었거든요. 어릴 때 아버지 옆에서 보았던 백성의 어려운 삶도 머릿속을 떠나지 않았어요. 정약용은 쉰일곱 살이 되던 1818년, 이런 생각들을 자세히 담은 『목민심서』라는 책을 펴냈어요.

11 정약용이 한 일은 무엇인지 (   ) 안에 들어갈 알맞은 말을 쓰시오.

(1) 서른세 살 때: 정조의 비밀 명령을 받고 (   )이/가 되었다.

(2) 쉰일곱 살 때: 『(   )』 (이)라는 책을 펴냈다.

12 정약용이 암행어사로 일하는 동안 생각한 것은 무엇입니까? (   )

① 백성들이 한 이야기
② 지방 관리의 마음가짐
③ 임금에게 충성하는 신하의 도리
④ 임금이 나라를 잘 다스리는 방법
⑤ 백성들에게 세금을 잘 걷는 방법

서술형

13 정약용이 『목민심서』를 펴낸 까닭은 무엇인지 쓰시오.

_____

_____

_____

_____

어려워

14 이 글을 읽고 생각하거나 느낀 점을 **잘못** 말한 친구의 이름을 쓰시오.

- 아름: 정약용이 암행어사처럼 높은 벼슬에 오르기 위해 포기하지 않고 노력한 점을 본받고 싶어.
- 석원: 정약용은 맡은 일을 열심히 해서 백성이 잘 사는 데 도움을 주어야 한다는 가치관을 가진 것 같아.
- 현지: 그 시대의 백성들은 흉년이 들어 먹을 것이 없고, 나쁜 관리에게 재물을 빼앗기는 등 힘든 삶을 살았다는 걸 알 수 있어.

(   )

15 전기문을 읽는 방법으로 알맞지 **않은** 것은 어느 것입니까? (   )

① 인물의 가치관을 짐작하며 읽는다.
② 인물이 한 일의 까닭을 파악하며 읽는다.
③ 인물의 생각이 드러난 곳을 찾아보며 읽는다.
④ 인물에게 본받고 싶은 점을 생각하며 읽는다.
⑤ 인물이 살았던 시대 상황과 인물이 한 일을 관련짓지 않고 읽는다.

[16~18]

열 살이 된 헬렌은 퍼킨스학교에 있는 동안 자신처럼 장애를 지닌 어린이를 돕는 일에 나섰습니다. 펜실베이니아주에 살고 있는 토미를 퍼킨스학교에 데려와 교육받을 수 있도록 모금을 하기로 한 것입니다. 다섯 살의 토미는 헬렌처럼 보지도 듣지도 말하지도 못하는 아이였습니다. 토미는 부모님도 안 계시고 가난한 아이여서 학교에 갈 수 없었습니다. 헬렌은 토미가 퍼킨스학교에 다닐 수 있도록 도와 달라는 글을 여러 사람과 신문사에 보냈습니다. 헬렌도 이 모금에 참여하기 위해 사치스러운 물건을 사지 않고 돈을 보탰습니다. 다행히 많은 성금이 모여 토미는 아무 걱정 없이 학교에 다닐 수 있게 되었습니다. 헬렌은 매우 기뻤습니다. 남을 도우면 이렇게 큰 기쁨을 누릴 수 있다는 깨달음을 얻었습니다.

16 헬렌이 토미를 위해 한 일로 알맞은 것을 두 가지 고르시오. (,   )

① 날마다 토미와 함께 등교했다.
② 퍼킨스학교를 널리 알리는 글을 썼다.
③ 토미에게 말하는 방법을 가르쳐 줬다.
④ 토미를 돕기 위한 모금에 돈을 보탰다.
⑤ 토미를 도와 달라는 글을 여러 사람과 신문사에 보냈다.

어려워 ✍

17 다음 중 헬렌과 같은 깨달음을 얻을 수 있는 친구는 누구입니까? (   )

① 선우: 책가방을 아침에 싸느라고 지각을 하고 말았어.
② 윤재: 교실 청소를 다 함께 열심히 했더니 빨리 끝났어.
③ 준휘: 친구들에게 고운 말을 했더니 친구들도 나를 상냥하게 대해 줬어.
④ 세영: 날마다 줄넘기 연습을 해서 우리 반에서 가장 줄넘기를 잘하게 되었어.
⑤ 민아: 일주일 동안 다리를 다친 친구의 책가방을 들어 줬는데 힘들어도 기분이 좋았어.

18 헬렌에게서 본받을 점을 알맞게 말한 것을 에서 찾아 기호를 쓰시오.

보기

㉮ 자신도 장애 때문에 배우는 것이 힘든데도, 남을 도와주는 일에 나서는 따뜻한 마음을 본받고 싶다.
㉯ 자신처럼 장애가 있는 사람들이 다닐 수 있는 학교를 만들기 위해 적극적으로 노력하는 점을 본받고 싶다.

(   )

[19~20]

• **시대 상황:** 1919년 3월 1일. 유관순은 일본의 침략에서 벗어나고자 사람들과 함께 독립 만세 운동을 함.
• **어려움:** 1919년 3월 10일. 일본은 만세 운동을 하는 사람들에게 총칼을 휘두르고, 강제로 학교 문을 닫게 함.
• **어려움을 이겨 내려는 노력:** 고향에 돌아와서 태극기를 만들고, 아우내 장터에 모인 사람들과 독립 만세를 외침.

19 유관순이 어려움을 이겨 내기 위해 어떤 노력을 했는지 (   ) 안에 들어갈 알맞은 말을 쓰시오.

• 고향에 돌아와서 (   )을/를 만들고, 아우내 장터에 모인 사람들과 (   )을/를 외쳤다.

20 유관순에게 본받을 점으로 알맞은 것은 어느 것입니까? (   )

① 배움에 대한 열정
② 가족을 위하는 마음
③ 이웃에게 베푸는 마음
④ 나라를 사랑하는 마음
⑤ 자신을 내세우지 않는 겸손한 태도

개념 ① 독서 감상문을 쓰는 방법 알기

- 독서 감상문을 쓸 책을 정한 다음 [ㅇ ㅅ] 깊은 장면이나 책 내용을 정리합니다.

- 책을 읽고 새롭게 알거나 생각한 점, 느낀 점을 씁니다.

- 독서 감상문에 알맞은 ❷[ㅈ ㅁ]을 붙입니다.

1 다음 독서 감상문에서 글쓴이가 책을 읽고 생각하거나 느낀 점을 쓴 부분을 찾아 밑줄을 그으시오.

> 이런 재미있는 이야기를 지닌 동지는 낮이 길어지기 시작하는 날로, 사람들은 이날부터 태양의 기운이 다시 살아난다고 생각했다고 합니다. 동지가 밤이 가장 길고 낮이 가장 짧은 날이라고만 생각했는데, 우리 조상은 태양의 기운이 다시 살아나면서 낮이 길어지는 것이라고 생각한 점이 인상 깊었습니다. 그래서 한 가지를 볼 때 여러 가지 시각으로 봐야겠다고 생각했습니다.

개념 ② 글을 읽고 감동받은 부분에 대한 생각이나 느낌 쓰기

- 일어난 일, 인물의 ❸[ㅎ ㄷ], 인물의 마음 등에서 자신이 인상 깊게 느끼는 부분이 있는지 생각합니다.

- 자신이 감동받은 부분과 그 까닭을 정리합니다.

- 감동받은 부분에 대한 생각이나 ❹[ㄴ ㄲ]이 잘 드러나게 씁니다.

2 ㉠에서 감동을 느꼈다면 그 까닭은 무엇인지 (   ) 안에서 알맞은 말을 골라 ○표 하시오.

> 가 "자, 이제 이걸 신어라."
>   거기서 어머니는 품속에 넣어 온 새 양말과 새 신발을 내게 갈아 신겼다. 학교 가기 싫어하는 아들을 위해 아주 마음먹고 준비해 온 것 같았다.
> 나 그 자리에서 울지는 않았지만, 왠지 눈물이 날 것 같았다.
>   ㉠ "아니, 내일부터 나오지 마. 나 혼자 갈 테니까."

- 아들이 어머니께 (죄송한 , 서운한) 마음을 느낀 것 같았기 때문이다.

개념 ③ 글에 대한 생각이나 느낌을 여러 가지 형식으로 표현하기

- 시: 생각이나 느낌을 재미있는 표현을 사용해 간단하게 씁니다.

- 일기: 자신의 ❺[ㄱ ㅎ]과 관련지어 씁니다.

- ❻[ㅍ ㅈ]: 누군가에게 말하듯이 씁니다.

3 다음 글은 어떤 형식으로 쓴 독서 감상문인지 ㉠에 들어갈 알맞은 글의 형식을 쓰시오.

> 『아름다운 꼴찌』를 읽고 쓴 [㉠]
>
> 꼴찌만 아니면 될 줄 알았는데 | 등수만 중요한 줄 알았는데
> 꼴찌를 해도 좋았다. | 더 큰 것이 있었다.

(   )

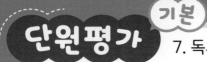
01 다음 친구들은 무엇에 대해 이야기하고 있습니까? (   )

> • 정석: 『아낌없이 주는 나무』를 읽고 아이에게 모든 것을 주는 나무의 행동에 감동받았어.
> • 규헌: 『갈매기의 꿈』에서 조나단이 포기하지 않고 계속 노력한 끝에 결국 진정한 자유를 얻는 장면이 가장 인상 깊었어.

① 자신의 꿈
② 책을 읽는 방법
③ 책을 읽게 된 까닭
④ 자신이 좋아하는 작가
⑤ 재미있게 읽은 책에 대한 생각이나 느낌

[02~05]

가 ㉠학교 도서관에서 책을 고르다가 『세시 풍속』이라는 책을 읽었습니다. 이 책은 우리 조상이 농사일로 고된 일상 속에서 빼먹지 않고 지켜 오던 일 년의 세시 풍속을 담은 책입니다.

나 책은 계절의 차례대로 봄, 여름, 가을, 겨울의 세시 풍속을 소개했습니다. 지금 계절이 겨울이므로 겨울 부분부터 읽어 보았습니다. 겨울의 세시 풍속 가운데에서 인상 깊었던 것은 동지의 풍속입니다.

동지는 음력 십일월인데, 세시 풍속으로 팥죽을 끓여 먹습니다. 얼마 전에 학교에서 팥죽이 나온 것이 떠올라 반가워서 읽었습니다. 동짓날이 그냥 팥죽을 먹는 날인 줄만 알았는데 생각보다 재미있는 이야기가 얽혀 있었습니다. ㉡옛날 사람들은 병을 옮기는 나쁜 귀신이 팥을 싫어한다고 믿었답니다. 그래서 동지에 팥으로 죽을 만들어 귀신이 못 오게 집 앞에 뿌렸답니다. 이 일에서 동지에 팥죽 먹는 풍습이 생겼답니다.

다 『세시 풍속』을 읽고 나니 조상의 지혜를 더 잘 알 수 있었습니다. ㉢계절의 변화 하나하나에 의미를 부여하고 삶을 즐겁게 보내려는 마음을 듬뿍 느꼈습니다.

02 글쓴이가 책에서 인상 깊게 본 세시 풍속은 무엇인지 쓰시오.

(　　　　　　　　　)

꼭나와 ♥

03 ㉠~㉢은 독서 감상문에 들어가는 내용 중 어떤 것에 해당하는지 선으로 알맞게 이으시오.

(1) ㉠ •　　　　• ㉮ 책 내용

(2) ㉡ •　　　　• ㉯ 책을 읽은 동기

(3) ㉢ •　　　　• ㉰ 책을 읽고 생각하거나 느낀 점

04 다음 방법으로 이 독서 감상문의 제목을 붙인 것을 골라 ○표 하시오.

책 제목이 드러나게 제목을 붙일 수 있어.

(1) 몰랐던 동지 　　　　　　　(　　)
(2) 『세시 풍속』을 읽고 　　　　(　　)
(3) 병을 옮기는 귀신에게 쓰는 편지 (　　)

05 이와 같은 글을 쓰면 좋은 점으로 알맞지 않은 것은 어느 것입니까? (   )

① 인상 깊은 부분을 기억할 수 있다.
② 읽은 책의 내용을 전부 외울 수 있다.
③ 감명 깊게 읽은 부분을 기억할 수 있다.
④ 글을 읽고 느낀 감동을 다른 사람과 나눌 수 있다.
⑤ 책을 읽고 난 뒤의 생각이나 느낌을 정리할 수 있다.

[06~08]

가 오월 어느 날이었다. 그날도 학교에 가기 싫다고 말했다. 어머니가 왜 안 가느냐고 물어 공부도 재미가 없고, 학교 가는 것도 재미가 없다고 말했다.

"그래도 얼른 교복으로 갈아입어라."

나 거기에서부터는 이슬받이였다. 사람 하나 겨우 다닐 좁은 산길 양 옆으로 풀잎이 우거져 길 한가운데로 늘어져 있었다. 아침이면 풀잎마다 이슬방울이 조롱조롱 매달려 있었다. 어머니는 내게 가방을 넘겨준 다음 내가 가야 할 산길의 이슬을 털어 내기 시작했다. 어머니의 일 바지 자락이 이내 아침 이슬에 흥건히 젖었다. 어머니는 발로 이슬을 털고, 지겟작대기로 이슬을 털었다.

그런다고 뒤따라가는 아들 교복 바지가 안 젖는 것도 아니었다.

06 이 글의 '나'에 대한 설명으로 알맞은 것은 어느 것입니까? (   )

① 공부를 좋아한다.

② 어머니와 떨어져 산다.

③ 학교에 가는 것을 싫어한다.

④ 교복을 입지 않고 학교에 다닌다.

⑤ 농사일 때문에 학교에 가지 못한다.

서술형

07 이 글에서 감동을 주는 부분을 떠올리며 다음 물음에 답하시오.

(1) 이슬받이에서 어머니께서 하신 일은 무엇인지 (   ) 안에 들어갈 알맞은 말을 쓰시오.

• 산길의 (   )을/를 털어 내셨다.

(2) (1)에서 답한 내용에서 감동을 느꼈다면 그 까닭은 무엇일지 쓰시오.

_____

_____

_____

꼭나와 ♡

08 이와 같은 글에서 감동을 느낄 수 있는 부분으로 알맞지 않은 것을 두 가지 고르시오.

(,   )

① 이해하기 어려운 내용이 많은 부분

② 질문이나 생각이 많이 생기는 부분

③ 기쁨, 슬픔 같은 감정을 강하게 느낀 부분

④ 인물의 행동에서 교훈을 얻을 수 있는 부분

⑤ 글 내용이 자신의 경험과 달라서 공감할 수 없는 부분

[09~10]

엄마를 냄새로 찾아낸 꽃담이에게

꽃담아, 안녕? ㉠나는 얼마 전에 도서관에서 『초록 고양이』를 읽었어. ㉡초록 고양이가 데려간 엄마를 네가 냄새로 찾아 다시 엄마와 만난다는 내용에서 감동을 받았어.

나는 엄마를 사랑하기는 하지만 엄마에 대한 것을 기억하려고 애쓰지는 않았던 것 같아. 네가 엄마를 냄새로 찾은 것은 늘 엄마에게 관심과 애정이 있었다는 거잖아.

㉢이 이야기를 읽고 부모님에게 좀 더 많은 관심을 가져야겠다고 생각했어. 가족의 소중함을 일깨워 줘서 정말 고마워.

09 다음 (   ) 안에 들어갈 알맞은 말을 쓰시오.

이 글은 『초록 고양이』를 읽고, 주인공인 (   )에게 하고 싶은 말을 (   ) 형식으로 쓴 독서 감상문이다.

10 ㉠~㉢ 중에서 인상 깊게 읽은 책의 내용을 쓴 부분의 기호를 쓰시오.

(   )

국어

[11~15]

가 넓은 바다 한복판, 아홉 개의 작은 섬으로 이루어진 나라 투발루에 로자와 고양이 투발루가 살았어. 로자와 투발루는 밥도 같이 먹고, 잠도 같이 자고, 노래도 같이 부르며 늘 함께했지. 하지만 다른 게 딱 하나 있었어.

"언니 수영하고 올게!"

로자가 투발루의 털을 쓰다듬고 바다로 가면 투발루는 긴 꼬랑지를 바짝 세우고 야자나무 숲으로 들어가지. 투발루는 물을 너무너무 싫어하거든. 둘은 이렇게 따로따로 한참을 신나게 놀아. 하지만 돌아오는 길에는 꼭 만났어.

나 "아빠 엄마도 너처럼 여기서 살고 싶단다. 하지만 바닷물이 자꾸 불어나서 곧 나라 전체가 물에 잠기게 될 거래. 어제는 마당까지 물이 들어왔잖아. 떠나기 싫지만 어쩔 수 없구나."

다 "다른 나라에 가면 지금보다 훨씬 힘들게 살 거야. 그러니까 투발루를 할아버지한테 맡기고 가자."

"싫어요. 절대로 안 돼요! 투발루는 수영을 못하니까 물이 불어나면 물에 빠져 죽을 거예요. 꼭 데려가야 해요. 아빠, 투발루도 데리고 가요! 네?"

11 로자와 고양이 투발루에 대한 설명으로 알맞지 않은 것은 어느 것입니까? (   )

① 잠을 함께 잔다.
② 밥을 같이 먹는다.
③ 노래를 같이 부른다.
④ 따로따로 놀기도 한다.
⑤ 바다에서 수영을 같이 한다.

12 로자네 가족이 투발루섬을 떠나야 하는 까닭은 무엇입니까? (   )

① 할아버지와 함께 살아야 해서
② 로자가 다니는 학교가 없어져서
③ 아빠가 다른 나라에서 살고 싶어 하셔서
④ 곧 나라 전체가 물에 잠기게 될 것이라서
⑤ 투발루섬이 관광 도시로 개발된다고 해서

서술형

13 이 글에서 일어난 일을 생각하며 다음 물음에 답하시오.

(1) 아빠는 투발루섬을 떠날 때 고양이 투발루를 어떻게 하자고 하였는지 (   ) 안에 들어갈 알맞은 말을 쓰시오.

• (   )에게 맡기고 가자.

(2) 아빠가 (1)과 같이 하자고 말한 까닭을 쓰시오.

_____

_____

꼭나와 ♥

14 글 **가**, **다**에 나타난 로자의 마음을 알맞게 짝 지은 것은 어느 것입니까? (   )

	가	**다**
①	즐겁다.	안심된다.
②	심심하다.	신난다.
③	불안하다.	무섭다.
④	행복하다.	슬프다.
⑤	속상하다.	설렌다.

15 글 **가**를 읽고 생각이나 느낌을 표현하는 형식에 대해 말한 것입니다. (   ) 안에서 알맞은 형식을 골라 ○표 하시오.

로자가 투발루섬에서 지내며 행복해하는 모습이 인상 깊었어. 그 장면을 (편지 , 만화)로 생생하게 표현하면 오래 기억할 것 같아.

01 자신이 읽은 책에 대한 생각이나 느낌을 말한 친구의 이름을 쓰시오.

> • 태경: 『이순신 위인전』에서 적은 수의 군사로 많은 적을 물리친 장면이 가장 인상 깊었어.
> • 우림: 『레 미제라블』은 빵 한 조각을 훔친 죄로 오랫동안 감옥살이를 한 장 발장이 우연히 만난 신부의 도움으로 새로운 삶을 사는 내용이야.

( )

[02~05]

가 학교 도서관에서 책을 고르다가 『세시 풍속』이라는 책을 읽었습니다. 이 책은 우리 조상이 농사일로 고된 일상 속에서 빼먹지 않고 지켜 오던 일 년의 세시 풍속을 담은 책입니다.

나 책은 계절의 차례대로 봄, 여름, 가을, 겨울의 세시 풍속을 소개했습니다. 지금 계절이 겨울이므로 겨울 부분부터 읽어 보았습니다. 겨울의 세시 풍속 가운데에서 인상 깊었던 것은 동지의 풍속입니다.

다 옛날 사람들은 병을 옮기는 나쁜 귀신이 팥을 싫어한다고 믿었답니다. 그래서 동지에 팥으로 죽을 만들어 귀신이 못 오게 집 앞에 뿌렸답니다. 이 일에서 동지에 팥죽 먹는 풍습이 생겼답니다.

이런 재미있는 이야기를 지닌 동지는 낮이 길어지기 시작하는 날로, 사람들은 이날부터 태양의 기운이 다시 살아난다고 생각했다고 합니다. 동지가 밤이 가장 길고 낮이 가장 짧은 날이라고만 생각했는데, 우리 조상은 태양의 기운이 다시 살아나면서 낮이 길어지는 것이라고 생각한 점이 인상 깊었습니다.

라 『세시 풍속』을 읽고 나니 조상의 지혜를 더 잘 알 수 있었습니다. 계절의 변화 하나하나에 의미를 부여하고 삶을 즐겁게 보내려는 마음을 듬뿍 느꼈습니다.

어려워 ﾟ
02 이 글에 대한 설명으로 알맞은 것을 두 가지 고르시오. (,)

① 편지 형식으로 쓴 독서 감상문이다.
② 글 가에 책을 읽은 동기가 나타나 있다.
③ 읽은 책 전체 내용을 그대로 옮겨 적었다.
④ 글 다에 책에서 인상 깊게 읽은 내용이 드러나 있다.
⑤ 글 라는 책의 내용을 간략하게 정리하여 쓴 부분이다.

03 글쓴이가 읽은 책의 내용은 무엇인지 쓰시오.

• 사계절의 ( )

서술형 ﾟ
04 이 글에 어울리는 제목을 붙이고, 그렇게 붙인 까닭을 쓰시오.

제목	(1)
그렇게 붙인 까닭	(2)

05 이와 같은 글을 쓸 때 가장 먼저 할 일은 무엇입니까? ( )

① 책 내용을 떠올린다.
② 독서 감상문을 쓸 책을 고른다.
③ 제목이 잘 어울리는지 확인한다.
④ 인상 깊은 장면이나 내용을 정한다.
⑤ 책에 대한 생각이나 느낌을 정리한다.

[06~08]

오월 어느 날이었다. 그날도 학교에 가기 싫다고 말했다. 어머니가 왜 안 가느냐고 물어 공부도 재미가 없고, 학교 가는 것도 재미가 없다고 말했다.

"그래도 얼른 교복으로 갈아입어라."

㉠"학교 안 간다니까." / "안 가면?"

㉡"그냥 이렇게 자라다가 이다음 농사지을 거라고."

"농사는 뭐 아무나 짓는다더냐?"

"그러니 내가 짓는다고."

"에미가 신작로까지 데려다줄 테니까 얼른 교복 갈아입어."

몇 번 옥신각신하다가 나는 마지못해 교복으로 갈아입었다. 어머니가 먼저 마당에 나와 내가 나오길 기다리고 있었다.

[09~10]

가 어머니는 내게 가방을 넘겨준 다음 내가 가야 할 산길의 이슬을 털어 내기 시작했다. 어머니의 일 바지 자락이 이내 아침 이슬에 흥건히 젖었다.

나 그렇게 어머니와 아들이 무릎에서 발끝까지 옷을 흠뻑 적신 다음에야 신작로에 닿았다.

"자, 이제 이걸 신어라."

거기서 어머니는 품속에 넣어 온 새 양말과 새 신발을 내게 갈아 신겼다. 학교 가기 싫어하는 아들을 위해 아주 마음먹고 준비해 온 것 같았다.

"앞으로는 매일 털어 주마. 그러니 이 길로 곧장 학교로 가. 중간에 다른 데로 새지 말고."

그 자리에서 울지는 않았지만, 왠지 눈물이 날 것 같았다.

"아니, 내일부터 나오지 마. 나 혼자 갈 테니까."

06 '나'가 학교에 가기 싫어한 까닭은 무엇입니까?
( )

① 친구와 싸워서 ② 교복이 없어서
③ 농사일이 많아서 ④ 학교가 멀리 있어서
⑤ 공부와 학교 가는 것이 재미없어서

07 ㉠과 ㉡에 담긴 '나'의 마음으로 알맞은 것을 두 가지 고르시오. (,)

① 귀찮다. ② 슬프다. ③ 부끄럽다.
④ 흐뭇하다. ⑤ 짜증 난다.

서술형

08 이 글에서 감동받은 부분과 그 까닭을 쓰시오.

감동받은 부분	(1)
감동받은 까닭	(2)

09 학교에 가기 싫어하는 '나'를 위해 어머니께서 하신 일은 무엇입니까? ( )

① 교복 사 주기
② 가방 바꿔 주기
③ 학교까지 데려다주기
④ 신작로까지 업어 주기
⑤ 산길의 이슬 털어 주기

어려워

10 이 글에서 감동받은 부분을 찾아 알맞게 말한 친구의 이름을 쓰시오.

- 다현: 마지막에 아들이 다음부터 혼자 학교에 가겠다고 하는 장면에서 감동을 느꼈어. 아들이 어머니께 죄송한 마음을 느낀 것 같았기 때문이야.
- 은우: 어머니께서 품속에서 새 양말과 새 신발을 꺼내셨을 때 감동받았어. 이슬을 터느라 교복 바지가 흥건히 젖은 아들에게 고마운 마음이 느껴졌기 때문이야.

( )

11 독서 감상문을 쓸 책으로 알맞지 <u>않은</u> 책은 어느 것입니까? (   )

① 관심이 있는 책
② 좋은 교훈을 얻은 책
③ 새롭게 안 내용이 많은 책
④ 읽으면서 아무 느낌이 없었던 책
⑤ 남에게 알리고 싶은 생각이 들었던 책

[12~13]

가   그러면 되는 줄 알았는데

꼴찌만 아니면 될 줄 알았는데
꼴찌를 해도 좋았다.

등수만 중요한 줄 알았는데
더 큰 것이 있었다.

이기기만 하면 될 줄 알았는데
더 큰 마음이 있었다.

나 엄마를 냄새로 찾아낸 꽃담이에게

꽃담아, 안녕? 나는 얼마 전에 도서관에서 『초록 고양이』를 읽었어. 초록 고양이가 데려간 엄마를 네가 냄새로 찾아 다시 엄마와 만난다는 내용에서 감동을 받았어.

나는 엄마를 사랑하기는 하지만 엄마에 대한 것을 기억하려고 애쓰지는 않았던 것 같아. 네가 엄마를 냄새로 찾은 것은 늘 엄마에게 관심과 애정이 있었다는 거잖아.

이 이야기를 읽고 부모님에게 좀 더 많은 관심을 가져야겠다고 생각했어. 가족의 소중함을 일깨워 줘서 정말 고마워.

12 글 **가**와 **나**는 어떤 형식으로 쓴 독서 감상문인지 선으로 알맞게 이으시오.

(1) [가] •   • ㉮ [편지]

(2) [나] •   • ㉯ [시]

13 글 **나**에 나타나 있지 <u>않은</u> 내용은 어느 것입니까? (   )

① 책 제목
② 책을 쓴 사람
③ 책에서 감동받은 부분
④ 책을 읽고 생각하거나 느낀 점
⑤ 책 내용과 관련해 자신을 되돌아보는 내용

[14~15]

20○○년 11월 ○○일 날씨: 맑음
제목: 함께일 때 더 시원한 나무 그늘

나는 내 것이면 뭐든지 나 혼자 써도 된다고 생각했다. 그래서 나무 그늘도 혼자 쓰는 것이 당연하다고 여겼다. 내 것인데 다른 사람에게 왜 빌려주어야 한단 말인가? 하지만 지금 나는 그렇게 생각하지 않는다. 다른 사람들과 더불어 행복을 느끼는 일이 훨씬 더 가치 있고 소중한 것임을 알았다. 총각이 어리석은 나를 일깨워 주었기 때문이다. 총각에게 고마운 마음을 꼭 전하고 싶다.

14 이 글은 책을 읽고 생각이나 느낌을 어떤 형식으로 쓴 독서 감상문인지 쓰시오.

(   )

⊙어려워⊙

15 이 글은 어떤 이야기의 주인공이 되어 쓴 것인지 알맞게 말한 친구의 이름을 쓰시오.

• 도영: 『아낌없이 주는 나무』에 나오는 소년이 되어 쓴 글이야.
• 윤아: 『나무 그늘을 산 총각』에 나오는 총각이 되어 쓴 글이야.
• 성재: 『나무 그늘을 산 총각』에 나오는 욕심쟁이 영감이 되어 쓴 글이야.

(   )

[16~17]

가 "엄마, 물이 마당까지 들어와요."

둥근달이 떠오르는 보름이 되자 바닷물이 마당으로 들이닥쳤어.

"바닷물이 불어나서 큰일이구나!"

물은 자꾸만 불어났어. 투발루는 안절부절못하더니 나무 위로 올라갔지.

"야옹 야옹 이야옹."

그러고는 야자나무 위에서 몸을 웅크리고 마구 울었어.

"그러게 수영을 배우면 좋잖아."

로자가 나무 위에서 떨고 있는 투발루를 안고 내려왔어.

"아빠, 바닷물이 왜 자꾸 불어나요?"

로자가 파란 바다를 보며 나직이 물었어.

"지구가 더워져서 빙하가 녹아내리고 있거든. 그래서 바닷물이 불어나는 거야."

나 ㉠로자는 아빠의 말을 들으며 손톱만 물어뜯었어. 그러자 투발루가 까칠한 혀로 로자의 손을 싸악싸악 핥아 주었지. 로자가 슬퍼 보였나 봐.

16 ㉠에 나타난 로자의 마음으로 알맞은 것을 두 가지 고르시오. (,   )

① 귀찮은 마음   ② 설레는 마음
③ 지루한 마음   ④ 걱정되는 마음
⑤ 긴장되는 마음

17 이 글을 읽고 인상 깊은 장면을 말한 내용으로 알맞은 것을 찾아 ○표 하시오.

(1) 고양이 투발루가 로자의 손을 핥으며 위로해 주는 모습이 인상 깊었다.   (   )

(2) 고양이 투발루가 로자와 다투고 나무 위로 재빨리 올라간 모습이 인상 깊었다.   (   )

(3) 로자가 물을 무서워하는 고양이 투발루에게 수영을 가르쳐 주는 모습이 인상 깊었다.

(   )

[18~20]

로자는 안전띠를 풀려고 했어. 하지만 그럴 수 없었어.

"로자야, 안 돼! 비행기는 이미 출발했잖아. 멈출 수 없어!" / 로자는 창밖으로 작아지는 투발루를 보며 후회하고 또 후회했지.

"투발루에게 수영을 가르칠 걸 그랬어!"

"로자야, 사람들이 환경을 오염시키지 않으면 다시 투발루에 돌아올 수 있을 거야."

아빠의 말을 들으며 로자는 간절히 빌었어.

"저는 투발루에서 투발루와 함께 살고 싶어요. 제발 도와주세요!"

18 로자의 바람은 무엇입니까? (   )

① 투발루가 수영을 잘하는 것
② 투발루섬을 빨리 떠나는 것
③ 비행기가 안전하게 도착하는 것
④ 투발루섬이 빠르게 개발되는 것
⑤ 투발루섬에서 투발루와 함께 사는 것

19 로자와 비슷한 경험을 말한 친구의 이름을 쓰시오.

- 지성: 우리 집 개가 새끼를 낳아서 행복했던 기억이 있어.
- 연수: 친한 친구가 멀리 전학 갔을 때 슬펐던 기억이 있어.
- 보라: 친구가 수영 대회에서 우승을 해서 축하해 준 적이 있어.

(   )

서술형 상

20 이 글을 읽고 든 생각이나 느낌을 어떤 형식으로 표현하고 싶은지 그 까닭과 함께 쓰시오.

_____

_____

_____

8. 생각하며 읽어요

➔ 바른답·알찬풀이 16쪽

개념 ① 의견이 적절한지 판단해야 하는 까닭 알기

- 사람마다 **❶** ㅅ ㄱ 이 다르기 때문입니다.

- 적절하지 못한 의견을 따르면 잘못된 판단을 할 수 있기 때문입니다.

- 문제를 **❷** ㅎ ㄱ 하지 못할 수 있고, 뜻하지 않게 잘못된 결과가 나올 수 있기 때문입니다.

1 다음 글을 읽고, 다른 사람의 의견이 적절한지 판단해야 하는 까닭을 알맞게 말한 친구를 찾아 ○표 하시오.

> **가** "불쌍한 당나귀! 이 더운 날 두 명이나 태우고 가느라 힘이 다 빠졌네. 나라면 당나귀를 메고 갈 텐데."
> **나** 둘은 당나귀에서 내렸어요. 그러고 나서 아버지는 당나귀의 앞발을, 아이는 뒷발을 각각 어깨에 올렸지요
> **다** 그때 당나귀가 버둥거리는 바람에 두 사람은 그만 당나귀를 놓치고 말았답니다.

(1) 소라: 잘못된 판단을 할 수 있기 때문이야.　　(　　　)
(2) 준형: 사람들의 생각이 모두 비슷하기 때문이야.　(　　　)

개념 ② 글쓴이의 의견을 평가하는 방법 알기

- 글쓴이의 의견이 주제와 관련 있는지 살펴봅니다.

- 글쓴이의 의견과 **❸** ㄷ ㅂ ㅊ 내용이 관련 있는지 따져 봅니다.

- 뒷받침 내용이 **❹** ㅅ ㅅ 이고, 믿을 만한지 확인합니다.

- 글쓴이의 의견이 문제 상황을 해결할 수 있는지 살펴봅니다.

2 다음 글에 나타난 글쓴이의 의견을 바르게 평가한 것을 골라 ○표 하시오.

> 바람직한 독서 방법은 도서관의 편의 시설을 늘리는 것입니다. 휴게실을 많이 만들면 편안히 쉴 수 있습니다. 체육관이 생기면 운동을 자주 할 수 있습니다. 컴퓨터를 많이 설치하면 인터넷을 쉽게 이용할 수 있습니다. 이와 같이 올바른 독서 방법은 도서관의 편의 시설을 늘리는 것입니다.

(1) 글쓴이의 의견과 뒷받침 내용이 관련 없다.　　(　　　)
(2) 글쓴이의 의견이 글의 주제와 관련이 없다.　　(　　　)

개념 ③ 자신의 의견이 드러나게 글 쓰기

- **❺** ㅈ ㅈ 와 관련된 자신의 생각을 쓰고, 자신의 **❻** ㅇ ㄱ 을 뒷받침할 수 있는 내용을 찾아봅니다.

- 주제와 관련된 자신의 의견과 뒷받침 내용을 정리하여 의견이 드러나는 글을 씁니다.

3 다음은 자신의 의견이 드러나는 글을 쓰기 위해 쓸 내용을 정리한 것입니다. ㉠에 들어갈 의견으로 알맞은 것을 골라 ○표 하시오.

주제	편식
의견	㉠
뒷받침 내용	먹기 싫은 음식을 억지로 먹다가 오히려 스트레스를 받아 건강을 해칠 수 있다.

(편식해도 된다 , 편식하면 안 된다).

정답 **❶** 생각 **❷** 해결 **❸** 뒷받침 **❹** 사실 **❺** 주제 **❻** 의견

[01~02]

아버지와 아이가 당나귀를 끌고 시장에 가고 있었어요. 아버지와 아이는 땀을 뻘뻘 흘렸어요. 그 모습을 본 농부가 비웃으며 말했어요.

"쯧쯧, 당나귀를 타고 가면 될 걸 저렇게 미련해서……."

농부의 말을 듣고 보니 정말 그렇지 않겠어요?

'맞아, 당나귀는 원래 짐을 싣거나 사람을 태우는 동물이잖아.'

아버지는 당장 아이를 당나귀에 태웠어요.

그렇게 한참을 가는데 한 노인이 호통을 쳤어요.

"아버지는 걷게 하고 자기는 편하게 당나귀를 타고 가다니. 요즘 아이들이란 저렇게 버릇이 없단 말이지!"

노인의 말을 듣고 보니 정말 그렇지 않겠어요?

아이는 얼른 당나귀에서 내리고 아버지를 태웠어요.

01 아버지와 아이의 모습을 본 노인의 의견으로 알맞은 것은 어느 것입니까? (   )

① 당나귀를 메고 가야 한다.

② 당나귀를 타고 가야 한다.

③ 당나귀를 잘 길들여야 한다.

④ 당나귀를 팔지 않아야 한다.

⑤ 아이 대신 아버지가 당나귀를 타고 가야 한다.

서술형

02 이 글에 나오는 인물들의 의견과 까닭을 파악하며 다음 물음에 답하시오.

(1) 당나귀를 타고 가야 한다는 의견을 말한 인물은 누구인지 쓰시오.

(   )

(2) 아버지와 아이가 (1)에서 답한 인물의 의견을 받아들인 까닭을 쓰시오.

_____

_____

03 다른 사람의 의견이 적절한지 판단해야 하는 까닭을 알맞게 말하지 <u>못한</u> 친구의 이름을 쓰시오.

- 찬민: 나보다 다른 사람의 의견이 더 적절하기 때문이야.
- 수영: 뜻하지 않게 잘못된 결과가 나올 수 있기 때문이야.
- 석현: 잘못된 의견을 따르면 문제를 해결하지 못할 수도 있기 때문이야.

(   )

[04~05]

바람직한 독서 방법은 여러 분야의 책을 읽는 것입니다. ㉠여러 분야의 책을 읽으면 배경지식이 풍부해집니다. 풍부한 배경지식은 학교 공부를 하는 데 도움을 줍니다. ㉡한 분야의 책만 읽으면 시력이 나빠집니다. 제가 여러 분야의 책을 읽었을 때는 시력이 좋아졌는데 한 분야의 책만 읽었을 때는 시력이 나빠졌습니다. 따라서 여러 분야의 책을 읽는 것은 좋은 독서 방법입니다.

04 글쓴이의 의견은 무엇인지 (   ) 안에 들어갈 알맞은 말을 쓰시오.

바람직한 독서 방법은 (   ) 을/를 읽는 것이다.

꼭나와 ㉡

05 여자아이는 뒷받침 내용 ㉠과 ㉡ 중에서 어떤 것에 대하여 판단한 것인지 찾아 기호를 쓰시오.

글쓴이의 의견과 관련이 있고 믿을 만한 내용이야.

(   )

06 글쓴이의 의견이 적절한지 평가하는 방법은 무엇인지 (   ) 안에 들어갈 알맞은 말을 보기 에서 찾아 쓰시오.

> **보기**
>
> 의견, 주제, 사실, 문제 상황

(1) 뒷받침 내용이 (   )이고, 믿을 만한지 확인한다.

(2) 글쓴이의 의견이 (   )과/와 관련 있는지 살펴본다.

(3) 글쓴이의 의견이 (   )을/를 해결할 수 있는지 살펴본다.

(4) 글쓴이의 (   )과/와 뒷받침 내용이 관련 있는지 따져 본다.

[07~10]

> 가 바람직한 독서 방법은 도서관의 편의 시설을 늘리는 것입니다. 휴게실을 많이 만들면 편안히 쉴 수 있습니다. 체육관이 생기면 운동을 자주 할 수 있습니다. 컴퓨터를 많이 설치하면 인터넷을 쉽게 이용할 수 있습니다. 이와 같이 올바른 독서 방법은 도서관의 편의 시설을 늘리는 것입니다.
>
> 나 바람직한 독서 방법은 자신이 좋아하는 책만 읽는 것입니다. 좋아하는 분야의 책을 읽으면 흥미를 느끼며 즐겁게 읽을 수 있습니다. 그 분야에 깊이 있는 지식을 쌓을 수 있습니다. 자신이 좋아하는 분야이기 때문에 책 내용을 더 쉽게 이해할 수 있습니다. 따라서 저는 이보다 더 바람직한 독서 방법은 없다고 생각합니다.

07 글 가 와 나 는 어떤 주제에 대해 쓴 글입니까?
(   )

① 독서의 중요성
② 바람직한 독서 방법
③ 좋은 책을 고르는 방법
④ 지식을 쌓아야 하는 까닭
⑤ 도서관에서 지켜야 할 행동

08 문제 **07**번에서 답한 주제에 대한 글 가 의 글쓴이의 의견은 무엇입니까? (   )

① 운동을 자주 하는 것이다.
② 인터넷을 이용하는 것이다.
③ 휴게실을 많이 만드는 것이다.
④ 자신이 좋아하는 책만 읽는 것이다.
⑤ 도서관의 편의 시설을 늘리는 것이다.

09 글 가 의 의견이 적절한지 바르게 판단한 것을 보기 에서 찾아 기호를 쓰시오.

> **보기**
>
> ㉮ 의견이 주제와 관련이 매우 적어서 글쓴이의 의견은 적절하지 않다.
> ㉯ 뒷받침 내용들은 믿을 만하므로 글쓴이의 의견은 적절하다고 할 수 있다.

(   )

10 글 나 의 의견을 바르게 평가한 친구의 이름을 모두 쓰시오.

(   )

→ 바른답·알찬풀이 16쪽

[11~13]

국가유산을 개방해야 합니다. 국가유산을 직접 관람하면 옛 조상이 살았던 때를 생생하게 느낄 수 있습니다. 저는 가족과 함께 고인돌 유적지를 보러 갔습니다. 거대한 고인돌이 생생하게 기억에 남았습니다. 누리집에서 고인돌에 대한 정보를 찾아보았고, 학교 도서관에서 고인돌에 대한 책을 빌려 읽기도 했습니다.

또 국가유산을 개방해야만 국가유산 훼손을 막을 수 있습니다. 20○○년 7월 ○○일 신문 기사를 보니 고궁 가운데 한 곳인 ○○궁에 곰팡이가 번식했다는 내용이 있었습니다. 장마인데 문을 닫고만 있어서 바람이 통하지 않아 곰팡이가 궁궐 안으로 퍼진 것입니다. 사람들이 드나들면서 바람이 통하게 하면 이와 같은 문제는 해결될 것입니다.

국가유산을 개방하면 자신이 체험한 국가유산을 보호하려고 노력하는 사람이 늘어날 것입니다. 어디에 있는지도 모르는 유물이 아니라 우리 곁에 있는 국가유산이 되어야 합니다.

11 이 글은 어떤 주제로 쓴 글입니까? (   )

① 국가유산을 개방해야 하는가
② 국가유산을 발굴해야 하는가
③ 국가유산을 직접 관람해야 하는가
④ 국가유산 지킴이 수를 늘려야 하는가
⑤ 국가유산 관람료를 무료로 해야 하는가

12 글쓴이의 의견을 뒷받침하는 내용을 모두 찾아 ○표 하시오.

(1) 국가유산의 가치를 높일 수 있다. (   )
(2) 옛 조상이 살았던 때를 생생하게 느낄 수 있다.   (   )
(3) 여름 장마철에 생기는 국가유산 훼손을 막을 수 있다.   (   )
(4) 국가유산을 개방하면 자신이 체험한 국가유산을 보호하려고 노력하는 사람이 늘어날 것이다.   (   )

꼭나와 ♥

13 글쓴이의 의견이 적절하지 않다고 생각하여 말한 친구의 이름을 쓰시오.

• 준기: 뒷받침 내용이 모두 사실이며 믿을 만하고, 그 의견을 선택했을 때 또 다른 문제 상황이 나타나지 않을 거야.
• 세희: 많은 사람이 국가유산을 관람하다 보면 어쩔 수 없이 훼손되기 마련이고, 한번 망가진 국가유산은 고치기가 어려워.

(   )

서술형 ♥

14 다음 대화를 읽고 물음에 답하시오.

(1) 유림이와 진수는 무엇에 대한 경험을 이야기하고 있는지 두 글자로 쓰시오.

• 유림: 당근이 들어간 음식은 맛이 없어서 못 먹겠어.
• 진수: 나는 고기만 골라서 먹는 습관 때문에 부모님께서 걱정하셔.

(   )

(2) (1)에서 답한 주제와 관련한 자신의 의견을 까닭이 드러나게 쓰시오.

_____

_____

15 의견을 뒷받침하는 내용이 믿을 만한지 알아보는 방법으로 알맞지 <u>않은</u> 것은 어느 것입니까?

(   )

① 책을 찾아본다.
② 전문가에게 물어본다.
③ 친구들의 의견을 모은다.
④ 인터넷을 검색해 정보를 얻는다.
⑤ 관련 있는 전문 자료를 찾아본다.

[01~03]

아버지와 아이가 당나귀를 끌고 시장에 가고 있었어요. 아버지와 아이는 땀을 뻘뻘 흘렸어요. 그 모습을 본 농부가 비웃으며 말했어요.

"쯧쯧, 당나귀를 타고 가면 될 걸 저렇게 미련해서야……."

농부의 말을 듣고 보니 정말 그렇지 않겠어요?

'맞아, 당나귀는 원래 짐을 싣거나 사람을 태우는 동물이잖아.'

아버지는 당장 아이를 당나귀에 태웠어요.

그렇게 한참을 가는데 한 노인이 호통을 쳤어요.

"아버지는 걷게 하고 자기는 편하게 당나귀를 타고 가다니. 요즘 아이들이란 저렇게 버릇이 없단 말이지!"

노인의 말을 듣고 보니 정말 그렇지 않겠어요?

아이는 얼른 당나귀에서 내리고 아버지를 태웠어요.

01 다음과 같은 의견을 말한 인물이 누구인지 찾아 선으로 알맞게 이으시오.

(1) 당나귀를 타고 가야 한다. •
(2) 아이 대신 아버지가 당나귀를 타고 가야 한다. •

• ㉮ 농부
• ㉯ 노인

02 아버지와 아이가 노인의 의견을 받아들인 까닭은 무엇입니까? (   )

① 당나귀는 무서운 동물이기 때문이다.
② 어른인 아버지가 우선이기 때문이다.
③ 시장까지 가는 길이 너무 험하기 때문이다.
④ 아이가 아직 어려서 오래 걸을 수 없기 때문이다.
⑤ 당나귀는 원래 짐을 싣거나 사람을 태우는 동물이기 때문이다.

03 농부와 노인의 의견을 들은 아버지와 아이는 어떻게 행동했는지 보기 에서 알맞은 것을 찾아 기호를 쓰시오.

보기

㉮ 농부와 노인의 말을 무시했다.
㉯ 농부와 노인의 말이 적절한지 판단하고 나서 행동했다.
㉰ 농부와 노인이 말한 의견이 적절한지 판단하지 않고 그대로 따랐다.

(   )

[04~05]

또 그렇게 한참을 가는데 이번에는 한 ㉠아낙이 깜짝 놀라며 혀를 찼어요.

"세상에! 이렇게 더운 날 어린아이는 걷게 하고 자기만 편하게 당나귀를 타고 가다니. 저런 사람이 아비라고 할 수 있나, 원! 나라면 아이도 함께 태울 텐데."

아낙의 말을 듣고 보니 정말 그런 것도 같았어요. 아버지는 아이도 당나귀에 태웠어요.

04 아낙이 ㉠과 같이 행동한 까닭은 무엇입니까?

(   )

① 당나귀가 비틀비틀 걸어가서
② 당나귀에 아무도 타지 않아서
③ 어린아이가 길에 쓰러져 있어서
④ 아버지가 혼자 당나귀를 타고 가서
⑤ 아버지와 아이가 당나귀를 들고 가서

서술형 상

05 아낙의 의견을 쓰고, 아버지와 아이가 아낙의 의견을 받아들인 까닭을 쓰시오.

의견	(1)
까닭	(2)

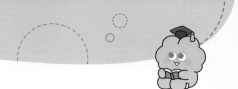

[06~10]

아버지와 아이를 태운 당나귀는 힘에 부친 듯 비틀비틀 걸음을 옮겼어요.

시장에 거의 다다랐을 때, 그 모습을 본 청년이 말했어요.

"불쌍한 당나귀! 이 더운 날 두 명이나 태우고 가느라 힘이 다 빠졌네. 나라면 당나귀를 메고 갈 텐데."

청년의 말을 듣고 보니 그런 것 같았어요.

'그래, 이대로 가다가는 시장에 가기도 전에 당나귀가 지쳐 쓰러져 버릴 거야.'

둘은 당나귀에서 내렸어요. 그러고 나서 아버지는 당나귀의 앞발을, 아이는 뒷발을 각각 어깨에 올렸지요.

이제 외나무다리 하나만 건너면 시장이에요.

"으히힝." / 그때 당나귀가 버둥거리는 바람에 두 사람은 그만 당나귀를 놓치고 말았답니다. 강에 빠진 당나귀는 물살에 떠내려가고 말았어요.

"다른 사람의 말만 듣다가 결국 귀한 당나귀를 잃고 말았구나!"

아버지와 아이는 뒤늦게 후회했지만 아무 소용이 없었답니다.

06 청년의 의견은 무엇입니까? (   )

① 당나귀를 메고 가야 한다.
② 아버지와 아이가 불쌍하다.
③ 당나귀를 집으로 데려가야 한다.
④ 아버지가 아이를 업고 가야 한다.
⑤ 아버지와 아이 중 한 사람만 당나귀를 타고 가야 한다.

07 아버지와 아이가 청년의 의견을 받아들인 결과, 어떤 일이 일어났습니까? (   )

① 아이가 강물에 빠졌다.
② 귀한 당나귀를 잃었다.
③ 아버지가 지쳐 쓰러졌다.
④ 당나귀가 비싼 값에 팔렸다.
⑤ 당나귀가 외나무다리를 무사히 건넜다.

08 아버지와 아이가 뒤늦게 후회한 것은 무엇이겠습니까? (   )

① 외나무다리를 건너간 것
② 당나귀를 시장에 팔려고 한 것
③ 당나귀에 무거운 짐을 실은 것
④ 여러 사람의 말을 귀 기울여 듣지 않은 것
⑤ 다른 사람의 말이 적절한지 판단하지 않고 그대로 따른 것

서술형 ❖

09 이 글을 읽고, 다른 사람의 의견이 적절한지 판단해야 하는 까닭을 한 가지만 쓰시오.

_____

_____

어려워 ❖

10 이 글에 나오는 아버지와 아이에게 충고하는 말을 알맞게 한 친구의 이름을 쓰시오.

욕심을 지나치게 부리지 않고 착하게 살았으면 좋겠어요.

종현

자기 의견만 내세우지 말고 다른 사람 의견도 존중해 주었으면 좋겠어요.

민희

다른 사람의 의견을 받아들이기 전에 그 의견이 적절한지 판단했으면 좋겠어요.

서현

(   )

[11~13]

> 혜원: 바람직한 독서 방법은 도서관의 편의 시설을 늘리는 것입니다. 휴게실을 많이 만들면 편안히 쉴 수 있습니다. 체육관이 생기면 운동을 자주 할 수 있습니다. 컴퓨터를 많이 설치하면 인터넷을 쉽게 이용할 수 있습니다. 이와 같이 올바른 독서 방법은 도서관의 편의 시설을 늘리는 것입니다.
>
> 민서: 바람직한 독서 방법은 여러 분야의 책을 읽는 것입니다. 여러 분야의 책을 읽으면 배경지식이 풍부해집니다. 풍부한 배경지식은 학교 공부를 하는 데 도움을 줍니다. 한 분야의 책만 읽으면 시력이 나빠집니다. 제가 여러 분야의 책을 읽었을 때는 시력이 좋아졌는데 한 분야의 책만 읽었을 때는 시력이 나빠졌습니다. 따라서 여러 분야의 책을 읽는 것은 좋은 독서 방법입니다.

11 다음은 혜원이의 의견이 적절한지 평가한 것입니다. 평가한 기준으로 알맞은 것은 무엇입니까?
(   )

> 혜원이의 의견은 적절하지 않다. 왜냐하면 바람직한 독서 방법은 책을 읽는 방법이나 태도와 관련된 내용이어야 하기 때문이다.

① 실천 가능한 의견인가
② 뒷받침 내용이 사실인가
③ 뒷받침 내용이 믿을 만한가
④ 의견이 주제와 관련 있는가
⑤ 의견과 뒷받침 내용이 관련 있는가

12 민서가 제시한 뒷받침 내용을 두 가지 고르시오.
(,   )

① 한 분야의 책만 읽으면 시력이 나빠진다.
② 체육관이 생기면 운동을 자주 할 수 있다.
③ 휴게실을 많이 만들면 편안히 쉴 수 있다.
④ 배경지식이 풍부해져서 공부에 도움이 된다.
⑤ 여러 분야의 책을 읽는 것는 것은 좋은 독서 방법이다.

13 민서의 의견을 바르게 평가하지 <u>못한</u> 친구의 이름을 쓰시오.

> • 연진: 민서가 제시한 의견은 주제와 관련이 있어.
> • 선경: 민서가 제시한 뒷받침 내용은 모두 믿을 만한 사실이야.
> • 준빈: 민서가 제시한 두 개의 뒷받침 내용 중에 의견과 관련 없는 내용이 있어.

(   )

[14~15]

> 준우: 바람직한 독서 방법은 자신이 좋아하는 책만 읽는 것입니다. 좋아하는 분야의 책을 읽으면 흥미를 느끼며 즐겁게 읽을 수 있습니다. 그 분야에 깊이 있는 지식을 쌓을 수 있습니다. 자신이 좋아하는 분야이기 때문에 책 내용을 더 쉽게 이해할 수 있습니다. 따라서 저는 이보다 더 바람직한 독서 방법은 없다고 생각합니다.

14 준우의 의견은 무엇인지 (   ) 안에 들어갈 알맞은 말을 쓰시오.

> • 바람직한 독서 방법은 (   ) 만 읽는 것이다.

15 준우의 의견을 따랐을 때 생길 수 있는 문제를 에서 모두 찾아 기호를 쓰시오.

> **보기**
> ㉮ 한 분야의 책만 읽게 된다.
> ㉯ 다양한 사고를 할 수 있다.
> ㉰ 책을 집중해서 읽지 못하게 된다.
> ㉱ 관심 없는 분야는 전혀 알 수 없게 된다.

(   )

[16~18]

가 국가유산을 직접 관람하면 옛 조상이 살았던 때를 생생하게 느낄 수 있습니다. 저는 가족과 함께 고인돌 유적지를 보러 갔습니다. 거대한 고인돌이 생생하게 기억에 남았습니다.

나 또 ㉠국가유산을 개방해야만 국가유산 훼손을 막을 수 있습니다. 20○○년 7월 ○○일 신문 기사를 보니 고궁 가운데 한 곳인 ○○궁에 곰팡이가 번식했다는 내용이 있었습니다. 장마인데 문을 닫고만 있어서 바람이 통하지 않아 곰팡이가 궁궐 안으로 퍼진 것입니다. 사람들이 드나들면서 바람이 통하게 하면 이와 같은 문제는 해결될 것입니다.

국가유산을 개방하면 자신이 체험한 국가유산을 보호하려고 노력하는 사람이 늘어날 것입니다. 어디에 있는지도 모르는 유물이 아니라 우리 곁에 있는 국가유산이 되어야 합니다.

16 이 글은 어떤 의견을 뒷받침하는 내용입니까?

( )

① 국가유산을 개방해야 한다.
② 국가유산을 개방해서는 안 된다.
③ 전 세계에 우리 문화를 알려야 한다.
④ 국가유산을 복원하는 데 힘써야 한다.
⑤ 후손들에게 국가유산을 물려주어야 한다.

 어려워

17 이 글에 나타난 글쓴이의 의견이 적절하다고 평가한다면 그 까닭은 무엇일지 **보기** 에서 알맞은 것을 모두 찾아 기호를 쓰시오.

보기

㉮ 글쓴이의 의견이 내 의견과 같기 때문이다.
㉯ 의견을 뒷받침하는 내용을 많이 제시했기 때문이다.
㉰ 글쓴이의 의견과 뒷받침 내용이 관련 있기 때문이다.
㉱ 의견을 뒷받침하는 내용이 모두 사실이며 믿을 만하기 때문이다.

( )

18 ㉠의 뒷받침 내용을 쓸 때 사용한 자료의 출처는 무엇입니까? ( )

① 책   ② 동영상
③ 신문 기사   ④ 전문가의 말
⑤ 누리집 자료

19 다음 친구들이 말한 주제와 관련한 의견과 뒷받침 내용을 선으로 알맞게 이으시오.

(1) 편식해도 된다. · · ㉮ 편식을 하면 영양이 불균형해져서 성장이 늦어질 수 있다.

(2) 편식하면 안 된다. · · ㉯ 좋아하는 음식 위주로 다양하게 먹어도 충분히 영양소를 섭취할 수 있다.

서술형

20 '즐겁고 행복한 학교 만들기'에 대한 주제로 글을 쓰려고 합니다. 자신의 의견과 뒷받침 내용을 쓰시오.

의견	(1)
뒷받침 내용	(2)

9. 감동을 나누며 읽어요

→ 바른답·알찬풀이 18쪽

개념 ① 시를 읽고 느낌 표현하기

- 시에 나오는 ❶ [ㅈ][ㅁ]을 떠올려 봅니다.

- 시에 나오는 인물이 되어 봅니다.

- 시에 나오는 인물에게 묻고 싶은 물음을 만들어 봅니다.

- 시 속 인물과 자신의 ❷ [ㄱ][ㅎ]을 비교해 봅니다.

1 다음 시에 나오는 아빠에게 묻고 싶은 물음으로 알맞은 것을 골라 ○표 하시오.

> 지하 주차장으로 / 차 가지러 내려간 아빠
> 한참 만에 / 차 몰고 나와 한다는 말이
>
> 내려가고 내려가고 또 내려갔는데 글쎄, 계속 지하로 계단이 있는 거야! 그러다 아이쿠, 발을 헛디뎠는데 아아아…… 이상한 나라의 앨리스처럼 깊은 동굴 속으로 끝없이 떨어지지 않겠니?

(1) 아이가 많이 다쳤습니까? ( )
(2) 지하 주차장에서 겪었다는 일이 정말입니까? ( )

개념 ② 이야기를 보고 내용에 대한 생각 나누기

- 이야기를 보고 인물에게 일어난 ❸ [ㅇ]을 파악합니다.

- 인물의 ❹ [ㅎ][ㄷ]에 대한 자신의 생각을 표현해 봅니다.

- 이야기에 대한 자신의 생각을 글로 써 봅니다.

2 다음 글을 읽고 인물의 행동에 대한 생각을 표현했습니다. ( ) 안에 들어갈 알맞은 말을 쓰시오.

> 동숙이는 소풍날 달걀이 들어간 김밥을 가져가고 싶어 한다. 그래서 어머니께 달걀이 들어간 김밥을 싸 달라고 투정을 부린다. 어머니께서는 집안 사정이 어렵다고 하시면서 동숙이를 나무라신다.

- 집안 사정이 어려워서 달걀이 들어간 ( ) 을/를 먹지 못하는 ( )이/가 안쓰럽다.

개념 ③ 이야기를 읽고 다른 사람에게 들려주기

- 이야기를 들려줄 사람을 정합니다.

- 이야기에서 ❺ [ㄱ][ㅈ]하고 싶은 부분이 어디인지 정합니다.

- 표정, 말투, 행동과 같은 인물의 ❻ [ㅌ][ㅅ]을 살려 이야기를 실감 나게 표현합니다.

3 다음 인물의 말은 ㉠, ㉡ 중 어떤 상황에 어울리는지 알맞은 것을 찾아 기호를 쓰시오.

> 멸치 대왕은 먹을 것을 잔뜩 준비하고, 꼴뚜기, 메기, 병어 정승 들을 불렀지. 그리고 ㉠망둥 할멈을 반갑게 맞아들였어.
> 하지만 ㉡넓적 가자미한테는 알은척도 하지 않고 먹을 것도 주지 않자 넓적 가자미는 잔뜩 화가 나서 토라져 버렸어.

(1) "멸치 대왕이 나한테 너무하는군." ( )
(2) "저를 이렇게 반갑게 맞아 주시니 고맙습니다." ( )

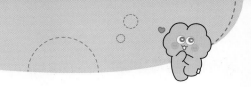

[01~03]

온통 비행기

내 스케치북에는 비행기가 날아.

필통에도 / 지우개에도
비행기가 날아.

조종석에는 언제나 / 내가 앉아 있어.

조수석에는 엄마도 앉고
동생도 앉고 / 송이도 앉아.
오늘은 우리 집 개가 앉았어.

난 비행기가 좋아. / 비행기를 구경하는 것도
비행기를 그리는 것도 / 비행기를 생각하는 것도.

㉠커서 뭐가 되고 싶으냐고 묻지 마.
내 마음에는 비행기가 날아.

01 이 시에서 말하는 이는 어떤 상상을 하고 있는지 ( ) 안에 들어갈 알맞은 말을 쓰시오.

· (   ) 조종석에 앉아 있는 상상

꼭나와 ♡
02 이 시를 읽고 떠오르는 장면으로 알맞지 <u>않은</u> 것은 어느 것입니까? (   )

① 아이가 비행기를 그리는 모습
② 아이가 비행기를 구경하는 모습
③ 아이가 비행기를 상상하며 웃는 모습
④ 아이가 비행기를 타고 무서워하는 모습
⑤ 아이가 즐겁게 비행기를 가지고 노는 모습

03 말하는 이가 ㉠과 같이 말한 까닭은 무엇일지 알맞은 것을 골라 ○표 하시오.

(1) 커서 되고 싶은 것이 없어서 아직 정하지 못했기 때문이다. (   )
(2) 물어볼 필요 없이 커서 되고 싶은 것이 정해져 있기 때문이다. (   )

[04~05]

지하 주차장

지하 주차장으로 / 차 가지러 내려간 아빠
한참 만에 / 차 몰고 나와 한다는 말이

내려가고 내려가고 또 내려갔는데 글쎄, 계속 지하로 계단이 있는 거야! 그러다 아이쿠, 발을 헛디 뎠는데 아아아…… 이상한 나라의 앨리스처럼 깊은 동굴 속으로 끝없이 떨어지지 않겠니? 정신을 차려 보니까 호빗이 사는 마을이었어. 호박처럼 생긴 집 들이 미로처럼 뒤엉켜 있는데 갑자기 흰머리 간달 프가 나타나 말하더구나. 이 새 자동차가 네 자동차 냐? 내가 말했지. 아닙니다, 제 자동차는 10년 다 된 고물 자동차입니다. 오호, 정직한 사람이구나. 이 새 자동차를…….

에이, 아빠!
차 어디에 세워 놨는지 몰라서 그랬죠?
차 찾느라 / 온 지하 주차장 헤매고 다닌 거
다 알아요. / 피이!

04 아빠께서 아이 앞에 늦게 나타나신 까닭은 무엇 인지 (   ) 안에 들어갈 알맞은 말을 쓰시오.

· (   )에서 세워 둔 차를 찾지 못해 헤매고 다녔기 때문이다.

05 이 시를 읽고 떠올린 느낌을 <u>잘못</u> 말한 친구의 이름을 쓰시오.

· 영채: 아이에게 실수를 들키고 싶지 않은 아빠의 속마음이 느껴졌어.
· 재민: 아빠처럼 흰머리 간달프를 만나고 싶어 하는 아이의 마음이 느껴졌어.
· 소율: 한참 동안 기다리면서 아빠가 빨리 나오기를 바라는 아이의 마음이 느껴졌어.

(   )

06 시를 읽고 느낌을 떠올리는 방법으로 알맞지 <u>않은</u> 것은 어느 것입니까? (   )

① 시에 나오는 인물이 되어 본다.

② 시에 나오는 장면을 떠올려 본다.

③ 시를 쓴 사람의 성격을 짐작해 본다.

④ 시에 나오는 인물과 자신의 경험을 비교해 본다.

⑤ 시에 나오는 인물에게 묻고 싶은 물음을 만들어 본다.

【07~10】

1 동숙이는 소풍날 달걀이 들어간 김밥을 가져가고 싶어 한다. 그래서 어머니께 달걀이 들어간 김밥을 싸 달라고 투정을 부린다. 어머니께서는 집안 사정이 어렵다고 하시면서 동숙이를 나무라신다.

2 동숙이는 쑥을 팔아서 달걀을 사려고 하지만 아무도 쑥을 사 주지 않는다. 동숙이는 꾀를 내어 선생님께 자신이 소풍날 선생님 도시락을 싸 가겠다고 하고, 어머니께 말씀드린다.

3 편찮으신 아버지께서는 동숙이에게 자신의 병원비로 달걀을 사 오라고 하신다. 동숙이는 기뻐하며 달걀 한 줄을 사서 오다가 돌에 걸려 넘어져 달걀을 깨뜨린다.

4 소풍날, 동숙이는 남은 달걀로 선생님 김밥만 싸서 드린다. 쑥개떡을 먹는 동숙이에게 친구가 자신의 김밥을 나누어 준다. 사정을 안 선생님께서는 배탈이 났다고 하시며 동숙이에게 김밥 도시락을 건네주신다. 동숙이는 저녁까지 그 김밥을 아꼈다가 주무시는 아버지 옆에 둔다.

07 동숙이가 소풍날 가져가고 싶어 한 것은 무엇인지 (   ) 안에 들어갈 알맞은 말을 쓰시오.

• (   )이/가 들어간 (   )

08 선생님께서 배탈이 났다고 하신 까닭으로 알맞은 것을 [보기]에서 찾아 기호를 쓰시오.

[보기]

㉮ 김밥을 너무 많이 먹어서

㉯ 동숙이가 싸 온 김밥이 먹기 싫어서

㉰ 김밥을 못 먹고 있는 동숙이가 안쓰러워서 자신의 김밥을 주기 위해서

(   )

^{꼭나와 ♥}

09 장면 **1**~**4**의 내용에 대한 자신의 생각을 <u>잘못</u> 말한 친구는 누구입니까? (   )

① 희철: 동숙이는 소풍날 김밥을 준 친구에게 고마움을 느꼈을 거야.

② 윤서: 동숙이를 나무라신 어머니께서도 김밥을 싸 주지 못해 속상하셨을 거야.

③ 선아: 동숙이는 쑥을 팔아 달걀을 사고 싶은데 쑥이 안 팔려서 슬펐을 것 같아.

④ 주원: 동숙이는 아버지께 서운해서 선생님께서 주신 김밥을 혼자 다 먹은 것 같아.

⑤ 민준: 동숙이가 집안 사정을 생각하지 않고 김밥을 싸 달라고 투정을 부린 건 잘못이야.

^{서술형 ♥}

10 장면 **3**의 내용을 떠올리며 다음 물음에 답하시오.

(1) 동숙이는 어떻게 달걀을 살 수 있었는지 (   ) 안에 들어갈 알맞은 말을 쓰시오.

• 아버지께서 주신 (   )(으)로 샀다.

(2) 장면 **3**에서 일어난 일에 대한 자신의 생각을 쓰시오.

_____

_____

_____

_____

[11~13]

가 어느 날 아주 이상한 꿈을 꾸었지. 꿈속에서 멸치 대왕이 하늘을 오르락내리락, 구름 속을 왔다 갔다, 그러다가 갑자기 흰 눈이 펄펄 내리더니 추웠다가 더웠다가 하는 거야. 멸치 대왕은 무슨 꿈인지 몹시 궁금했어. 그래서 멸치 대왕은 넓적 가자미한테 꿈풀이를 잘한다는 망둥 할멈을 데려오라고 했지.

나 멸치 대왕이 망둥 할멈에게 꿈 이야기를 해 주자 망둥 할멈은 벌떡 일어나 절을 하면서 "대왕마마, 용이 될 꿈입니다."라고 말했어. 그러면서 하늘을 오르락내리락 구름 속을 왔다 갔다 하는 것은 용이 되어서 하늘을 날아다니는 것이고, 흰 눈이 내리면서 추웠다가 더웠다가 하는 것은 용이 되어 날씨를 마음대로 다스리게 되는 것이라고 풀이해 주었어. 망둥 할멈의 꿈풀이에 멸치 대왕은 기분이 좋아 덩실덩실 춤을 추었지.

11 멸치 대왕이 궁금하게 생각한 것은 무엇인지 쓰시오.

( )

꼭나와 ㅅ

12 망둥 할멈의 꿈풀이를 듣고 멸치 대왕이 했을 말로 알맞은 것은 어느 것입니까? ( )

① "음, 내 생각과는 다르구나."
② "이럴 수가…… 큰일 났구나!"
③ "뭐라고? 너 이놈! 썩 물러가거라."
④ "오, 아주 훌륭한 꿈풀이로다. 하하하."
⑤ "꿈풀이를 잘하기는커녕 엉터리로구나."

13 문제 **12**번에서 답한 말을 실감 나게 표현하는 방법을 **보기**에서 찾아 기호를 쓰시오.

보기

㉮ 큰 목소리로 화를 내며 말한다.
㉯ 훌쩍거리면서 슬픈 목소리로 말한다.
㉰ 크게 웃으며 기분 좋은 목소리로 말한다.

( )

[14~15]

넓적 가자미는 멸치 대왕한테 용이 되는 꿈이 아니라 큰 변을 당하게 될, 아주 나쁜 꿈이라고 말했어. 그러면서 하늘을 오르락내리락한다는 것은 낚싯대에 걸린 것이고, 구름은 모락모락 숯불 연기이고, 또 흰 눈은 소금이고, 추웠다가 더웠다가 한다는 것은 잘 익으라고 뒤집었다 엎었다 하는 것이라고 멸치 대왕의 꿈을 풀이했어.

넓적 가자미의 꿈풀이를 듣던 멸치 대왕은 화가 나 얼굴이 점점 붉어졌지. 꿈풀이를 다 듣고 난 뒤 멸치 대왕은 너무나도 화가 나 넓적 가자미의 뺨을 때렸는데 어찌나 세게 때렸던지 넓적 가자미의 눈이 한쪽으로 찍 몰려가 붙어 버리고 말았던 거야.

14 넓적 가자미는 멸치 대왕의 꿈을 어떤 꿈이라고 했습니까? ( )

① 용이 될 꿈
② 재물을 얻게 될 꿈
③ 멀리 이사를 가게 될 꿈
④ 큰 변을 당할 아주 나쁜 꿈
⑤ 행운이 찾아오는 아주 좋은 꿈

서술형 ㅇ

15 이 글에 나타난 상황과 인물의 특성을 살펴보고 다음 물음에 답하시오.

(1) 멸치 대왕은 넓적 가자미의 꿈풀이를 듣고 어떤 행동을 했는지 ( ) 안에 들어갈 알맞은 말을 쓰시오.

• 넓적 가자미의 ( ).

(2) (1)의 상황에 알맞은 멸치 대왕의 말을 쓰시오.

_____

_____

[01~05]

온통 비행기

내 스케치북에는 비행기가 날아.

필통에도 / 지우개에도
비행기가 날아.

조종석에는 언제나 / 내가 앉아 있어.

조수석에는 엄마도 앉고
동생도 앉고 / 송이도 앉아.
오늘은 우리 집 개가 앉았어.

난 비행기가 좋아. / 비행기를 구경하는 것도
비행기를 그리는 것도 / 비행기를 생각하는 것도.

커서 뭐가 되고 싶으냐고 묻지 마.
㉠내 마음에는 비행기가 날아.

01 이 시에 대한 설명으로 알맞지 않은 것은 어느 것입니까? (   )

① 말하는 이가 비행기를 탔던 경험을 실감 나게 표현하였다.
② 말하는 이의 필통과 지우개에는 비행기 그림이 그려져 있다.
③ 말하는 이는 자신이 비행기 조종석에 앉아 있는 상상을 하고 있다.
④ 이 시를 읽으면 말하는 이가 비행기 그림을 그리는 장면이 떠오른다.
⑤ 말하는 이의 상상 속에서 비행기 조수석에는 엄마와 동생, 송이 등이 앉아 있다.

02 이 시의 말하는 이가 하고 싶은 일은 무엇과 관련 있는 일이겠습니까? (   )

① 가족   ② 그림   ③ 비행기
④ 자동차   ⑤ 우리 집 개

03 이 시의 5연에서 말하는 이가 좋아한다고 한 것이 아닌 것을 두 가지 고르시오. (,   )

① 비행기를 타는 것
② 비행기를 그리는 것
③ 비행기를 만드는 것
④ 비행기를 구경하는 것
⑤ 비행기를 생각하는 것

04 ㉠이 뜻하는 것으로 알맞은 것을 에서 찾아 기호를 쓰시오.

보기

㉮ 비행기를 타고 외국으로 여행을 가고 싶어.
㉯ 비행기가 빠르게 날아다니는 것처럼 내 마음도 빠르게 변해.
㉰ 비행기를 좋아해서 내 머릿속에는 비행기에 대한 생각이 가득 차 있어.

(   )

어려워 🤔

05 이 시를 읽고 비슷한 경험을 잘못 말한 친구의 이름을 쓰시오.

• 규민: 동물을 좋아해서 한동안 동물 그림을 그렸던 경험이 생각나.
• 정우: 여름 방학 때 기차를 타고 할머니 댁에 다녀온 일이 생각나.
• 채원: 자동차에 관심이 있어서 자동차 박람회를 구경한 경험이 떠올라.
• 현송: 책을 읽다가 다 못 읽은 부분이 궁금해서 계속 머릿속에서 생각난 적이 있어.

(   )

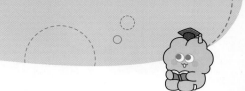

[06~10]

지하 주차장

지하 주차장으로 / 차 가지러 내려간 아빠
한참 만에 / 차 몰고 나와 한다는 말이

내려가고 내려가고 또 내려갔는데 글쎄, 계속 지하로 계단이 있는 거야! 그러다 아이쿠, 발을 헛디뎠는데 아아아…… 이상한 나라의 앨리스처럼 깊은 동굴 속으로 끝없이 떨어지지 않겠니? 정신을 차려 보니까 호빗이 사는 마을이었어. 호박처럼 생긴 집들이 미로처럼 뒤엉켜 있는데 갑자기 흰머리 간달프가 나타나 말하더구나. 이 새 자동차가 네 자동차냐? 내가 말했지. 아닙니다, 제 자동차는 10년 다 된 고물 자동차입니다. 오호, 정직한 사람이구나. 이 새 자동차를…….

에이, 아빠!
차 어디에 세워 놨는지 몰라서 그랬죠?
차 찾느라 / 온 지하 주차장 헤매고 다닌 거
㉠다 알아요. / 피이!

06 지하 주차장에 가신 아빠께 일어난 일로 알맞은 것은 어느 것입니까? (   )

① 차가 갑자기 고장 났다.
② 흰머리 간달프를 만났다.
③ 밖으로 나오는 길을 잃어버렸다.
④ 지하로 내려가는 계단에서 넘어졌다.
⑤ 차를 찾지 못해서 이리저리 헤매고 다녔다.

07 이 시에 나오는 인물들의 마음으로 알맞은 것을 에서 찾아 기호를 쓰시오.

> **보기**
> ㉮ 설레고 신난다.   ㉯ 귀찮고 짜증 난다.
> ㉰ 지루하고 지친다. ㉱ 걱정되고 다급하다.

(1) 아빠: (   )
(2) 아이: (   )

08 아이가 ㉠과 같이 말한 의미로 알맞은 것은 어느 것입니까? (   )

① 지하 주차장에 차를 세워 둔 위치를 안다.
② 아빠께서 일부러 늦게 오셨다고 생각한다.
③ 지하 주차장이 동굴로 이어지는 것을 안다.
④ 아빠께서 말씀하신 이야기의 결말이 궁금하다.
⑤ 아빠의 이야기가 말이 안 돼서 변명이라고 생각한다.

서술형

09 이 시에 나오는 인물과 면담하며 느낌을 떠올리려고 합니다. 누구와 면담할지 정하고, 묻고 싶은 물음을 한 가지 쓰시오.

인물	(1)
물음	(2)

어려워

10 이 시를 읽고 시에 대한 느낌을 표현하는 방법을 잘못 말한 친구의 이름을 쓰시오.

시에서 인상 깊었던 장면을 만화를 이용해 재미있게 표현하고 싶어.
진희

시에 나오는 인물의 마음을 노랫말로 만들어 표현하고 싶어.
연우

시를 소리 내지 않고 속으로 읽으면서 비슷한 경험을 떠올리고 싶어.
현지

시에 나오는 내용을 한 편의 이야기로 만들어 친구들에게 들려주고 싶어.
창민

(   )

[11~15]

1 동숙이는 소풍날 달걀이 들어간 김밥을 가져가고 싶어 한다. 그래서 어머니께 달걀이 들어간 김밥을 싸 달라고 투정을 부린다. ㉠어머니께서는 집안 사정이 어렵다고 하시면서 동숙이를 나무라신다.

2 ㉡동숙이는 쑥을 팔아서 달걀을 사려고 하지만 아무도 쑥을 사 주지 않는다. 동숙이는 꾀를 내어 선생님께 자신이 소풍날 선생님 도시락을 싸 가겠다고 하고, 어머니께 말씀드린다.

3 ㉢편찮으신 아버지께서는 동숙이에게 자신의 병원비로 달걀을 사 오라고 하신다. 동숙이는 기뻐하며 달걀 한 줄을 사서 오다가 돌에 걸려 넘어져 달걀을 깨뜨린다.

4 소풍날, 동숙이는 남은 달걀로 선생님 김밥만 싸서 드린다. 쑥개떡을 먹는 동숙이에게 친구가 자신의 김밥을 나누어 준다. 사정을 안 선생님께서는 배탈이 났다고 하시며 동숙이에게 김밥 도시락을 건네주신다. 동숙이는 저녁까지 그 김밥을 아꼈다가 주무시는 아버지 옆에 둔다.

11 이 글에서 일어난 일로 알맞은 것은 어느 것입니까? ( )

① 동숙이는 장에서 쑥을 많이 팔았다.
② 동숙이는 아버지의 병원비로 달걀을 샀다.
③ 선생님께서는 김밥 도시락을 맛있게 드셨다.
④ 소풍날 동숙이는 친구에게 쑥개떡을 나누어 주었다.
⑤ 어머니께서는 동숙이에게 소풍날에 선생님 도시락을 싸 가라고 하셨다.

12 동숙이가 어머니께 투정을 부린 까닭으로 알맞은 것은 어느 것입니까? ( )

① 학교에 가기 싫어서
② 삶은 달걀이 먹고 싶어서
③ 소풍날 새 옷을 입고 싶어서
④ 소풍날 친구의 도시락을 싸 주고 싶어서
⑤ 소풍날 달걀이 들어간 김밥을 가져가고 싶어서

13 다음은 장면 1~4 중 무엇을 읽고 자신의 생각을 쓴 것인지 알맞은 장면의 번호를 쓰시오.

소풍날 쑥개떡을 먹고 있는 동숙이가 안쓰러워서 자신의 김밥 도시락을 동숙이에게 주신 선생님의 마음이 따뜻하다고 생각했다.

장면 ( )

어려워 ❤

14 ㉠~㉢에서 동숙이가 느꼈을 마음으로 알맞은 것은 어느 것입니까? ( )

① ㉠: 서운하다, ㉡: 고맙다, ㉢: 기쁘다
② ㉠: 속상하다, ㉡: 기쁘다, ㉢: 서운하다
③ ㉠: 부끄럽다, ㉡: 속상하다, ㉢: 귀찮다
④ ㉠: 서운하다, ㉡: 속상하다, ㉢: 기쁘다
⑤ ㉠: 고맙다, ㉡: 속상하다, ㉢: 서운하다

서술형 ❤

15 장면 1~4 중 동숙이의 행동이 인상 깊은 장면을 찾고, 그 행동에 대한 자신의 생각을 쓰시오.

_____

_____

_____

→ 바른답·알찬풀이 19쪽

국
어

[16~20]

가 넓적 가자미는 하루, 이틀, 사흘, 나흘 여러 날이 걸려서 망둥 할멈이 살고 있는 서쪽 바다에 도착했어. 넓적 가자미는 망둥 할멈을 데리고 또다시 하루, 이틀, 사흘, 나흘 그렁저렁 여러 날이 걸려 동쪽 바다로 돌아왔단다. 멸치 대왕은 먹을 것을 잔뜩 준비하고, 꼴뚜기, 메기, 병어 정승 들을 불렀지. 그리고 망둥 할멈을 반갑게 맞아들였어.

하지만 ㉠넓적 가자미한테는 알은척도 하지 않고 먹을 것도 주지 않자 넓적 가자미는 잔뜩 화가 나서 토라져 버렸어. 멸치 대왕이 망둥 할멈에게 꿈 이야기를 해 주자 망둥 할멈은 벌떡 일어나 절을 하면서 "대왕마마, 용이 될 꿈입니다."라고 말했어.

나 넓적 가자미는 멸치 대왕한테 용이 되는 꿈이 아니라 큰 변을 당하게 될, 아주 나쁜 꿈이라고 말했어. 그러면서 하늘을 오르락내리락한다는 것은 낚싯대에 걸린 것이고, 구름은 모락모락 숯불 연기이고, 또 흰 눈은 소금이고, 추웠다가 더웠다가 한다는 것은 잘 익으라고 뒤집었다 엎었다 하는 것이라고 멸치 대왕의 꿈을 풀이했어.

넓적 가자미의 꿈풀이를 듣던 멸치 대왕은 화가 나 얼굴이 점점 붉어졌지. 꿈풀이를 다 듣고 난 뒤 멸치 대왕은 너무나도 화가 나 넓적 가자미의 뺨을 때렸는데 어찌나 세게 때렸던지 넓적 가자미의 눈이 한쪽으로 찍 몰려가 붙어 버리고 말았던 거야. 그 모양을 보고 있던 꼴뚜기는 자기도 뺨을 맞을까 봐 겁이 나서 자기의 눈을 떼어서 엉덩이에 찰싹 붙여 버렸고, 망둥 할멈은 너무 놀라 눈이 툭 튀어나와 버렸지.

16 멸치 대왕의 꿈을 넓적 가자미가 풀이한 내용으로 알맞지 않은 것을 찾아 ×표 하시오.

(1) 하늘을 오르락내리락하는 것 → 용이 되어 날아다니는 것 ( )
(2) 구름 → 숯불 연기 ( )
(3) 흰 눈 → 소금 ( )
(4) 추웠다 더웠다 하는 것 → 잘 익으라고 뒤집었다 엎었다 하는 것 ( )

서술형 낭

17 ㉠에서 넓적 가자미가 할 말을 쓰고, 어떤 표정이나 말투, 행동으로 표현할지 쓰시오.

인물의 말	(1)
표현 방법	(2)

18 이 이야기에 나오는 다음 인물의 성격은 어떠한지 선으로 알맞게 이으시오.

(1) 넓적 가자미 ·   · ㉮ 속이 좁고 잘 삐친다.

(2) 망둥 할멈 ·   · ㉯ 윗사람에게 아부를 잘한다.

19 멸치 대왕이 넓적 가자미의 뺨을 때린 뒤에 다음과 같은 모습이 된 인물을 찾아 쓰시오.

(1) 눈이 한쪽으로 몰렸다. ( )
(2) 눈이 엉덩이에 붙었다. ( )
(3) 눈이 툭 튀어나와 버렸다. ( )

20 이 이야기를 다른 사람에게 실감 나게 들려주는 방법으로 알맞은 것을 에서 모두 찾아 기호를 쓰시오.

> **보기**
> ㉮ 이야기의 내용을 짧게 간추려 들려준다.
> ㉯ 상황에 알맞은 인물의 말을 넣어 들려준다.
> ㉰ 인물의 특성을 살려 표정, 말투, 행동을 실감 나게 표현하며 들려준다.

( )

학습을 시작하기 전에 숨은 그림을 찾아보세요.

숨은그림

| 연 | 계산기 | 시계 | 자석 | 옷걸이 | 국자 | 컵 | 부채 |

정답바로보기

수학

개념 ① 분모가 같은 진분수의 덧셈

분모는 그대로 두고 분자끼리 더한 다음 계산 결과가 가분수이면 대분수로 바꿉니다.

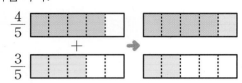

$$\frac{4}{5}+\frac{3}{5}=\frac{4+3}{5}=\frac{7}{5}=1\frac{2}{5}$$

가분수 ➡ 대분수

1 ☐ 안에 알맞은 수를 써넣으시오.

$$\frac{2}{7}+\frac{4}{7}$$

$$=\frac{\boxed{}+\boxed{}}{7}=\frac{\boxed{}}{7}$$

개념 ② 분모가 같은 대분수의 덧셈

방법 1 자연수 부분끼리 더하고, 진분수 부분끼리 더하기

$$2\frac{3}{6}+1\frac{5}{6}=(2+1)+\left(\frac{3}{6}+\frac{5}{6}\right)=3+\frac{8}{6}=3+1\frac{2}{6}=4\frac{2}{6}$$

방법 2 대분수를 가분수로 바꾸어 더하기

$$2\frac{3}{6}+1\frac{5}{6}=\frac{15}{6}+\frac{11}{6}=\frac{26}{6}=4\frac{2}{6}$$

2 자연수 부분끼리, 진분수 부분끼리 계산해 보시오.

$$5\frac{1}{4}+1\frac{1}{4}=\boxed{}+\frac{\boxed{}}{4}$$

$$=\boxed{}\frac{\boxed{}}{4}$$

개념 ③ 분모가 같은 진분수의 뺄셈

분모는 그대로 두고 분자끼리 뺍니다.

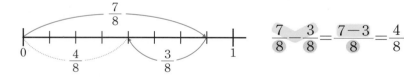

$$\frac{7}{8}-\frac{3}{8}=\frac{7-3}{8}=\frac{4}{8}$$

3 ☐ 안에 알맞은 수를 써넣으시오.

$$\frac{4}{5}-\frac{3}{5}$$

$$=\frac{\boxed{}-\boxed{}}{5}=\frac{\boxed{}}{5}$$

개념 ④ (자연수)－(분수)

방법 1 자연수에서 1만큼을 가분수로 바꾸어 빼기

$$5-2\frac{3}{5}=4\frac{5}{5}-2\frac{3}{5}=(4-2)+\left(\frac{5}{5}-\frac{3}{5}\right)=2+\frac{2}{5}=2\frac{2}{5}$$

방법 2 자연수와 대분수를 가분수로 바꾸어 빼기

$$5-2\frac{3}{5}=\frac{25}{5}-\frac{13}{5}=\frac{12}{5}=2\frac{2}{5}$$

4 ☐ 안에 알맞은 수를 써넣으시오.

$$1-\frac{2}{9}$$

$$=\frac{\boxed{}}{9}-\frac{2}{9}=\frac{\boxed{}}{9}$$

개념 ⑤ 분모가 같은 대분수의 뺄셈

방법 1 자연수에서 1만큼을 가분수로 바꾸어 빼기

$$3\frac{1}{4}-1\frac{3}{4}=2\frac{5}{4}-1\frac{3}{4}=(2-1)+\left(\frac{5}{4}-\frac{3}{4}\right)=1+\frac{2}{4}=1\frac{2}{4}$$

방법 2 대분수를 가분수로 바꾸어 빼기

$$3\frac{1}{4}-1\frac{3}{4}=\frac{13}{4}-\frac{7}{4}=\frac{6}{4}=1\frac{2}{4}$$

5 대분수를 가분수로 바꾸어 계산해 보시오.

$$2\frac{1}{3}-1\frac{2}{3}$$

$$=\frac{\boxed{}}{3}-\frac{\boxed{}}{3}=\frac{\boxed{}}{3}$$

01 그림을 보고 □ 안에 알맞은 수를 써넣으시오.

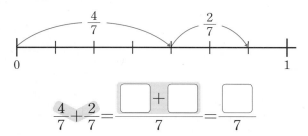

$$\frac{4}{7}+\frac{2}{7}=\frac{\boxed{}+\boxed{}}{7}=\frac{\boxed{}}{7}$$

02 계산해 보시오.

(1) $\dfrac{4}{6}+\dfrac{3}{6}$

(2) $\dfrac{5}{8}+\dfrac{6}{8}$

꼭나와 ☺

03 계산 결과가 더 큰 것에 ○표 하시오.

$$\frac{3}{9}+\frac{7}{9} \qquad \frac{6}{9}+\frac{6}{9}$$

(　　　)　　　(　　　)

04 보기 와 같이 계산해 보시오.

보기

$$2\frac{3}{5}+1\frac{4}{5}=\frac{13}{5}+\frac{9}{5}=\frac{22}{5}=4\frac{2}{5}$$

$$1\frac{2}{3}+3\frac{2}{3}=\underline{\hspace{5cm}}$$

05 빈칸에 알맞은 수를 써넣으시오.

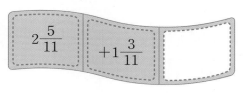

06 설명하는 수를 구하시오.

$$3\frac{6}{10}\text{보다 }2\frac{8}{10}\text{만큼 더 큰 수}$$

(　　　　　　　　　)

서술형 ☺

07 빨간색 페인트 $2\dfrac{1}{7}$ L와 흰색 페인트 $2\dfrac{5}{7}$ L를 섞어서 분홍색 페인트를 만들었습니다. 만든 분홍색 페인트의 양은 몇 L인지 풀이 과정을 쓰고, 답을 구하시오.

풀이

❶ 만든 분홍색 페인트의 양은 몇 L인지 구하는 식 쓰기

_____

_____

❷ 만든 분홍색 페인트의 양은 몇 L인지 구하기

_____

_____

답 _____

꼭나와 ㅂ

08 계산 결과가 다른 하나를 찾아 기호를 쓰시오.

$$\text{㉠ } 1\frac{5}{8}+6\frac{7}{8} \quad \text{㉡ } 4\frac{4}{8}+4\frac{2}{8} \quad \text{㉢ } 5\frac{1}{8}+3\frac{3}{8}$$

( )

09 가장 큰 수와 가장 작은 수의 합을 구하시오.

$$5\frac{7}{12} \qquad 3\frac{5}{12} \qquad 5\frac{10}{12}$$

( )

10 그림을 보고 ☐ 안에 알맞은 수를 써넣으시오.

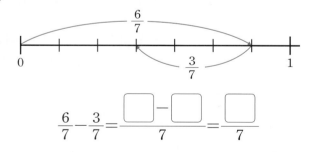

$$\frac{6}{7}-\frac{3}{7}=\frac{\boxed{}-\boxed{}}{7}=\frac{\boxed{}}{7}$$

11 빈칸에 알맞은 수를 써넣으시오.

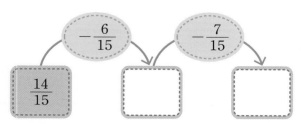

12 계산 결과를 찾아 선으로 알맞게 이으시오.

$$6-\frac{2}{6} \quad \cdot$$

$$6-\frac{5}{6} \quad \cdot$$

$$\cdot \quad 5\frac{1}{6}$$

$$\cdot \quad 5\frac{2}{6}$$

$$\cdot \quad 5\frac{4}{6}$$

13 실 $3\,\text{m}$ 중에서 옷을 꿰매는 데 $\frac{2}{5}\,\text{m}$를 사용했습니다. 남은 실의 길이는 몇 m입니까?

( )

서술형 ㅂ

14 계산 결과가 1에 더 가까운 식의 기호를 쓰려고 합니다. 풀이 과정을 쓰고, 답을 구하시오.

$$\text{㉠ } 1-\frac{3}{10} \qquad \text{㉡ } 1-\frac{5}{10}$$

풀이

❶ ㉠과 ㉡의 계산 결과를 각각 구하기

_____

_____

❷ 계산 결과가 1에 더 가까운 식의 기호를 쓰기

_____

_____

답 _____

→ 바른답·알찬풀이 20쪽

15 그림을 보고 ☐ 안에 알맞은 수를 써넣으시오.

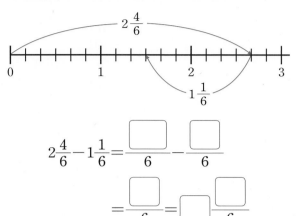

$$2\frac{4}{6} - 1\frac{1}{6} = \frac{\boxed{}}{6} - \frac{\boxed{}}{6}$$

$$= \frac{\boxed{}}{6} = \boxed{}\frac{\boxed{}}{6}$$

16 잘못 계산한 것에 ×표 하시오.

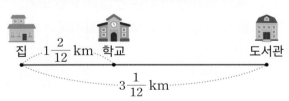

$$3\frac{3}{4} - 1\frac{2}{4} = 2\frac{1}{4} \qquad 6\frac{1}{3} - 3\frac{2}{3} = 3\frac{2}{3}$$

(   )   (   )

서술형

17 그림을 보고 학교에서 도서관까지의 거리는 몇 km인지 풀이 과정을 쓰고, 답을 구하시오.

풀이

❶ 학교에서 도서관까지의 거리는 몇 km인지 구하는 식 쓰기

_____

❷ 학교에서 도서관까지의 거리는 몇 km인지 구하기

_____

_____

답 _____

꼭나와 ♡

18 초록색 끈은 $7\frac{5}{13}$ m이고, 주황색 끈은 초록색 끈보다 $1\frac{9}{13}$ m 더 짧습니다. 주황색 끈의 길이는 몇 m입니까?

(   )

19 삼각형에서 가장 긴 변과 가장 짧은 변의 길이의 차는 몇 cm인지 구하시오.

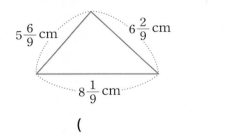

(   )

20 7, 2, 5 중에서 두 수를 골라 ☐ 안에 써넣어 계산 결과가 가장 작은 뺄셈을 만들고, 계산 결과를 구하시오.

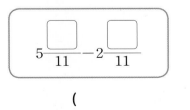

$$5\frac{\boxed{}}{11} - 2\frac{\boxed{}}{11}$$

(   )

01 ☐안에 알맞은 수를 써넣으시오.

$\dfrac{4}{8}$는 $\dfrac{1}{8}$이 ☐개, $\dfrac{3}{8}$은 $\dfrac{1}{8}$이 ☐개이므로

$\dfrac{4}{8}+\dfrac{3}{8}$은 $\dfrac{1}{8}$이 ☐개입니다.

➡ $\dfrac{4}{8}+\dfrac{3}{8}=\dfrac{☐+☐}{8}=\dfrac{☐}{8}$

02 빈칸에 두 수의 합을 써넣으시오.

| $\dfrac{5}{6}$ | |
| $\dfrac{4}{6}$ | |

03 민경이는 우유를 어제는 $\dfrac{3}{12}$ L 마셨고, 오늘은 $\dfrac{4}{12}$ L 마셨습니다. 민경이가 어제와 오늘 마신 우유의 양은 모두 몇 L입니까?

( )

04 계산해 보시오.

(1) $2\dfrac{4}{7}+1\dfrac{2}{7}$

(2) $3\dfrac{5}{9}+2\dfrac{8}{9}$

05 바르게 계산한 것에 ○표 하시오.

$3\dfrac{9}{10}+1\dfrac{7}{10}=4\dfrac{6}{10}$ ( )

$2\dfrac{8}{10}+2\dfrac{5}{10}=5\dfrac{3}{10}$ ( )

06 두 상자의 무게의 합은 몇 kg입니까?

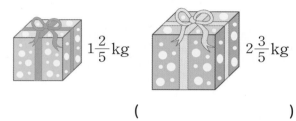

$1\dfrac{2}{5}$ kg $2\dfrac{3}{5}$ kg

( )

07 계산 결과가 더 작은 것의 기호를 쓰려고 합니다. 풀이 과정을 쓰고, 답을 구하시오.

㉠ $4\dfrac{3}{11}+3\dfrac{2}{11}$ ㉡ $2\dfrac{10}{11}+4\dfrac{9}{11}$

풀이

❶ 계산 결과를 각각 구하기

_____

_____

❷ 계산 결과가 더 작은 것의 기호를 쓰기

_____

_____

 답 _____

08 경진이는 할머니 댁에 가는 데 $1\frac{2}{4}$시간 동안 버스를 탔고, $1\frac{3}{4}$시간 동안 기차를 탔습니다. 경진이가 버스와 기차를 탄 시간은 모두 몇 시간입니까?

(   )

09 어떤 대분수에 $2\frac{2}{7}$를 더해야 할 것을 잘못하여 뺐더니 $3\frac{4}{7}$가 되었습니다. 어떤 대분수를 구하시오.

(   )

10 두 수의 차를 구하시오.

$$\frac{6}{13} \qquad \frac{10}{13}$$

(   )

꼭나와 ☺
11 계산 결과가 같은 것끼리 선으로 알맞게 이으시오.

$\frac{11}{20} - \frac{4}{20}$ •   • $\frac{10}{20} - \frac{2}{20}$

$\frac{14}{20} - \frac{6}{20}$ •   • $\frac{16}{20} - \frac{9}{20}$

12 빈칸에 알맞은 수를 써넣으시오.

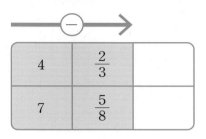

| 4 | $\frac{2}{3}$ | |
| 7 | $\frac{5}{8}$ | |

13 계산 결과를 비교하여 ○ 안에 >, =, <를 알맞게 써넣으시오.

$$1 - \frac{2}{6} \bigcirc \frac{5}{6} - \frac{2}{6}$$

서술형 ☺
14 연재는 위인전을 어제는 전체의 $\frac{3}{9}$만큼 읽었고, 오늘은 전체의 $\frac{2}{9}$만큼 읽었습니다. 연재가 위인전을 다 읽으려면 전체의 얼마만큼을 더 읽어야 하는지 풀이 과정을 쓰고, 답을 구하시오.

> **풀이**
>
> ❶ 어제와 오늘 읽은 양은 전체의 얼마만큼인지 구하기
>
> _____
>
> _____
>
> ❷ 다 읽으려면 전체의 얼마만큼을 더 읽어야 하는지 구하기
>
> _____
>
> _____
>
> **답** _____

15 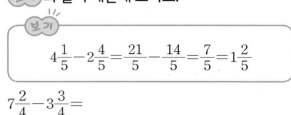와 같이 계산해 보시오.

보기

$$4\frac{1}{5} - 2\frac{4}{5} = \frac{21}{5} - \frac{14}{5} = \frac{7}{5} = 1\frac{2}{5}$$

$$7\frac{2}{4} - 3\frac{3}{4} = $$

16 계산해 보시오.

(1) $5\frac{3}{6} - 1\frac{5}{6}$

(2) $9\frac{5}{11} - 3\frac{8}{11}$

꼭나와 ♡

17 두 막대의 길이의 차는 몇 m입니까?

$7\frac{6}{7}$ m

$5\frac{4}{7}$ m

( )

18 찬수는 감자를 $2\frac{3}{14}$ kg 샀고, 양파를 $1\frac{10}{14}$ kg 샀습니다. 감자를 양파보다 몇 kg 더 많이 샀습니까?

( )

19 ☐ 안에 알맞은 수를 써넣으시오.

$$\boxed{} + 4\frac{8}{10} = 7\frac{1}{10}$$

서술형 ✍

20 $5\frac{5}{8} - 3\frac{4}{8}$ 의 계산 결과는 $\frac{1}{8}$ 이 몇 개인지 구하려고 합니다. 풀이 과정을 쓰고, 답을 구하시오.

풀이

❶ $5\frac{5}{8} - 3\frac{4}{8}$ 의 계산 결과를 구하기

❷ $5\frac{5}{8} - 3\frac{4}{8}$ 의 계산 결과는 $\frac{1}{8}$ 이 몇 개인지 구하기

답

01 빈칸에 알맞은 수를 써넣으시오.

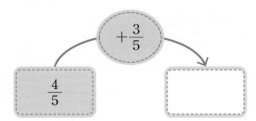

02 계산 결과가 더 작은 것에 ○표 하시오.

$\dfrac{5}{8} + \dfrac{7}{8}$	$\dfrac{6}{8} + \dfrac{4}{8}$

어려워

03 ☐ 안에 들어갈 수 있는 자연수는 모두 몇 개인지 구하시오.

$$\frac{4}{12} < \frac{\square}{12} + \frac{2}{12} < \frac{10}{12}$$

( )

04 ☐ 안에 알맞은 수를 써넣으시오.

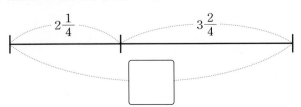

05 $2\dfrac{4}{7} + 1\dfrac{5}{7}$ 를 두 가지 방법으로 계산해 보시오.

방법 1 _____

_____

방법 2 _____

_____

06 포도 농장에서 효연이네 가족은 포도를 $7\dfrac{3}{6}\,\mathrm{kg}$ 땄고, 선호네 가족은 포도를 $9\dfrac{5}{6}\,\mathrm{kg}$ 땄습니다. 효연이네 가족과 선호네 가족이 딴 포도의 무게는 모두 몇 kg입니까?

( )

서술형

07 유나는 리본을 $2\dfrac{5}{10}\,\mathrm{m}$ 가지고 있고, 창민이는 유나보다 리본을 $\dfrac{3}{10}\,\mathrm{m}$ 더 가지고 있습니다. 두 친구가 가지고 있는 리본의 길이는 모두 몇 m인지 풀이 과정을 쓰고, 답을 구하시오.

풀이 _____

_____

_____

답 _____

08 두 수를 골라 계산 결과가 가장 작은 덧셈식을 만들고, 계산해 보시오.

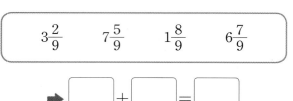

$$3\frac{2}{9} \qquad 7\frac{5}{9} \qquad 1\frac{8}{9} \qquad 6\frac{7}{9}$$

➡ ☐ + ☐ = ☐

어려워 ㅎ

09 5장의 수 카드 중에서 3장을 뽑아 한 번씩만 사용하여 분모가 8인 대분수를 만들려고 합니다. 만들 수 있는 가장 큰 대분수와 가장 작은 대분수의 합을 구하시오.

2　3　5　6　8

(　　　　　　　　　　)

10 계산 결과를 비교하여 ○ 안에 >, =, <를 알맞게 써넣으시오.

$$\frac{11}{14} - \frac{6}{14} \bigcirc \frac{9}{14} - \frac{3}{14}$$

11 ㉠과 ㉡이 나타내는 수의 차를 구하시오.

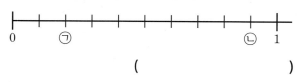

(　　　　　　　　　　)

12 $7 - 2\frac{3}{5}$의 계산에서 잘못된 곳을 찾아 바르게 계산해 보시오.

$$7 - 2\frac{3}{5} = 7\frac{5}{5} - 2\frac{3}{5} = 5\frac{2}{5}$$

⬇

바르게 계산하기

13 오른쪽 카드에 물감이 묻어 적힌 수가 보이지 않습니다. 두 카드에 적힌 수의 합이 5일 때 오른쪽 카드에 적힌 수를 구하시오.

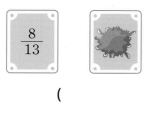

$$\frac{8}{13}$$

(　　　　　　　　　　)

서술형 ㅎ

14 식용유 1 L 중 어제는 $\frac{4}{21}$ L를 사용했고, 오늘은 $\frac{5}{21}$ L를 사용했습니다. 오늘 사용하고 남은 식용유의 양은 몇 L인지 풀이 과정을 쓰고, 답을 구하시오.

풀이

답

→ 바른답·알찬풀이 22쪽

15 두 수의 차를 구하시오.

$$9\frac{4}{15} \qquad 2\frac{13}{15}$$

(   )

16 두 줄의 길이의 차는 몇 m입니까?

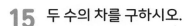

$6\frac{1}{4}$ m

$2\frac{2}{4}$ m

(   )

서술형 상

17 계산 결과가 가장 큰 것을 찾아 기호를 쓰려고 합니다. 풀이 과정을 쓰고, 답을 구하시오.

$$\bigcirc\ 2\frac{8}{16}-2\frac{3}{16}$$
$$\bigcirc\ 5-4\frac{8}{16}$$
$$\bigcirc\ 5\frac{5}{16}-4\frac{7}{16}$$

풀이 _____

_____

_____

_____

답 _____

18 참외 $2\frac{3}{14}$ kg과 토마토 $3\frac{7}{14}$ kg을 바구니에 넣고 무게를 재어 보았더니 $6\frac{1}{14}$ kg이었습니다. 빈 바구니의 무게는 몇 kg인지 구하시오.

(   )

19 길이가 $14\frac{2}{10}$ cm인 양초가 있습니다. 이 양초는 일정한 빠르기로 30분에 $2\frac{3}{10}$ cm씩 탑니다. 양초에 불을 붙이고 한 시간 후에 양초의 길이는 몇 cm가 될지 구하시오.

(   )

어려워 상

20 ◻ 안에 들어갈 수 있는 자연수 중에서 가장 작은 수를 구하시오.

$$7\frac{4}{9}-2\frac{\square}{9}<4\frac{8}{9}$$

(   )

개념 1 변의 길이에 따라 삼각형 분류하기

• 이등변삼각형: 두 변의 길이가 같은 삼각형

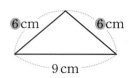 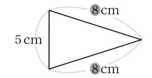

• 정삼각형: 세 변의 길이가 같은 삼각형

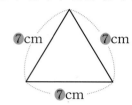 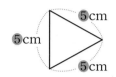

1 다음 도형은 정삼각형입니다. ☐ 안에 알맞은 수를 써넣으시오.

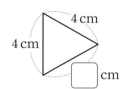

개념 2 이등변삼각형의 성질 / 정삼각형의 성질

이등변삼각형의 성질	정삼각형의 성질
두 각의 크기가 같습니다.	세 각의 크기가 같습니다.

2 알맞은 말에 ○표 하시오.

이등변삼각형은 (두 , 세) 각의 크기가 같습니다.

개념 3 각의 크기에 따라 삼각형 분류하기

• 예각삼각형: 세 각이 모두 예각인 삼각형
$0° < (예각) < 90°$

• 둔각삼각형: 한 각이 둔각인 삼각형
$90° < (둔각) < 180°$

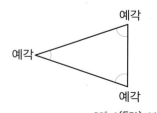

3 둔각삼각형인 것에 ○표 하시오.

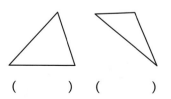

(   )   (   )

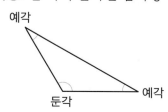 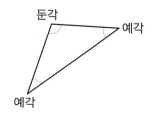

[01~02] 삼각형을 보고 물음에 답하시오.

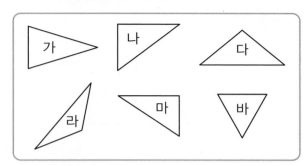

01 이등변삼각형을 모두 찾아 기호를 쓰시오.

(   )

02 정삼각형을 찾아 기호를 쓰시오.

(   )

03 이등변삼각형을 보고 ☐ 안에 알맞은 수를 써넣으시오.

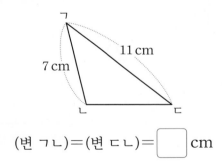

(변 ㄱㄴ)＝(변 ㄷㄴ)＝☐ cm

꼭나와 ♨

04 정삼각형을 보고 ☐ 안에 알맞은 수를 써넣으시오.

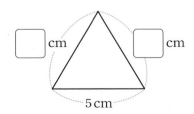

05 한 변이 9 cm인 정삼각형의 세 변의 길이의 합은 몇 cm입니까?

(   )

서술형 ♨

06 삼각형 ㄱㄴㄷ은 이등변삼각형입니다. 이 삼각형의 세 변의 길이의 합은 몇 cm인지 풀이 과정을 쓰고, 답을 구하시오.

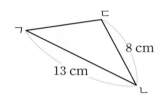

풀이

❶ 변 ㄱㄷ의 길이는 몇 cm인지 구하기

_____

_____

❷ 삼각형의 세 변의 길이의 합은 몇 cm인지 구하기

_____

_____

답 _____

07 정삼각형인 것에 ◯표 하시오.

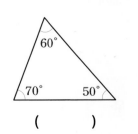

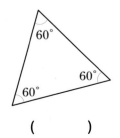

(   )   (   )

08 이등변삼각형을 보고 ☐ 안에 알맞은 수를 써넣으시오.

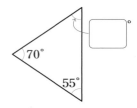

09 정삼각형을 보고 ☐ 안에 알맞은 수를 써넣으시오.

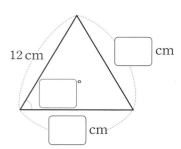

10 삼각형 ㄱㄴㄷ이 이등변삼각형일 때 각 ㄱㄴㄷ은 몇 도인지 구하려고 합니다. 풀이 과정을 쓰고, 답을 구하시오.

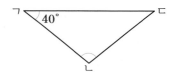

풀이

❶ 각 ㄴㄷㄱ은 몇 도인지 구하기

_____

_____

❷ 각 ㄱㄴㄷ은 몇 도인지 구하기

_____

_____

답 _____

11 다음 도형은 정삼각형입니다. ㉠과 ㉡의 각도의 합을 구하시오.

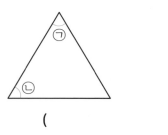

(   )

12 삼각형의 세 각 중에서 두 각의 크기를 말한 것입니다. 이등변삼각형을 말한 친구의 이름을 쓰시오.

- 수연: 80°, 55°
- 정호: 30°, 120°

(   )

13 정삼각형을 보고 ☐ 안에 알맞은 수를 써넣으시오.

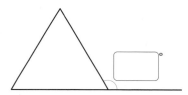

14 다음 도형은 이등변삼각형입니다. ㉠의 각도를 구하시오.

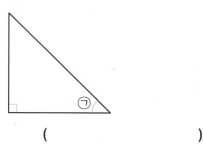

(   )

15 삼각형을 분류하여 빈칸에 알맞은 기호를 써넣으시오.

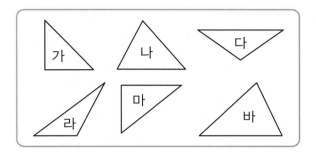

예각삼각형	
둔각삼각형	

16 삼각형의 세 각의 크기를 나타낸 것입니다. 예각삼각형에 ○표 하시오.

30°, 60°, 90°	75°, 50°, 55°
( )	( )

17 주어진 선분을 한 변으로 하는 예각삼각형과 둔각삼각형을 각각 완성하시오.

예각삼각형   둔각삼각형

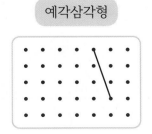
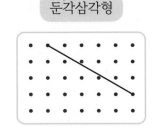

18 삼각형에 대해 <u>잘못</u> 설명한 것을 찾아 기호를 쓰시오.

> ㉠ 예각삼각형은 예각이 3개입니다.
> ㉡ 직각삼각형은 직각이 1개입니다.
> ㉢ 둔각삼각형은 둔각이 2개입니다.

(   )

19 직사각형 모양의 종이띠를 선을 따라 잘랐을 때 잘라 낸 도형 중에서 예각삼각형과 둔각삼각형은 각각 몇 개인지 구하시오.

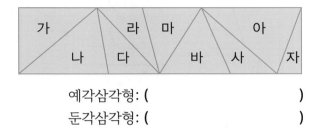

예각삼각형: (   )
둔각삼각형: (   )

20 삼각형의 일부가 지워졌습니다. 이 삼각형의 이름으로 알맞은 것을 찾아 기호를 쓰려고 합니다. 풀이 과정을 쓰고, 답을 구하시오.

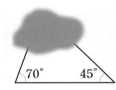

> ㉠ 직각삼각형
> ㉡ 예각삼각형
> ㉢ 둔각삼각형

풀이

❶ 지워진 부분의 각의 크기를 구하기

_____

_____

❷ 삼각형의 이름으로 알맞은 것을 찾아 기호를 쓰기

_____

답 _____

01 정삼각형을 찾아 ○표 하시오.

(   ) (   ) (   )

꼭나와 ☆

02 이등변삼각형인 것을 두 가지 고르시오.

(,   )

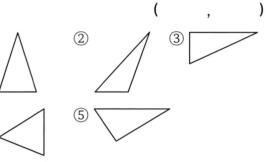

03 주어진 선분을 한 변으로 하는 정삼각형을 완성하시오.

04 삼각형의 세 변의 길이를 나타낸 것입니다. 이등변삼각형이 <u>아닌</u> 것을 찾아 기호를 쓰시오.

> ㉠ 14 cm, 12 cm, 14 cm
> ㉡ 10 cm, 15 cm, 12 cm
> ㉢ 11 cm, 11 cm, 11 cm

(   )

05 정삼각형의 세 변의 길이의 합이 18 cm입니다. □ 안에 알맞은 수를 써넣으시오.

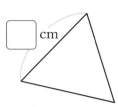

서술형 ☆

06 오른쪽 삼각형 ㄱㄴㄷ은 이등변삼각형입니다. 세 변의 길이의 합이 28 cm일 때 변 ㄱㄴ의 길이는 몇 cm인지 풀이 과정을 쓰고, 답을 구하시오.

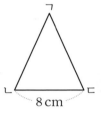

풀이

❶ 변 ㄱㄴ과 변 ㄱㄷ의 길이의 합은 몇 cm인지 구하기

_____

_____

❷ 변 ㄱㄴ의 길이는 몇 cm인지 구하기

_____

_____

답 _____

07 이등변삼각형인 것에 ○표 하시오.

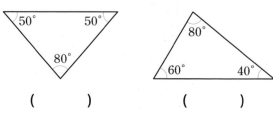

(   )   (   )

08 정삼각형을 보고 ☐ 안에 알맞은 수를 써넣으시오.

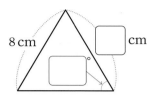

8 cm

☐ cm

☐°

09 선분 ㄱㄴ을 이용하여 (보기)와 같은 이등변삼각형을 그려 보시오.

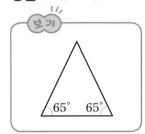

보기

65° 65°

ㄱ ———— ㄴ

서술형 ㅇ

10 다음 삼각형의 세 변의 길이의 합은 몇 cm인지 구하려고 합니다. 풀이 과정을 쓰고, 답을 구하시오.

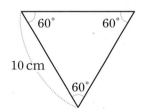

60° 60°

10 cm

60°

풀이

❶ 어떤 삼각형인지 알아보기

_____

❷ 삼각형의 세 변의 길이의 합은 몇 cm인지 구하기

_____

_____

답 _____

꼭나와 ㅇ

11 이등변삼각형을 보고 ☐ 안에 알맞은 수를 써넣으시오.

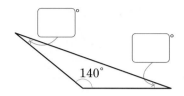

☐°

☐°

140°

12 정삼각형에 대한 설명으로 틀린 것을 찾아 기호를 쓰시오.

> ㉠ 세 각이 모두 예각입니다.
> ㉡ 이등변삼각형이라고 할 수 있습니다.
> ㉢ 세 각의 크기가 90°로 같습니다.

(   )

13 길이가 54 cm인 철사를 모두 사용하여 두 각이 각각 60°, 60°인 가장 큰 삼각형을 만들었습니다. 이 삼각형의 한 변의 길이는 몇 cm입니까?

(   )

14 색종이 한 장을 반으로 접은 다음 선을 따라 잘라서 펼쳤습니다. ㉠의 각도를 구하시오.

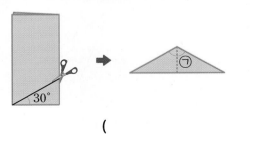

30°

➡ ㉠

(   )

15 예각삼각형을 찾아 ○표, 둔각삼각형을 찾아 △표 하시오.

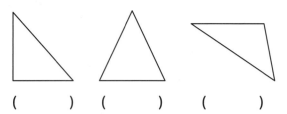

(   )   (   )   (   )

16 삼각형의 세 각의 크기를 나타낸 것입니다. 각의 크기에 따라 삼각형을 분류하여 빈칸에 알맞은 기호를 써넣으시오.

> ㉠ 45°, 90°, 45°
> ㉡ 20°, 75°, 85°
> ㉢ 50°, 30°, 100°

예각삼각형	직각삼각형	둔각삼각형

17 그림과 같이 고무줄로 둔각삼각형을 만들었습니다. ㉠에 걸린 고무줄을 오른쪽으로 한 칸 움직이면 어떤 삼각형이 되는지 쓰시오.

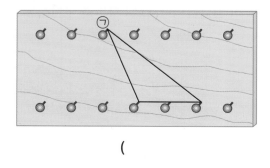

(   )

꼭나와 ㅂ

18 이등변삼각형이면서 둔각삼각형인 것을 찾아 기호를 쓰시오.

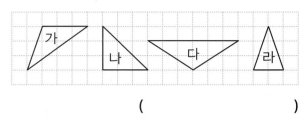

(   )

19 세 각의 크기가 각각 70°, 40°, 70°인 삼각형이 있습니다. 이 삼각형의 이름으로 알맞은 것을 모두 찾아 ○표 하시오.

> 이등변삼각형   정삼각형
>
> 예각삼각형   직각삼각형   둔각삼각형

서술형 ㅇ

20 삼각형의 일부가 찢어졌습니다. 찢어지기 전 삼각형은 어떤 삼각형인지 잘못 말한 친구를 찾아 이름을 쓰려고 합니다. 풀이 과정을 쓰고, 답을 구하시오.

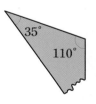

- 경아: 이등변삼각형이야.
- 준서: 세 각의 크기가 다른 삼각형이야.
- 미영: 둔각삼각형이야.

> **풀이**
>
> ❶ 찢어진 부분의 각의 크기를 구하기
>
> _____
>
> ❷ 잘못 말한 친구를 찾아 이름을 쓰기
>
> _____
>
> _____
>
> **답** _____

01 정사각형 모양의 색종이에 다음과 같이 삼각형을 그렸습니다. 그린 삼각형의 이름을 쓰시오.

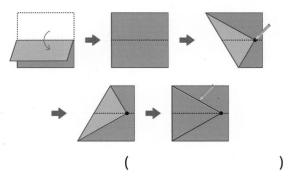

(   )

02 두 변이 각각 6 cm, 9 cm인 이등변삼각형을 만들려고 합니다. 나머지 한 변의 길이가 될 수 있는 것을 모두 찾아 기호를 쓰시오.

┌─────────────────────────────────┐
│ ㉠ 3 cm   ㉡ 6 cm   ㉢ 9 cm   ㉣ 12 cm │
└─────────────────────────────────┘

(   )

서술형

03 삼각형 ㄱㄴㄷ과 삼각형 ㄹㄴㅁ은 정삼각형입니다. 선분 ㄱㄹ의 길이는 몇 cm인지 풀이 과정을 쓰고, 답을 구하시오.

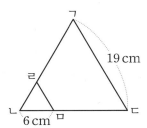

풀이 _____

_____

_____

_____

답 _____

04 한 변이 8 cm인 정삼각형 4개를 겹치지 않게 이어 붙여 큰 정삼각형을 만들었습니다. 초록색 선의 길이는 몇 cm입니까?

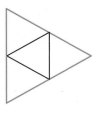

(   )

05 다음 이등변삼각형과 세 변의 길이의 합이 같은 정삼각형을 만들었습니다. 만든 정삼각형의 한 변의 길이는 몇 cm입니까?

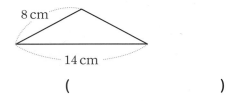

(   )

어려워

06 세 변의 길이의 합이 20 cm인 이등변삼각형 3개를 겹치지 않게 이어 붙여 사각형 ㄱㄴㄷㄹ을 만들었습니다. 사각형 ㄱㄴㄷㄹ의 네 변의 길이의 합은 몇 cm입니까?

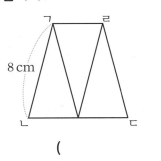

(   )

07 정삼각형에 대해 잘못 설명한 친구의 이름을 쓰시오.

┌─────────────────────────────────┐
│ • 종민: 세 각이 모두 예각이야. │
│ • 지숙: 두 변의 길이만 같아. │
└─────────────────────────────────┘

(   )

08 이등변삼각형입니다. ㉠과 ㉡의 각도를 각각 구하시오.

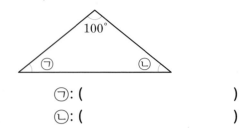

㉠: (　　　　　　　　　)

㉡: (　　　　　　　　　)

09 ㉠과 ㉡의 각도의 차를 구하시오.

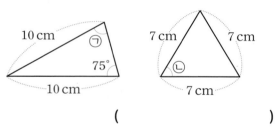

(　　　　　　　　　)

서술형 상

10 다음 도형이 이등변삼각형이 <u>아닌</u> 이유를 설명하시오.

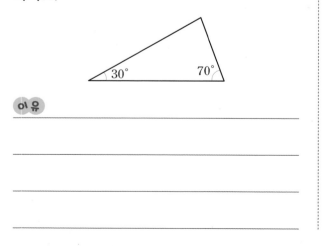

이유 _____

_____

_____

11 삼각형 ㄱㄴㄷ은 이등변삼각형입니다. 각 ㄴㄱㄷ은 몇 도인지 구하시오.

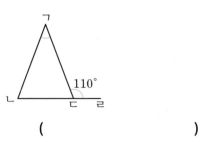

(　　　　　　　　　)

12 오른쪽 그림에서 삼각형 ㄱㄴㄷ은 정삼각형이고, 삼각형 ㄹㄴㄷ은 이등변삼각형입니다. 각 ㄹㄷㄱ은 몇 도인지 구하시오.

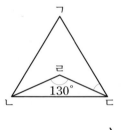

(　　　　　　　　　)

어려워 ☺

13 삼각형 ㄱㄴㄷ과 삼각형 ㄱㄷㄹ은 이등변삼각형입니다. 각 ㄱㄷㄹ은 몇 도인지 구하시오.

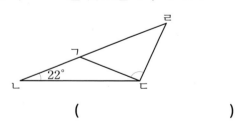

(　　　　　　　　　)

14 예각삼각형과 둔각삼각형에서 찾을 수 있는 예각은 각각 몇 개인지 구하시오.

예각삼각형: (　　　　　　　　　)

둔각삼각형: (　　　　　　　　　)

15 다음 삼각형의 이름이 될 수 있는 것을 모두 찾아 ○표 하시오.

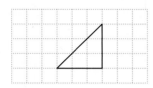

(직각삼각형 , 예각삼각형 , 이등변삼각형)

16 삼각형의 세 각 중에서 두 각의 크기를 나타낸 것입니다. 이 삼각형은 예각삼각형인지, 둔각삼각형인지 쓰시오.

$$40°, 55°$$

(   )

17 한 각이 둔각이고, 두 변의 길이가 같은 삼각형을 그려 보시오.

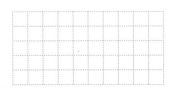

서술형

18 삼각형의 일부가 찢어졌습니다. 찢어지기 전 삼각형은 어떤 삼각형인지 모두 쓰려고 합니다. 풀이 과정을 쓰고, 답을 구하시오.

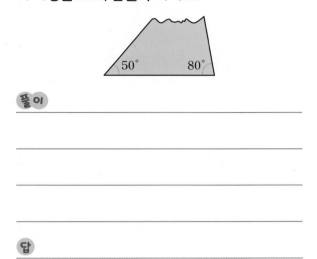

풀이 _____

_____

_____

_____

답 _____

19 두 각의 크기가 $110°, 35°$인 삼각형을 그리고 있습니다. 그린 삼각형은 어떤 삼각형인지 모두 쓰시오.

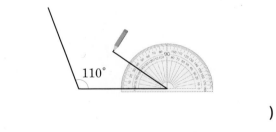

(   )

어려워

20 그림에서 찾을 수 있는 크고 작은 둔각삼각형은 모두 몇 개인지 구하시오.

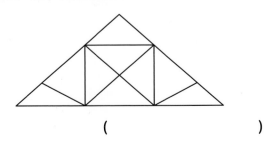

(   )

3. 소수의 덧셈과 뺄셈

→ 바른답·알찬풀이 26쪽

개념 ① 소수 두 자리 수 / 소수 세 자리 수

소수 두 자리 수	소수 세 자리 수
$\dfrac{1}{100}$ → 쓰기 0.01 / 읽기 영 점 영일	$\dfrac{1}{1000}$ → 쓰기 0.001 / 읽기 영 점 영영일
$1\dfrac{45}{100}$ → 쓰기 1.45 / 읽기 일 점 사오	$2\dfrac{173}{1000}$ → 쓰기 2.173 / 읽기 이 점 일칠삼

1 소수를 읽어 보시오.

2.36

(   )

개념 ② 소수 사이의 관계 / 소수의 크기 비교

• 소수 사이의 관계

① 소수의 $\dfrac{1}{10}$ 을 하면 소수점을 기준으로 수가 오른쪽으로 한 자리씩 이동합니다.

② 소수를 10배 하면 소수점을 기준으로 수가 왼쪽으로 한 자리씩 이동합니다.

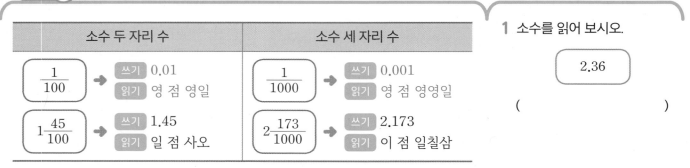

• 소수의 크기 비교

$3.26 < 3.45$	$2.67 > 2.63$	$5.346 < 5.348$
자연수가 같으면 소수 첫째 자리 수 비교	소수 첫째 자리 수까지 같으면 소수 둘째 자리 수 비교	소수 둘째 자리 수까지 같으면 소수 셋째 자리 수 비교

2 빈칸에 알맞은 수를 써넣으시오.

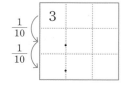

개념 ③ 소수의 덧셈

소수점끼리 맞추어 세로로 쓰고, 같은 자리 수끼리 더합니다.

소수 둘째 자리 계산

```
    2 . 8 3
+   3 . 5 2
          5
```

→

소수 첫째 자리 계산

```
      1
    2 . 8 3
+   3 . 5 2
      3 . 5
```

→

일의 자리 계산

```
      1
    2 . 8 3
+   3 . 5 2
    6 . 3 5
```

3 ☐ 안에 알맞은 수를 써넣으시오.

개념 ④ 소수의 뺄셈

소수점끼리 맞추어 세로로 쓰고, 같은 자리 수끼리 뺍니다.

소수 둘째 자리 계산

```
        6  10
    1 . 7̷  2
−   0 . 2  9
           3
```

→

소수 첫째 자리 계산

```
        6  10
    1 . 7̷  2
−   0 . 2  9
      4  3
```

→

일의 자리 계산

```
        6  10
    1 . 7̷  2
−   0 . 2  9
    1 . 4  3
```

4 ☐ 안에 알맞은 수를 써넣으시오.

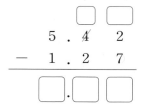

01 분수를 소수로 나타내고, 읽어 보시오.

(1) $\dfrac{59}{100}$ = ☐

읽기 ( )

(2) $\dfrac{418}{1000}$ = ☐

읽기 ( )

02 ☐ 안에 알맞은 수를 써넣으시오.

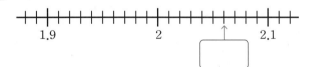

03 밑줄 친 숫자는 어느 자리 숫자이고, 얼마를 나타내는지 쓰시오.

5.3<u>8</u>7

( ), ( )

04 3이 나타내는 수가 0.03인 것을 모두 찾아 ○표 하시오.

| 1.35 | 1.03 | 3.64 | 2.73 |

05 8이 나타내는 수가 가장 큰 것을 찾아 기호를 쓰시오.

⊙ 7.985   ⓒ 1.832   ⓒ 6.498

풀이

❶ 8이 나타내는 수를 각각 구하기

_____

_____

❷ 8이 나타내는 수가 가장 큰 것을 찾아 기호를 쓰기

_____

_____

답 _____

06 빈칸에 알맞은 수를 써넣으시오.

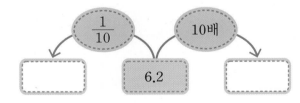

07 두 수의 크기를 비교하여 ○ 안에 >, =, <를 알맞게 써넣으시오.

(1) 5.43 ○ 6.27

(2) 9.428 ○ 9.424

08 나타내는 수가 다른 것을 찾아 기호를 쓰시오.

> ㉠ 0.285의 10배
> ㉡ 2.85의 $\frac{1}{10}$
> ㉢ 285의 $\frac{1}{100}$

(   )

09 지영이의 책가방 무게는 1.364 kg이고, 석진이의 책가방 무게는 1.376 kg입니다. 지영이와 석진이 중에서 누구의 책가방이 더 가볍습니까?

(   )

서술형 ㉯

10 ㉠이 나타내는 수는 ㉡이 나타내는 수의 몇 배인지 구하려고 합니다. 풀이 과정을 쓰고, 답을 구하시오.

> 7.187
> ↑   ↑
> ㉠ ㉡

풀이

❶ ㉠과 ㉡이 나타내는 수를 각각 구하기

_____

_____

❷ ㉠이 나타내는 수는 ㉡이 나타내는 수의 몇 배인지 구하기

_____

_____

답 _____

11 그림을 보고 ☐ 안에 알맞은 수를 써넣으시오.

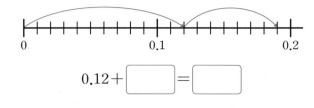

$$0.12 + \boxed{} = \boxed{}$$

12 계산 결과가 5.6인 것에 색칠하시오.

| 1.2 + 3.4 | | 2.9 + 2.7 |

13 계산 결과를 비교하여 ○ 안에 >, =, <를 알맞게 써넣으시오.

$$1.46 + 4.73 \bigcirc 2.62 + 4.29$$

꼭나와 ㉯

14 두 친구가 말하는 소수의 합을 구하시오.

(   )

→ 바른답·알찬풀이 26쪽

15 그림과 같이 두 색 테이프를 겹치지 않게 이어 붙였습니다. 이어 붙인 색 테이프의 전체 길이는 몇 m인지 구하시오.

0.45 m   136 cm

(   )

16 계산해 보시오.

(1)   4.4
    − 0.5

(2)   6.1 8
    − 4.3 6

꼭나와 ♥

17 민아가 설명하는 수를 구하시오.

7.13보다 2.64만큼 더 작은 수

민아

(   )

18 가장 큰 수와 가장 작은 수의 차를 구하시오.

| 3.9 | 9.2 | 6.5 |

(   )

19 물병에 물이 1.5 L 들어 있었습니다. 상욱이가 축구 경기를 한 후 마시고 남은 물은 0.65 L입니다. 상욱이가 마신 물의 양은 몇 L입니까?

(   )

서술형 ♥

20 수정이는 아버지와 함께 고구마를 캤습니다. 고구마를 아버지는 4.52 kg 캤고, 수정이는 아버지보다 1850 g 더 적게 캤습니다. 수정이가 캔 고구마의 양은 몇 kg인지 풀이 과정을 쓰고, 답을 구하시오.

풀이

❶ 1850 g은 몇 kg인지 소수로 나타내기

_____

_____

❷ 수정이가 캔 고구마의 양은 몇 kg인지 구하기

_____

_____

답 _____

01 전체 크기가 1인 모눈종이에 색칠한 부분의 크기를 소수로 나타내시오.

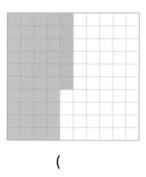

(   )

02 ☐ 안에 알맞은 수를 써넣으시오.

$308\,m =$ ☐ km

03 ☐ 안에 알맞은 수를 써넣으시오.

(1) 1이 4개, 0.1이 6개, 0.01이 3개인 수는 ☐ 입니다.

(2) 10이 1개, 1이 9개, $\frac{1}{10}$이 2개, $\frac{1}{100}$이 5개 인 수는 ☐ 입니다.

꼭나와 ♥
04 소수 둘째 자리 수가 가장 작은 수는 어느 것입니까? (   )

① 2.59   ② 0.085   ③ 3.14
④ 5.827   ⑤ 8.06

서술형 ♥
05 설명하는 수에서 소수 셋째 자리 숫자를 찾아 쓰려고 합니다. 풀이 과정을 쓰고, 답을 구하시오.

0.1이 8개, 0.001이 53개인 수

풀이
❶ 설명하는 수를 소수로 나타내기

_____

_____

❷ 설명하는 수에서 소수 셋째 자리 숫자를 찾아 쓰기

_____

_____

답 _____

06 더 작은 소수를 들고 있는 친구의 이름을 쓰시오.

3.29   3.18
은아   경수

(   )

07 알맞은 것에 ○표 하시오.

(1) 27.5의 $\left(\frac{1}{10}, 10배\right)$은/는 2.75입니다.

(2) 5.18의 $\left(\frac{1}{100}, 100배\right)$은/는 518입니다.

08 가장 큰 수에 ○표, 가장 작은 수에 △표 하시오.

> 6.51   1.65   6.15

09 어떤 수의 $\frac{1}{100}$ 은 0.382입니다. 어떤 수를 구하시오.

(   )

서술형

10 다음 두 수 사이에 있는 소수 두 자리 수는 모두 몇 개인지 구하려고 합니다. 풀이 과정을 쓰고, 답을 구하시오.

> • 0.5
> • 0.01이 46개인 수

풀이

❶ 0.01이 46개인 수를 소수로 나타내기

_____

_____

❷ 두 수 사이에 있는 소수 두 자리 수는 모두 몇 개인지 구하기

_____

_____

답 _____

11 계산해 보시오.

(1)   0.8
    + 0.9
   ———

(2)   5.3 7
    + 3.8 1
   ———

12 빈칸에 알맞은 수를 써넣으시오.

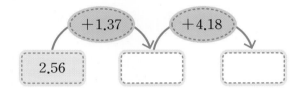

2.56   +1.37 →   +4.18 →

13 계산 결과가 같은 것끼리 선으로 알맞게 이으시오.

5.2+1.3	•	•	3.6+3.4
4.1+2.9	•	•	6.9+2.3
4.5+4.7	•	•	2.8+3.7

14 무게가 0.45 kg인 상자에 귤을 5.83 kg 담았습니다. 귤을 담은 상자의 무게는 몇 kg입니까?

(   )

15 카드를 한 번씩 모두 사용하여 소수 두 자리 수를 만들려고 합니다. 만들 수 있는 가장 작은 소수와 1.95의 합을 구하시오.

| . | 3 | 8 | 4 |

(   )

16 ☐ 안에 알맞은 수를 써넣으시오.

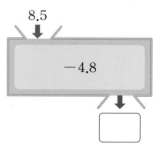

8.5

−4.8

17 계산 결과가 더 큰 것의 기호를 쓰시오.

㉠ 3.51＋1.72
㉡ 9.84−4.13

(   )

꼭나와 ♥

18 계산 결과가 4.6보다 큰 것을 찾아 ○표 하시오.

| 5.1−0.6 | 8.5−4.2 | 6.3−1.5 |

(   )   (   )   (   )

19 100 m를 현경이는 18.52초에 달렸고, 유진이는 18.16초에 달렸습니다. 현경이와 유진이 중에서 누가 몇 초 더 빨리 달렸습니까?

(   ), (   )

서술형 ♥

20 ㉠에서 ㉣까지의 거리는 몇 m인지 풀이 과정을 쓰고, 답을 구하시오.

0.81 m   0.68 m

㉠   ㉡   ㉢   ㉣
                    53 cm

풀이

❶ 53 cm는 몇 m인지 소수로 나타내기

_____

_____

❷ ㉠에서 ㉣까지의 거리는 몇 m인지 구하기

_____

_____

답 _____

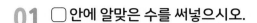

01 □안에 알맞은 수를 써넣으시오.

> 10이 2개, 1이 7개, $\frac{1}{10}$이 5개, $\frac{1}{100}$이 6개인
>
> 수는 □ 입니다.

02 소수 5.028을 <u>잘못</u> 설명한 친구를 찾아 이름을 쓰시오.

> • 현진: 소수 셋째 자리 숫자가 8이야.
> • 승아: 2는 0.02를 나타내.
> • 동민: 오 점 이팔이라고 읽어.

(   )

서술형

03 설명하는 소수는 얼마인지 풀이 과정을 쓰고, 답을 구하시오.

> • 소수 두 자리 수입니다.
> • 4보다 크고 5보다 작습니다.
> • 소수 첫째 자리 숫자는 7, 소수 둘째 자리 숫자는 3입니다.

풀이 _____

_____

_____

_____

답 _____

04 0.001이 7개, 0.01이 15개, 0.1이 21개인 소수 세 자리 수를 쓰고, 읽어 보시오.

쓰기 (   )

읽기 (   )

어려워

05 효린이네 집에서 도서관까지의 거리는 1000 m 입니다. 효린이는 집에서 도서관을 향해 출발하여 315 m를 걸어갔습니다. 남은 거리는 몇 km 인지 소수로 나타내시오.

(   )

06 8.25와 같은 수의 기호를 쓰시오.

> ㉠ 0.825의 100배   ㉡ 82.5의 $\frac{1}{10}$

(   )

07 두 수의 크기 비교를 <u>잘못</u>한 것을 찾아 색칠하시오.

| 5.04 > 3.98 | 0.66 < 0.96 | 2.31 > 2.59 |

08 ☐ 안에 알맞은 수가 더 큰 것의 기호를 쓰시오.

> ㉠ 3.6의 ☐배는 360입니다.
> ㉡ 8.9의 ☐배는 89입니다.

(   )

09 ☐ 안에 들어갈 수 있는 가장 큰 소수 두 자리 수를 구하시오.

> 0.726 > ☐

(   )

어려워 ⭐

10 카드를 한 번씩 모두 사용하여 1보다 작은 소수 세 자리 수를 만들려고 합니다. 만들 수 있는 가장 큰 소수와 가장 작은 소수를 각각 구하시오.

.	3	7	0	4

가장 큰 소수: (   )

가장 작은 소수: (   )

11 빈칸에 알맞은 수를 써넣으시오.

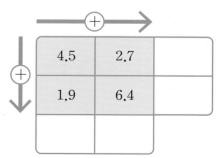

	+	→
+	4.5	2.7	
↓	1.9	6.4	

12 계산 결과가 가장 큰 것을 찾아 기호를 쓰시오.

> ㉠ 7.3＋0.8
> ㉡ 3.5＋6.6
> ㉢ 4.82＋4.58

(   )

13 ㉠이 나타내는 수와 ㉡이 나타내는 수의 합을 구하시오.

(   )

서술형 ⭐

14 재영이는 가지고 있던 철사 중에서 65 cm를 잘라 동생에게 주었더니 2.85 m가 남았습니다. 재영이가 처음에 가지고 있던 철사의 길이는 몇 m 인지 풀이 과정을 쓰고, 답을 구하시오.

풀이 _____

_____

_____

_____

답 _____

15 같은 모양은 같은 수를 나타낼 때 ♥에 알맞은 수를 구하시오.

> • ■는 ▲보다 3.84 큰 수입니다.
> • ♥는 ■의 $\frac{1}{10}$입니다.
> • ▲는 0.462의 100배입니다.

(   )

16 0.93−0.4를 다음과 같이 계산했습니다. <u>잘못</u> 계산한 곳을 찾아 바르게 계산해 보시오.

	바르게 계산하기
0.9 3 − 0.4 ——— 0.8 9	➡

17 0.1이 46개인 수와 0.1이 17개인 수의 차를 구하시오.

(   )

서술형
18 계산 결과가 작은 것부터 차례대로 기호를 쓰려고 합니다. 풀이 과정을 쓰고, 답을 구하시오.

> ㉠ 2.65+3.82   ㉡ 9.02−2.16
> ㉢ 5.7+1.93   ㉣ 8.04−0.8

풀이 _____

_____

_____

_____

답 _____

19 한 변이 0.42 km인 정사각형 모양의 잔디밭이 있습니다. 이 잔디밭의 가로를 0.16 km 줄이고, 세로를 0.08 km 늘여서 직사각형 모양의 잔디밭을 새로 만들었습니다. 새로 만든 잔디밭의 가로와 세로의 길이의 합은 몇 km입니까?

(   )

어려워
20 ㉠, ㉡, ㉢에 알맞은 수의 합을 구하시오.

>   ㉠ . 5   ㉢
> − 1 . ㉡   3
> ————
>   2 . 7   8

(   )

개념 ① 수직과 수선

- 수직: 두 직선이 만나서 이루는 각이 직각일 때, 두 직선은 서로 수직
- 수선: 두 직선이 서로 수직으로 만나면 한 직선은 다른 직선에 대한 수선

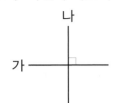

① 직선 가와 직선 나는 서로 수직입니다.
② 직선 가는 직선 나에 대한 수선이고,
   직선 나는 직선 가에 대한 수선입니다.

1 두 직선이 서로 수직인 것에
○표 하시오.

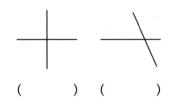

(   ) (   )

개념 ② 평행과 평행선

- 평행: 두 직선이 만나지 않을 때, 두 직선은 서로 평행
- 평행선: 평행한 두 직선
- 평행선 사이의 거리: 평행선의 한 직선에서 다른 직선에 그은 수직인 선분의 길이

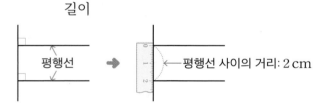

평행선 → 평행선 사이의 거리: 2 cm

2 평행선 사이의 거리를 나타
내는 선분을 찾아 기호를 쓰
시오.

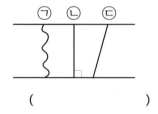

(   )

개념 ③ 사다리꼴 / 평행사변형 / 마름모

- 사다리꼴: 마주 보는 한 쌍의 변이 서로 평행한 사각형
- 평행사변형: 마주 보는 두 쌍의 변이 서로 평행한 사각형
- 마름모: 네 변의 길이가 모두 같은 사각형

평행
사다리꼴

평행
평행사변형

마주 보는 두 변
의 길이, 두 각
의 크기가 각각
같아요.

마주 보는 꼭짓점끼리
이은 선분은 서로
수직으로 만나요.

마름모

3 평행사변형이 아닌 것에 ×표
하시오.

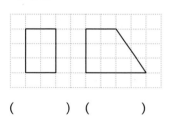

(   ) (   )

개념 ④ 여러 가지 사각형

사각형의 성질을 생각하여 여러 가지 사각형의 관계를 알 수 있습니다.

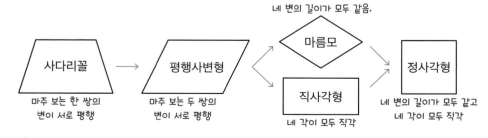

네 변의 길이가 모두 같음.

사다리꼴 → 평행사변형

마름모

직사각형

정사각형

마주 보는 한 쌍의
변이 서로 평행

마주 보는 두 쌍의
변이 서로 평행

네 각이 모두 직각

네 변의 길이가 모두 같고
네 각이 모두 직각

4 알맞은 말에 ○표 하시오.

직사각형이면
(사다리꼴 , 마름모)
입니다.

01 삼각자를 사용하여 주어진 직선 가에 대한 수선을 바르게 그은 것을 찾아 ○표 하시오.

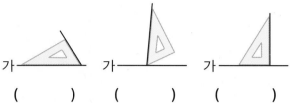

가 (   )　　가 (   )　　가 (   )

꼭나와 ♨

02 삼각자를 사용하여 주어진 직선에 대한 수선을 그어 보시오.

03 사각형 ㄱㄴㄷㄹ에서 직선 가와 수직인 변을 모두 찾아 쓰시오.

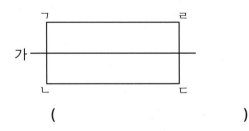

(   )

04 서로 수직인 변이 가장 많은 도형을 찾아 기호를 쓰시오.

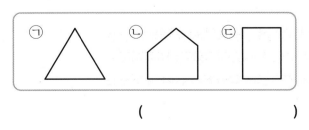

(   )

05 직선 가와 평행한 직선을 찾아 쓰시오.

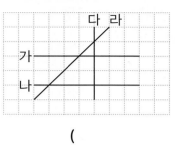

(   )

06 도형에서 평행선 사이의 거리는 몇 cm입니까?

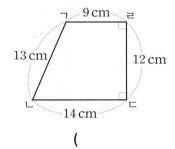

(   )

서술형 ♨

07 그림에서 찾을 수 있는 평행선은 모두 몇 쌍인지 풀이 과정을 쓰고, 답을 구하시오.

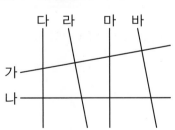

풀이

❶ 평행선을 모두 찾기

_____

_____

❷ 평행선은 모두 몇 쌍인지 구하기

_____

답 _____

08 오른쪽 도형에서 변 ㄱㄴ과 평행한 변은 모두 몇 개인지 구하시오.

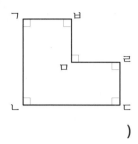

(   )

꼭나와 ☺

09 도형에서 변 ㄱㅂ과 변 ㄴㄷ은 서로 평행합니다. 변 ㄱㅂ과 변 ㄴㄷ 사이의 거리는 몇 cm입니까?

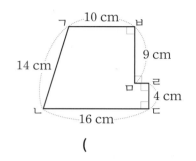

(   )

10 사다리꼴을 모두 찾아 기호를 쓰시오.

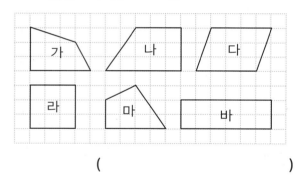

(   )

11 평행사변형을 보고 잘못 말한 친구의 이름을 쓰시오.

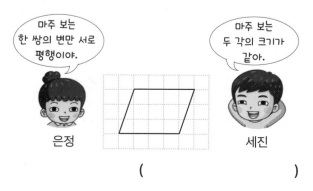

은정: 마주 보는 한 쌍의 변만 서로 평행이야.

세진: 마주 보는 두 각의 크기가 같아.

(   )

12 마름모를 보고 ☐ 안에 알맞은 수를 써넣으시오.

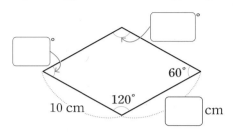

13 평행사변형에서 ㉠과 ㉡의 합은 몇 cm인지 구하시오.

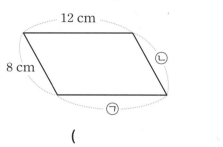

(   )

서술형 ☺

14 오른쪽 마름모에서 ㉠의 각도를 구하려고 합니다. 풀이 과정을 쓰고, 답을 구하시오.

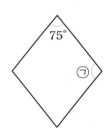

풀이

❶ 마름모에서 이웃한 두 각의 크기의 합을 구하기

_____

_____

❷ ㉠의 각도를 구하기

_____

_____

답 _____

➡ 바른답·알찬풀이 29쪽

15 다음과 같이 직사각형 모양의 종이를 접어서 자른 후 빗금 친 부분을 펼쳤을 때 만들어지는 사각형의 이름을 쓰시오.

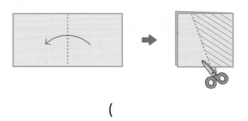

(   )

서술형

16 평행사변형에서 ㉠과 ㉡의 각도의 차를 구하려고 합니다. 풀이 과정을 쓰고, 답을 구하시오.

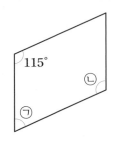

풀이

❶ ㉠과 ㉡의 각도를 각각 구하기

_____

_____

❷ ㉠과 ㉡의 각도의 차를 구하기

_____

답 _____

17 사각형 ㄱㄴㄷㄹ은 마름모입니다. ㉠의 각도를 구하시오.

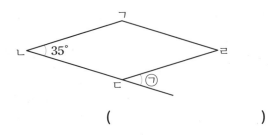

(   )

꼭나와 ♡

18 도형을 보고 빈칸에 알맞은 기호를 써넣으시오.

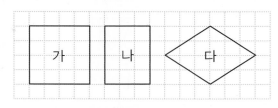

직사각형	마름모	정사각형

19 직사각형과 정사각형을 한 개씩 그려 보시오.

20 직사각형과 정사각형에 대한 설명 중 <u>틀린</u> 것은 어느 것입니까? (   )

① 정사각형은 평행사변형입니다.
② 직사각형은 사다리꼴입니다.
③ 정사각형은 네 변의 길이가 모두 같습니다.
④ 직사각형에서 이웃한 두 각의 크기의 합은 180°입니다.
⑤ 직사각형은 정사각형입니다.

01 두 직선이 서로 수직인 것을 찾아 ○표 하시오.

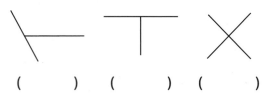

(   )   (   )   (   )

02 서로 수직인 변이 <u>없는</u> 도형은 어느 것입니까?

(   )

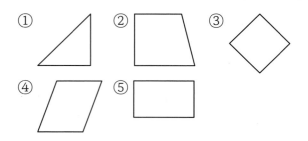

03 잘못 설명한 친구의 이름을 쓰시오.

- 지호: 한 점을 지나고 한 직선에 수직인 직선은 1개뿐이야.
- 영은: 한 직선에 수직인 직선은 1개만 그을 수 있어.

(   )

04 직선 가가 직선 나에 대한 수선일 때 ㉠의 각도를 구하시오.

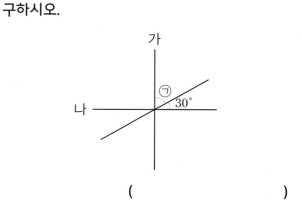

(   )

꼭나와 ♡
05 평행선 사이의 거리는 몇 cm입니까?

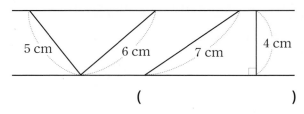

(   )

06 점 ㄱ을 지나고 직선 가에 평행한 직선은 몇 개 그을 수 있습니까?

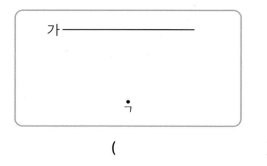

(   )

서술형 ♡
07 도형에서 서로 평행한 변은 모두 몇 쌍인지 풀이 과정을 쓰고, 답을 구하시오.

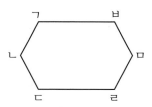

풀이

❶ 서로 평행한 변을 모두 찾기

_____

_____

❷ 서로 평행한 변은 모두 몇 쌍인지 구하기

_____

_____

답 _____

08 세 직선 가, 나, 다는 서로 평행합니다. 직선 가와 직선 다 사이의 거리는 몇 cm인지 구하시오.

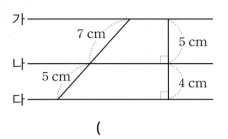

(   )

09 수선도 있고 평행선도 있는 도형을 모두 찾아 기호를 쓰시오.

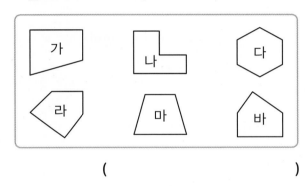

(   )

10 마름모를 모두 찾아 기호를 쓰시오.

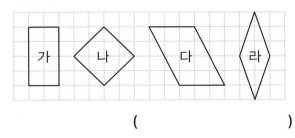

(   )

11 주어진 선분을 이용하여 사다리꼴을 완성하시오.

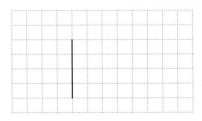

12 평행사변형을 보고 ⬜ 안에 알맞은 수를 써넣으시오.

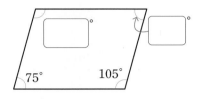

13 직사각형 모양의 종이띠를 선을 따라 잘랐을 때 사다리꼴은 모두 몇 개 만들어지는지 구하시오.

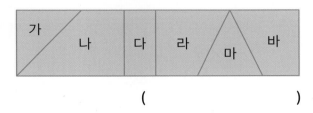

(   )

14 평행사변형 ㄱㄴㄷㄹ의 네 변의 길이의 합은 몇 cm인지 풀이 과정을 쓰고, 답을 구하시오.

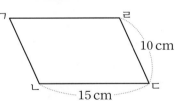

풀이

❶ 변 ㄱㄴ과 변 ㄱㄹ의 길이를 각각 구하기

_____

_____

❷ 평행사변형 ㄱㄴㄷㄹ의 네 변의 길이의 합은 몇 cm인지 구하기

_____

_____

답 _____

15 사각형 ㄱㄴㄷㄹ은 마름모입니다. 삼각형 ㄱㄴㅇ의 세 변의 길이의 합은 몇 cm인지 구하시오.

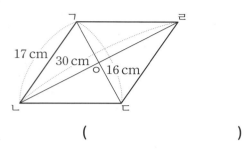

(   )

16 평행사변형 ㄱㄴㄷㄹ에서 각 ㄱㄷㄹ은 몇 도인지 구하시오.

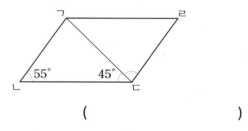

(   )

17 오른쪽 사각형 ㄱㄴㄷㄹ이 마름모일 때 각 ㄴㄷㄱ은 몇 도인지 풀이 과정을 쓰고, 답을 구하시오.

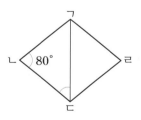

풀이

❶ 각 ㄴㄷㄱ과 각 ㄴㄱㄷ의 합은 몇 도인지 구하기

_____

_____

❷ 각 ㄴㄷㄱ은 몇 도인지 구하기

_____

답 _____

18 네 변의 길이가 모두 같은 사각형을 두 가지 고르시오. (,   )

① 평행사변형   ② 직사각형   ③ 마름모
④ 사다리꼴   ⑤ 정사각형

꼭나와 ♡

19 오른쪽 도형에 대한 설명으로 틀린 것을 찾아 기호를 쓰시오.

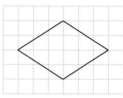

┌─────────────────────────────────┐
│ ㉠ 마주 보는 두 쌍의 변이 서로 평행하므로 │
│   평행사변형입니다.   │
│ ㉡ 네 변의 길이가 모두 같으므로 정사각형입 │
│   니다.   │
│ ㉢ 네 변의 길이가 모두 같으므로 마름모입니다. │
└─────────────────────────────────┘

(   )

20 설명하는 성질이 있는 사각형을 보기에서 모두 찾아 기호를 쓰시오.

┌─ 보기 ──────────────────────────┐
│ ㉠ 사다리꼴   ㉡ 평행사변형   ㉢ 마름모 │
│ ㉣ 직사각형   ㉤ 정사각형   │
└─────────────────────────────────┘

성질	기호
마주 보는 두 변의 길이가 같습니다.	
마주 보는 두 쌍의 변이 서로 평행합니다.	
네 각이 모두 직각입니다.	

01 서로 수직인 직선을 모두 찾아 쓰시오.

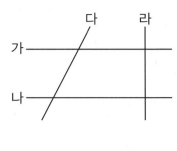

(   )

02 오른쪽 도형에서 서로 수직인 변은 모두 몇 쌍인지 구하시오.

(   )

서술형

03 직선 가가 직선 나에 대한 수선일 때 ㉠과 ㉡의 각도를 각각 구하려고 합니다. 풀이 과정을 쓰고, 답을 구하시오.

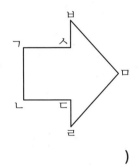

풀이

_____

_____

_____

_____

답 ㉠:   , ㉡:

어려워

04 점 ㅇ에서 각 변에 수선을 그을 때 그을 수 있는 수선은 모두 몇 개입니까?

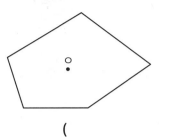

(   )

05 직선 가와 직선 나는 서로 평행합니다. 이 평행선 사이에 길이가 가장 짧은 선분을 그었을 때 ㉠의 각도를 구하시오.

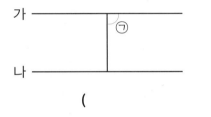

(   )

06 직사각형 ㄱㄴㄷㄹ에서 서로 평행한 변은 모두 몇 쌍인지 구하시오.

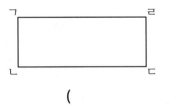

(   )

07 도형에서 찾을 수 있는 평행선은 모두 몇 쌍인지 구하시오.

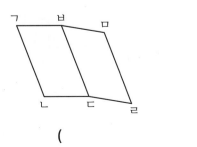

(   )

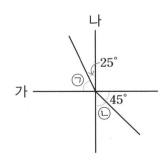

08 세 직선 가, 나, 다는 서로 평행합니다. 직선 가와 직선 다 사이의 거리가 24 cm일 때 직선 나와 직선 다 사이의 거리는 몇 cm인지 구하시오.

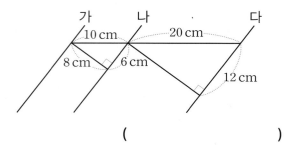

( )

어려워 ♨

09 직선 가와 직선 나는 서로 평행합니다. ㉠의 각도를 구하시오.

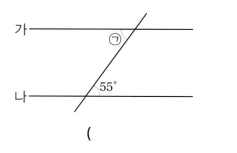

( )

10 주어진 선분을 이용하여 평행사변형을 완성하시오.

11 오른쪽 도형은 마름모입니다. 마름모의 네 변의 길이의 합은 몇 cm입니까?

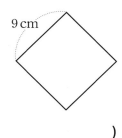

( )

12 성희와 유현이는 사다리꼴 안에 선분을 1개 그어 각각 평행사변형을 만들었습니다. 평행사변형을 바르게 만든 친구의 이름을 쓰시오.

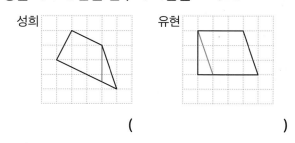

( )

13 마름모 ㄱㄴㄷㄹ에서 선분 ㄱㄷ의 길이와 선분 ㄴㄹ의 길이는 각각 몇 cm인지 구하시오.

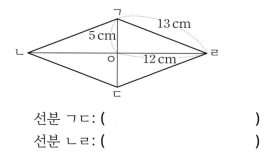

선분 ㄱㄷ: ( )
선분 ㄴㄹ: ( )

서술형 ♨

14 사각형 ㄱㄴㄷㄹ은 평행사변형입니다. 네 변의 길이의 합이 36 cm일 때 변 ㄱㄴ의 길이는 몇 cm인지 풀이 과정을 쓰고, 답을 구하시오.

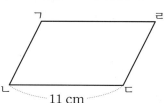

풀이

답

→ 바른답·알찬풀이 31쪽

15 두 평행사변형을 보고 ㉠과 ㉡의 각도의 합을 구하시오.

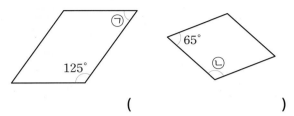

( )

16 이등변삼각형과 마름모를 겹치지 않게 이어 붙여서 만든 사각형입니다. 사각형 ㄱㄴㄹㅁ의 네 변의 길이의 합은 몇 cm인지 풀이 과정을 쓰고, 답을 구하시오.

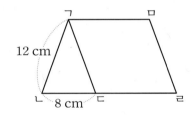

풀이

_____

_____

_____

답

17 평행사변형 ㄱㄴㄷㄹ에서 각 ㄱㄴㄷ의 크기는 각 ㄴㄷㄹ의 크기의 2배입니다. 각 ㄴㄷㄹ은 몇 도인지 구하시오.

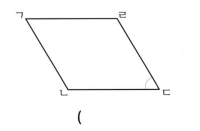

( )

18 주어진 사각형의 이름이 될 수 없는 것을 두 가지 고르시오. (,)

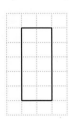

① 사다리꼴   ② 정사각형   ③ 평행사변형
④ 직사각형   ⑤ 마름모

19 직사각형 모양의 종이띠를 선을 따라 잘랐을 때 만들어지는 사각형은 각각 몇 개인지 구하시오.

사다리꼴: ( )
평행사변형: ( )
마름모: ( )

20 주어진 막대로 만들 수 있는 사각형을 모두 찾아 ○표 하시오.

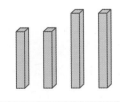

사다리꼴   평행사변형   마름모
직사각형   정사각형

5. 꺾은선그래프

→ 바른답·알찬풀이 33쪽

개념 1 꺾은선그래프

연속적으로 변화하는 양을 점으로 표시하고, 그 점들을 선분으로 이어 그린 그래프를 꺾은선그래프라고 합니다.

고양이의 무게

① 꺾은선이 나타내는 것: 고양이의 무게 변화
② 가로: 월, 세로: 무게
③ (세로 눈금 한 칸의 크기) $=5 \div 5 = 1 \, (kg)$

개념 2 꺾은선그래프의 내용 알기

(가) 윤아의 체온

(나) 윤아의 체온

물결선

① 체온의 변화가 더 잘 보이는 그래프는 (나) 그래프입니다. →물결선을 사용하면 자료의 변화를 더 뚜렷하게 알 수 있어요.
② 체온이 가장 낮은 때는 오후 6시입니다.
③ 체온이 가장 많이 변한 때는 오후 7시와 오후 8시 사이입니다.

개념 3 꺾은선그래프로 나타내기

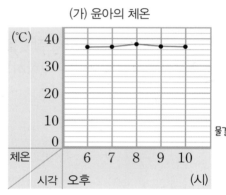

윗몸 일으키기 횟수

날짜(일)	1	2	3
횟수(회)	36	41	40

[자료를 꺾은선그래프로 나타내기]
① 가로, 세로에 나타낼 것을 정합니다.
② 물결선으로 나타낼 부분을 정합니다.
③ 세로 눈금 한 칸의 크기, 눈금의 수를 정합니다.
④ 꺾은선을 그립니다.
⑤ 알맞은 제목을 씁니다.

[1~4] 하루 중 최고 기온을 조사하여 나타낸 그래프입니다. ☐ 안에 알맞은 말이나 수를 써넣으시오.

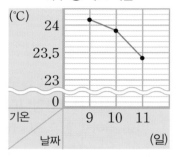

하루 중 최고 기온

1 위와 같은 그래프를 ☐라고 합니다.

2 가로는 날짜, 세로는 ☐을/를 나타냅니다.

3 0 ℃와 ☐ ℃ 사이를 물결선으로 나타냈습니다.

4 하루 중 최고 기온이 가장 낮은 날은 ☐일입니다.

[01~04] 어느 학교 운동장의 온도를 1시간마다 조사하여 나타낸 꺾은선그래프입니다. 물음에 답하시오.

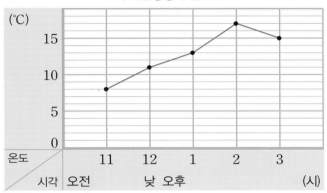

01 가로와 세로는 각각 무엇을 나타냅니까?

가로: (   )

세로: (   )

02 꺾은선은 무엇을 나타냅니까?

(   )

꼭나와 ⓤ

03 세로 눈금 한 칸은 몇 ℃를 나타냅니까?

(   )

04 오후 1시에 학교 운동장의 온도는 몇 ℃인지 구하시오.

(   )

[05~07] 진아가 식물을 키우면서 7일 간격으로 오전 10시에 식물의 키를 조사하여 나타낸 꺾은선그래프입니다. 물음에 답하시오.

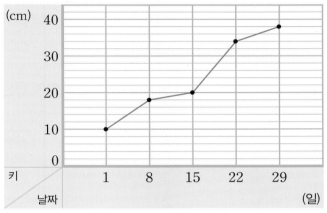

05 식물의 키가 가장 적게 자랄 때는 며칠과 며칠 사이인지 쓰시오.

(   )

06 식물의 키가 18 cm인 날은 며칠입니까?

(   )

서술형 ⓝ

07 22일에 비해 29일에는 식물의 키가 몇 cm 더 자랐는지 풀이 과정을 쓰고, 답을 구하시오.

풀이

❶ 22일과 29일에 식물의 키가 각각 몇 cm인지 구하기

_____

_____

❷ 22일에 비해 29일에는 식물의 키가 몇 cm 더 자랐는지 구하기

_____

답 _____

[08~11] 어느 병원의 월별 출생아 수를 조사하여 나타낸 표를 보고 꺾은선그래프로 나타내려고 합니다. 물음에 답하시오.

출생아 수

월(월)	4	5	6	7	8
출생아 수(명)	78	79	80	77	70

08 물결선을 넣는다면 몇 명부터 몇 명 사이에 넣는 것이 좋습니까?

( )부터 ( ) 사이

꼭나와 ♡

09 물결선을 넣는다면 세로 눈금 한 칸은 몇 명으로 정하는 것이 좋습니까?

( )

10 꺾은선그래프를 완성하시오.

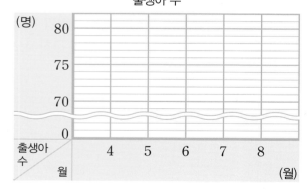

11 출생아 수가 가장 많이 변한 때는 몇 월과 몇 월 사이인지 쓰시오.

( )

[12~14] 어느 지역의 월별 강수량을 조사하여 나타낸 꺾은선그래프입니다. 물음에 답하시오.

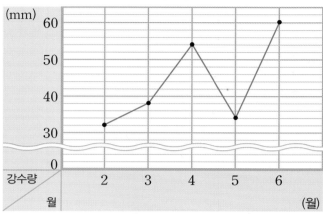

12 꺾은선그래프를 보고 바르게 설명한 친구의 이름을 쓰시오.

- 아라: 강수량은 4월까지 늘어났다가 계속 줄어들고 있어.
- 시환: 강수량은 4월까지 늘어났다가 줄었다가 다시 늘어나고 있어.

( )

13 이 지역의 3월 강수량은 몇 mm입니까?

( )

14 강수량이 가장 많은 달과 가장 적은 달의 강수량의 차는 몇 mm인 구하시오.

( )

→ 바른답·알찬풀이 33쪽

[15~16] 어느 회사의 가습기 생산량을 조사하여 나타낸 꺾은선그래프입니다. 물음에 답하시오.

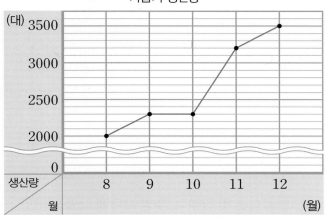

가습기 생산량

15 가습기 생산량의 변화가 없는 때는 몇 월과 몇 월 사이인지 쓰시오.

( )

16 가습기 생산량이 가장 많은 달과 가장 적은 달의 생산량의 합은 몇 대인지 구하시오.

( )

꼭나와 ㆍ

17 1인당 쌀 소비량을 조사하여 나타낸 꺾은선그래프입니다. 2024년의 쌀 소비량이 어떻게 될 것이라고 예상할 수 있는지 쓰시오.

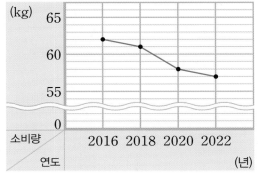

연도별 1인당 쌀 소비량

( )

[18~20] 성호가 살고 있는 지역에서 비가 온 날수를 조사하여 나타낸 꺾은선그래프입니다. 물음에 답하시오.

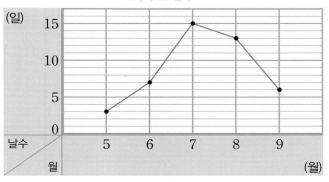

비가 온 날수

18 전달에 비해 비가 온 날수가 가장 많이 변한 달은 몇 월입니까?

( )

19 6월과 9월에 비가 온 날은 모두 며칠입니까?

( )

서술형 ㆍ

20 8월에 비가 오지 <u>않은</u> 날은 며칠인지 풀이 과정을 쓰고, 답을 구하시오.

> 풀이
>
> ❶ 8월에 비가 온 날은 며칠인지 구하기
>
> _____
>
> _____
>
> ❷ 8월에 비가 오지 않은 날은 며칠인지 구하기
>
> _____
>
> _____
>
> 답 _____

수학

[01~04] 어느 매장의 냉장고 판매량을 매달 1일에 조사하여 나타낸 꺾은선그래프입니다. 물음에 답하시오.

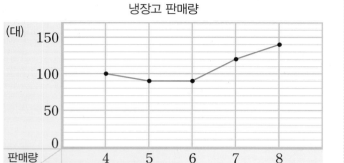

01 세로 눈금 한 칸은 몇 대를 나타냅니까?

( )

02 5월의 냉장고 판매량은 몇 대입니까?

( )

03 냉장고 판매량이 가장 많은 달은 몇 월입니까?

( )

꼭나와 ♥

04 전달에 비해 냉장고 판매량이 가장 많이 변한 달은 몇 월입니까?

( )

[05~07] 어느 마을의 초등학생 수를 조사하여 두 꺾은선그래프로 나타냈습니다. 물음에 답하시오.

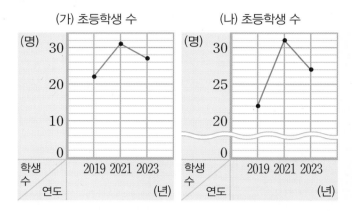

05 물결선을 몇 명부터 몇 명 사이에 그렸습니까?

( )부터 ( ) 사이

06 (가)와 (나) 그래프 중에서 초등학생 수의 변화를 뚜렷하게 알 수 있는 그래프는 어느 그래프인지 쓰시오.

( )

서술형 ♥

07 2021년은 2019년보다 초등학생 수가 몇 명 더 늘었는지 풀이 과정을 쓰고, 답을 구하시오.

풀이
❶ 2021년과 2019년의 초등학생 수는 각각 몇 명인지 구하기

_____

❷ 2021년은 2019년보다 초등학생 수가 몇 명 더 늘었는지 구하기

_____

_____

답 _____

[08~10] 장훈이네 농장의 감자 생산량을 조사하여 나타낸 꺾은선그래프입니다. 물음에 답하시오.

감자 생산량

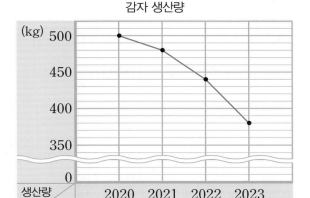

08 2022년은 2020년보다 감자 생산량이 몇 kg 줄어들었습니까?

(   )

09 2021년과 2023년의 감자 생산량은 모두 몇 kg 입니까?

(   )

서술형 ♥
10 꺾은선그래프를 보고 알 수 있는 내용을 두 가지 쓰시오.

① _____

_____

② _____

_____

[11~13] 어느 지역의 지진 발생 횟수를 조사하여 나타낸 표입니다. 물음에 답하시오.

지진 발생 횟수

연도(년)	2019	2020	2021	2022	2023
횟수(회)	53	50	52	58	57

11 표를 보고 꺾은선그래프로 나타내시오.

지진 발생 횟수

12 지진 발생 횟수가 가장 많은 해의 지진 발생 횟수는 몇 회입니까?

(   )

13 전년에 비해 지진 발생 횟수가 가장 적게 변한 해의 지진 발생 횟수는 몇 회입니까?

(   )

꼭나와
14 꺾은선그래프로 나타내기에 알맞은 것을 모두 찾아 기호를 쓰시오.

> ㉠ 하영이네 모둠 학생들의 키
> ㉡ 연도별 마을의 인구
> ㉢ 월별 세탁기 판매량
> ㉣ 지역별 병원 수

(   )

[15~17] 어느 학교의 교실과 복도의 온도를 1시간마다 조사하여 나타낸 꺾은선그래프입니다. 물음에 답하시오.

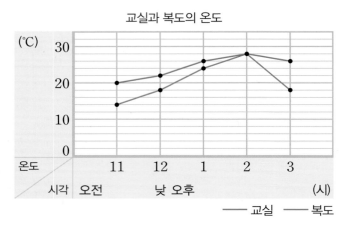

교실과 복도의 온도

—— 교실 —— 복도

15 교실과 복도의 온도가 같은 때는 몇 시입니까?

( )

16 교실과 복도의 온도 차가 가장 큰 때는 몇 시입니까?

( )

17 오전 11시 30분에 교실과 복도의 온도는 각각 몇 ℃였을지 구하시오.

교실: ( )

복도: ( )

[18~20] 어느 마트의 과자 판매량을 조사하여 나타낸 꺾은선그래프입니다. 물음에 답하시오.

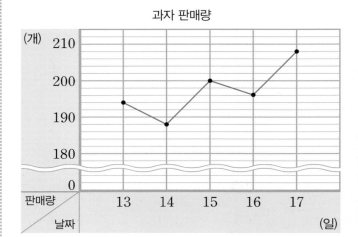

과자 판매량

18 전날에 비해 과자 판매량이 줄어든 날을 모두 쓰시오.

( )

서술형

19 5일 동안의 과자 판매량은 모두 몇 개인지 풀이 과정을 쓰고, 답을 구하시오.

풀이

❶ 세로 눈금 한 칸은 몇 개를 나타내는지 구하기

_____

❷ 5일 동안의 과자 판매량은 모두 몇 개인지 구하기

_____

_____

답 _____

20 꺾은선그래프를 세로 눈금 한 칸이 4개를 나타내도록 바꾼다면 14일과 15일의 세로 눈금은 몇 칸 차이가 나는지 구하시오.

( )

[01~04] 어느 지역의 적설량을 매년 1월에 조사하여 나타낸 꺾은선그래프입니다. 물음에 답하시오.

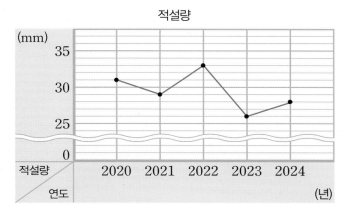

01 2021년의 적설량은 몇 mm인지 구하시오.

( )

02 전년에 비해 적설량이 늘어난 해를 모두 쓰시오.

( )

03 적설량이 가장 많은 해는 가장 적은 해보다 적설량이 몇 mm 더 많은지 구하시오.

( )

서술형

04 물결선을 사용하여 나타내면 좋은 점을 설명하시오.

설명

_____

_____

_____

[05~07] 성준이와 현지의 키를 매월 말일에 조사하여 나타낸 꺾은선그래프입니다. 물음에 답하시오.

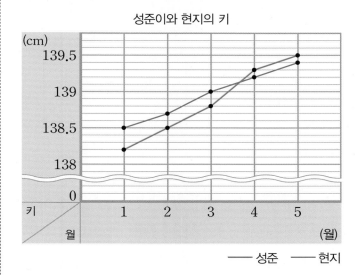

── 성준 ── 현지

05 성준이가 현지보다 키가 더 큰 달을 모두 쓰시오.

( )

06 3월에 성준이와 현지의 키는 각각 몇 cm인지 구하시오.

성준: ( )

현지: ( )

어려워

07 성준이와 현지의 키의 차가 가장 큰 달의 키의 차는 몇 cm입니까?

( )

[08~11] 어느 아파트 단지에서 배출한 일반 쓰레기와 음식물 쓰레기의 양을 월별로 조사하여 나타낸 꺾은선그래프입니다. 물음에 답하시오.

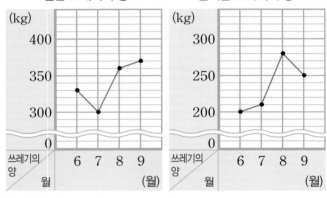

08 6월에 배출한 일반 쓰레기의 양은 몇 kg인지 구하시오.

( )

09 꺾은선그래프를 보고 바르게 설명한 친구의 이름을 쓰시오.

> • 은경: 일반 쓰레기의 양은 점점 많아지고 있어.
> • 기영: 음식물 쓰레기의 양은 많아지다가 적어졌어.

( )

10 음식물 쓰레기의 양이 가장 적은 달의 음식물 쓰레기의 양은 몇 kg입니까?

( )

11 일반 쓰레기와 음식물 쓰레기의 양의 합이 가장 많은 달은 몇 월입니까?

( )

[12~13] 어느 매장의 휴대폰 판매량을 조사하여 나타낸 꺾은선그래프입니다. 매년 일정하게 휴대폰 판매량이 늘어났다고 할 때 물음에 답하시오.

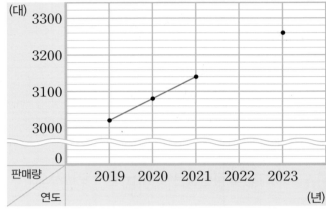

12 꺾은선그래프를 완성하시오.

13 이 매장의 5년 동안 휴대폰 판매량의 합은 모두 몇 대인지 구하시오.

( )

어려워

14 어느 분식점의 튀김 판매량을 조사하여 나타낸 꺾은선그래프입니다. 튀김 한 개가 800원일 때 5일 동안 튀김을 판 금액은 모두 얼마인지 구하시오.

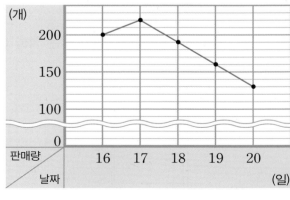

( )

➜ 바른답·알찬풀이 34쪽

[15~17] 어느 가게의 2단 우산과 장우산의 판매량을 조사하여 나타낸 꺾은선그래프입니다. 물음에 답하시오.

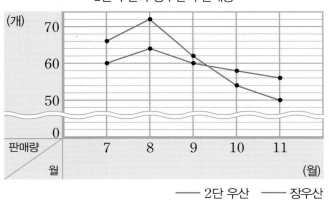

2단 우산과 장우산의 판매량

—— 2단 우산   —— 장우산

15 8월에 더 많이 팔린 우산은 무엇이고, 몇 개 더 많이 팔렸는지 구하시오.

(   ), (   )

16 꺾은선그래프를 세로 눈금 한 칸이 1개를 나타내도록 바꾼다면 11월에 2단 우산과 장우산의 세로 눈금은 몇 칸 차이가 나는지 구하시오.

(   )

서술형

17 장우산의 판매량이 2단 우산의 판매량보다 4개 더 많은 달의 판매량의 합은 몇 개인지 풀이 과정을 쓰고, 답을 구하시오.

풀이

_____

_____

_____

답 _____

[18~19] 어느 목장의 우유 생산량을 조사하여 나타낸 꺾은선그래프입니다. 물음에 답하시오.

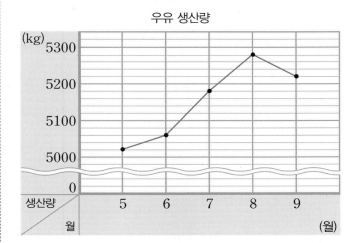

우유 생산량

18 6월과 9월의 우유 생산량은 모두 몇 kg인지 구하시오.

(   )

19 생산한 우유를 1 kg당 4000원에 모두 팔았습니다. 전달에 비해 생산량이 가장 많이 늘어난 달의 우유를 판 금액은 얼마인지 구하시오.

(   )

어려워

20 어느 문구점의 연필 판매량을 조사하여 나타낸 꺾은선그래프입니다. 연필 한 자루는 500원이고, 5일 동안 연필을 판 금액은 135000원이라고 합니다. 7일에 판 연필은 몇 자루입니까?

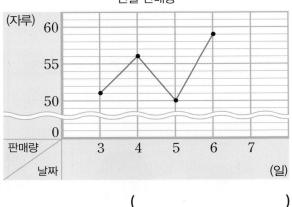

연필 판매량

(   )

개념 ① 다각형

• 다각형: 선분으로 둘러싸인 도형

다각형			
변의 수(개)	6	7	8
다각형의 이름	육각형	칠각형	팔각형

1 다각형에 ○표 하시오.

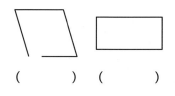

(   ) (   )

개념 ② 정다각형

• 정다각형: 변의 길이가 모두 같고, 각의 크기가 모두 같은 다각형

정다각형	┌ 변의 수가 가장 적은 정다각형		
변의 수(개)	3	4	5
정다각형의 이름	정삼각형	정사각형	정오각형

2 정다각형의 이름에 ○표 하시오.

(정오각형 , 정육각형)

개념 ③ 대각선

• 대각선: 다각형에서 서로 이웃하지 않는 두 꼭짓점을 이은 선분

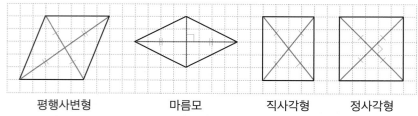

평행사변형   마름모   직사각형   정사각형

① 두 대각선의 길이가 같은 사각형은 직사각형, 정사각형입니다.
② 두 대각선이 서로 수직으로 만나는 사각형은 마름모, 정사각형입니다.

3 다각형에 대각선을 잘못 나타낸 것에 ✕표 하시오.

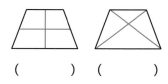

(   ) (   )

개념 ④ 여러 가지 모양 만들기 / 여러 가지 모양 채우기

모양 조각을 이용하여 여러 가지 모양을 만들거나 채울 수 있습니다.

오각형 만들기	육각형 채우기

4 모양을 만드는 데 이용한 다각형을 모두 찾아 ○표 하시오.

(삼각형 , 사각형 , 육각형)

01 다각형을 모두 찾아 기호를 쓰시오.

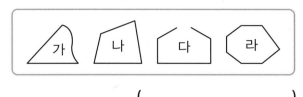

(　　　　　　　　)

02 도형 판에 어떤 다각형을 만들었는지 쓰시오.

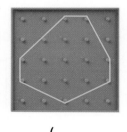

(　　　　　　　　)

03 관계있는 것끼리 선으로 알맞게 이으시오.

　·

　·

　·

·　삼각형

·　오각형

·　팔각형

04 설명하는 도형의 이름을 쓰시오.

• 선분으로 둘러싸인 도형입니다.
• 꼭짓점이 10개입니다.

(　　　　　　　　)

서술형

05 ㉠과 ㉡에 알맞은 수의 합을 구하려고 합니다. 풀이 과정을 쓰고, 답을 구하시오.

• 팔각형은 변이 ㉠개입니다.
• 오각형은 꼭짓점이 ㉡개입니다.

풀이

❶ ㉠과 ㉡에 알맞은 수를 각각 구하기

_____

_____

❷ ㉠과 ㉡에 알맞은 수의 합을 구하기

_____

_____

답 _____

06 정팔각형을 찾아 ○표 하시오.

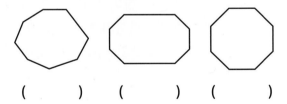

(　　　)　(　　　)　(　　　)

07 정오각형을 보고 ☐ 안에 알맞은 수를 써넣으시오.

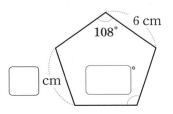

08 도형 판에 정육각형을 그려 보시오.

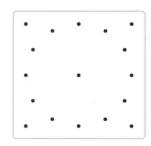

09 정팔각형의 한 각의 크기는 135°입니다. 정팔각형의 모든 각의 크기의 합은 몇 도인지 구하시오.

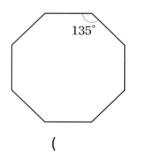

(   )

서술형 낭

10 모든 변의 길이의 합이 120 cm인 정육각형이 있습니다. 이 정육각형의 한 변의 길이는 몇 cm 인지 풀이 과정을 쓰고, 답을 구하시오.

풀이

❶ 정육각형에서 길이가 같은 변의 수를 구하기

_____

_____

❷ 정육각형의 한 변의 길이는 몇 cm인지 구하기

_____

_____

답 _____

11 대각선이 <u>아닌</u> 것을 찾아 기호를 쓰시오.

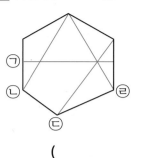

(   )

꼭나와 ㅂ

12 다각형에 대각선을 모두 그어 보시오.

(1)   (2)

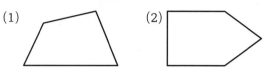

13 마름모 모양의 종이를 다음과 같이 대각선을 따라 2번 접은 후 펼쳤습니다. 두 대각선이 만나서 이루는 각의 크기를 구하시오.

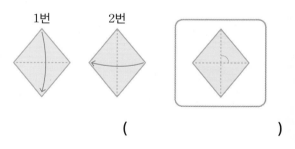

1번   2번

(   )

14 대각선의 수가 가장 적은 다각형을 찾아 기호를 쓰시오.

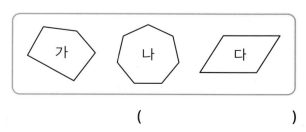

가   나   다

(   )

➔ 바른답·알찬풀이 35쪽

서술형 상

15 사각형 ㄱㄴㄷㄹ은 직사각형입니다. 선분 ㅇㄷ의 길이는 몇 cm인지 풀이 과정을 쓰고, 답을 구하시오.

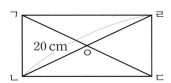

풀이

❶ 선분 ㄱㄷ의 길이는 몇 cm인지 구하기

_____

_____

❷ 선분 ㅇㄷ의 길이는 몇 cm인지 구하기

_____

_____

답 _____

16 두 다각형에 그을 수 있는 대각선 수의 합은 몇 개인지 구하시오.

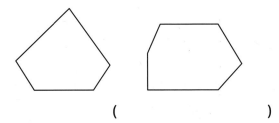

(   )

17 모양을 만드는 데 이용한 ◢ 모양 조각은 몇 개인지 구하시오.

(   )

꼭나와 ㅂ

18 두 가지 모양 조각을 이용하여 사다리꼴을 채워 보시오. (단, 같은 모양 조각을 여러 개 이용할 수 있습니다.)

19 ◢ 모양 조각을 여러 개 이용하여 만들 수 <u>없는</u> 것을 모두 찾아 기호를 쓰시오.

㉠ 정사각형	㉡ 평행사변형
㉢ 직사각형	㉣ 정육각형

(   )

20 가와 나 모양 조각을 가장 적게 이용하여 오른쪽 모양을 채우려고 합니다. 필요한 모양 조각 수를 각각 구하시오. (단, 같은 모양 조각을 여러 개 이용할 수 있습니다.)

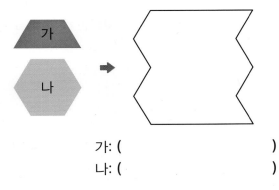

가: (   )

나: (   )

01 다각형이 <u>아닌</u> 것은 어느 것입니까? (   )

①   ②   ③

④   ⑤

02 다각형을 보고 표를 완성하시오.

다각형		
변의 수(개)		
꼭짓점의 수(개)		
다각형의 이름		

꼭나와

03 육각형을 완성하시오.

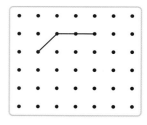

04 다각형에 대해 <u>잘못</u> 설명한 것을 찾아 기호를 쓰시오.

㉠ 꼭짓점이 9개인 다각형은 구각형입니다.
㉡ 다각형은 선분으로만 둘러싸여 있습니다.
㉢ 변이 2개인 다각형도 있습니다.

(   )

서술형 상

05 칠각형과 십일각형의 꼭짓점의 수의 차는 몇 개인지 풀이 과정을 쓰고, 답을 구하시오.

풀이

❶ 칠각형과 십일각형의 꼭짓점의 수를 각각 구하기
_____

_____

❷ 칠각형과 십일각형의 꼭짓점의 수의 차는 몇 개인지 구하기
_____

_____

답 _____

06 정다각형을 모두 찾아 기호를 쓰시오.

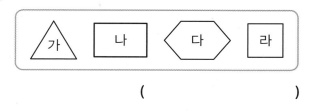

(   )

07 오른쪽 다각형에 대해 바르게 설명한 친구의 이름을 쓰시오.

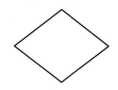

변의 길이가 모두 같으니까 정다각형이야.
수아

변의 길이가 모두 같지만 각의 크기가 모두 같지는 않으니까 정다각형이 아니야.
태민

(   )

08 설명하는 도형의 이름을 쓰시오.

> • 6개의 선분으로만 둘러싸인 도형입니다.
> • 변의 길이가 모두 같습니다.
> • 각의 크기가 모두 같습니다.

( )

09 정육각형과 정십각형의 변의 수의 합은 몇 개인지 구하시오.

( )

10 왼쪽 정팔각형과 오른쪽 정사각형은 모든 변의 길이의 합이 같습니다. 정사각형의 한 변의 길이는 몇 cm인지 풀이 과정을 쓰고, 답을 구하시오.

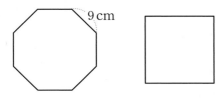

풀이

❶ 정팔각형의 모든 변의 길이의 합은 몇 cm인지 구하기

_____

_____

❷ 정사각형의 한 변의 길이는 몇 cm인지 구하기

_____

_____

답 _____

11 대각선을 그을 수 <u>없는</u> 도형을 찾아 기호를 쓰시오.

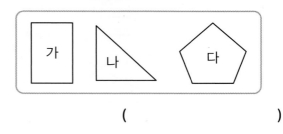

( )

12 다각형에 그을 수 있는 대각선은 모두 몇 개인지 구하시오.

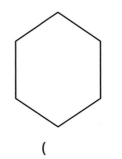

( )

13 정사각형을 보고 ☐ 안에 알맞은 수를 써넣으시오.

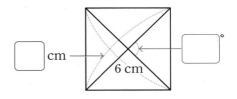

14 대각선의 수가 많은 순서대로 ( ) 안에 1, 2, 3을 쓰시오.

( ) ( ) ( )

서술형 상

15 평행사변형의 두 대각선의 길이의 합은 몇 cm인지 풀이 과정을 쓰고, 답을 구하시오.

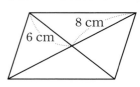

풀이

❶ 두 대각선의 길이는 각각 몇 cm인지 구하기

_____

_____

❷ 두 대각선의 길이의 합은 몇 cm인지 구하기

_____

답 _____

16 길이가 20 cm인 끈을 겹치지 않게 모두 사용하여 마름모 ㄱㄴㄷㄹ을 만들었습니다. 삼각형 ㄱㄴㅇ의 세 변의 길이의 합은 몇 cm인지 구하시오.

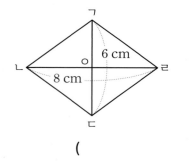

( )

17 모양을 채우고 있는 다각형의 이름을 각각 쓰시오.

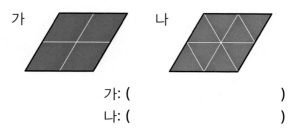

가: ( )

나: ( )

18 주어진 모양 조각을 모두 이용하여 마름모를 만들 수 <u>없는</u> 것의 기호를 쓰시오.

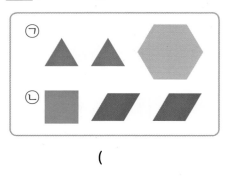

( )

꼭나와 ㅂ

19 , , 모양 조각 중 2가지를 골라 정육각형을 만들려고 합니다. 서로 다른 방법으로 정육각형을 만들어 보시오. (단, 같은 모양 조각을 여러 개 이용할 수 있습니다.)

방법 1	방법 2

20 다음 모양을 한 가지 모양 조각으로만 채우려고 합니다.  모양 조각으로 채울 때 필요한 모양 조각 수와 모양 조각으로 채울 때 필요한 모양 조각 수의 합은 몇 개인지 구하시오.

( )

01 그려진 선분을 이용하여 육각형을 완성하려고 합니다. 남은 한 꼭짓점으로 알맞지 <u>않은</u> 것은 어느 것입니까? (   )

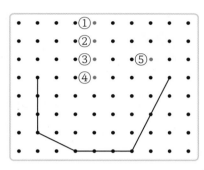

02 변의 수가 가장 많은 것을 찾아 기호를 쓰고, 그 다각형의 이름을 쓰시오.

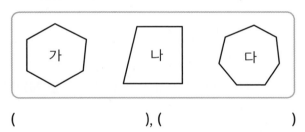

(   ), (   )

서술형
03 다음 도형이 다각형이 <u>아닌</u> 이유를 쓰시오.

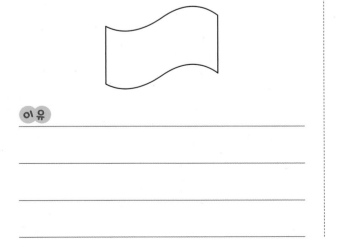

이유 _____

_____

_____

어려워
04 다각형에 대해 잘못 설명한 친구를 찾아 이름을 쓰시오.

> • 성훈: 변의 수와 꼭짓점의 수의 합이 24개인 도형은 십이각형이야.
> • 민지: 변의 수를 알면 다각형의 이름을 알 수 있어.
> • 재범: 다각형의 변의 수가 늘어날수록 모양은 정사각형에 가까워져.

(   )

05 빈칸에 주어진 정다각형의 이름과 모든 변의 길이의 합은 몇 cm인지 써넣으시오.

정다각형	정다각형의 이름	모든 변의 길이의 합
7 cm		
5 cm		

06 한 변이 8 cm인 정오각형의 모든 변의 길이의 합은 몇 cm입니까?

(   )

07 한 각의 크기가 120°이고, 모든 각의 크기의 합이 720°인 정다각형이 있습니다. 이 정다각형의 이름을 쓰시오.

(   )

08 색 테이프를 겹치지 않게 모두 사용하여 한 변이 6 cm인 정팔각형을 1개 만들었습니다. 같은 길이의 색 테이프를 겹치지 않게 모두 사용하여 만든 정육각형의 한 변의 길이는 몇 cm입니까?

( )

어려워 ↗

09 정팔각형과 직선이 만나서 이루는 ㉠의 각도를 구하시오.

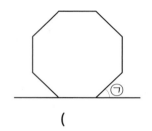

( )

[10~11] 도형을 보고 물음에 답하시오.

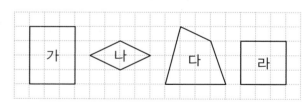

10 두 대각선의 길이가 같은 사각형을 모두 찾아 기호를 쓰시오.

( )

11 두 대각선이 서로 수직으로 만나는 사각형을 모두 찾아 기호를 쓰시오.

( )

서술형 낭

12 수연이가 주어진 도형을 보고 말한 것이 잘못된 이유를 쓰시오.

선분 ㄱㄴ은 대각선이야.

수연

이유

_____

_____

_____

_____

13 다음 세 도형의 대각선 수의 합은 몇 개인지 구하시오.

| 정삼각형 | 직사각형 | 오각형 |

( )

14 ㉠과 ㉡에 알맞은 수의 차를 구하시오.

- 한 대각선이 9 cm인 정사각형의 다른 대각선은 ㉠ cm입니다.
- 길이가 96 cm인 실을 남김없이 겹치지 않게 사용하여 정팔각형을 만들면 정팔각형의 한 변은 ㉡ cm입니다.

( )

15 사각형 ㄱㄴㄷㄹ은 직사각형입니다. 삼각형 ㄹㅇㄷ의 세 변의 길이의 합은 몇 cm인지 풀이 과정을 쓰고, 답을 구하시오.

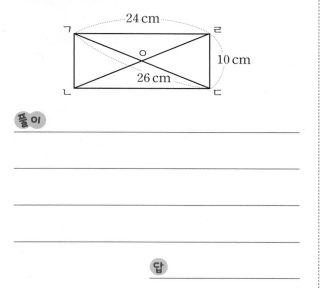

풀이 _____

_____

_____

_____

답 _____

16 사각형 ㄱㄴㄷㄹ은 정사각형입니다. 각 ㅇㄷㄴ은 몇 도인지 구하시오.

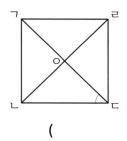

( )

17 모양 조각으로 다음 모양을 채우려면 모양 조각은 몇 개 필요한지 구하시오.

( )

18 주어진 모양 조각을 가장 적게 이용하여 오른쪽 모양을 채워 보시오. (단, 같은 모양 조각을 여러 개 이용할 수 있습니다.)

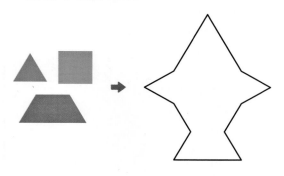

19 왼쪽 삼각형으로 오른쪽 직사각형을 채우려고 합니다. 오른쪽 직사각형을 채우는 데 필요한 왼쪽 삼각형은 몇 개인지 구하시오.

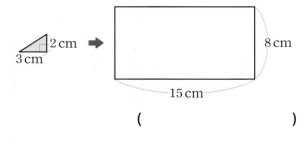

( )

20 평면을 빈틈없이 채울 수 없는 정다각형을 찾아 기호를 쓰시오.

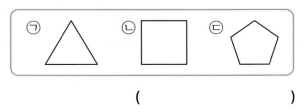

( )

숨은사회찾기

학습을 시작하기 전에 숨은 그림을 찾아보세요.

바다 생선 · 신선 과일 · 멋쟁이 옷장 · 씽씽 자전거

신나는 신발 · 맛있는 빵집 · 반찬천국

전통 떡 · 쉼, 찻집 · 맛나 분식

문구 완구

숨은그림

| 돈 | 스마트 기기 | 비닐하우스 | 한복 | 기차 | 등대 | 도시락 | 휠체어 |

사회

개념 ① 촌락의 종류와 특징

① **ㅊㄹ** : 사람들이 자연환경을 주로 이용해 살아가는 곳입니다.

② 촌락의 종류 →지역의 자연환경과 사람들이 주로 하는 일에 따라 나뉘어요.

농촌	들이나 하천 주변의 평평한 곳에 발달하며, 사람들이 농업을 주로 함.
어촌	바닷가 주변에 발달하며, 사람들이 어업을 주로 함.
②ㅅㅈㅊ	산속이나 울창한 숲 주변에 발달하며, 사람들이 임업을 주로 함.

③ 촌락의 특징
• 자연환경을 이용하기 편리한 곳에 발달합니다.
• 주로 음식이나 물건을 만드는 데 필요한 다양한 재료를 생산합니다.
• 자연환경의 영향을 많이 받아 계절이나 **③ㄴㅆ** 에 따라 생활 모습이 달라집니다.

개념 ② 도시의 뜻과 특징

① 도시: 많은 사람이 모여 살고, 사회·정치·경제활동의 **④ㅈㅅ** 이 되는 곳입니다.

② 도시의 특징
• 인구가 밀집해 있고, 높은 건물들과 다양한 교통수단을 볼 수 있습니다.
• 공장에서 여러 가지 물건을 생산하고, 공공 기관 등의 편의 시설에서 사람들이 편리하게 생활할 수 있도록 **⑤ㅅㅂㅅ** 를 제공합니다.
• 시장, 백화점, 대형 할인점 등에서 물건을 쉽게 사고팔고, 문화 시설을 이용하여 여가 생활을 즐길 수 있습니다.

③ 도시가 발달한 곳

교통이 발달한 곳	교통이 발달하여 사람과 물건의 이동이 편리함. ㉮ 서울특별시, 부산광역시
산업이 발달한 곳	회사나 공장이 있어 일자리가 많음. ㉮ 경기도 안산시, 전라남도 여수시
새롭게 계획한 곳	필요한 곳에 도시를 계획하여 만듦. ㉮ 세종특별자치시

개념 ③ 촌락과 도시의 공통점과 차이점

① 공통점
• 사람들이 모여 사는 곳입니다.
• 사람들이 주변 환경을 알맞게 이용하며 다양한 모습으로 살아갑니다.

② 차이점

구분	촌락	도시
인구	비교적 적은 사람들이 삶.	많은 사람들이 밀집하여 삶.
건물이나 시설물의 모습	건물이나 시설물이 드문드문 있음.	건물이나 시설물이 많음.
사람들이 하는 일	**⑥ㄴㅇ**·어업·임업을 주로 함.	주로 회사, 공장, 공공 기관 등에서 일을 함.

개념 ④ 촌락 문제와 해결하려는 노력

→촌락에서는 젊은 사람들이 일자리를 찾아 도시로 떠나면서 고령화 현상과 일손 부족 문제가 나타나고 있어요.

문제	해결 노력
⑦ㅇㅅ 부족	다양한 기계를 이용하고, 귀촌을 지원함.
시설 부족	마을 회관이나 폐교 등을 고쳐 문화 시설과 편의 시설로 이용함.
소득 감소	더 좋은 품질의 농수산물을 생산하거나, 지역 축제를 활용해 소득을 높이려고 노력함.

→값싼 외국산 농수산물의 수입으로 소득이 감소했어요.

개념 ⑤ 도시 문제와 해결하려는 노력

문제	해결 노력
주택 문제	주택을 새로 짓거나, 낡은 주택을 고쳐서 사용함.
교통 문제	대중교통을 이용하거나, 승용차 요일제에 참여함.
⑧ㅎㄱ 문제	• 쓰레기 분리배출을 실천함. • 친환경 에너지 사용을 늘리거나, 친환경 자동차를 이용함.

정답 ❶ 촌락 ❷ 산지촌 ❸ 날씨 ❹ 중심 ❺ 서비스 ❻ 농업 ❼ 일손 ❽ 환경

자료 ① 촌락의 종류

↑ 농촌

↑ 어촌

↑ 산지촌

POINT
촌락은 지역의 자연환경과 사람들이 주로 하는 일에 따라 농촌과 어촌, 산지촌으로 나눌 수 있습니다.

1-1 사람들이 자연환경을 주로 이용해 살아가는 곳을 무엇이라고 하는지 쓰시오.
(   )

1-2 (농촌 , 어촌)은 들이나 하천 주변의 평평한 곳에 발달합니다.

1-3 (   )에 사는 사람들은 주로 임업을 합니다.

사회

자료 ② 도시가 발달한 곳

↑ 교통이 발달한 곳: 부산광역시

↑ 산업이 발달한 곳:
전라남도 여수시

↑ 새롭게 계획한 곳:
세종특별자치시

POINT
도시가 발달한 곳은 교통, 산업 등 인문환경이 잘 갖추어져 있습니다.

2-1 많은 사람이 모여 살고, 사회·정치·경제활동의 중심이 되는 곳을 무엇이라고 하는지 쓰시오.
(   )

2-2 도시에서는 문화 시설을 이용하여 여가 생활을 즐기기 어렵습니다.   (○ , ×)

2-3 부산광역시는 (   )이/가 발달하여 사람과 물건의 이동이 편리한 도시입니다.

2-4 세종특별자치시는 필요에 의해 새롭게 계획하여 만든 도시입니다.   (○ , ×)

자료 ③ 촌락의 인구 변화

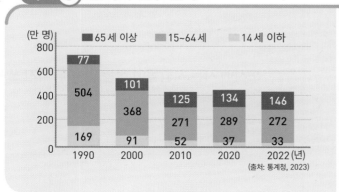

(만 명)

	■65세 이상	■15~64세	■14세 이하
1990	77	504	169
2000	101	368	91
2010	125	271	52
2020	134	289	37
2022(년)	146	272	33

(출처: 통계청, 2023)

POINT
촌락에서는 사람들이 도시로 떠나면서 인구가 줄어들어 다양한 문제가 나타납니다.

3-1 촌락 사람들이 도시로 떠나면서 촌락의 인구는 점점 (줄어들고 , 늘어나고) 있습니다.

3-2 촌락의 노인 인구는 꾸준히 (줄어들고 , 늘어나고), 어린이 인구는 꾸준히 (줄어들고 , 늘어나고) 있습니다.

01 농촌이 주로 발달하는 곳은 어디입니까?

(   )

① 바닷가 주변
② 교통이 발달한 곳
③ 산속이나 울창한 숲 주변
④ 들이나 하천 주변의 평평한 곳
⑤ 회사나 공장이 있어 일자리가 많은 곳

02 어촌에 대한 설명으로 알맞은 것은 어느 것입니까? (   )

① 사람들이 주로 임업을 한다.
② 인문환경의 영향을 많이 받는다.
③ 농사짓기에 도움을 주는 시설들이 많다.
④ 바닷가 주변에 있어 배와 등대 등을 볼 수 있다.
⑤ 백화점이나 대형 할인점에서 물건을 쉽게 살 수 있다.

03 다음 ㉠, ㉡ 중 산지촌의 모습으로 알맞은 것을 골라 ○표 하시오.

    ㉠   ㉡

   (   )   (   )

04 도시의 모습에 대한 설명으로 알맞지 <u>않은</u> 것은 어느 것입니까? (   )

① 높은 건물들을 볼 수 있다.
② 비닐하우스를 많이 볼 수 있다.
③ 이동하는 사람들을 많이 볼 수 있다.
④ 버스나 지하철 등 다양한 교통수단을 볼 수 있다.
⑤ 공공 기관, 회사나 공장, 아파트 등 많은 건물을 볼 수 있다.

05 다음 대화를 읽고, 도시로 여행을 다녀온 친구의 이름을 쓰시오.

> • 시우: 내가 여행을 다녀온 평창의 대관령은 목장에 양들이 참 많았어.
> • 지훈: 내가 여행을 다녀온 인천 송도는 높은 건물이 많고 야경이 아름다웠어.
> • 하나: 내가 여행을 다녀온 김제의 호남평야는 넓은 들판이 끝임없이 펼쳐져 있었어.

(   )

서술형

06 도시에 사는 사람들이 하는 일을 두 가지 쓰시오.

_____

_____

_____

➔ 바른답·알찬풀이 **39쪽**

07 다음 두 지역의 공통점으로 알맞은 것은 어느 것입니까? (　　　)

⬆ 촌락

⬆ 도시

① 높은 건물과 이동하는 사람이 많다.
② 인문환경이 잘 갖추어진 곳에 위치한다.
③ 사람들이 주로 농업과 어업, 임업을 한다.
④ 자연환경을 이용하기 좋은 곳에 위치한다.
⑤ 사람들이 주변 환경을 알맞게 이용하며 살아간다.

08 다음 그래프를 보고 알 수 있는 촌락의 모습으로 알맞은 것을 두 가지 고르시오.
(　　　,　　　)

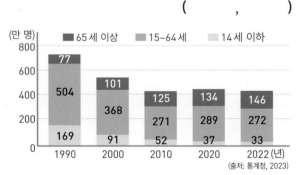

(만 명)
| | 65세 이상 | 15~64세 | 14세 이하 |

800 ─
600 ─ 77
504
400 ─ 101
368 125 134
200 ─ 271 289 146 272
169 52 37 33
91
0 ─
1990 2000 2010 2020 2022 (년)
(출처: 통계청, 2023)
⬆ 촌락의 인구 변화

① 촌락 인구가 늘고 있다.
② 65세 이상인 인구가 늘고 있다.
③ 촌락 사람들의 소득이 줄고 있다.
④ 14세 이하인 인구가 꾸준히 줄고 있다.
⑤ 문화 시설이나 편의 시설이 부족해지고 있다.

09 촌락의 일손 부족 문제를 해결하기 위한 노력으로 알맞은 것을 에서 모두 골라 기호를 쓰시오.

보기
ㄱ 귀촌을 지원한다.
ㄴ 일할 때 다양한 기계를 이용한다.
ㄷ 마을 회관이나 폐교 등을 고쳐 편의 시설로 이용한다.
ㄹ 값싼 외국 농수산물보다 더 낮은 가격으로 농수산물을 판매한다.

(　　　　　　　)

10 다음 그림을 통해 알 수 있는 도시 문제를 두 가지 고르시오. (　　　,　　　)

① 교통 혼잡
② 주택 부족
③ 층간 소음
④ 쓰레기 증가
⑤ 주차 공간 부족

서술형

11 도시에서 나타나는 환경 문제를 해결하기 위한 노력을 한 가지만 쓰시오.

_____

_____

개념 ① 교류의 뜻과 필요성

① **❶ ㄱㄹ** : 사람들이 오고 가거나 물건, 문화, 기술 등을 서로 주고받는 것입니다.

② 촌락과 도시 사람들이 도움을 주고받는 모습

도시 사람들이 촌락에 가는 까닭	• 지역 축제와 체험 마을에 참여하려고 촌락에 감. • 깨끗한 자연환경에서 휴식과 여가를 즐기려고 촌락에 감.
촌락 사람들이 도시에 가는 까닭	• 상업 시설과 의료 시설, 문화 시설 등을 이용하려고 도시에 감. • 시청, 도청, 법원 등 **❷ ㄱㄱ ㄱㄱ** 에서 일을 처리하려고 도시에 감.

③ 촌락과 도시가 교류하는 까닭
• 공부하거나 **❸ ㅇㅈㄹ** 를 찾을 수 있기 때문입니다.
• 지역의 문화가 서로 달라 다른 문화를 경험할 수 있기 때문입니다.
• 지역마다 생산되는 물건이 달라 필요한 물건을 사고팔 수 있기 때문입니다.

개념 ② 촌락과 도시의 다양한 교류

❹ ㅈㅁㄱㅇ	도시의 기업이나 단체가 촌락을 찾아가 일손 돕기, 무료 진료 등의 봉사 활동을 함.
여가 생활	촌락 사람들은 도시에서 공연 및 전시 등을 체험하고, 도시 사람들은 촌락에서 낚시, 등산, 야영 등을 함.
지역 축제	촌락에서 자연환경과 **❺ ㅌㅅㅁ** 을 활용하여 지역 축제를 개최함.
체험 마을	도시 사람들이 촌락의 체험 마을에서 촌락 생활을 체험함.
직거래 장터	촌락 사람들이 재배한 농수산물을 도시 사람들에게 직접 판매함.
편의 시설 이용	촌락 사람들이 도시에서 생활에 도움을 주는 다양한 시설을 이용함.

개념 ③ 촌락과 도시가 교류하면 좋은 점

자매결연	촌락 사람들은 일손 돕기 봉사 활동 등을 통해 도시 사람들의 도움을 받고, 도시 사람들은 봉사를 하면서 **❻ ㅂㄹ** 을 느낌.
여가 생활	촌락 사람들은 도시의 문화 시설을 이용할 수 있고, 도시 사람들은 깨끗한 자연환경을 즐길 수 있음.
지역 축제	• 촌락 사람들은 소득이 늘어나고, 지역의 전통과 문화를 알림. • 도시 사람들은 지역의 특색 있는 **❼ ㅁㅎ** 를 체험함.
체험 마을	촌락 사람들은 도시 사람들의 체험비로 소득을 높이고, 도시 사람들은 촌락 생활을 체험하며 자연을 즐김.
❽ ㅈㄱㄹ 장터	• 촌락 사람들은 중간 상인을 거치지 않아 제값을 받고 농수산물을 판매하여 소득을 높임. • 도시 사람들은 신선한 농수산물을 저렴하게 구매함.
편의 시설 이용	촌락 사람들은 도시의 편의 시설을 이용하며 생활에 도움을 받고, 도시에서는 경제 활동이 더 활발하게 이루어짐.

개념 ④ 촌락과 도시의 관계

① 촌락과 도시의 관계: 촌락과 도시는 다양한 방법으로 서로 교류하며, 부족한 부분을 채워 주고 도움을 주고받습니다.

② 촌락과 도시의 발전: 촌락과 도시는 **❾ ㅅㅎ ㅇㅈ** 관계를 바탕으로 함께 발전합니다.

ⓕ 촌락　　　교류　　　ⓕ 도시

자료 ① 촌락과 도시가 서로에게 제공하는 것

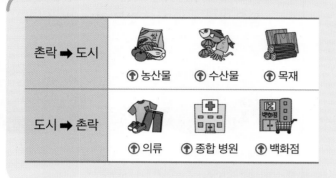

촌락 ➡ 도시		
⬆ 농산물	⬆ 수산물	⬆ 목재

도시 ➡ 촌락		
⬆ 의류	⬆ 종합 병원	⬆ 백화점

POINT
촌락과 도시는 지역마다 생산되는 물건이나 문화 등이 다르기 때문에 교류합니다.

1-1 도시는 촌락 사람들에게 다양한 농수산물을 제공합니다. (○ , ×)

1-2 (촌락 , 도시)에는 백화점, 종합 병원 등 문화 시설과 의료 시설이 많습니다.

자료 ② 촌락과 도시의 교류 모습

⬆ 지역 축제

⬆ 직거래 장터

⬆ 도시 기업의 촌락 일손 돕기

⬆ 도시 병원의 촌락 무료 진료

POINT
촌락과 도시는 교류하며 서로 부족한 부분을 채워 줍니다.

2-1 촌락에서 열리는 ( )에서 도시 사람들은 지역의 특색 있는 문화를 체험할 수 있습니다.

2-2 도시에서는 촌락 사람들이 재배한 농수산물을 직접 판매할 수 있는 ( )을/를 엽니다.

2-3 촌락 사람들은 도시에서 일손 돕기 봉사 활동을 하면서 보람을 느낍니다. (○ , ×)

자료 ③ 함께 살아가는 촌락과 도시

도시 문화 탐방	⬆ 대형 공연장 탐방	⬆ 대형 서점 방문
농촌 유학	⬆ 농촌의 학교 생활	⬆ 자연 속 여가 생활

POINT
촌락과 도시는 교류를 통해 상호 의존할 때 함께 발전할 수 있습니다.

3-1 촌락과 도시는 서로 교류하며 도움을 주고받는 상호 ( ) 관계입니다.

3-2 도시 문화 탐방은 촌락에 사는 아이들이 도시의 다양한 시설을 구경하고, 필요한 물건을 사는 등 도시의 문화를 경험하는 것입니다.
(○ , ×)

3-3 ( )은/는 도시 아이들이 한 학기나 일 년 정도 농촌의 학교에 다니는 것입니다.

01 다음 (   ) 안에 들어갈 알맞은 말을 쓰시오.

> 지난 주말 촌락에 사는 철민이는 게임기를 사기 위해 도시에 있는 백화점에 갔고, 도시에 사는 수현이는 귤을 따러 큰아버지가 계신 촌락의 농장에 갔다. 이처럼 사람들이 오고 가거나 물건, 문화, 기술 등을 서로 주고받는 것을 (   )(이)라고 한다.

(　　　　　)

02 교류의 모습으로 알맞은 것을 보기 에서 모두 골라 기호를 쓰시오.

> **보기**
> ㉠ 일자리를 찾아 도시에 가는 것
> ㉡ 체험 활동을 하러 촌락에 가는 것
> ㉢ 자기 집 텃밭에서 채소를 기르는 것
> ㉣ 전통문화를 체험하려고 촌락에 가는 것

(　　　　　)

서술형
03 촌락과 도시가 교류하는 까닭을 한 가지만 쓰시오.

_____

_____

_____

04 다음 그림의 ㉠, ㉡은 교류를 통해 촌락과 도시가 서로에게 제공하는 것입니다. ㉠, ㉡에 들어갈 내용을 알맞게 짝 지은 것은 어느 것입니까?

(　　　　　)

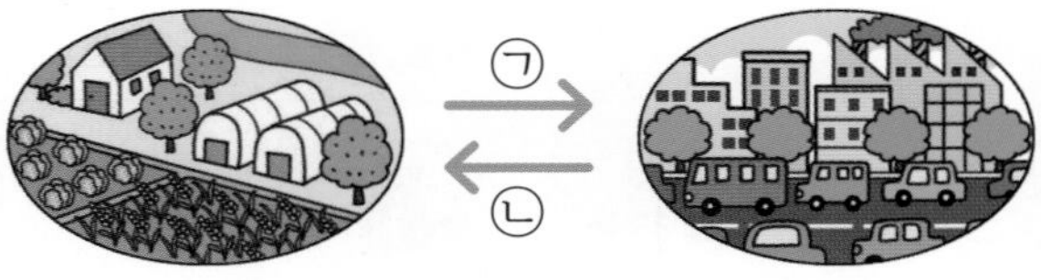

🔼 촌락　　　　🔼 도시

	㉠	㉡
①	의류	백화점
②	의류	종합 병원
③	목재	농수산물
④	농수산물	목재
⑤	농수산물	백화점

05 다음 (   ) 안에 들어갈 알맞은 말을 쓰시오.

> 금산 인삼 축제와 같이 한 지역의 자연환경과 특산물을 이용하여 여는 축제를 (   )(이)라고 한다.

(　　　　　)

06 다음 ( ) 안에 들어갈 알맞은 말은 어느 것입니까? ( )

도시의 기업이나 단체는 촌락을 찾아 일손 돕기나 무료 진료 등과 같은 ( )을/를 하기도 한다.

① 귀촌 지원 ② 문화 교류 ③ 봉사 활동
④ 지역 탐방 ⑤ 체험 활동

07 촌락과 도시가 교류하면 좋은 점으로 알맞은 것은 어느 것입니까? ( )

① 도시 사람들이 촌락의 종합 병원에서 아픈 곳을 치료할 수 있다.
② 도시 사람들이 촌락 사람들의 체험 마을 참가비로 소득을 올릴 수 있다.
③ 촌락 사람들이 도시에서 낚시, 등산, 야영 등의 여가 활동을 즐길 수 있다.
④ 도시 사람들이 촌락의 지역 축제에서 지역의 특색 있는 문화를 체험할 수 있다.
⑤ 촌락 사람들이 도시의 다양한 시설을 이용하며 촌락의 경제 활동이 활발해질 수 있다.

08 다음 ㉠, ㉡에 들어갈 알맞은 말을 골라 ○표 하시오.

직거래 장터를 통해 ㉠ (촌락 , 도시) 사람들은 소득을 올릴 수 있고, ㉡ (촌락 , 도시) 사람들은 농수산물을 저렴하게 살 수 있다.

09 다음 그림과 같은 교류가 촌락 아이들에게 주는 좋은 점을 보기 에서 모두 골라 기호를 쓰시오.

↑ 촌락 아이들을 대상으로 한 도시 문화 탐방

㉠ 도시의 시설들을 구경할 수 있다.
㉡ 도시의 다양한 문화를 경험할 수 있다.
㉢ 싱싱한 농산물을 저렴하게 구매할 수 있다.
㉣ 자연 속에서 뛰어놀며 열심히 공부할 수 있다.

( )

10 촌락과 도시의 교류 모습에 대한 설명으로 알맞지 않은 것은 어느 것입니까? ( )

① 촌락과 도시는 다양한 방법으로 교류한다.
② 촌락과 도시는 함께 발전하기 위해 서로 경쟁한다.
③ 촌락과 도시는 교류하면서 서로 도움을 주고받는다.
④ 촌락과 도시 사람들은 교류를 통해 다양한 경험을 할 수 있다.
⑤ 촌락과 도시 사람들은 교류를 통해 서로에게 관심을 가질 수 있다.

서술형 낭

11 촌락과 도시가 함께 발전하기 위해 어떤 관계를 맺고 있는지 쓰시오.

_____

_____

01 각 촌락에서 주로 볼 수 있는 모습으로 알맞은 것을 보기 에서 골라 기호를 쓰시오.

보기
> ㉠ 논과 밭, 비닐하우스
> ㉡ 울창한 숲, 산비탈의 밭
> ㉢ 배, 등대, 생선을 보관하는 창고

(1) 농촌: (   )
(2) 어촌: (   )
(3) 산지촌: (   )

02 농촌에 사는 사람들이 주로 하는 일로 알맞은 것은 어느 것입니까? (   )

① 물고기 잡기
② 갯벌에서 조개 캐기
③ 김이나 미역 기르기
④ 약초와 산나물 채취하기
⑤ 논과 밭에서 곡식이나 채소 기르기

꼭나와 ♡
03 다음과 같은 모습을 주로 볼 수 있는 곳은 어디입니까? (   )

> • 높은 건물과 이동하는 사람들
> • 버스나 지하철 등 다양한 교통수단
> • 회사나 공장, 공공 기관, 상점, 아파트

① 농촌　　② 도시　　③ 어촌
④ 촌락　　⑤ 산지촌

04 도시 사람들의 생활 모습으로 알맞지 <u>않은</u> 것은 어느 것입니까? (   )

① 회사나 공장에서 여러 가지 일을 한다.
② 백화점, 대형 할인점 등에서 물건을 산다.
③ 시장에서 여러 가지 물건과 음식을 판매한다.
④ 자연환경을 이용하여 농업, 임업, 어업에 종사한다.
⑤ 공공 기관이나 문화 시설에서 사람들이 편리하게 생활할 수 있도록 도와주는 일을 한다.

05 촌락과 도시에 대해 알맞게 설명한 친구의 이름을 모두 쓰시오.

> • 서연: 촌락에는 건물이나 시설물이 드문드문 있어.
> • 다정: 촌락 중 농촌에서는 임업을 주로 하지만, 어촌에서는 어업을 주로 해.
> • 시훈: 도시에서는 버스나 지하철 등 사람들이 이용하는 교통수단을 많이 볼 수 있어.

(   )

서술형 념
06 다음 ㉠, ㉡ 지역이 촌락과 도시 중 어디에 해당하는지 쓰고, 두 지역의 공통점을 한 가지만 쓰시오.

㉠　　　　　　㉡

(1) ㉠: (   ), ㉡: (   )

(2) 공통점: _____

_____

_____

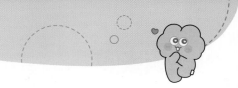

07 다음과 같은 현상 때문에 나타나는 촌락 문제를 해결하기 위한 노력으로 알맞은 것은 어느 것입니까? (   )

> 값싼 외국 농수산물이 들어와 우리나라의 농수산물 가격이 내려간다.

① 대중교통을 이용한다.
② 귀촌을 적극적으로 돕는다.
③ 좋은 품질의 농수산물을 생산한다.
④ 농사짓는 데 다양한 기계를 이용한다.
⑤ 마을 회관이나 폐교를 고쳐 문화 시설로 이용한다.

서술형 상

08 다음 밑줄 친 부분에 들어갈 알맞은 내용을 쓰시오.

> 촌락은 문화 시설과 편의 시설이 부족해 주민들이 생활하는 데 많은 어려움을 겪고 있다. 그래서 ＿＿＿＿＿＿＿＿＿＿＿하여 이와 같은 문제를 해결하기도 한다.

꼭 들어가야 할 말   마을 회관, 폐교, 문화 시설

＿＿＿＿＿＿＿＿＿＿＿＿＿＿＿＿＿＿＿＿＿

＿＿＿＿＿＿＿＿＿＿＿＿＿＿＿＿＿＿＿＿＿

꼭나와 상

09 도시에서 나타나는 문제를 두 가지 고르시오.
(,   )

① 교통 혼잡   ② 소득 감소
③ 시설 부족   ④ 주택 부족
⑤ 일손 부족

10 다음 그림을 통해 알 수 있는 촌락과 도시가 교류하는 까닭으로 알맞은 것은 어느 것입니까?
(   )

① 필요한 물건을 사고팔기 위해
② 서로 다른 문화를 체험하기 위해
③ 공부할 학교나 일자리를 찾기 위해
④ 살기 좋은 촌락과 도시를 만들기 위해
⑤ 촌락 문제나 도시 문제를 해결하기 위해

11 교류를 통해 도시가 촌락에 제공하는 것으로 알맞은 것은 어느 것입니까? (   )

① ↑ 농산물

② ↑ 수산물

③ ↑ 종합 병원

④ ↑ 목재

12 다음 ( ) 안에 들어갈 알맞은 말을 쓰시오.

( )은/는 한 지역이나 단체가 다른 지역이나 단체와 서로 돕거나 교류하기 위하여 밀접한 관계를 맺는 일로, 도시 사람들의 촌락 일손 돕기 봉사 활동 등이 대표적이다.

( )

서술형 낭

13 다음 그림과 같은 교류가 도시 사람들에게 주는 좋은 점을 쓰시오.

오늘 아침에 수확한 신선한 과일입니다.

꼭 들어가야 할 말   신선, 농수산물, 저렴

_____

_____

14 다음 그림과 같은 촌락 아이들을 대상으로 한 도시 문화 탐방에 대한 설명으로 알맞은 것을 보기 에서 모두 골라 기호를 쓰시오.

⬆ 대형 공연장 탐방

⬆ 대형 서점 방문

보기

㉠ 도시 사람들의 소득을 높일 수 있다.
㉡ 도시 아이들이 깨끗한 자연 속에서 공부할 수 있다.
㉢ 촌락 아이들이 도시 아이들과의 경쟁에서 이길 수 있다.
㉣ 촌락 아이들이 흔히 경험할 수 없는 시설들을 구경할 수 있다.

( )

꼭나와 ㅂ

15 촌락과 도시의 교류 모습을 <u>잘못</u> 설명한 친구는 누구입니까? ( )

① 민하: 촌락과 도시 사람들은 상호 의존하고 있어.
② 슬기: 촌락과 도시 사람들은 서로 경쟁하는 관계야.
③ 예은: 촌락과 도시 사람들은 활발하게 교류하고 있어.
④ 유진: 촌락과 도시 사람들은 서로 부족한 것을 채워 줘.
⑤ 혜정: 촌락과 도시 사람들은 교류하며 소득을 올리기도 해.

01 다음 ㉠, ㉡에 들어갈 알맞은 말을 쓰시오.

> 사람들은 여러 지역에서 다양한 모습으로 살아간다. 여러 지역 중에서 사람들이 자연환경을 주로 이용해 살아가는 곳을 (㉠)(이)라고 하고, 많은 사람이 모여 살고 사회·정치·경제활동의 중심이 되는 곳을 (㉡)(이)라고 한다.

㉠: (   ), ㉡: (   )

02 촌락에서 주로 하는 일로 알맞은 것을 에서 모두 골라 기호를 쓰시오.

> **보기**
> ㉠ 산에서 목재를 구하는 임업을 한다.
> ㉡ 공장에서 여러 가지 물건을 생산한다.
> ㉢ 음식이나 물건을 만드는 데 필요한 재료를 생산한다.
> ㉣ 사람들이 편리하게 생활할 수 있도록 도와주는 서비스를 제공한다.

(   )

03 도시에서 많이 볼 수 있는 모습으로 알맞은 것을 두 가지 고르시오. (,   )

① 울창한 숲과 산비탈의 밭
② 버스나 지하철 등의 교통수단
③ 배, 등대, 생선을 보관하는 창고
④ 공공 기관, 회사나 공장, 아파트
⑤ 평평한 땅에 있는 논과 밭, 비닐하우스

서술형

04 도시가 발달한 곳의 특징을 두 가지 쓰시오.

_____

_____

_____

_____

어려워

05 다음은 여러 지역의 모습입니다. ㉠~㉣에 대한 설명으로 알맞은 것은 어느 것입니까?

(   )

㉠  ㉡

㉢  ㉣

① ㉠은 어촌, ㉡은 농촌이다.
② ㉢에 사는 사람들은 주로 임업을 한다.
③ ㉠, ㉣은 인문환경이 잘 갖추어진 곳에 발달한다.
④ ㉡, ㉢은 사람들이 필요에 따라 계획하여 만든 곳이다.
⑤ ㉠~㉣에 사는 사람들은 주변 환경을 알맞게 이용하며 살아간다.

[06~07] 다음 촌락의 인구 변화를 나타낸 그래프를 보고, 물음에 답하시오.

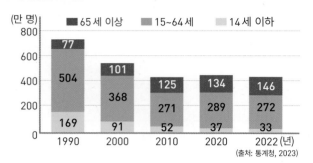

(만 명)

■ 65세 이상   15~64세   14세 이하

- 1990: 77, 504, 169
- 2000: 101, 368, 91
- 2010: 125, 271, 52
- 2020: 134, 289, 37
- 2022(년): 146, 272, 33

(출처: 통계청, 2023)

06 위 그래프를 보고 알맞게 말한 친구의 이름을 쓰시오.

- 은수: 65세 이상 노인 인구가 늘고 있어.
- 태호: 14세 이하 어린이 인구가 늘고 있어.
- 미연: 촌락의 전체 인구가 꾸준히 늘고 있어.

(   )

07 위 그래프를 보고 알 수 있는 촌락의 문제를 두 가지 고르시오. (,   )

① 인구 증가   ② 소득 감소
③ 환경 오염   ④ 고령화 현상
⑤ 일손 부족 문제

서술형 ♥

08 도시에서 다음과 같은 제도를 실시하는 까닭을 쓰시오.

도시에서는 일주일 중 하루를 쉬는 날로 정해서 해당하는 요일에는 차를 운행하지 않도록 하는 승용차 요일제를 실시하고 있다.

_____

_____

어려워 ♥

09 촌락과 도시에서 나타나는 문제와 해결 노력을 알맞게 짝 지은 것은 어느 것입니까? (   )

	구분	문제	해결 노력
①	촌락	소득 감소	주택 건설
②	촌락	교통 문제	친환경 자동차 이용
③	도시	일손 부족	다양한 기계 이용
④	도시	주택 문제	승용차 요일제 참여
⑤	도시	환경 문제	쓰레기 분리배출 실천

10 교류에 대한 설명으로 알맞은 것을 보기 에서 모두 골라 기호를 쓰시오.

보기

㉠ 촌락과 도시는 활발하게 교류한다.
㉡ 사람이 오고 가는 것은 교류가 아니다.
㉢ 눈에 보이지 않는 문화를 주고받는 것도 교류이다.
㉣ 지역마다 생산되는 물건들이 비슷해서 교류가 이루어진다.

(   )

11 도시를 찾는 촌락 사람들이 얻을 수 있는 도움으로 알맞은 것을 두 가지 고르시오.

(,   )

① 깨끗한 자연환경을 찾아 쉴 수 있다.
② 농장에서 체험 활동을 즐길 수 있다.
③ 종합 병원에서 아픈 곳을 치료할 수 있다.
④ 신선하고 다양한 농수산물을 얻을 수 있다.
⑤ 대형 할인점에서 필요한 물건을 살 수 있다.

어려워 😅

12 다음 ㉠, ㉡에 대한 설명으로 알맞지 <u>않은</u> 것은 어느 것입니까? (   )

㉠

⬆ 지역 축제

⬆ 직거래 장터

① ㉠을 통해 도시 사람들은 다양한 경험을 할 수 있다.
② ㉠을 통해 도시 사람들은 먹거리 등을 팔아 소득을 올릴 수 있다.
③ ㉡을 통해 도시 사람들은 신선한 농수산물을 저렴하게 살 수 있다.
④ ㉡을 통해 촌락 사람들은 자신들이 생산한 농수산물을 직접 판매할 수 있다.
⑤ ㉠, ㉡을 통해 도시 사람들과 촌락 사람들은 서로 도움을 주고받을 수 있다.

서술형 상

13 촌락의 지역 축제가 도시 사람들과 촌락 사람들에게 주는 좋은 점을 쓰시오.

_____

_____

_____

14 다음 (   ) 안에 들어갈 알맞은 말을 쓰시오.

도시가 아닌 자연 속에서 공부할 수 있어서 좋아.

도시 아이들이 한 학기나 일 년 정도 농촌의 학교에 다니는 것을 (   )(이)라고 한다.

(   )

15 다음 (   ) 안에 들어갈 알맞은 말을 쓰시오.

촌락과 도시는 서로 교류하기 위해 노력한다.
촌락에서는 자기 지역의 자연환경과 특산물을 활용하여 지역 축제를 열고 도시와 교류한다. 한편, 도시에서는 촌락 사람들이 재배한 농수산물을 직접 사고팔 수 있는 직거래 장터를 열어 촌락과 교류한다.
이처럼 촌락과 도시는 함께 발전하기 위해 서로 도움을 주고받는 상호 (   ) 관계를 맺고 있다.

(   )

사 회

개념 ① 경제활동에서 발생하는 선택의 문제

① 경제활동: 사람들이 생활하는 데 필요한 여러 가지 것들을 만들고 사용하는 것과 관련된 모든 활동입니다.

② **❶ ㅅㅌ** 의 문제: 경제활동을 하는 모든 사람에게 선택의 문제가 발생합니다. →돈이나 자원이 한정되어 있기 때문에 원하는 것을 모두 가질 수 없어요.

③ **❷ ㅎㅅㅅ**

• 사람들의 필요나 욕구에 비해 자원이 부족한 상태를 말합니다.

• 경제활동에서 선택의 문제가 발생하는 까닭은 자원의 희소성 때문입니다.

개념 ② 현명한 선택

① 현명한 선택: 돈이나 시간을 낭비하지 않고 가장 큰 만족감을 얻을 수 있는 선택입니다.

② 현명한 선택을 해야 하는 까닭: 한정된 자원을 낭비하지 않고, 더 큰 즐거움과 만족감을 얻을 수 있기 때문입니다.

③ 현명한 선택의 방법

• 꼭 필요한 물건인지 생각해 봅니다.

• 가격, 디자인, 품질, 특징, 편리성 등 정보를 수집하고 여러 물건을 비교하여 선택합니다.

④ 현명한 선택의 과정

사고 싶은 물건 생각하기 → 가진 **❸ ㄷ** 파악하기 → 물건에 대한 정보 모으기

→ 선택 기준을 정해 물건 평가하기 → 선택하기

개념 ③ 다양한 시장 →사람들은 시장에서 서로 원하는 것을 교환하면서 선택의 문제를 해결해요.

시장	사람들이 생활하면서 필요한 여러 가지 상품을 사고파는 곳
시장의 종류	• 사람들이 직접 만나는 시장: 전통 시장, 마트, 백화점, 편의점 등 • 사람들이 직접 만나지 않는 시장: 텔레비전 **❹ ㅎㅅㅍ**, 온라인 쇼핑 등

개념 ④ 생산 활동과 소비 활동

① 생산과 소비의 뜻

생산	생활에 필요한 **❺ ㅁㄱ** 이나 서비스를 만들어 내는 활동 우리 생활을 편리하고 즐겁게 해 주는 활동이에요.
❻ ㅅㅂ	생산한 것을 구매하여 사용하거나 서비스를 이용하는 활동

② 생산과 소비의 관계: 생산하지 않으면 소비할 수 없고, 소비하지 않으면 생산할 필요가 없습니다.

③ 생산 활동의 종류

생활에 필요한 것을 **❼ ㅈㅇ** 에서 얻는 활동	벼농사 짓기, 조개 캐기, 젖소 우유 짜기 등
생활에 필요한 것을 만드는 활동	공장에서 물건 만들기, 가구 만들기, 건물 짓기, 장난감 만들기 등
생활을 편리하고 즐겁게 해 주는 활동	공연하기, 물건 배달하기, 환자 진료하기, 머리 손질하기 등

④ 물건이 우리에게 오기까지의 과정

물건의 재료를 재배하거나 구함. → 공장에서 재료를 가공하거나 물건을 만듦. → 물건을 운반하고 판매함.

개념 ⑤ 현명한 소비 생활 →돈을 사용할 때 계획을 세워 돈을 낭비하지 않는 현명한 소비를 해야 해요.

① 현명한 소비 생활이 필요한 까닭: 소득은 한정되어 있기 때문에 현명한 소비를 하지 않으면 필요한 물건을 사지 못하게 될 수도 있기 때문입니다.

② 현명한 소비 생활 방법

• 소득 범위 내에서 소비하고, 미리 소비 계획을 세웁니다. →계획적 소비를 위해 용돈 기입장이나 가계부를 써요.

• 소득의 일부를 **❽ ㅈㅊ** 하여 미래를 준비합니다.

• 물건의 선택 기준을 세우고 선택 기준에 맞는 물건을 고릅니다.

③ 물건의 정보를 얻는 방법: 인터넷 검색하기, 상점 방문하기, 주변 사람에게 물어보기, 신문이나 텔레비전 광고 보기 등

정답 ❶ 선택 ❷ 희소성 ❸ 돈 ❹ 홈 쇼핑 ❺ 물건 ❻ 소비 ❼ 자연 ❽ 저축

자료 1 경제활동에서 발생하는 선택의 문제

분식집에서 김밥을 사 먹을지 떡볶이를 사 먹을지 선택한다.	여행 갈 때 비행기를 탈지 배를 탈지 교통수단을 선택한다.

POINT
경제활동을 하는 사람에게는 여러 가지 선택의 문제가 일어납니다.

1-1 (경제활동 , 사회 활동)은 사람들이 생활하는 데 필요한 여러 가지 것들을 만들고 사용하는 것과 관련된 모든 활동입니다.

1-2 사람들은 경제활동을 하면서 여러 가지 가운데 필요한 것을 고르는 (   )을/를 합니다.

자료 2 현명한 선택하기

〈선택 기준표〉

선택 기준 ＼ 물건 이름	연필	스티커	가방
내가 가진 돈으로 살 수 있는가?	○	○	△
물건의 디자인이 예쁜가?	×	△	○
편리하게 사용할 수 있는가?	○	△	×
나에게 당장 필요한 것인가?	○	×	×
합계 점수	9점	7점	5점

○: 그렇다.(3점), △: 보통이다.(2점), ×: 아니다.(0점)

POINT
현명한 선택을 하기 위해서는 사고 싶은 물건의 정보를 수집한 후, 선택 기준별로 점수를 매겨 점수가 가장 높은 물건을 선택해야 합니다.

2-1 (   )은/는 돈이나 시간을 낭비하지 않고 가장 큰 만족감을 얻을 수 있는 선택입니다.

2-2 물건을 선택할 때에는 같은 조건이라면 값이 더 비싼 것을 고르는 것이 현명한 선택입니다.
(○ , ×)

자료 3 생산 활동과 소비 활동의 모습

생산 활동	 ⬆ 공장에서 물건 만들기	 ⬆ 가수가 공연하기
소비 활동	 ⬆ 공장에서 만든 물건 사기	 ⬆ 가수의 공연 보기

POINT
다양한 생산 활동을 통해 다양한 소비 활동을 하고, 편리하게 생활할 수 있습니다.

3-1 생활에 필요한 물건이나 서비스를 만들어 내는 활동을 무엇이라고 하는지 쓰시오.
(   )

3-2 생산한 것을 구매하여 사용하거나 서비스를 이용하는 것을 (   )(이)라고 합니다.

3-3 공장에서 물건을 만드는 것은 (생산 , 소비) 활동, 공장에서 만든 물건을 사는 것은 (생산 , 소비) 활동입니다.

01 경제활동에서의 선택의 문제로 알맞지 <u>않은</u> 것은 어느 것입니까? (   )

① 여행 갈 때 비행기를 탈지 기차를 탈지 선택한다.
② 저녁 식사로 부모님이 만들어 주신 돈가스를 먹는다.
③ 흰색 운동화를 살지 검은색 운동화를 살지 선택한다.
④ 옷 가게에서 흰색 옷을 살지 빨간색 옷을 살지 선택한다.
⑤ 분식집에서 김밥을 사 먹을지 튀김을 사 먹을지 선택한다.

서술형 냥

02 경제활동을 할 때 선택의 문제가 생기는 까닭을 쓰시오.

_____

_____

03 다음 (   ) 안에 들어갈 알맞은 말을 쓰시오.

> 사람들의 필요나 욕구에 비해 자원이 부족한 상태를 (   )(이)라고 한다.

(   )

04 현명한 선택을 해야 하는 까닭을 두 가지 고르시오. (,   )

① 자원을 절약할 수 있기 때문이다.
② 돈을 마음대로 쓸 수 있기 때문이다.
③ 더 큰 만족감을 얻을 수 있기 때문이다.
④ 내가 원하는 것을 모두 가질 수 있기 때문이다.
⑤ 주변 사람들의 만족감을 높일 수 있기 때문이다.

05 물건을 현명하게 사는 방법으로 알맞은 것은 어느 것입니까? (   )

① 잠깐만 쓸 물건을 선택한다.
② 같은 조건이라면 더 비싼 물건을 선택한다.
③ 꼭 필요하지 않지만 사고 싶은 물건을 선택한다.
④ 품질이 좋지 않아도 모양이 예쁜 물건을 선택한다.
⑤ 물건에 대한 정보를 수집하고 여러 물건을 비교하여 선택한다.

06 시장에 대한 설명으로 알맞은 것을 에서 모두 골라 기호를 쓰시오.

보기

> ㉠ 사람들이 직접 만나는 시장만 있다.
> ㉡ 시장에는 전통 시장, 마트, 온라인 쇼핑 등이 있다.
> ㉢ 사람들이 생활하면서 필요한 여러 가지 상품을 사고파는 곳이다.
> ㉣ 사람들은 시장에서 서로 원하는 것을 교환하면서 선택의 문제를 해결한다.

(   )

➜ 바른답·알찬풀이 41쪽

07 다음 ㉠, ㉡에 들어갈 알맞은 말을 쓰시오.

> 생활에 필요한 물건이나 서비스를 만들어 내는 활동을 (㉠)(이)라고 하고, (㉠)한 것을 구매하여 사용하거나 서비스를 이용하는 활동을 (㉡)(이)라고 한다.

㉠: (   ), ㉡: (   )

서술형 ❤️
08 생산과 소비의 관계를 쓰시오.

_____

_____

09 생산 활동의 종류와 모습을 선으로 알맞게 이으시오.

(1) 생활에 필요한 것을 자연에서 얻는 활동 •

• ㉠

(2) 생활에 필요한 것을 만드는 활동 •

• ㉡

(3) 생활을 편리하고 즐겁게 해 주는 활동 •

• ㉢

10 물건이 우리에게 오기까지의 과정에서 일어나는 활동으로 알맞지 <u>않은</u> 것은 어느 것입니까?

(   )

① 재료 구하기
② 물건을 팔거나 사기
③ 고장 난 물건 고치기
④ 재료나 물건 운반하기
⑤ 공장에서 재료 가공하기

11 현명한 소비 생활을 실천한 친구의 이름을 쓰시오.

(   )

12 현명한 소비 생활을 위해 물건의 정보를 얻는 방법으로 알맞지 <u>않은</u> 것은 어느 것입니까?

(   )

① 신문에서 물건의 광고를 본다.
② 내가 쓴 용돈 기입장을 살펴본다.
③ 상점에 방문해서 물건을 직접 살펴본다.
④ 인터넷으로 물건에 대한 정보를 검색한다.
⑤ 주변 사람에게 상품을 사용한 경험을 물어본다.

개념 ① 우리 주변의 상품 생산지 확인하기

→ 어떤 물품을 만들어 내거나 그 물품이 저절로 생겨나는 곳이에요.

제품명	○○강	식품 유형	과자
원재료명	소맥분(밀:**미국산**), 미강유(**태국산**), 옥수수전분(옥수수:**외국산(러시아**, **헝가리**, **세르비아** 등)), 새우(**미국산 90%**, **국산 10%**), 팜유, 맛베이스 조미 분말, 영(서)양드		

냉동 블루베리 1kg (제조국: 칠레)
12,980원
30% 할인

상품의 포장지에 표시된 정보를 보고 알 수 있음.

상품을 홍보하는 광고지에서 찾아볼 수 있음.

○○ 노트북
• 원산지 - 중국
• 균일가 - 790,000원
• 제조사 - △△사
구매하기

시장이나 가게에 안내된 ❶ ○ㅅㅈ 표시판을 보고 알 수 있음.

상품을 판매하는 누리집의 상품 소개에서 찾아볼 수 있음.

친환경 농산물 표시 사항
유기농 (ORGANIC) 농림축산식품부
• 인증 품목 : 감귤
• 인증 번호 : XXX-XXXXX
• 생산자 : ○○○
• 생산지 : 제주시

상품에 붙어 있는 품질 인증 표시를 보고 알 수 있음.

스마트폰으로 상품 포장지의 QR 코드를 찍어 확인함.

→ 우리 지역에서 생산되지 않거나 부족한 상품이 다른 지역에서 우리 지역으로 들어와요.

개념 ② 경제적 교류

① 경제적 교류의 뜻: 개인이나 지역이 경제적 이익을 얻기 위해 서로 상품이나 자원, 기술, 정보 등을 주고받는 것입니다.

② 경제적 교류를 하는 까닭: 지역마다 ❷ ㅈㅇㅎㄱ , 기술, 자원, 문화 등이 다르기 때문입니다.

③ 경제적 교류를 하면 좋은 점
• ❸ ㄱㅈㅈ 이익을 얻을 수 있습니다.
• 기술 협력과 문화 교류를 통해 지역의 부족한 부분을 보완하여 함께 발전할 수 있습니다.
• 지역 간에 여러 가지 소식과 정보를 주고받으며 더욱 가깝게 지낼 수 있습니다.

개념 ③ 다양한 경제적 교류의 모습

① 경제적 교류의 종류

물자 교류	각 지역은 그 지역에서 생산하는 물자를 다른 지역으로 보내고, 직접 생산하기 어려운 물자는 다른 지역에서 들여옴.
기술 교류	각 지역은 ❹ ㄱㅅ 교류를 통해 서로의 지역에 부족한 기술을 보완하여 경제적 이익을 얻음.
문화 교류	각 지역이 가진 문화를 다른 지역 사람들에게 알리고, 다른 지역 사람들은 다양한 문화를 경험할 수 있음.

② 경제적 교류를 하는 대상 → 교통과 통신의 발달로 경제적 교류의 모습과 대상이 다양해졌어요.

개인과 ❺ ㄱㅇ	개인과 기업 간에 상품, 기술, 정보 등을 교류함.
지역과 기업	지역과 기업 간에 경제 협약을 맺음.
지역과 지역	농촌, 어촌, 산지촌, 도시 등 각 지역 간에 생산물을 교류함.
국가와 국가	국가 간에 기술 협력을 하거나 자원 등을 교류함.

③ 경제적 교류 방법: 전통 시장, 할인 매장 등 대형 시장에서 직접 만나 교류하거나 인터넷, 스마트폰 등 ❻ ㄷㅈㅁㅊ 를 이용하여 교류하기도 합니다.

개념 ④ 다양한 지역의 대표 상품

① 지역의 대표 상품: 각 지역에는 그 지역을 대표하는 ❼ ㅅㅍ 이 있습니다. ㉠ 횡성군의 한우, 제주특별자치도의 감귤, 영덕군의 대게 등

② 지역의 대표 상품과 경제적 교류
• 지역 간 경제 교류는 지역의 대표 상품을 중심으로 이루어집니다.
• 지역의 대표 상품을 홍보하여 경제적 교류가 활발해지면 각 지역은 경제적 이익을 얻습니다.

③ 지역의 대표 상품을 소개하는 방법: 상품 소개 전단지 만들기, 상품 판매 누리집 만들기, 박람회에 참여하여 상품 홍보하기, 지역 캐릭터 만들기 등

정답 ❶ 원산지 ❷ 자연환경 ❸ 경제적 ❹ 기술 ❺ 기업 ❻ 대중 매체 ❼ 상품

자료 ① 상품의 생산지 살펴보기

구분	상품명	생산지(원산지)
우리나라의 여러 지역에서 온 상품	신발	부산광역시
	녹차	전라남도 보성군
다른 나라에서 온 상품	오렌지	미국
	양말	베트남

POINT 우리 주변의 상품들은 다양한 지역에서 생산되며, 경제적 교류를 통해 우리에게 옵니다.

1-1 물품을 만들어 내거나 그 물품이 저절로 생겨나는 곳을 ( )(이)라고 합니다.

1-2 우리 주변에 있는 상품들은 우리나라의 여러 지역에서 올 수 있지만 다른 나라에서 올 수는 없습니다. (○ , ×)

자료 ② 경제적 교류 사례 살펴보기

○○ 신문　　　　　　20△△년 △△월 △△일

'달빛동맹'으로 화합하는 두 도시

우리나라의 두 도시가 '달빛동맹'을 맺고 서로 도와가며 교류하기로 약속하였다. 이 두 도시는 바로 대구광역시와 광주광역시이다. 이 두 도시는 산업이나 행정 분야의 교류뿐만 아니라, 스포츠나 문화 등 더욱 다양한 분야로 교류를 확대하고 있다. 달빛동맹은 두 도시의 경제적 성장을 돕고, 지역 간 화합에도 큰 역할을 한다.

POINT 각 지역은 경제적 교류를 통해 경제 성장을 돕고, 지역끼리 더 친해질 수 있습니다.

2-1 개인이나 지역이 경제적 이익을 얻기 위해 서로 상품이나 자원, 기술, 정보 등을 주고받는 것을 무엇이라고 하는지 쓰시오.

( )

2-2 지역마다 자연환경, 기술, 자원 등이 (같기 , 다르기) 때문에 경제적 교류가 이루어집니다.

자료 ③ 지역의 경제적 교류 모습 조사 방법

⬆ 지역 신문이나 소식지 찾아보기

⬆ 지역 뉴스 보기

⬆ 지역 누리집에서 검색하기

⬆ 지역의 홍보 자료 찾아보기

POINT 우리 지역의 경제적 교류 모습을 조사하고, 경제적 교류를 늘리기 위한 노력이 필요합니다.

3-1 지역의 경제적 교류가 늘어나면 지역 경제가 (성장합니다 , 축소됩니다).

3-2 지역 ( )에서 우리 지역과 다른 지역의 경제 교류나 경제 협력 사례를 검색할 수 있습니다.

3-3 다른 나라의 신문이나 뉴스를 살펴보면 우리 지역의 경제적 교류 모습을 알 수 있습니다. (○ , ×)

01 우리 주변의 상품이 어디에서 왔는지 확인하는 방법으로 알맞지 <u>않은</u> 것은 어느 것입니까?

( )

① 상품 포장지 확인하기
② 원산지 표시판 살펴보기
③ 상품이 나오는 영화 보기
④ 누리집의 상품 소개 찾아보기
⑤ 상품을 홍보하는 광고지 찾아보기

02 다른 지역에서 우리 지역으로 다양한 상품이 들어오는 까닭을 알맞게 말한 친구의 이름을 쓰시오.

> • 태리: 우리 지역의 인구가 다른 지역보다 적기 때문이야.
> • 지민: 우리 지역에서 생산되지 않거나 부족하기 때문이야.
> • 수호: 다른 지역에서 생산되는 물건의 가격이 더 비싸기 때문이야.

( )

서술형 ☺

03 다음 밑줄 친 부분에 들어갈 알맞은 내용을 쓰시오.

> 개인이나 지역은 ＿＿＿＿＿＿＿ 위해 상품이나 자원, 기술, 정보 등을 주고받는다.

＿＿＿＿＿＿＿＿＿＿＿＿＿＿＿＿

＿＿＿＿＿＿＿＿＿＿＿＿＿＿＿＿

04 경제적 교류에 해당하지 <u>않는</u> 것은 어느 것입니까? ( )

① 친구에게 책을 빌려 읽는다.
② 우리나라에서 만든 자동차를 다른 나라에서 사 간다.
③ 우리나라 기업과 다른 나라 기업이 기술을 교류한다.
④ 농촌에서 생산된 쌀로 도시에 사는 사람들이 밥을 지어 먹는다.
⑤ 도시의 공장에서 만든 휴대 전화를 다른 지역 사람들이 사서 사용한다.

05 다음 ( ) 안에 들어갈 말로 알맞지 <u>않은</u> 것은 어느 것입니까? ( )

> 지역 간에 경제적 교류가 이루어지는 까닭은 ( ) 등이 다르기 때문이다.

① 언어   ② 자원
③ 기술   ④ 문화
⑤ 자연환경

06 지역 간에 경제적 교류를 하면 좋은 점을 에서 모두 골라 기호를 쓰시오.

> 보기
> ㉠ 경제적 이익을 얻을 수 있다.
> ㉡ 지역 간의 격차가 심해져 화합하지 못할 수 있다.
> ㉢ 지역의 부족한 부분을 보완하여 함께 발전할 수 있다.
> ㉣ 지역 간에 여러 가지 소식과 정보를 주고받을 수 있다.

( )

→ 바른답·알찬풀이 42쪽

07 경제적 교류에 대한 설명으로 알맞은 것은 어느 것입니까? (　　　)

① 경제적 교류는 물건을 통해서만 이루어진다.
② 운동 경기는 경제적 교류의 대상이 될 수 없다.
③ 문화를 통한 경제적 교류는 이루어지지 않는다.
④ 경제적 교류를 통해 지역끼리 더 가깝게 지낼 수 있다.
⑤ 경제적 교류가 지역의 경제 성장으로 이어지기는 어렵다.

08 다음 사례는 어느 분야에서의 경제적 교류 모습입니까? (　　　)

> 오늘날에는 다른 나라의 뮤지컬 배우가 우리나라에 와서 공연한다.

① 기술　　　　　② 문화
③ 정보　　　　　④ 생산물
⑤ 특산물

09 다음 글에 나타난 경제적 교류를 하는 대상은 누구입니까? (　　　)

> 대구광역시와 광주광역시는 '달빛동맹'을 맺어 산업이나 행정, 스포츠, 문화 등 다양한 분야에서 교류하고 있다.

① 개인과 개인　　② 개인과 기업
③ 지역과 지역　　④ 지역과 기업
⑤ 국가와 국가

10 다음 그림에 나타난 지역의 경제적 교류 모습을 조사하는 방법은 무엇인지 쓰시오.

_____

_____

11 우리 지역의 대표 상품을 소개하는 방법을 잘못 말한 친구의 이름을 쓰시오.

(　　　　　　　)

01 다음에서 설명하는 것은 무엇인지 쓰시오.

> • 사람들의 필요나 욕구에 비해 자원이 부족한 상태이다.
> • 경제활동에서 우리가 선택의 문제를 겪게 되는 원인이다.

(   )

02 경제활동을 할 때 겪는 선택의 문제로 알맞지 <u>않은</u> 것은 어느 것입니까? (   )

① 어떤 모양의 공책을 살지 고민한다.
② 친구와 함께 숙제를 한 후 집에서 게임을 한다.
③ 용돈으로 라면을 먹을지 김밥을 먹을지 고민한다.
④ 모양이 예쁜 필통을 살지 튼튼한 필통을 살지 고민한다.
⑤ 마음에 드는 새 구두를 살지 운동회 때 신을 운동화를 살지 고민한다.

꼭나와 ♡

03 현명한 선택을 해야 하는 까닭을 <u>잘못</u> 말한 친구의 이름을 쓰시오.

> • 선호: 돈과 자원을 절약할 수 있어.
> • 유진: 비싸고 좋은 물건을 모두 가질 수 있어.
> • 가람: 자신에게 가장 알맞은 것을 고르게 되어 만족감을 얻을 수 있어.

(   )

서술형 ♡

04 다음 선택 기준표를 보고, 최종적으로 선택할 물건과 그 까닭을 쓰시오.

〈선택 기준표〉

선택 기준 물건 이름	연필	스티커	가방
내가 가진 돈으로 살 수 있는가?	○	○	△
물건의 디자인이 예쁜가?	×	△	○
편리하게 사용할 수 있는가?	○	△	×
나에게 당장 필요한 것인가?	○	×	×
합계 점수	9점	7점	5점

○: 그렇다.(3점), △: 보통이다.(2점), ×: 아니다.(0점)

(1) 선택할 물건: (   )

(2) 선택한 까닭: _____

_____

_____

05 시장에서 볼 수 있는 경제활동의 모습으로 알맞지 <u>않은</u> 것은 어느 것입니까? (   )

① 물건을 사는 모습
② 물건을 파는 모습
③ 음식을 만드는 모습
④ 농작물을 논밭에서 수확하는 모습
⑤ 물건을 손님에게 배달해 주는 모습

꼭나와 ②

06 다음 보기 를 생산 활동과 소비 활동으로 구분하여 각각 기호를 쓰시오.

보기

ⓐ 빵 가게에서 빵을 산다.
ⓑ 빵 가게에서 빵을 만든다.
ⓒ 옷 가게에서 바지를 산다.
ⓓ 미용실에서 머리를 손질해 준다.

(1) 생산 활동: (   )
(2) 소비 활동: (   )

서술형 ②

07 다음과 같은 생산 활동의 공통점을 쓰시오.

⊕ 물건 배달하기

⊕ 공연하기

꼭 들어가야 할 말   **생활, 편리, 즐겁게**

_____

_____

08 용돈 기입장을 쓰면 좋은 점을 두 가지 고르시오.
(,   )

① 올바른 식습관을 기를 수 있다.
② 용돈을 올려 달라고 말할 수 있다.
③ 용돈을 어디에 썼는지 알 수 있다.
④ 계획에 맞게 돈을 쓰는 습관을 기를 수 있다.
⑤ 숙제를 밀리지 않고 계획적으로 잘할 수 있다.

09 다음 대화에서 정한 방법으로 상품의 생산지를 확인하는 모습은 어느 것입니까? (   )

• 혜민: 우리 주변의 상품이 어디에서 왔는지 확인하려면 어떻게 해야 할까?
• 은우: 스마트폰으로 상품 포장지의 QR 코드를 찍어 보자.

①

②

③

④

10 다른 지역과 경제적 교류를 하는 까닭으로 알맞은 것은 어느 것입니까? (   )

① 지역이나 국가마다 인구가 비슷하기 때문이다.
② 지역이나 국가마다 상품 광고가 다르기 때문이다.
③ 지역이나 국가마다 자연환경이 비슷하기 때문이다.
④ 지역이나 국가마다 생산 기술에 차이가 나기 때문이다.
⑤ 지역이나 국가마다 가지고 있는 자원이 비슷하기 때문이다.

서술형 ⑩

11 다음 ㉠에 들어갈 알맞은 말을 쓰고, ㉠의 좋은 점을 한 가지만 쓰시오.

> 개인이나 지역이 경제적 이익을 얻기 위해 서로 상품이나 자원, 기술, 정보 등을 주고받는 것을 (㉠)(이)라고 한다.

(1) ㉠: (   )

(2) 좋은 점: _____

_____

_____

12 다음 글에 나타난 경제적 교류의 모습을 잘못 설명한 친구의 이름을 쓰시오.

> 전국 농어촌 지역 군수 협의회와 서울특별시가 도시와 농촌 간 교류 활성화를 위해 손을 잡았다. 두 기관은 올해 처음 서울에서 '지역 상생 박람회'를 개최하고, 전국 52개 지역의 특산물 직거래 장터와 체험관 등을 운영하였다. 행사 기간에는 돼지고기를 시중 가격의 절반 이상 저렴하게 판매하는 행사가 열렸고, 직거래 장터에서 증평 인삼, 남해 멸치 등 지역 대표 농수산물을 저렴하게 판매해 방문객들의 좋은 반응을 얻었다.

- 아진: 여러 농어촌 지역의 특산물을 교류하고 있어.
- 박하: 지역 상생 박람회를 통해 교류가 이루어지고 있어.
- 진서: 지역 간 문화 활동을 통한 문화 교류가 이루어지고 있어.

(   )

13 다음 사례에서 경제적 교류를 한 대상을 두 가지 찾아 쓰시오.

> 기업에서는 개인의 아이디어를 활용해 제품을 개발하거나 홍보하고 있다.

(   )

14 다음과 같은 경제적 교류 방법에 대한 설명으로 알맞은 것은 어느 것입니까? (   )

> 전통 시장에서 물건을 사고판다.

① 물건을 사고팔기 어렵다.
② 상품에 대한 정보를 얻을 수 없다.
③ 장소나 시간의 제약을 받지 않는다.
④ 다양한 상품을 직접 보고 살 수 있다.
⑤ 파는 곳까지 직접 가는 데 드는 시간과 비용을 아낄 수 있다.

15 우리 지역의 경제적 교류 모습을 조사하는 방법으로 알맞은 것을 보기에서 모두 골라 기호를 쓰시오.

> **보기**
> ㉠ 지역 뉴스 보기
> ㉡ 지역 누리집에서 검색하기
> ㉢ 도서관에서 국어사전 찾아보기
> ㉣ 지역 신문이나 소식지 찾아보기

(   )

01 다음에서 설명하는 것은 어느 것입니까?
( )

> 사람들이 생활하는 데 필요한 여러 가지 것들을 만들고 사용하는 것과 관련된 모든 활동이다.

① 경제활동
② 생산 활동
③ 소비 활동
④ 여가 활동
⑤ 문화 활동

서술형 ✿

02 사람들이 다음과 같은 선택의 문제를 겪는 까닭을 쓰시오.

> 여행 갈 때 비행기를 타면 빠르지만 비싸고, 배를 타면 시간이 오래 걸려. 어떤 교통수단을 이용할까?

_____

_____

_____

03 현명한 선택을 한 친구는 누구입니까? ( )

① 준서: 같은 필통인데 친구보다 비싸게 샀어.
② 예은: 가방이 예뻐서 샀는데 무거워서 자주 쓰지 않아.
③ 시우: 친구가 산 옷을 따라서 샀는데 나에게 어울리지 않아.
④ 진경: 모양만 예쁜 것보다 발이 편한 운동화를 사서 만족해.
⑤ 하경: 장난감이 금방 망가져 버렸어. 튼튼한지 잘 살펴볼걸.

04 다음 시장에 대해 알맞게 말한 친구의 이름을 모두 쓰시오.

⬆ 전통 시장

> • 현호: 여러 가지 물건들을 직접 보고 비교하여 살 수 있어.
> • 연우: 물건을 파는 사람과 사는 사람이 직접 만나는 시장이야.
> • 지은: 인터넷으로 언제 어디서든 편리하게 물건을 살 수 있어.

( )

어려워 ✿

05 다음 경제활동 중 종류가 나머지와 다른 것은 어느 것입니까? ( )

①
⬆ 공장에서 물건 만들기

②
⬆ 음식 재료를 사서 음식 만들어 먹기

③
⬆ 공장에서 만든 물건 사기

④
⬆ 가수의 공연 관람하기

06 다음 (   ) 안에 공통으로 들어갈 말을 쓰시오.

> • (   )하지 않으면 소비할 수 없고 소비하지 않으면 (   )할 필요가 없다.
> • 다양한 (   ) 활동을 통해 다양한 소비 활동을 할 수 있다.

(   )

어려워 💦
07 다음 그림과 같은 종류의 생산 활동을 보기 에서 모두 골라 기호를 쓰시오.

⊕ 농사짓기

> 보기
> ㉠ 산에서 버섯을 딴다.
> ㉡ 바다에서 조개를 캔다.
> ㉢ 건설 회사에서 아파트를 짓는다.
> ㉣ 프로 야구 선수가 야구 경기를 한다.

(   )

08 현명한 소비 생활을 하는 방법으로 알맞지 <u>않은</u> 것은 어느 것입니까? (   )

① 용돈의 일부를 저축한다.
② 소득 범위 내에서 소비한다.
③ 용돈 기입장이나 가계부를 쓴다.
④ 미리 소비 계획을 세워 돈을 쓴다.
⑤ 좋아하는 연예인이 광고하는 물건만 산다.

09 다음 사진에 나타난, 우리 주변의 상품이 어디에서 왔는지 확인하는 방법은 어느 것입니까?

(   )

① QR 코드 찍어 보기
② 상품 포장지 확인하기
③ 원산지 표시판 살펴보기
④ 상품 판매 누리집 찾아보기
⑤ 상품 홍보 광고지 찾아보기

서술형 💦
10 다음은 우리 주변의 상품의 생산지를 정리한 표입니다. 이렇게 다른 지역에서 우리 지역으로 다양한 상품이 들어오는 까닭을 한 가지만 쓰시오.

구분	상품명	생산지(원산지)
우리나라의 여러 지역에서 온 상품	신발	부산광역시
	녹차	전라남도 보성군
다른 나라에서 온 상품	오렌지	미국
	양말	베트남

_____

_____

_____

사
회

 11 다음 경제적 교류의 사례를 통해 알 수 있는 점을 **보기**에서 모두 골라 기호를 쓰시오.

> 대구광역시와 광주광역시가 '달빛동맹'을 맺고 서로 도와가며 교류하기로 하였다. 이 두 지역은 산업이나 행정 분야의 교류뿐만 아니라, 스포츠나 문화 등 더욱 다양한 분야로 교류를 확대하고 있다. 달빛동맹은 두 지역의 경제적 성장을 돕고 지역 간 화합에도 큰 역할을 한다.

> **보기**
> ㉠ 경제적 교류는 물건을 통해서만 이루어진다.
> ㉡ 스포츠 교류를 통해 지역끼리 더 친해질 수 있다.
> ㉢ 각 지역은 경제적 교류를 통해 경제적 성장을 돕는다.
> ㉣ 경제적 교류를 하면 한 지역만 경제적 이익을 얻는다.

( )

 12 다음 그림과 관련 있는 경제적 교류의 좋은 점을 쓰시오.

주변 지역과 기술 협력을 하면서 우리 지역에서 나는 사과로 사과 잼과 사과 식초를 만들 수 있게 되었어요.

_____

_____

_____

13 다음 ( ) 안에 들어갈 알맞은 말을 두 가지 고르시오. (,)

> 옛날에는 주로 지역 간이나 국가 간의 경제적 교류가 대부분이었다. 하지만 오늘날에는 ( )의 발달로 개인이나 기업도 경제적 교류에 활발히 참여하고 있다.

① 교통   ② 문화
③ 통신   ④ 언어
⑤ 미술

14 인터넷, 스마트폰 등 대중 매체를 이용한 경제적 교류 방법에 대한 설명으로 알맞은 것은 어느 것입니까? ( )

① 옛날에 주로 이용한 교류 방법이다.
② 장소나 시간의 제약을 받지 않는다.
③ 상품의 품질을 직접 확인할 수 있다.
④ 상품을 직접 보고 살 수 있어 믿을 수 있다.
⑤ 파는 곳까지 직접 가는 데 시간과 비용이 많이 든다.

15 우리 지역의 경제적 교류를 늘리는 방법으로 알맞은 것을 에서 모두 골라 기호를 쓰시오.

> **보기**
> ㉠ 지역에 관한 홍보 자료를 만든다.
> ㉡ 지역의 대표 상품을 만들어 홍보한다.
> ㉢ 관광객을 위한 지역 관광 지도를 만든다.
> ㉣ 다른 지역을 방문한 관광객을 만나 아쉬운 점을 물어본다.

( )

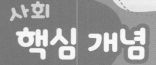

개념 ① 사회 변화로 달라진 생활 모습

① 태어나는 아이 수 감소 ➡ 학생의 수가 줄어 문을 닫는 학교가 늘어납니다.

② 노인 인구 증가 ➡ 일하는 노인이나 노인을 위한 시설이 늘어났습니다.

③ 인터넷 사용 증가 ➡ **①** ⌈ㅇㅌㄴ⌉ 으로 물건을 구매하고 온라인 수업을 합니다.

④ 나라 간 교류 증가 ➡ 다른 나라의 물건이나 음식을 쉽게 사거나 볼 수 있습니다.

➡ 오늘날 고령화 현상이 나타난 것은 의료 기술이 발달하고 생활 수준이 높아졌기 때문이에요.

개념 ② 저출산·고령화가 우리 생활에 미친 영향

① 저출산·고령화의 뜻

저출산	태어나는 아이의 수가 줄어드는 현상
② ⌈ㄱㄹㅎ⌉	전체 인구에서 노인이 차지하는 비율이 높아지는 현상

② 저출산·고령화로 달라진 우리 사회의 모습

저출산으로 달라진 사회 모습	• 가족 구성원의 수가 줄어들고, 가족의 형태가 변하고 있음. • 출산을 도와주는 병원이 점점 사라지고, 학생 수가 줄어드는 학교가 늘어남. • 저출산이 계속되면서 일할 사람이 줄어들어 경제에도 영향을 끼침.
고령화로 달라진 사회 모습	• 일하는 노인이 많아지고 <u>노인을 위한 시설</u>이 늘어남. 예) 노인 대학, 노인 전문 병원, 노인정 등 • 노인의 생활을 돕는 복지 제도가 마련되고 노인을 대상으로 하는 **③** ⌈ㅅㅂ⌉산업이 발달하고 있음.

③ 저출산·고령화에 대비하기 위한 노력

저출산 대비 노력	• 아이를 돌보는 시설이나 기관을 늘림. • 아이를 키우는 가정을 경제적으로 지원하고, 출산 휴가와 육아 휴직을 쓸 수 있도록 함.
고령화 대비 노력	• 노인 일자리를 늘리고, 노인의 여가 활동을 지원함. • 노인의 건강을 돌보고, 돌봄이 필요한 노인을 지원함.

개념 ③ 정보화가 우리 생활에 미친 영향

① 정보화의 뜻과 영향

④ ⌈ㅈㅂㅎ⌉	정보가 중요한 자원이 되어 정보를 중심으로 사회가 운영되고 발전하는 것
정보화로 달라진 생활 모습	• 인터넷으로 과제에 들어갈 내용을 검색함. • 화상 통화나 화상 수업을 함. • 컴퓨터나 휴대 전화로 물건을 구매하거나 은행 업무를 봄. • 교통 정보나 기상 정보를 실시간으로 확인함.

② 정보화 사회의 문제점과 해결 방법

사이버 폭력	인터넷에서 악성 댓글을 달지 않고, 바르고 고운 말을 씀.
개인 정보 유출	개인 정보가 빠져나가지 않도록 비밀번호를 주기적으로 바꿈.
⑤ ⌈ㅈㅈㄱ⌉ 침해	음악, 영화, 프로그램 등을 불법으로 내려받지 않음.
인터넷과 스마트폰 중독	인터넷과 스마트폰의 사용 시간을 정해서 스스로 지킴.

개념 ④ 세계화가 우리 생활에 미친 영향

① **⑥** ⌈ㅅㄱㅎ⌉ : 교통과 통신이 발달하면서 세계 여러 나라가 교류하고 가까워지는 것입니다.

② 세계화로 달라진 생활 모습

• 우리나라 기업이 만든 물건이 다른 나라에서 많이 팔리고 있습니다.

• 우리나라에서 일하는 외국 사람들과 세계 여러 나라에서 일하는 우리나라 사람들이 많아졌습니다.

• 우리나라의 음악이나 드라마 등을 좋아하는 외국 사람들이 많습니다. ➡ 서로 다른 점을 인정하고 존중하며, 서로의 문화를 이해하려고 노력해야 해요.

③ 세계화 속에서 우리가 갖추어야 할 자세

• 우리의 **⑦** ⌈ㅈㅌㅁㅎ⌉ 를 살리고 발전시켜 나가는 데 관심을 가집니다.

• 다른 나라의 문화를 무조건 따라서 하지 않으며, 나쁜 점은 버리고 좋은 점은 본받습니다.

사
회

자료 ① 어린이와 노인 인구의 변화

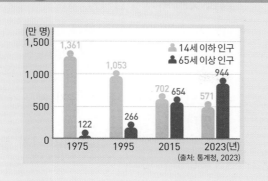

POINT
오늘날 태어나는 아이의 수가 줄어들고 노인 인구의 비율이 높아지는 저출산·고령화 현상이 나타나고 있습니다.

1-1 태어나는 아이의 수가 줄어드는 현상을 무엇이라고 하는지 쓰시오.

(   )

1-2 오늘날에는 전체 인구에서 노인이 차지하는 비율이 (높아지고 , 낮아지고) 있습니다.

자료 ② 정보화로 달라진 생활 모습

⊕ 학교 누리집에서 학교 소식을 전해 들음.

⊕ 직접 만나지 않고 화상 통화나 화상 수업을 함.

⊕ 컴퓨터, 휴대 전화로 물건을 사거나 은행 업무를 봄.

⊕ 휴대 전화로 집 밖에서도 가전제품을 켜고 끔.

POINT
정보화로 지식과 정보를 더 쉽고 빠르게 활용할 수 있게 되면서 생활이 다양하게 변화하고 있습니다.

2-1 (정보화 , 세계화)란 정보가 중요한 자원이 되어 정보를 중심으로 사회가 운영되고 발전하는 것입니다.

2-2 오늘날에는 직접 만나지 않고 (   ) 통화나 화상 수업을 합니다.

2-3 오늘날에는 은행에 가야만 은행 업무를 볼 수 있습니다. (○ , ×)

자료 ③ 세계화가 우리 생활에 미친 영향

⊕ 여러 나라의 물건을 쉽게 살 수 있음.

⊕ 여러 나라의 문화를 쉽게 접할 수 있음.

관객이 없네.
⊕ 우리의 전통문화가 점점 사라짐.

⊕ 서로의 문화를 이해하지 못해 문제가 생김.

POINT
세계화는 긍정적 영향뿐만 아니라 부정적 영향도 갖고 있습니다.

3-1 교통과 통신이 발달하면서 세계 여러 나라가 교류하고 가까워지는 현상을 무엇이라고 하는지 쓰시오.

(   )

3-2 세계화의 영향으로 세계 여러 나라의 물건을 사기 어려워졌습니다. (○ , ×)

3-3 세계화의 영향으로 (전통문화 , 다른 나라 문화)가 점점 사라지고 있습니다.

01 옛날과 달라진 오늘날의 생활 모습으로 알맞지 <u>않은</u> 것은 어느 것입니까? (   )

① 학생의 수가 줄어들었다.
② 교실에 텔레비전이나 컴퓨터가 없다.
③ 일하는 노인이나 노인을 위한 시설이 늘어났다.
④ 인터넷으로 물건을 구매하고 온라인 수업을 한다.
⑤ 다른 나라의 물건이나 음식을 쉽게 사거나 볼 수 있다.

서술형
02 다음 그래프에서 어린이와 노인 인구가 어떻게 변화하고 있는지 쓰시오.

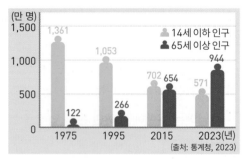

🔼 어린이와 노인 인구의 변화

_____

_____

03 저출산에 따라 줄어든 것을 보기에서 모두 골라 기호를 쓰시오.

> ㉠ 학생 수   ㉡ 일할 사람
> ㉢ 노인 복지 제도   ㉣ 가족 구성원의 수

(   )

04 고령화에 따라 달라진 사회 모습으로 알맞지 <u>않은</u> 것은 어느 것입니까? (   )

① 일하는 노인이 많아졌다.
② 노인의 수가 많이 줄어들었다.
③ 노인을 위한 시설이 늘어났다.
④ 노인의 생활을 돕는 복지 제도가 마련되고 있다.
⑤ 노인을 대상으로 하는 여러 가지 실버산업이 발달하고 있다.

05 다음은 어떤 현상에 대비하려는 노력입니까?

(   )

> • 아이를 돌보는 시설이나 기관을 늘린다.
> • 아이를 키우는 가정을 경제적으로 지원한다.
> • 직장인이 아이를 키우기 위해 육아 휴직을 쓸 수 있도록 한다.

① 고령화   ② 과학화
③ 세계화   ④ 저출산
⑤ 정보화

06 다음 (   ) 안에 공통으로 들어갈 말을 쓰시오.

> 정보화는 (   )이/가 중요한 자원이 되어 (   )을/를 중심으로 사회가 운영되고 발전하는 현상을 말한다.

(   )

07 정보화에 따라 달라진 생활 모습으로 알맞지 않은 것은 어느 것입니까? (   )

① 교실에서만 선생님과 공부할 수 있다.
② 가게에 가지 않고도 물건을 살 수 있다.
③ 교통 정보나 기상 정보를 실시간으로 알 수 있다.
④ 휴대 전화로 집 밖에서 가전제품을 켜고 끌 수 있다.
⑤ 인터넷으로 모둠 과제에 들어갈 내용을 검색할 수 있다.

08 정보화 사회에서 나타나는 문제점으로 알맞은 것을 보기 에서 모두 골라 기호를 쓰시오.

보기
㉠ 사이버 폭력   ㉡ 저작권 침해
㉢ 개인 정보 유출   ㉣ 문 닫는 학교 수 증가

(   )

서술형
09 다음과 같은 정보화 사회의 문제점을 해결하기 위한 방법을 쓰시오.

숙제해야 하는데…….
10분만 더 하자.

인터넷이나 스마트폰에 중독되어 할 일을 제때 하지 못한다.

_____

_____

10 다음에서 설명하는 현상은 무엇인지 쓰시오.

교통과 통신이 발달하면서 멀리 있는 사람과 물건이나 정보를 주고받기 쉬워졌다. 이에 따라 세계 여러 나라가 다양한 분야에서 교류하면서 전 세계가 하나로 연결되었다.

(   )

11 세계화로 달라진 생활 모습에 대해 알맞게 설명한 친구의 이름을 모두 쓰시오.

• 준상: 우리나라에서 일하는 외국 사람이 줄어들었어.
• 수정: 우리나라 기업이 만든 물건이 다른 나라에서 많이 팔리고 있어.
• 다현: 우리나라의 음악이나 드라마 등을 좋아하는 외국 사람들이 많아졌어.

(   )

12 세계화에 잘 대처하기 위해서 우리가 갖추어야 할 자세로 바른 것을 두 가지 고르시오.

(,   )

① 서로 다른 점을 인정하고 존중한다.
② 다른 나라 문화의 나쁜 점도 본받는다.
③ 다른 나라의 문화를 무조건 따라서 한다.
④ 우리의 전통과 다른 문화는 받아들이지 않는다.
⑤ 우리의 전통문화를 살리고 발전시켜 나가려고 노력한다.

개념 ❶ 일상생활에서 나타나는 다양한 문화

① 문화의 뜻과 사례 → 본능에 따른 행동, 개인의 취향이나 습관은 문화가 아니에요.

❶ ㅁㅎ	• 사람들이 공통적으로 가지고 있는 생활 방식임. • 사람들이 오랫동안 함께 생활하면서 만들어지고 전해져 내려온 것임.
문화의 사례	• 식사를 할 때 숟가락과 젓가락을 사용함. • 설날에 한복을 입고 웃어른께 세배하며, ❷ ㄸㄱ 을 먹음. • 온돌을 이용하여 방바닥이 따뜻한 집에서 지내며, 한옥에서도 생활함.

② 문화의 다양성 → 문화는 서로 비슷한 점도 있고, 다른 점도 있어요.
• 나라마다 문화가 다릅니다.
• 한 나라나 사회 안에도 다양한 문화가 나타납니다.

③ 다양한 문화 비교하기

입는 옷	더운 지역 사람들은 천으로 된 긴 옷을 입고, 추운 지역 사람들은 동물의 가죽이나 털로 만든 옷을 입음. → 햇볕을 피하기 위해서 입어요.
음식을 먹는 방법	❸ ㅈㄱㄹ 을 사용하여 음식을 먹는 나라도 있고, 포크와 나이프를 사용하여 음식을 먹는 나라도 있음.
사는 집	나무와 천으로 만든 집에서 생활하는 지역도 있고, 얼음으로 만든 집에서 생활하는 지역도 있음.

개념 ❷ 다양한 사람들이 함께하는 사회

① 사회의 변화: 우리 사회에 다양한 문화가 나타나면서 피부색, 언어, 종교, 출신 지역 등이 다른 사람과 함께하는 일이 더욱 많아졌습니다.
② 다양한 사람들과 함께할 때 생길 수 있는 문제
• 문화가 다른 사람에게 자신의 문화를 강요하기도 합니다.
• 겉모습이나 출신 지역만으로 다른 사람을 판단하는 등 나와 다른 사람들에 대해 한쪽으로 치우친 생각을 가지기도 합니다.

개념 ❸ 일상생활에서 나타나는 편견과 차별

① 편견과 차별의 뜻

편견	공정하지 못하고 한쪽으로 치우친 생각으로, 차별의 원인이 됨.
❹ ㅊㅂ	어떤 기준으로 대상을 구분하고 다르게 대우하는 것임.

② 편견과 차별의 모습: ❺ ㅅㅂ , 나이, 장애, 외모, 언어, 종교, 피부색, 출신 지역 등에 관한 편견 때문에 차별이 나타납니다.
③ 편견과 차별의 문제점
• 마음의 상처를 입는 사람들이 생길 수 있습니다.
• 사람들 간에 갈등이 많아지고 다툼이 생길 수 있습니다.
• 사람들이 마땅히 누려야 할 권리를 누리지 못하게 됩니다.
• 능력을 발휘하지 못하는 사람들이 많아져 사회 발전이 늦어질 수 있습니다.

개념 ❹ 편견과 차별의 문제를 해결하려는 노력

① 편견과 차별의 문제를 해결하려는 자세
• 우리 문화와 다른 문화도 이해해야 합니다.
• 상대방의 입장에서 생각해야 합니다.
• 다른 문화도 우리 문화처럼 ❻ ㅈㅈ 해야 합니다.
• 한쪽으로 치우치지 않는 생각을 하도록 노력해야 합니다.

② 편견과 차별이 없는 세상을 만들기 위한 노력

문화를 배우고 체험하는 활동	• 서로 다른 나라의 음식을 함께 요리하고 체험해 보는 활동을 함. • 우리나라 한복을 소개하고 만드는 법을 함께 배워 보는 활동을 함.
법과 ❼ ㅈㄷ 마련	• 서로 소통하기 쉽도록 알맞은 교육 기회를 제공함. • 차별 금지를 위한 다양한 홍보 활동을 함. • 다양한 문화를 지닌 사람들을 돕는 기관을 운영함. • 차별로 어려움을 겪는 사람들을 위한 상담을 지원함.

정답 ❶ 문화 ❷ 떡국 ❸ 젓가락 ❹ 차별 ❺ 성별 ❻ 존중 ❼ 제도

자료 ① 문화의 다양성

➔집 안에서 신발을 신는 나라도 있어요.

⊕ 나라마다 즐겨 먹는 음식이 다름.

⊕ 나라마다 집 안에서 생활하는 모습이 다름.

⊕ 지역마다 사람들의 옷차림이 다름.

⊕ 세대마다 자주 즐기는 놀이가 다름.

POINT
나라마다 문화가 다르고, 한 나라나 사회 안에서도 다양한 문화가 나타납니다.

1-1 사람들이 공통적으로 가지고 있는 생활 방식을 무엇이라고 하는지 쓰시오.

( )

1-2 나라마다 즐겨 먹는 음식이 (다릅니다 , 똑같습니다).

1-3 지역의 환경에 따라 옷차림이 다릅니다.

(○ , ×)

1-4 같은 나라에 사는 사람들은 자주 즐기는 놀이가 비슷합니다. (○ , ×)

자료 ② 편견과 차별의 모습

여자는 비행기 조종사가 될 수 없어요.

패션모델은 젊은 사람만 할 수 있어요.

장애인은 농구를 할 수 없어요.

우리 말이 촌스럽다고 놀려요.

하루에 다섯 번 예배 보는 이슬람교가 이상하대요.

흑인은 대한민국 군인이 될 수 없어요.

POINT
우리 주변에는 성별, 나이, 피부색, 언어, 종교, 출신 지역 등이 다르다는 이유로 사람들과 사회로부터 부당한 대우를 받는 사람들이 있습니다.

2-1 공정하지 못하고 한쪽으로 치우친 생각을 무엇이라고 하는지 쓰시오.

( )

2-2 편견 때문에 ( )이/가 발생합니다.

2-3 여자도 비행기 조종사가 될 수 있습니다.

(○ , ×)

자료 ③ 편견과 차별을 없애기 위한 노력

POINT
편견과 차별이 없는 세상을 만들기 위해 법과 제도를 마련하고 다양한 홍보 활동을 하고 있습니다.

3-1 문화가 다른 사람들이 서로 소통하기 쉽도록 알맞은 ( ) 기회를 제공합니다.

3-2 차별 (금지 , 확대)를 위한 다양한 홍보 활동을 벌이고 있습니다.

01 다음에서 설명하는 것은 무엇인지 쓰시오.

> • 사람들이 공통적으로 가지고 있는 생활 방식이다.
> • 한 나라나 사회의 사람들이 오랫동안 함께 생활하며 만들어지고 전해져 내려온 것이다.

(   )

02 문화로 알맞지 <u>않은</u> 것은 어느 것입니까?

(   )

① 잠이 부족해서 졸릴 때 하품을 한다.
② 숟가락과 젓가락을 사용해 식사를 한다.
③ 설날에 한복을 입고 웃어른께 세배를 한다.
④ 된장이나 고추장을 넣은 음식을 많이 먹는다.
⑤ 온돌을 이용하여 방바닥이 따뜻한 집에서 지낸다.

03 다음 주장을 뒷받침하는 사례로 알맞은 것을 두 가지 고르시오. (,   )

> 문화는 한 나라나 사회 안에서도 다양하게 나타날 수 있다.

① 사람들은 모두 옷을 입는다.
② 다른 나라 사람들도 쌀을 먹는다.
③ 지역마다 즐겨 먹는 음식이 다르다.
④ 세대에 따라 즐기는 놀이가 비슷하다.
⑤ 지역에 따라 주로 입는 옷차림이 다르다.

04 다음 ㉠, ㉡에 들어갈 알맞은 말을 골라 ○표 하시오.

> ㉠ (더운 , 추운) 지역에 사는 사람들은 햇볕을 피하기 위해 천으로 된 긴 옷을 입고, ㉡ (더운 , 추운) 지역에 사는 사람들은 추위로부터 몸을 보호하려고 동물의 가죽이나 털로 만든 옷을 입는다.

서술형 ❖

05 다음 밑줄 친 '문제'에 해당하는 사례를 한 가지만 쓰시오.

> 우리 사회에 다양한 문화가 나타나면서 피부색, 언어, 종교, 출신 지역 등이 다른 사람과 함께하는 일이 더욱 많아졌다. 다양한 사람들이 함께하면서 <u>문제</u>가 발생하기도 한다.

_____

_____

_____

06 다음 ㉠, ㉡에 해당하는 알맞은 말을 쓰시오.

> ㉠ 공정하지 못하고 한쪽으로 치우친 생각으로, 차별의 원인이 된다.
> ㉡ 어떤 기준으로 대상을 구분하고 다르게 대우하는 것이다.

㉠: (   ), ㉡: (   )

서술형 닝

07 다음 그림에 나타난 차별의 모습은 무엇인지 쓰시오.

_____

_____

08 직업에 관해 편견 없이 올바른 생각을 가진 친구의 이름을 쓰시오.

- 서연: 노인은 패션모델이 될 수 없어.
- 영서: 장애인도 농구 선수가 될 수 있어.
- 수호: 남자만 비행기 조종사가 될 수 있어.

(   )

09 편견과 차별이 가져올 수 있는 문제로 알맞지 <u>않은</u> 것은 어느 것입니까? (   )

① 사람들이 자주 다투게 된다.
② 사회가 지나치게 빨리 발전한다.
③ 마음의 상처를 입는 사람들이 생긴다.
④ 능력을 발휘하지 못하는 사람들이 많아진다.
⑤ 자신의 권리를 누리지 못하는 사람들이 생긴다.

10 편견과 차별의 문제를 해결하려는 바람직한 자세를 에서 모두 골라 기호를 쓰시오.

보기

ㄱ 상대방의 입장에서 생각한다.
ㄴ 우리 문화와 다른 문화도 이해한다.
ㄷ 다른 문화도 우리 문화처럼 존중한다.
ㄹ 항상 다른 사람보다 나의 입장을 앞세운다.

(   )

11 다음 (   ) 안에 들어갈 알맞은 말을 쓰시오.

우리 사회의 구성원들은 서로의 (   )을/를 배우고 체험하는 활동을 하면서 서로를 이해하고, 서로에 대해 가질 수 있는 공정하지 못한 생각인 편견에서 벗어날 수 있다.

(   )

12 편견과 차별에서 벗어나 더불어 살아가는 사회를 만들기 위한 노력으로 알맞지 <u>않은</u> 것은 어느 것입니까? (   )

① 차별 금지를 위한 다양한 홍보 활동을 한다.
② 다양한 문화를 지닌 사람들을 돕는 기관을 운영한다.
③ 사용하는 언어나 출신 지역에 따라 다르게 대우한다.
④ 서로 소통하기 쉽도록 알맞은 교육 기회를 제공한다.
⑤ 차별로 어려움을 겪는 사람들을 위한 상담을 지원한다.

01 다음 ㉠, ㉡을 보고, 옛날의 점심시간 모습이면 '옛날', 오늘날의 점심시간 모습이면 '오늘날'이라고 쓰시오.

(   )   (   )

서술형 낭

02 다음 그래프에서 노인 인구 변화를 통해 알 수 있는 현상을 쓰고, 이 현상의 뜻을 쓰시오.

(만 명)
- 1,361 ▨ 14세 이하 인구
- ▨ 65세 이상 인구
- 1975: 1,361 / 122
- 1995: 1,053 / 266
- 2015: 702 / 654
- 2023(년): 571 / 944

(출처: 통계청, 2023)

🔶 어린이와 노인 인구의 변화

(1) 현상: (   )

(2) 현상의 뜻: _____

_____

_____

03 고령화에 대비하기 위한 노력으로 알맞은 것을 두 가지 고르시오. (,   )

① 아이를 돌보는 시설이나 기관을 늘린다.
② 아이를 키우는 가정을 경제적으로 지원한다.
③ 노인이 일자리를 쉽게 찾을 수 있도록 돕는다.
④ 노인의 건강을 돌보고 돌봄이 필요한 노인을 지원한다.
⑤ 직장인이 아이를 키우기 위해 육아 휴직을 쓸 수 있도록 한다.

04 다음 그림과 같이 정보가 중심이 되는 현상을 무엇이라고 하는지 쓰시오.

(   )

꼭나와 ㆁ

05 정보화로 달라진 생활 모습으로 알맞은 것은 어느 것입니까? (   )

① 물건을 사기 위해 가게에 간다.
② 학교 소식을 듣기 위해 학교에 간다.
③ 은행 업무를 보기 위해 은행에 간다.
④ 모둠 과제를 하기 위해 도서관에 간다.
⑤ 집 밖에서 휴대 전화로 가전제품을 켜고 끈다.

06 다음과 같은 방법으로 해결할 수 있는 정보화 사회의 문제점은 어느 것입니까? (　　　　)

> 인터넷에서 악성 댓글을 달지 않고, 바르고 고운 말을 쓴다.

① 인터넷 중독　　② 사이버 폭력
③ 저작권 침해　　④ 스마트폰 중독
⑤ 개인 정보 유출

07 다음과 같은 생활 모습이 나타나는 데 영향을 끼친 현상은 어느 것입니까? (　　　　)

> • 세계 여러 나라의 물건을 쉽게 살 수 있다.
> • 세계 여러 나라의 문화를 쉽게 접할 수 있다.

① 고령화　　② 기계화
③ 세계화　　④ 저출산
⑤ 정보화

꼭나와 ♡

08 세계화로 달라진 생활 모습으로 알맞지 <u>않은</u> 것은 어느 것입니까? (　　　　)

① 외국의 물건이 우리나라로 많이 들어온다.
② 우리나라에서 일하는 외국 사람들이 많다.
③ 외국에 가야만 외국의 음악을 들을 수 있다.
④ 우리나라의 드라마를 좋아하는 외국 사람들이 많다.
⑤ 세계 여러 나라에서 일하는 우리나라 사람들이 많다.

서술형 상

09 다음 자료에 나타난 문제를 해결하기 위해 우리가 갖추어야 할 자세를 두 가지 쓰시오.

> 세계화로 다양한 문화를 지닌 사람들이 함께 생활하게 되면서 서로의 문화를 이해하지 못해 문제가 발생하기도 한다.

꼭 들어가야 할 말 　다른 점, 존중, 문화, 이해

_____

_____

10 문화에 대해 <u>잘못</u> 설명한 친구의 이름을 쓰시오.

아람: 사람들이 공통적으로 가지고 있는 생활 방식이야.

미주: 나라마다 다양한 문화를 가지고 있어.

정우: 한 나라나 사회 안에서는 모두 같은 모습으로 나타나.

사랑: 사람들이 오랫동안 함께 생활하면서 만들어지고 전해져 내려온 것이야.

(　　　　　)

11 다음 주장을 뒷받침하는 사례로 알맞은 것을 두 가지 고르시오. (　　,　　)

> 문화는 나라나 지역에 따라 다르게 나타나기도 한다.

① 북극 사람들은 옷을 입는다.
② 북극 사람들은 얼음집에서 산다.
③ 일본 사람들은 졸리면 잠을 잔다.
④ 더운 지방 사람들은 음식을 먹는다.
⑤ 우리나라 사람들은 김치를 즐겨 먹는다.

12 다양한 문화를 지닌 사람들이 함께하는 사회에서 나타날 수 있는 문제점을 보기에서 모두 골라 기호를 쓰시오.

> **보기**
> ㉠ 겉모습만으로 다른 사람을 판단한다.
> ㉡ 출신 지역과 관련하여 편견을 갖는다.
> ㉢ 일할 사람이 줄어들어 경제에 영향을 끼친다.
> ㉣ 문화가 다른 사람에게 자신의 문화를 강요한다.

(　　　　　　　)

꼭나와 ʊ

13 다음에서 설명하는 것은 무엇인지 쓰시오.

> • 차별이 나타나는 원인이다.
> • 공정하지 못하고 한쪽으로 치우친 생각을 말한다.

(　　　　　　　)

14 편견과 차별의 모습에 해당하지 <u>않는</u> 것은 어느 것입니까? (　　　　)

① 여자는 비행기 조종사가 될 수 없어요.

② 패션모델은 젊은 사람만 할 수 있어요.

③ 장애인은 농구를 할 수 없어요.

④  대한민국 국민이라면 모두 군인이 될 수 있어요.

서술형 ʊ

15 다음과 같은 활동을 통해 우리 사회의 구성원들이 얻을 수 있는 좋은 점을 쓰시오.

⊕ 우리나라의 한복 소개하기　　⊕ 다른 나라의 음식 배우기

> **꼭 들어가야 할 말**　　　　문화, 이해

_____

_____

01 옛날과 달라진 오늘날의 생활 모습으로 알맞은 것을 보기 에서 모두 골라 기호를 쓰시오.

> 보기
>
> ㉠ 학생의 수가 늘어나 학교가 많아졌다.
> ㉡ 인터넷으로 물건을 구매하고 온라인 수업을 한다.
> ㉢ 노인을 위한 시설과 노인 관련 산업이 줄어들었다.
> ㉣ 다른 나라의 물건이나 음식을 쉽게 사거나 볼 수 있다.

(   )

02 다음 ㉠, ㉡에 들어갈 알맞은 말을 골라 ○표 하시오.

> ㉠ (고령화 , 저출산)은/는 태어나는 아이의 수가 줄어드는 현상이고, ㉡ (고령화 , 저출산)은/는 전체 인구에서 노인이 차지하는 비율이 높아지는 현상이다.

03 저출산으로 달라진 사회의 모습으로 알맞지 <u>않은</u> 것은 어느 것입니까? (   )

① 일할 사람이 줄어들었다.
② 혼자 사는 사람이 많아졌다.
③ 가족 구성원의 수가 줄어들었다.
④ 출산을 도와주는 병원이 많아졌다.
⑤ 학생 수가 줄어드는 학교가 늘어났다.

어려워 상

04 저출산과 고령화에 대비하기 위한 노력을 선으로 알맞게 이으시오.

(1) 저출산 •

(2) 고령화 •

• ㉠ 돌봄이 필요한 노인을 지원함.

• ㉡ 아이를 돌보는 시설이나 기관을 늘림.

• ㉢ 아이를 키우는 가정을 경제적으로 지원함.

• ㉣ 노인이 일할 수 있는 일자리를 늘림.

서술형 중

05 다음 그림을 보고 알 수 있는 정보화로 달라진 생활 모습을 쓰시오.

_____

_____

사회

06 다음과 같은 정보화 사회의 문제점을 해결하는 방법으로 알맞은 것은 어느 것입니까?
( )

> 개인 정보가 빠져나가 모르는 사람들에게 연락이 온다.

① 인터넷에서 바르고 고운 말을 쓴다.
② 인터넷에서 악성 댓글을 달지 않는다.
③ 음악, 영화 등을 불법으로 내려받지 않는다.
④ 인터넷과 스마트폰의 사용 시간을 정해서 스스로 지킨다.
⑤ 개인 정보가 빠져나가지 않도록 비밀번호를 주기적으로 바꾼다.

07 다음 밑줄 친 부분에 들어갈 내용으로 알맞은 것을 두 가지 고르시오. (,)

> 세계화란 _____ 세계 여러 나라가 교류하고 가까워지는 현상을 말한다.

① 교통이 발달하면서
② 통신이 발달하면서
③ 노인 인구가 늘어나면서
④ 태어나는 아이의 수가 줄어들면서
⑤ 농사를 짓는 사람들이 많아지면서

08 다음과 같은 모습이 나타나는 데 영향을 끼친 현상을 세 글자로 쓰시오.

( )

서술형

09 다음 표는 세계화의 영향을 정리한 것입니다. ㉠, ㉡에 들어갈 알맞은 내용을 각각 쓰시오.

긍정적 영향	• 세계 여러 나라의 물건을 쉽게 살 수 있습니다. • ㉠
부정적 영향	• 우리의 전통문화가 점점 사라집니다. • ㉡

㉠: _____

_____

㉡: _____

_____

어려워

10 다음 그림을 보고 알 수 있는 것은 어느 것입니까? ( )

① 김치는 우리나라 사람만 먹는 음식이다.
② 한 사회에서 나타나는 문화는 모두 똑같다.
③ 한 사회 안에서는 한 가지 음식 문화만 나타난다.
④ 사는 지역에 따라 즐겨 먹는 음식이 다를 수 있다.
⑤ 같은 나라에 사는 사람들은 모두 같은 음식을 먹는다.

→ 바른답·알찬풀이 45쪽

11 문화의 다양성 사례로 보기 <u>어려운</u> 것은 어느 것입니까? (   )

① 지역에 따라 즐겨 먹는 음식이 다르다.
② 세대에 따라 즐겨 듣는 음악이 다르다.
③ 사람들은 몸을 보호하기 위해 옷을 입는다.
④ 나라마다 음식을 먹을 때 사용하는 도구가 다르다.
⑤ 지역마다 자연환경에 따라 생활하는 집의 모습이 다르다.

서술형 ☺

12 다음 대화에서 은종이의 대답으로 알맞은 내용을 쓰시오.

> • 예진: 차별이 뭐지?
> • 은종: 어떤 기준으로 대상을 구분하고 다르게 대우하는 것이야.
> • 예진: 그럼 차별이 나타나는 이유는 뭐야?
> • 은종: _____

_____

_____

어려워 ☺

13 성별에 관한 편견이 포함된 말을 한 친구를 알맞게 짝 지은 것은 어느 것입니까? (   )

> • 서찬: 여자도 무거운 물건을 들 수 있어.
> • 윤아: 외모가 뛰어난 친구가 공부도 잘해.
> • 혜린: 여자는 얌전하고, 남자는 씩씩해야 해.
> • 준민: 예쁘게 꾸미는 일은 여자만 할 수 있어.

① 서찬, 윤아   ② 서찬, 혜린
③ 윤아, 혜린   ④ 윤아, 준민
⑤ 혜린, 준민

14 다음 그림과 같은 차별로 인해 생길 수 있는 문제점으로 알맞은 것은 어느 것입니까? (   )

① 사회 발전이 늦어진다.
② 사람 사이의 다툼이 줄어든다.
③ 모든 사람이 자신의 권리를 누린다.
④ 마음의 상처를 입는 사람이 줄어든다.
⑤ 능력을 발휘하지 못하는 사람들이 줄어든다.

15 다음 밑줄 친 '같은 반 아이들'에게서 찾아볼 수 있는 태도로 알맞은 것을 보기 에서 모두 골라 기호를 쓰시오.

> 한 친구가 뼈의 일부가 자라지 않는 장애를 겪고 있어 빨리 달릴 수 없었다. <u>같은 반 아이들</u>은 운동회에서 달리기를 하다가 나란히 멈추고 뒤에서 뛰어오는 그 친구를 기다렸다가, 모두 함께 손을 잡고 결승선을 통과하였다.

보기
ㄱ 편견   ㄴ 배려
ㄷ 이해   ㄹ 차별

(   )

숨은과학찾기

학습을 시작하기 전에 숨은 그림을 찾아보세요.

숨은그림

| 부레옥잠 | 물방울 | 손전등 | 거울 | 현무암 | 화강암 | 얼음 | 선인장 |

정답바로보기

과학

개념 1 우리 주변에 사는 다양한 식물

① 식물은 줄기, 잎, 꽃의 **❶** [ㅅ ㄱ ㅅ] 가 서로 다릅니다.

② 우리 주변에 사는 식물의 특징

식물 이름	특징
소나무	키가 크고 솔방울이 달리며, 끝 모양이 뾰족한 잎이 한곳에 두 개씩 뭉쳐남.
은행나무	키가 크고 은행이 달리며, 잎은 끝 모양이 물결 모양임.
단풍나무	키가 크고, **❷** [ㄴ ㄱ] 가 달린 열매 두 개가 쌍으로 붙어 있으며, 잎의 끝 모양이 뾰족함.

개념 2 잎의 생김새에 따른 식물 분류

① 여러 가지 식물 잎의 특징

→ 잎의 생김새, 촉감 등의 특징을 말해요.

식물 이름	잎의 특징
벚나무	• 달걀 모양이고, 끝 모양이 뾰족함. • 가장자리 모양이 **❸** [ㅌ ㄴ] 모양임.
잣나무	• 한곳에 다섯 개씩 뭉쳐남. • 전체적인 모양이 길쭉하고, 끝 모양이 뾰족함.
토끼풀	• 한곳에 세 개씩 남. • 끝 모양이 둥글고, 가장자리 모양이 톱니 모양임.
강아지풀	• 전체적인 모양이 길쭉하고, 끝 모양이 뾰족함. • 가장자리를 만지면 까칠까칠한 털이 느껴짐.
단풍나무	• **❹** [ㅅ ㅂ ㄷ] 모양이고, 끝 모양이 뾰족함. • 가장자리 모양이 톱니 모양임.
은행나무	• 부채 모양이고, 가운데 부분이 갈라져 있음. • 끝 모양이 물결 모양임.

→ '잎의 모양이 예쁜가?', '잎의 크기가 큰가?' 등은 알맞지 않은 분류 기준이에요.

② 식물 잎의 분류 기준

• 분류 기준을 세우는 방법: 잎의 특징에서 공통점과 차이점을 비교하여 누가 분류해도 결과가 같도록 <u>객관적인 것</u>을 분류 기준으로 세웁니다.

• 잎의 특징에 따른 식물의 분류 기준: <u>잎의 전체적인 모양, 잎의 끝 모양, 잎의 가장자리 모양, 잎맥 모양, 잎의 촉감 등</u>
　→ 잎의 생김새
　　예 '잎의 전체적인 모양이 길쭉한가?', '잎의 가장자리 모양이 톱니 모양인가?' 등

개념 3 들이나 산과 같은 땅에서 사는 식물

① 들이나 산과 같은 땅에서 사는 식물의 공통적인 특징

• 뿌리, 줄기, 잎이 있습니다.

• 대부분 **❺** [ㄸ] 에 뿌리를 내리고 살며, 줄기와 잎이 잘 구분됩니다.

• 풀은 대부분 한해살이 식물이고, 나무는 모두 여러해살이 식물입니다.

② 들이나 산과 같은 땅에서 사는 식물의 특징

구분	식물 이름	특징	
나무	단풍나무	• 키가 큼. • 줄기가 길고 단단함.	잎이 손바닥 모양이고, 깊게 갈라져 있음.
	주목		잎이 빗살 모양으로 좁고, 끝 모양이 뾰족함.
	은행나무		잎이 부채 모양이고, 가운데 부분이 갈라져 있음.
풀	강아지풀 → 줄기 끝에 이삭이 달려 있어요.	줄기가 가늘고 부드러움.	잎의 전체적인 모양이 길쭉하고, 끝 모양이 뾰족함.
	토끼풀		잎이 한곳에 세 개씩 나고, 끝 모양이 둥긂.
	나팔꽃		• **❻** [ㅈ ㄱ] 가 물체를 감고 자람. • 잎의 끝 모양이 뾰족함.

자료 ① 우리 주변에 사는 다양한 식물

⬆ 소나무　　⬆ 은행나무　　⬆ 단풍나무

POINT
우리 주변에 사는 다양한 식물은 생김새가 서로 다릅니다.

1-1 소나무의 잎은 끝 모양이 (뾰족한 , 둥근) 모양입니다.

1-2 은행나무와 단풍나무는 키가 크고 은행이 달린다는 공통점이 있습니다. (○ , ×)

자료 ② 여러 가지 식물 잎의 특징

⬆ 잣나무　　　　⬆ 토끼풀

⬆ 단풍나무　　　⬆ 은행나무

POINT
식물은 잎의 생김새, 잎을 만졌을 때의 느낌 등의 특징이 서로 다릅니다.

2-1 잣나무는 잎이 한곳에 (두 , 다섯) 개씩 뭉쳐나고, 끝 모양이 뾰족합니다.

2-2 토끼풀 잎과 단풍나무 잎의 가장자리는 어떤 모양인지 쓰시오.
　　　　　　　　　　　(　　　　　　　　　)

2-3 단풍나무 잎은 (부채 , 손바닥) 모양이고, 은행나무 잎은 (부채 , 손바닥) 모양입니다.

자료 ③ 여러 가지 식물 잎을 생김새에 따라 분류하기

분류할 식물의 종류	벚나무, 잣나무, 토끼풀, 강아지풀, 단풍나무, 은행나무

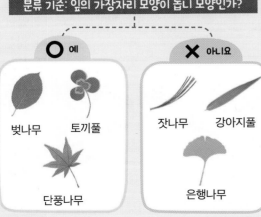

분류 기준: 잎의 가장자리 모양이 톱니 모양인가?

○ 예　　　　✗ 아니요

벚나무　토끼풀

단풍나무

잣나무　강아지풀

은행나무

POINT
식물의 분류 기준은 누가 분류해도 결과가 같도록 객관적인 것으로 세웁니다.

3-1 식물은 잎의 전체적인 모양, 잎의 끝 모양, 잎의 가장자리 모양 등 잎의 (무게 , 생김새)에 따라 분류할 수 있습니다.

3-2 왼쪽의 식물들을 '잎의 끝 모양이 뾰족한가?'라는 분류 기준에 따라 다시 분류할 때 '아니요'에 해당하는 식물의 이름을 두 가지 쓰시오.
　　　　　　　　　　　(　　　　　　　　　)

3-3 왼쪽의 식물들을 '잎의 가장자리를 만지면 까칠까칠한 털이 느껴지는가?'라는 분류 기준에 따라 다시 분류할 때 '예'에 해당하는 식물은 강아지풀입니다. (○ , ×)

개념 ① 강이나 연못과 같은 물에서 사는 식물

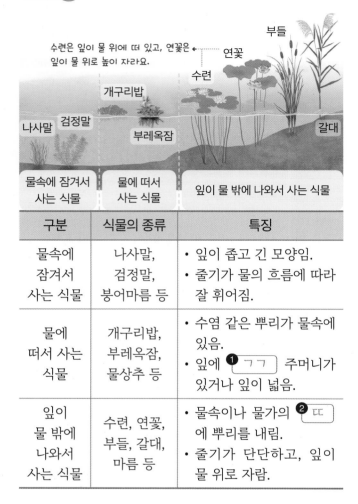

부들
수련은 잎이 물 위에 떠 있고, 연꽃은 잎이 물 위로 높이 자라요.
연꽃
수련
개구리밥
나사말
검정말
부레옥잠
갈대

물속에 잠겨서 사는 식물 | 물에 떠서 사는 식물 | 잎이 물 밖에 나와서 사는 식물

구분	식물의 종류	특징
물속에 잠겨서 사는 식물	나사말, 검정말, 붕어마름 등	• 잎이 좁고 긴 모양임. • 줄기가 물의 흐름에 따라 잘 휘어짐.
물에 떠서 사는 식물	개구리밥, 부레옥잠, 물상추 등	• 수염 같은 뿌리가 물속에 있음. • 잎에 ① ㄱㄱ 주머니가 있거나 잎이 넓음.
잎이 물 밖에 나와서 사는 식물	수련, 연꽃, 부들, 갈대, 마름 등	• 물속이나 물가의 ② ㄸ 에 뿌리를 내림. • 줄기가 단단하고, 잎이 물 위로 자람.

개념 ② 사막이나 극지방에서 사는 식물

① 사막의 환경: 햇빛이 강하고, 낮과 밤의 온도 차가 크며, ③ ㅁ 이 부족합니다.
② 사막에서 사는 식물의 특징
→물이 빠져나가는 것을 줄이거나, 물을 저장해요.

선인장	용설란	바오바브나무
• 가시 모양 잎이 물이 빠져나가는 것을 줄임. • 굵은 줄기에 물을 많이 저장할 수 있음.	• 크고 두꺼운 잎에 물을 저장함. • 잎 가장자리에 날카로운 가시가 있음.	• 키가 크고 줄기가 굵음. • 굵은 줄기에 물을 많이 저장할 수 있음.

→동물의 공격을 방어할 수 있어요.

③ 극지방의 환경: 온도가 낮고 바람이 많이 붑니다.
→추위와 바람의 영향을 적게 받아요.
④ 극지방에서 사는 식물: 키가 작고, 서로 뭉쳐납니다.
• 남극에서 사는 식물: 남극좀새풀, 남극개미자리, 남극구슬이끼 등
• 북극에서 사는 식물: 북극이끼장구채, 북극버들, 북극다람쥐꼬리 등
⑤ 적응: 생물이 오랜 기간에 걸쳐 주변 ④ ㅎㄱ 에 적합하게 변화되어 가는 것
→식물의 생김새와 생활 방식은 식물이 사는 곳의 환경에 적응한 것이에요.

개념 ③ 생활 속 식물의 특징 모방

모방한 식물	식물의 특징을 모방하여 만든 물건	모방한 식물의 특징
🔼 도꼬마리 열매	🔼 ⑤ ㅉㅉㅇ 테이프	도꼬마리 열매 표면이 갈고리 모양이어서 사람의 옷에 잘 붙고 떨어지지 않는 특징을 모방함.
🔼 수세미오이 열매	🔼 수세미	수세미오이 열매 안쪽의 그물 모양을 모방함.
🔼 연잎	🔼 ⑥ ㅁ 에 젖지 않는 옷감	연잎의 표면에 수많은 돌기가 나 있어 물에 젖지 않는 특징을 모방함.
🔼 단풍나무 열매	🔼 프로펠러	단풍나무 열매가 떨어지면서 돌아가는 모습을 모방함.

➡ 식물의 특징을 모방하여 만든 물건은 우리 생활을 편리하게 합니다.

자료 1 부레옥잠의 특징 관찰하기

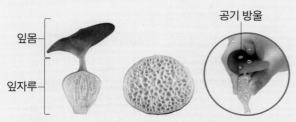

잎몸
잎자루
공기 방울

⬆ 잎자루의 세로 단면: 공기 주머니가 줄줄이 연결되어 있음. ⬆ 잎자루의 가로 단면: 공기 주머니가 가득 차 있음. ⬆ 자른 잎자루를 물속에서 누른 모습: 공기 방울이 위로 올라감.

POINT
부레옥잠은 잎이 넓고 잎자루에 공기 주머니가 있어서 물에 떠서 살기에 적합합니다.

1-1 부레옥잠은 잎자루에 공기 주머니가 있어서 물에 (떠서 , 잠겨서) 살기에 적합합니다.

1-2 자른 부레옥잠의 잎자루를 물속에서 누르면 잎자루에서 (물방울 , 공기 방울)이 나옵니다.

1-3 부레옥잠의 잎자루를 물속에서 눌렀다가 떼면 잎자루가 다시 부풉니다. (○ , ×)

자료 2 선인장의 특징 관찰하기

잎
줄기
화장지
선인장

⬆ 선인장의 생김새: 잎이 바늘처럼 뾰족하고, 줄기가 굵고 통통하며 초록색임. ⬆ 줄기를 자른 면에 화장지를 붙인 모습: 줄기를 자른 면은 축축하고, 화장지를 붙이면 물이 묻어 나옴.

POINT
사막에서 사는 식물은 물이 부족한 환경에서 살기 위해 물이 빠져나가는 것을 줄이거나 물을 저장합니다.

2-1 선인장은 굵은 줄기에 물을 저장하여 사막에서 살 수 있습니다. (○ , ×)

2-2 선인장은 (잎 , 줄기)이/가 가시 모양이어서 동물의 공격을 방어할 수 있습니다.

2-3 선인장처럼 굵은 줄기에 물을 저장하는 식물은 (용설란 , 바오바브나무)입니다.

자료 3 식물의 특징을 모방한 물건

⬆ 수세미오이 열매 안쪽의 생김새 ➡ ⬆ 수세미

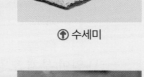

⬆ 연잎의 표면 ➡ ⬆ 물에 젖지 않는 옷감

POINT
식물의 생김새와 같은 특징을 모방하여 생활 속에서 사용하는 물건을 만들 수 있습니다.

3-1 수세미오이 열매 안쪽의 그물 모양을 모방하여 만든 물건을 쓰시오.

(   )

3-2 (연잎 , 도꼬마리 열매)의 표면에 수많은 돌기가 나 있어 물에 젖지 않는 특징을 모방하여 물에 젖지 않는 옷감을 만들었습니다.

3-3 단풍나무 열매가 떨어지면서 돌아가는 모습을 모방하여 프로펠러를 만들었습니다. (○ , ×)

과학

01 우리 주변에 사는 식물에 대한 설명으로 옳은 것을 보기 에서 모두 골라 기호를 쓰시오.

> 보기
>
> ㉠ 식물은 다양한 환경에서 산다.
> ㉡ 모든 식물은 생김새와 생활 방식이 같다.
> ㉢ 학교에서는 다양한 식물을 관찰할 수 있다.
> ㉣ 우리 주변에 사는 식물들은 줄기, 잎, 꽃의 생김새가 모두 같다.

( )

꼭나와 ㉾

02 다음에서 설명하는 식물로 옳은 것은 어느 것입니까? ( )

> • 키가 크고 은행이 달린다.
> • 잎의 끝 모양이 물결 모양이다.

① 소나무   ② 벚나무   ③ 나팔꽃
④ 단풍나무   ⑤ 은행나무

03 식물 잎의 분류 기준으로 알맞지 <u>않은</u> 것은 어느 것입니까? ( )

① 잎의 색깔이 예쁜가?
② 잎에 털이 나 있는가?
③ 잎의 끝 모양이 뾰족한가?
④ 잎의 전체적인 모양이 길쭉한가?
⑤ 잎의 가장자리 모양이 톱니 모양인가?

04 풀과 나무에 대한 설명으로 옳지 <u>않은</u> 것은 어느 것입니까? ( )

① 나팔꽃은 풀에 속한다.
② 풀은 대부분 한해살이 식물이다.
③ 나무는 모두 여러해살이 식물이다.
④ 나무는 대부분 풀보다 키가 크다.
⑤ 나무는 대부분 풀보다 줄기가 가늘다.

05 다음과 같이 식물의 잎을 분류했을 때 ( ) 안에 들어갈 분류 기준으로 옳은 것은 어느 것입니까?

( )

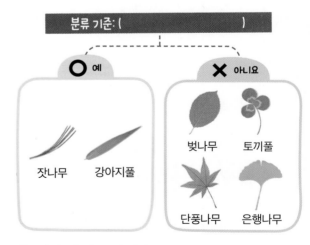

분류 기준: ( )

⭕ 예 — 잣나무, 강아지풀
❌ 아니요 — 벚나무, 토끼풀, 단풍나무, 은행나무

① 잎이 부채 모양인가?
② 잎의 끝 모양이 둥근가?
③ 잎의 전체적인 모양이 길쭉한가?
④ 잎의 가장자리 모양이 톱니 모양인가?
⑤ 잎의 가장자리를 만지면 까칠까칠한 털이 느껴지는가?

06 나무에 속하는 식물을 두 가지 고르시오.
(,)

①
↑ 주목

②
↑ 토끼풀

③
↑ 나팔꽃

④
↑ 단풍나무

07 들이나 산과 같은 땅에서 사는 식물의 특징에 대한 설명으로 옳은 것을 에서 모두 골라 기호를 쓰시오.

> **보기**
> ㉠ 뿌리, 줄기, 잎이 있다.
> ㉡ 풀과 나무로 구분할 수 있다.
> ㉢ 대부분 물가에 뿌리를 뻗고 산다.
> ㉣ 대부분 줄기와 잎이 잘 구분되지 않는다.

( )

08 다음에서 설명하는 식물로 옳은 것은 어느 것입니까? ( )

> • 물에 떠서 사는 식물이다.
> • 수염 같은 뿌리가 물속에 있다.

① 가래 　 ② 마름 　 ③ 검정말
④ 나사말 　 ⑤ 개구리밥

꼭나와 ♡

09 다음은 부레옥잠의 특징을 관찰하는 모습입니다. 옳은 것에 ○표, 옳지 <u>않은</u> 것에 ×표 하시오.

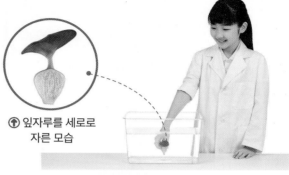
↑ 잎자루를 세로로 자른 모습
↑ 자른 잎자루를 물속에 넣고 누르는 모습

(1) 부레옥잠의 잎은 좁고 긴 모양이다.
( )

(2) 잎자루에 공기 주머니가 많이 있다.
( )

(3) 자른 잎자루를 물속에 넣고 누르면 공기 방울이 나온다. ( )

서술형 ♡

10 다음 식물들의 공통점을 두 가지 쓰시오.

↑ 부들

↑ 수련

> **꼭 들어가야 할 말** 　 물, 잎, 뿌리

_____

_____

_____

11 오른쪽 검정말과 같이 물속에 잠겨서 사는 식물은 어느 것입니까? (　　　)

① 연꽃
② 갈대
③ 물상추
④ 나사말
⑤ 부레옥잠

12 강이나 연못과 같은 물에서 사는 식물에 대한 설명으로 옳은 것을 에서 모두 골라 기호를 쓰시오.

> 보기
> ㉠ 항상 물속에서 꽃이 핀다.
> ㉡ 식물의 몸 전체가 물속에 잠겨서 산다.
> ㉢ 식물의 생활 방식에 따라 서로 다른 특징을 가지고 있다.
> ㉣ 물에 떠서 사는 식물은 대부분 잎에 공기 주머니가 있거나 잎이 넓다.

(　　　　　　　)

꼭나와 ▽

13 다음에서 설명하는 식물로 옳은 것은 어느 것입니까? (　　　)

> • 사막에서 살며 키가 크다.
> • 굵은 줄기에 물을 많이 저장할 수 있다.

① 벚나무
② 용설란
③ 검정말
④ 단풍나무
⑤ 바오바브나무

서술형 ▽

14 다음과 같이 선인장의 줄기를 자른 면에 화장지를 붙여 보았더니 화장지에 물이 묻었습니다. 이를 통해 알 수 있는 선인장이 사막에서 살 수 있는 까닭을 한 가지만 쓰시오.

화장지 ——
선인장

> **꼭 들어가야 할 말**　　　　줄기, 물

_____

_____

15 다음 용설란에 대한 설명으로 옳은 것은 어느 것입니까? (　　　)

① 잎의 끝 모양이 둥글다.
② 두꺼운 줄기에 물을 저장한다.
③ 잎이 한곳에 두 개씩 뭉쳐난다.
④ 크고 두꺼운 잎에 물을 저장한다.
⑤ 잎이 손바닥 모양이고, 깊게 갈라져 있다.

→ 바른답·알찬풀이 46쪽

16 다음은 극지방에 대한 친구들의 대화입니다. 잘못 말한 친구의 이름을 쓰시오.

온도가 낮고, 강한 바람이 불어.

낮과 밤의 온도차가 크고 물이 부족해.

극지방은 남극과 북극 지역을 모두 포함하는 말이야.

유미   진수   서준

(   )

17 극지방에서 사는 식물로 옳지 않은 것은 어느 것입니까? (   )

① 북극버들   ② 붕어마름
③ 남극개미자리   ④ 남극구슬이끼
⑤ 북극다람쥐꼬리

18 다음은 식물의 생김새, 생활 방식과 사는 곳의 관계에 대한 설명입니다. (   ) 안에 공통으로 들어갈 말을 쓰시오.

• 식물은 사는 곳의 환경에 (   )하여 사는 곳에 따라 생김새와 생활 방식이 다르다.
• 물속에 잠겨서 사는 식물의 잎이 좁고 긴 모양인 것은 물속 환경에 (   )한 결과이다.

(   )

19 오른쪽 프로펠러는 어느 식물의 특징을 모방하여 만든 것입니까?

(   )

①
↑ 선인장의 줄기

②
↑ 부레옥잠의 꽃

③
↑ 단풍나무 열매

④
↑ 은행나무 잎

20 다음 ㉠은 어떤 식물의 열매이고, ㉡은 ㉠의 특징을 모방하여 만든 생활용품입니다.

㉠   ㉡

(1) ㉠과 ㉡의 이름을 각각 쓰시오.
㉠: (   ), ㉡: (   )

(2) ㉠과 ㉡의 공통점을 한 가지만 쓰시오.

_____

_____

01 다음에서 설명하는 식물로 옳은 것은 어느 것입니까? (   )

> • 줄기 끝에 이삭이 달려 있다.
> • 잎의 전체적인 모양이 길쭉하고, 끝 모양이 뾰족하다.

① 잣나무　　② 나팔꽃　　③ 토끼풀

④ 은행나무　　⑤ 강아지풀

어려워 👆

02 오른쪽 소나무 잎에 대한 설명으로 옳은 것은 어느 것입니까? (   )

① 부채 모양이다.

② 잎의 가장자리에 털이 있다.

③ 잎의 끝 모양이 물결 모양이다.

④ 잎이 한곳에서 두 개씩 뭉쳐난다.

⑤ 잎의 가장자리 모양이 톱니 모양이다.

03 잎이 달걀 모양인 것은 어느 것입니까?

(   )

① 🌿 벚나무　　② 🌿 잣나무

③ 🌿 단풍나무　　④ 🌿 은행나무

04 다음은 식물의 잎을 분류하는 기준에 대한 친구들의 대화입니다. <u>잘못</u> 말한 친구의 이름을 쓰시오.

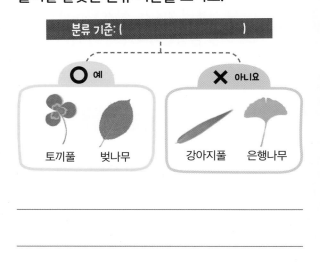

> 잎의 공통점과 차이점을 비교하여 분류 기준을 정해.
>
> 누가 분류해도 결과가 같은 분류 기준이어야 해.
>
> '잎에서 좋은 냄새가 나는가?' 는 알맞은 분류 기준이야.

서영　　지훈　　영배

(   )

서술형 낮

05 다음과 같이 식물의 잎을 분류했을 때 (   ) 안에 들어갈 알맞은 분류 기준을 쓰시오.

분류 기준: (   )

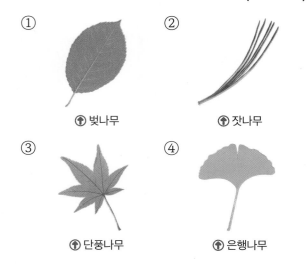

⭕ 예	❌ 아니요
토끼풀　벚나무	강아지풀　은행나무

_____

_____

06 땅에서 사는 식물에 대한 설명으로 옳지 <u>않은</u> 것은 어느 것입니까? (   )

① 뿌리, 줄기, 잎이 있다.
② 줄기와 잎이 잘 구분된다.
③ 풀과 나무로 구분할 수 있다.
④ 대부분 땅에 뿌리를 내리고 산다.
⑤ 땅에서 사는 식물은 모두 한해살이 식물이다.

07 다음 식물들의 공통점으로 옳은 것을 두 가지 고르시오. (,   )

↑ 나팔꽃

↑ 주목

① 한해살이 식물이다.
② 여러해살이 식물이다.
③ 줄기가 길고 단단하다.
④ 뿌리, 줄기, 잎이 있다.
⑤ 땅에 뿌리를 내리고 산다.

08 다음 은행나무에 대한 설명으로 옳지 <u>않은</u> 것은 어느 것입니까? (   )

① 나무에 속한다.
② 잎이 부채 모양이다.
③ 여러해살이 식물이다.
④ 줄기가 짧고 부드럽다.
⑤ 강아지풀보다 키가 크다.

09 다음 식물들의 공통점으로 옳은 것은 어느 것입니까? (   )

> 검정말, 나사말

① 잎이 넓다.
② 잎이 물 위로 자란다.
③ 잎자루에 공기 주머니가 있다.
④ 수염 같은 뿌리를 물속으로 뻗는다.
⑤ 줄기가 물의 흐름에 따라 잘 휘어진다.

10 다음은 물에서 사는 식물의 특징에 대한 친구들의 대화입니다. 옳게 말한 친구의 이름을 쓰시오.

마름과 붕어마름은 물속에 잠겨서 사는 식물이야.

부레옥잠, 개구리밥은 수염 같은 뿌리가 물속에 있어.

잎이 물 밖에 나와서 사는 식물은 줄기가 물의 흐름에 따라 잘 휘어져.

서영   지훈   영배

(   )

[11~12] 오른쪽은 부레옥잠의 잎자루를 잘라 물속에 넣은 모습입니다. 물음에 답하시오.

부레옥잠

서술형 ☺

11 위에서 부레옥잠의 잎자루를 손가락으로 눌렀을 때 나타나는 현상을 쓰시오.

_____

_____

12 문제 11번 답의 현상으로 알 수 있는 부레옥잠이 물에 떠서 살 수 있는 까닭으로 옳은 것은 어느 것입니까? (   )

① 잎이 넓기 때문이다.
② 잎이 둥글기 때문이다.
③ 잎이 매끈하기 때문이다.
④ 잎자루에 공기 주머니가 있기 때문이다.
⑤ 수염 같은 뿌리가 물속에 있기 때문이다.

13 사막의 환경에 대한 설명으로 옳지 <u>않은</u> 것은 어느 것입니까? (   )

① 햇빛이 강하다.
② 물이 부족하다.
③ 비가 많이 내린다.
④ 낮과 밤의 온도 차가 크다.
⑤ 선인장, 바오바브나무 등이 산다.

14 다음 바오바브나무가 사막에서 살 수 있는 까닭으로 옳은 것은 어느 것입니까? (   )

① 비교적 키가 작기 때문이다.
② 잎에 물을 저장하기 때문이다.
③ 뿌리를 땅속으로 얕게 뻗기 때문이다.
④ 잎이 넓어서 햇빛을 많이 받기 때문이다.
⑤ 줄기가 굵어서 물을 많이 저장할 수 있기 때문이다.

[15~16] 다음은 선인장의 생김새입니다. 물음에 답하시오.

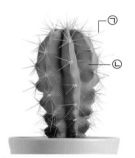

어려워 ☺

15 위 ㉠과 ㉡은 잎과 줄기 중 어디에 해당하는지 각각 쓰시오.

㉠: (   ), ㉡: (   )

16 위 ㉠과 ㉡에 대한 설명으로 옳은 것에 ○표, 옳지 <u>않은</u> 것에 ×표 하시오.

(1) ㉠은 물이 잘 빠져나가도록 하고, 동물의 공격을 방어할 수 있다.   (   )

(2) ㉡은 두께가 굵어서 물을 많이 저장할 수 있다.   (   )

→ 바른답·알찬풀이 46쪽

17 다음은 북극이끼장구채입니다. 이 식물이 사는 곳의 환경에 대한 설명으로 옳지 <u>않은</u> 것은 어느 것입니까? ( )

① 온도가 매우 낮다.
② 강한 바람이 분다.
③ 북극버들, 북극다람쥐꼬리 등이 산다.
④ 이 환경에서 사는 식물은 서로 뭉쳐난다.
⑤ 이 환경에서 사는 식물은 키가 대체로 크다.

18 다음과 같은 찍찍이 테이프를 만들 때 모방한 식물의 특징으로 옳은 것은 어느 것입니까? ( )

① 가시 모양의 선인장 잎
② 손바닥 모양의 단풍나무 잎
③ 공기 주머니가 있는 부레옥잠 잎
④ 가장자리가 톱니 모양인 토끼풀 잎
⑤ 표면이 갈고리 모양인 도꼬마리 열매

19 오른쪽 수세미는 어느 식물의 특징을 모방하여 만든 것입니까? ( )

①
🔼 은행나무 잎

②
🔼 물상추 잎

③
🔼 수세미오이 열매

④
🔼 단풍나무 열매

서술형 🔖

20 다음과 같이 물에 젖지 않는 옷감을 만들 때 모방한 식물의 특징을 쓰시오.

_____

_____

개념 ① 물의 상태 변화

① 물의 세 가지 상태: 물은 고체인 **①**[○○], 액체인 물, 기체인 수증기의 세 가지 상태가 있습니다.

② 물의 세 가지 상태의 특징

얼음	물	수증기
• 차갑고 단단함. • 일정한 모양이 있음.	• 흐를 수 있음. • 담는 용기에 따라 모양이 변함.	• 눈에 보이지 않음. • 담는 용기에 따라 모양이 변함.

③ 물의 상태 변화: 액체인 물은 고체인 얼음이나 기체인 수증기로 변할 수 있습니다. → 김은 기체인 수증기가 공기 중에서 식어 액체인 작은 물방울로 변한 것이에요.

개념 ② 물이 얼 때와 얼음이 녹을 때의 변화

① 물이 얼 때와 얼음이 녹을 때 부피와 무게 변화
* 부피 변화: 물이 얼면 부피는 **②**[ㄴㅇ]나고, 얼음이 녹으면 부피는 줄어듭니다.
* 무게 변화: 물이 얼거나 얼음이 녹을 때 무게는 변하지 않습니다.

② 물의 부피 변화와 관련된 예

물이 얼 때	• 페트병에 물을 가득 넣어 얼리면 물의 부피가 늘어나 페트병이 커짐. • 추운 겨울에 수도관에 설치된 계량기가 얼어서 터짐. • 추운 겨울 바위틈에 있던 물이 얼면서 바위가 쪼개짐. • 유리병에 물을 가득 담아 냉동실에 넣어 얼리면 유리병이 깨짐.
얼음이 녹을 때	• 언 생수병이 녹으면 부피가 줄어듦. • 꽁꽁 언 얼음과자가 녹으면 튜브 위쪽에 빈 공간이 생김. • 얼음 틀 위로 튀어나와 있던 얼음이 녹아 물의 높이가 **③**[ㄴㅇ]짐.

개념 ③ 물의 증발과 끓음

① 증발

뜻	물 **④**[ㅍㅁ]에서 액체인 물이 기체인 수증기로 상태가 변하는 현상
예	• 젖은 빨래가 햇볕에 마름. • 가뭄으로 논바닥이 갈라짐. • 웅덩이에 고여 있던 물이 마름. • 사과, 감, 오징어와 같은 음식 재료가 마름. • 수채 물감으로 그린 그림이 시간이 지나면 마름.

② 끓음

뜻	물 표면과 물속에서 액체인 물이 기체인 수증기로 상태가 변하는 현상
예	• 냄비 속 물을 가열하면 증발하다가 끓음. • 전기 주전자 속 물을 가열하면 증발하다가 끓음.

③ 증발과 끓음의 공통점과 차이점

구분	증발	끓음
공통점	물이 **⑤**[ㅅㅈㄱ]로 상태가 변해 공기 중으로 흩어짐.	
차이점	• 물 표면에서 일어남. • 물의 양이 천천히 줄어듦.	• 물 표면과 물속에서 일어남. • 증발할 때보다 물의 양이 빠르게 줄어듦.

개념 ④ 수증기의 응결

① 응결: 기체인 수증기가 액체인 물로 상태가 변하는 현상으로, 공기 중의 수증기가 차가운 물체를 만나면 물체 표면에 **⑥**[ㅁㅂㅇ]로 맺힙니다.

② 응결의 예 → 겨울철에 추운 바깥에 있다가 따뜻한 곳에 들어갈 때 안경에 김이 서리는 것도 응결의 예 중 하나예요.

| ⊕ 맑은 날 아침 풀잎에 물방울이 맺힘. | ⊕ 맑은 날 아침 거미줄에 물방울이 맺힘. | ⊕ 욕실의 차가운 거울 표면에 물방울이 맺힘. |

자료 ① 물이 얼 때와 얼음이 녹을 때 부피와 무게 변화 비교하기

구분	물이 얼기 전	물이 언 후	얼음이 녹은 후
부피 (물과 얼음의 높이)	물의 높이 / 물	얼음의 높이 / 얼음	물의 높이 / 물
무게(g)	13.2	13.2	13.2

POINT
물이 얼 때와 얼음이 녹을 때 부피는 변하지만, 무게는 변하지 않습니다.

1-1 물이 얼면 부피가 늘어나기 때문에 얼음의 높이가 높아집니다. (○ , ×)

1-2 물을 얼린 시험관을 따뜻한 물이 든 비커에 넣어 얼음을 완전히 녹이면 녹기 전보다 물의 높이가 (낮아집니다 , 높아집니다).

자료 ② 물이 끓을 때의 변화 관찰하기

처음부터 물이 끓기 전까지	물이 끓을 때	물이 끓고 난 후
처음 물의 높이 / 기포		
매우 작은 기포가 조금씩 생김.	큰 기포가 연속해서 많이 생김.	물의 높이가 처음보다 낮아짐.

물이 수증기로 변한 것이에요. ←

↑ 기포가 올라와 터지면서 물 표면이 울퉁불퉁해져요.

POINT
끓음은 물 표면과 물속에서 동시에 일어납니다.

2-1 물이 끓을 때 물이 수증기로 상태가 변해 공기 중으로 흩어지기 때문에 물의 높이가 낮아집니다.
(○ , ×)

2-2 물을 끓이면 증발할 때보다 물의 양이 (빠르게 , 느리게) 줄어듭니다.

2-3 물이 끓을 때 물속에서 생기는 기포는 물이 무엇으로 변한 것인지 쓰시오.
( )

자료 ③ 수증기가 응결하는 현상 관찰하기

물방울 — / — 물

↑ 플라스틱병에 주스와 조각 얼음을 넣고 시간이 지나면 플라스틱병 표면에 물방울이 맺히고, 페트리 접시에 물이 고임.

시간이 지난 뒤 → 423.7 / 425.7

↑ 처음보다 플라스틱병의 무게가 늘어남.

POINT
응결은 기체인 수증기가 액체인 물로 상태가 변하는 현상입니다.

3-1 플라스틱병에 주스와 조각 얼음을 넣고 시간이 지나면 플라스틱병 표면에 ( )이/가 맺힙니다.

3-2 주스와 조각 얼음을 넣은 플라스틱병의 무게는 시간이 지날수록 (가벼워집니다 , 무거워집니다).

3-3 플라스틱병 표면에서 변화가 일어나는 까닭은 공기 중의 ( )이/가 물로 상태가 변해 플라스틱병 표면에 달라붙기 때문입니다.

과학

01 얼음, 물, 수증기에 대한 설명으로 옳은 것은 어느 것입니까? (   )

① 얼음은 흐를 수 있다.
② 얼음은 기체 상태의 물이다.
③ 물은 눈에 보이지 않는다.
④ 물은 담는 용기에 따라 모양이 변한다.
⑤ 수증기는 일정한 모양이 있다.

02 (   ) 안에 공통으로 들어갈 말을 쓰시오.

• 물은 고체인 얼음, 액체인 물, 기체인 (   )의 세 가지 상태로 있다.
• 물이 끓는 주전자에서 나오는 (   )은/는 액체인 물이 상태가 변한 것으로, 기체 상태의 물이다.

(   )

03 물의 상태 변화에 대한 친구들의 대화입니다. 잘못 말한 친구의 이름을 쓰시오.

(   )

04 다음과 같이 공기 중에 얼음을 놓아두었을 때의 상태 변화를 쓰시오.

꼭 들어가야 할 말   고체, 액체, 기체

_____

_____

_____

[05~07] 다음과 같이 플라스틱 시험관에 물을 반 정도 넣고 물의 높이를 표시한 다음 얼린 후에 얼음의 높이를 표시하고, 다시 녹인 후에 물의 높이를 표시하였습니다. 물음에 답하시오.

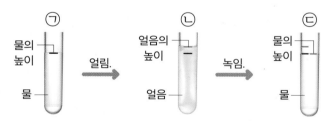

05 위 실험 결과로 알 수 있는 내용으로 옳은 것은 어느 것입니까? (   )

① 물이 얼 때와 얼음이 녹을 때 부피가 변한다.
② 물이 얼 때와 얼음이 녹을 때 무게가 변한다.
③ 물이 얼 때와 얼음이 녹을 때 부피가 변하지 않는다.
④ 물이 얼 때와 얼음이 녹을 때 부피와 무게가 모두 변한다.
⑤ 물이 얼 때와 얼음이 녹을 때 부피와 무게가 모두 변하지 않는다.

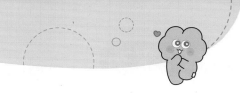

꼭나와 ㅂ

06 앞의 실험에서 얼음이 녹기 전과 얼음이 녹은 후의 부피를 비교한 것입니다. >, =, < 중 ( ) 안에 들어갈 알맞은 기호를 쓰시오.

| 얼음이 녹기 전의 부피 | ( ) | 얼음이 녹은 후의 부피 |

07 앞의 ㉠~㉢ 시험관의 무게를 각각 측정한 결과입니다. ( ) 안에 들어갈 무게로 알맞은 것은 어느 것입니까? ( )

구분	㉠	㉡	㉢
무게(g)	13.2	13.2	( )

① 13.1 ② 13.2 ③ 13.3
④ 13.4 ⑤ 13.5

08 다음과 같이 물을 가득 넣은 알루미늄 캔을 얼린 후의 모습에 대한 설명으로 옳은 것은 어느 것입니까? ( )

① 알루미늄 캔이 작아진다.
② 물이 얼면서 부피가 늘어난다.
③ 물이 얼면서 부피가 줄어든다.
④ 물이 얼면서 부피와 무게가 늘어난다.
⑤ 물이 얼면서 부피와 무게가 줄어든다.

서술형 낭

09 오른쪽과 같이 물이 가득 담긴 유리병을 냉동실에 넣어두었습니다.

(1) 다음은 시간이 지난 후 유리병의 변화입니다. ( ) 안에 들어갈 알맞은 말을 쓰시오.

| 물이 얼면서 부피가 ( ) 때문에 유리병이 깨진다. |

( )

(2) 생활 속에서 위와 같은 물의 부피 변화와 관련된 예를 한 가지만 쓰시오.

_____

_____

10 다음은 냉동실에서 꺼내 놓은 얼음과자가 녹으면 튜브 위쪽에 빈 공간이 생기는 까닭을 설명한 것입니다. ( ) 안에 들어갈 알맞은 말을 쓰시오.

녹은 얼음과자

| 꽁꽁 언 얼음과자가 녹으면 ( )이/가 줄어들기 때문이다. |

( )

과학

꼭나와 ♥

11 오른쪽과 같이 비 온 뒤에 젖은 땅이 마를 때 물의 상태 변화로 옳은 것은 어느 것입니까? ( )

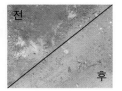

① 물 → 얼음
② 얼음 → 물
③ 물 → 수증기
④ 수증기 → 물
⑤ 얼음 → 수증기

12 다음과 같이 가뭄으로 논바닥이 갈라지는 현상에 대한 설명으로 옳은 것은 어느 것입니까?

( )

① 논바닥에서 물이 증발한다.
② 물이 얼음으로 상태가 변한다.
③ 물의 상태 변화가 빠르게 일어난다.
④ 가뭄이 계속되면 땅속에서 기포가 발생한다.
⑤ 전기 주전자 속 물을 가열하는 것과 같은 현상이다.

13 물의 증발과 관련된 예가 <u>아닌</u> 것은 어느 것입니까?

( )

↑ 빨래 말리기

↑ 국 끓이기

↑ 머리카락 말리기

↑ 과일 말리기

14 다음은 물이 끓는 모습에 대한 친구들의 대화입니다. 옳게 말한 친구의 이름을 쓰시오.

처음부터 물이 끓기 전까지는 아무 변화가 없어.

물이 끓을 때에는 큰 기포가 연속해서 많이 생겨.

물이 끓을 때 생기는 기포는 액체 상태의 물이야.

서영   지훈   영배

( )

서술형 ♥

15 다음과 같이 비커에 물 100 mL를 넣고 물의 높이를 표시한 뒤 15 분 동안 가열하였더니 그냥 두었을 때보다 물의 높이가 빠르게 낮아졌습니다. 물의 높이가 빠르게 낮아진 까닭을 쓰시오.

물의 높이   끓임.

꼭 들어가야 할 말   물, 수증기, 상태

_____

_____

→ 바른답·알찬풀이 47쪽

[16~17] 다음은 플라스틱병에 주스와 조각 얼음을 넣고 뚜껑을 닫은 다음 페트리 접시에 올려놓고 전자저울로 무게를 측정하는 모습입니다. 물음에 답하시오.

주스와
조각 얼음
페트리 접시
전자저울

16 시간이 지난 뒤 위 플라스틱병에서 나타나는 변화를 옳게 설명한 것을 두 가지 고르시오.
(,)

① 주스의 색깔이 진해진다.
② 페트리 접시에 물이 고인다.
③ 아무 변화가 나타나지 않는다.
④ 플라스틱병 표면에 물방울이 맺힌다.
⑤ 주스가 플라스틱병 밖으로 새어 나온다.

17 시간이 지난 뒤 위 플라스틱병의 무게를 다시 측정했을 때, 처음 무게와 나중 무게를 비교하여 >, =, < 중 ( ) 안에 들어갈 알맞은 기호를 쓰시오.

플라스틱병의 처음 무게	( )	플라스틱병의 나중 무게

18 수증기의 응결과 관련이 있는 현상은 어느 것입니까? ( )

① 고드름이 녹는다.
② 꽁꽁 언 생수병이 녹는다.
③ 웅덩이에 고여 있던 물이 마른다.
④ 맑은 날 아침 창문에 물방울이 맺힌다.
⑤ 물을 계속 끓이면 물의 양이 줄어든다.

19 ㉠, ㉡에 들어갈 알맞은 말을 쓰시오.

> 뜨거운 음식을 먹을 때 음식을 담은 그릇 안쪽에 맺힌 물방울이나 안경에 서린 김은 공기 중의 (㉠)이/가 (㉡)(으)로 상태가 변한 것이다.

㉠: ( ), ㉡: ( )

꼭나와 ♨
20 물의 상태가 기체에서 액체로 변하는 예로 옳지 않은 것은 어느 것입니까? ( )

①
⊕ 개수대에 묻은 물이 시간이 지나면 마름.

②
⊕ 맑은 날 아침 풀잎에 물방울이 맺힘.

③
⊕ 차가운 거울 표면에 물방울이 맺힘.

④
⊕ 맑은 날 아침 거미줄에 물방울이 맺힘.

과학

[01~02] 다음은 물의 세 가지 상태와 그 특징을 나타낸 것입니다. 물음에 답하시오.

(㉠)	물	수증기
• 차갑고 단단함. • 일정한 모양이 있음.	• (㉡) • 담는 용기에 따라 모양이 변함.	• 눈에 보이지 않음. • 담는 용기에 따라 모양이 변함.

01 위 ㉠에 들어갈 알맞은 말을 쓰시오.

(   )

02 위 ㉡에 들어갈 물의 특징으로 옳은 것은 어느 것입니까? (   )

① 따뜻하다.
② 단단하다.
③ 불투명하다.
④ 흐를 수 있다.
⑤ 눈에 보이지 않는다.

03 다음은 손바닥에 올려놓은 얼음이 시간이 지나면서 변하는 모습을 나타낸 것입니다. (   ) 안에 들어갈 알맞은 말을 쓰시오.

얼음은 물로 변할 수 있고, 물은 수증기로 변할 수 있다. 이처럼 물은 다른 (   ) (으)로 변할 수 있다.

(   )

어려워 상
04 다음과 같은 물의 부피 변화와 관련된 예로 옳지 <u>않은</u> 것은 어느 것입니까? (   )

추운 겨울 바위에 구멍을 여러 개 뚫어 그 안에 물을 부으면 물이 얼어 바위가 쪼개진다.

① 추운 겨울에 수도관에 설치된 계량기가 터진다.
② 냉동실에 넣어 둔 요구르트병의 부피가 커진다.
③ 페트병에 물을 가득 넣어 얼리면 페트병이 커진다.
④ 유리병에 물을 가득 담아 냉동실에 넣으면 유리병이 깨진다.
⑤ 얼음 틀 위로 튀어나와 있던 얼음이 녹아 물의 높이가 낮아진다.

[05~08] 다음은 플라스틱 시험관에 물을 반 정도 넣고 물의 높이를 표시한 다음 물을 얼렸을 때 부피와 무게 변화를 나타낸 것입니다. 물음에 답하시오.

구분	물이 얼기 전	물이 언 후
부피 (물과 얼음의 높이)	물의 높이 물	㉠
무게(g)	13.2	㉡

서술형 상
05 위 ㉠ 시험관에서 얼음의 높이 변화를 쓰고, 그렇게 답한 까닭을 쓰시오.

_____

_____

06 앞의 실험에서 ⓒ에 알맞은 무게를 쓰시오.

( )g

07 앞의 실험을 통해 알 수 있는 물이 얼 때의 부피와 무게 변화를 알맞게 짝 지은 것은 어느 것입니까? ( )

	부피 변화	무게 변화
①	줄어든다.	늘어난다.
②	늘어난다.	줄어든다.
③	늘어난다.	변하지 않는다.
④	변하지 않는다.	늘어난다.
⑤	변하지 않는다.	변하지 않는다.

08 다음은 앞의 실험에서 ㉠ 시험관을 따뜻한 물에 넣어 얼음을 완전히 녹였을 때의 물의 높이에 대한 친구들의 대화입니다. 옳게 말한 친구의 이름을 쓰시오.

얼음이 녹으면 물의 높이가 낮아져. — 유미

얼음이 녹으면 물의 높이가 높아져. — 진수

얼음이 녹을 때 물의 높이는 변하지 않아. — 서준

( )

09 오른쪽과 같이 물을 가득 넣은 페트병을 냉동실에 넣어두었습니다. 시간이 지난 후 페트병의 변화에 대한 설명으로 옳은 것을 두 가지 고르시오. (,)

물

① 페트병이 커졌다.
② 물이 얼면서 부피가 늘어났다.
③ 물이 얼면서 무게가 늘어났다.
④ 물이 얼면서 부피와 무게가 줄어들었다.
⑤ 물이 얼면서 부피는 늘어나고, 무게는 줄어들었다.

10 다음과 같이 비커 두 개에 각각 물 100 mL를 넣고 물의 높이를 표시한 뒤에 비커 한 개는 입구를 막아 햇볕이 잘 드는 곳에 놓아두었습니다. ( ) 안에 들어갈 말로 옳은 것은 어느 것입니까? ( )

처음 물의 높이

⬆ 입구를 막은 비커

200
150

⬆ 입구를 막지 않은 비커

구분	입구를 막은 비커	입구를 막지 않은 비커
15 분 후	물의 높이가 변하지 않음.	물의 높이가 변하지 않음.
1 일 후	물의 높이가 변하지 않음.	물의 높이가 ( ).

① 낮아짐   ② 높아짐
③ 변하지 않음   ④ 낮아졌다가 높아짐
⑤ 높아졌다가 낮아짐

11 마당에 물로 글자를 썼더니 잠시 뒤에 글자가 사라졌습니다. 글자가 사라진 까닭으로 옳은 것은 어느 것입니까? (   )

① 물이 흙으로 변했기 때문이다.
② 물의 온도가 낮아졌기 때문이다.
③ 물이 얼음으로 상태가 변했기 때문이다.
④ 물이 수증기로 상태가 변했기 때문이다.
⑤ 물의 색깔이 흙과 같은 색깔로 변했기 때문이다.

[12~13] 다음과 같이 비커에 물을 넣고 물의 높이를 표시한 다음 가열했습니다. 물음에 답하시오.

물의 높이

 어려워

12 위 실험에서 물이 끓을 때의 모습으로 옳은 것을 두 가지 고르시오. (,   )

① 아무 변화가 없다.
② 물의 색깔이 변한다.
③ 큰 기포가 많이 생긴다.
④ 물 표면이 울퉁불퉁해진다.
⑤ 물 표면에서만 물이 수증기로 상태가 변한다.

13 위 실험에서 물이 끓고 난 후의 변화에 대한 설명으로 옳은 것을 보기 에서 모두 골라 기호를 쓰시오.

보기
㉠ 물의 양이 줄어든다.
㉡ 물의 양이 늘어난다.
㉢ 물이 끓기 전보다 물의 높이가 낮아진다.
㉣ 물이 끓기 전보다 물의 높이가 높아진다.

(   )

서술형

14 다음 두 현상에서 공통적으로 나타나는 물의 상태 변화를 쓰시오.

⬆ 빨래 말리기   ⬆ 물 끓이기

_____

_____

15 물의 상태가 변하는 빠르기가 가장 빠른 것은 어느 것입니까? (   )

①
⬆ 머리카락 말리기

②
⬆ 물 끓이기

③
⬆ 과일 말리기

④
전 / 후
⬆ 젖은 땅 마르기

16 다음은 얼음물을 넣은 유리컵 표면에 물방울이 맺히는 까닭을 설명한 것입니다. ( ) 안의 알맞은 말을 골라 ○표 하시오.

얼음물
물방울

> (유리컵 안의 물 , 공기 중의 수증기)이/가 차가운 유리컵 표면에 닿으면 물방울로 변하기 때문이다.

17 ( ) 안에 들어갈 알맞은 말은 어느 것입니까?
( )

> 맑은 날 아침 풀잎이나 거미줄에 물방울이 맺히는 것과 같이 기체인 수증기가 액체인 물로 상태가 변하는 현상을 ( )(이)라고 한다.

① 얼음   ② 녹음   ③ 증발
④ 끓음   ⑤ 응결

어려워 👍

18 다음은 추운 겨울 식당 안의 모습입니다. 공기 중의 수증기가 물로 상태가 변하는 현상이 <u>아닌</u> 것을 골라 기호를 쓰시오.

ⓐ 고드름이 햇볕을 받아 녹는다.
ⓑ 안경에 김이 서린다.
ⓒ 냄비 뚜껑 안쪽에 물방울이 맺힌다.

( )

[19~20] 오른쪽과 같이 플라스틱병에 주스와 조각 얼음을 넣고 뚜껑을 닫은 다음 페트리 접시에 올려놓고 변화를 관찰하였습니다. 물음에 답하시오.

주스와 조각 얼음
페트리 접시

19 다음은 플라스틱병 표면에서 일어나는 변화를 설명한 것입니다. ㉠, ㉡에 들어갈 말을 알맞게 짝 지은 것은 어느 것입니까? ( )

> 플라스틱병 표면에 물방울이 맺히고, 페트리 접시에 (㉠)이/가 고인다. 이처럼 기체인 수증기가 액체인 (㉠)(으)로 상태가 변하는 현상을 (㉡)이라고 한다.

	㉠	㉡
①	물	증발
②	물	응결
③	얼음	끓음
④	얼음	응결
⑤	수증기	증발

서술형 👍

20 위 플라스틱병 표면에서 나타나는 물의 상태 변화와 관련된 예를 두 가지 쓰시오.

_____

_____

_____

3. 그림자와 거울

개념 ① 물체와 그림자

① 그림자가 생기는 조건

- 그림자가 생기려면 빛과 **❶** [ㅁㅊ] 가 있어야 합니다.
- 빛(손전등) - 물체(공) - 스크린(흰 종이) 순서대로 있을 때 그림자가 생깁니다.

② 물체 모양과 그림자 모양: 스크린 앞에 둔 종이의 모양과 그림자 모양은 서로 비슷합니다.

그림자는 사각형 모양이에요.

⬆ 사각형 모양 종이와 그림자

③ 물체 모양과 그림자 모양이 비슷한 까닭

- 빛의 **❷** [ㅈㅈ] : 빛이 곧게 나아가는 성질
- 직진하는 빛이 물체를 통과하지 못하면 물체 모양과 비슷한 그림자가 물체 뒤쪽에 있는 스크린에 생깁니다.
- 물체 모양과 그림자 모양이 비슷한 까닭은 빛이 직진하기 때문입니다.

④ 투명한 물체와 불투명한 물체의 그림자

구분	투명한 물체	불투명한 물체
그림자 모양	유리컵	도자기 컵
빛의 통과	빛이 대부분 통과함.	빛이 통과하지 못함.
그림자 진하기	연한 그림자가 생김.	**❸** [ㅈㅎ] 그림자가 생김.

➡ 그림자 진하기가 다른 까닭: **❹** [ㅂ] 이 물체를 통과하는 정도가 다르기 때문입니다.

개념 ② 그림자의 크기 변화

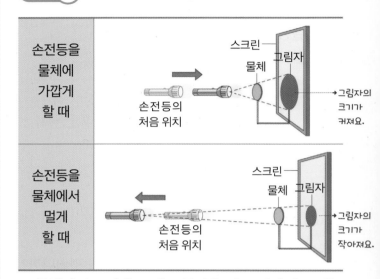

➡ 물체와 스크린을 그대로 두었을 때 그림자의 크기는 손전등과 물체 사이의 **❺** [ㄱㄹ] 에 따라 달라집니다.

↳ 손전등과 물체를 그대로 두었을 때, 스크린을 물체에 가깝게 하면 그림자의 크기가 작아지고 스크린을 물체에 멀게 하면 그림자의 크기가 커져요.

개념 ③ 거울의 성질

① 빛의 반사: 빛이 나아가다가 거울에 부딪치면 거울에서 빛의 **❻** [ㅂㅎ] 이 바뀌는 성질

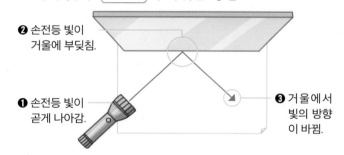

❷ 손전등 빛이 거울에 부딪침.
❶ 손전등 빛이 곧게 나아감.
❸ 거울에서 빛의 방향이 바뀜.

② 거울에서 빛의 반사: 거울을 사용하면 빛의 방향을 바꿀 수 있기 때문에 돌아보지 않고도 뒤에 있는 사람을 볼 수 있습니다.

③ 거울에 비친 물체의 모습

거울에 비친 물체의 색깔	실제 물체의 색깔과 같음.
거울에 비친 물체의 모습	물체의 상하는 바뀌어 보이지 않지만 **❼** [ㅈㅇ] 는 바뀌어 보임.

정답 ❶ 물체 ❷ 직진 ❸ 진한 ❹ 빛 ❺ 거리 ❻ 방향 ❼ 좌우

자료 1 손전등과 물체 사이의 거리에 따른 그림자의 크기 변화

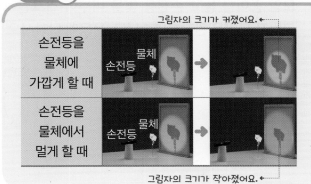

그림자의 크기가 커졌어요.

| 손전등을 물체에 가깝게 할 때 | |
| 손전등을 물체에서 멀게 할 때 | |

그림자의 크기가 작아졌어요.

POINT
물체와 스크린을 그대로 두었을 때 그림자의 크기는 손전등과 물체 사이의 거리에 따라 달라집니다.

1-1 그림자가 생기려면 빛과 ( )이/가 있어야 합니다.

1-2 물체와 스크린을 그대로 두었을 때 손전등을 물체에서 멀게 하면 그림자의 크기는 작아집니다.
(○ , ×)

자료 2 물체와 평면거울에 비친 물체의 모습 비교하기

인형 ── ┌─ 종이 거울

| 같은 점 | 실제 인형과 종이 거울에 비친 인형의 색깔과 상하 모습이 같음. |
| 다른 점 | 종이 거울에는 실제 인형과 좌우가 바뀐 모습으로 보임. |

POINT
거울에 비친 물체의 상하는 바뀌어 보이지 않지만 좌우는 바뀌어 보입니다.

2-1 거울에 비친 인형의 색깔은 실제 인형의 색깔과 (같습니다 , 다릅니다).

2-2 거울에 비친 인형의 모습은 실제 인형과 상하가 바뀌어 보입니다. (○ , ×)

2-3 실제 인형이 오른쪽 팔을 들고 있으면 거울에 비친 인형은 (오른쪽 , 왼쪽) 팔을 들고 있는 것처럼 보입니다.

자료 3 거울을 이용하는 예

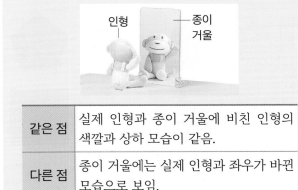

→승강기 안이 넓어 보이게 해요.

화장실	승강기	신발 가게
자신의 모습을 보기 위해 거울을 이용함.	자신의 모습을 보기 위해 거울을 이용함.	신발이 발에 잘 맞는지 보기 위해 거울을 이용함.
무용 연습실	미용실	자동차
자신의 동작이 맞는지 확인하기 위해 거울을 이용함.	머리의 모습을 확인하기 위해 거울을 이용함.	뒤에 오는 자동차를 확인하기 위해 거울을 이용함.

POINT
자신의 모습을 보거나 주변에 있는 다른 모습을 볼 때, 쉽게 볼 수 없는 곳을 볼 때 거울을 이용합니다.

3-1 자신의 모습을 보거나 주변에 있는 다른 모습을 볼 때 ( )을/를 이용합니다.

3-2 뒤에 오는 자동차를 확인하기 위해 자동차 뒷거울을 이용합니다. (○ , ×)

3-3 자신의 동작이 맞는지 확인하기 위해 사용하는 거울은 (무용 연습실 거울 , 신발 가게 거울)입니다.

3-4 자신의 모습을 보기 위해 이용하는 거울이 아닌 것은 (화장실 거울 , 자동차 뒷거울 , 승강기 거울)입니다.

01 ( ) 안에 공통으로 들어갈 말을 쓰시오.

- ( )이/가 생기려면 빛과 물체가 있어야 한다.
- 빛이 나아가다가 물체에 막히면 물체 뒤쪽에 ( )이/가 생긴다.

( )

02 다음과 같이 손전등, 공, 흰 종이를 놓고 손전등 빛을 비추었을 때 그림자가 생기는 위치로 옳은 것을 골라 기호를 쓰시오.

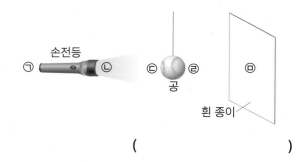
손전등 ㉠ ㉡ ㉢ ㉣ ㉤
공
흰 종이

( )

03 다음과 같이 구름이 낀 날 운동장에 있는 나무의 그림자가 생기지 <u>않는</u> 까닭으로 옳은 것은 어느 것입니까? ( )

① 나무가 투명하기 때문이다.
② 나무가 사라지기 때문이다.
③ 햇빛이 직진하지 않기 때문이다.
④ 햇빛이 구름에 가려졌기 때문이다.
⑤ 햇빛이 나무를 통과하기 때문이다.

[04~05] 다음과 같이 손전등과 스크린 사이에 오각형 모양 종이를 놓고 손전등 빛을 비추어 스크린에 생긴 그림자 모양을 관찰하였습니다. 물음에 답하시오.

오각형 모양 종이
스크린
손전등

꼭나와 ♡

04 위 실험에서 스크린에 생기는 그림자 모양으로 옳은 것은 어느 것입니까? ( )

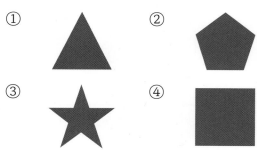
① ② ③ ④

서술형 ♡

05 문제 4번의 답과 같은 그림자 모양이 생기는 까닭을 쓰시오.

꼭 들어가야 할 말 직진, 스크린, 그림자

_____

_____

06 ( ) 안에 들어갈 알맞은 말에 ○표 하시오.

(1) 원 모양 종이의 그림자는 (사각형 , 원) 모양
이다.

(2) 물체 모양과 그림자 모양이 (비슷한 , 다른)
까닭은 빛이 직진하기 때문이다.

07 다음과 같이 도자기 컵에 손전등 빛을 비추었을
때에 대한 설명으로 옳은 것을 [보기]에서 모두
골라 기호를 쓰시오.

손전등   도자기 컵   스크린

[보기]

㉠ 스크린에 연한 그림자가 생긴다.
㉡ 손전등 빛이 도자기 컵을 대부분 통과한다.
㉢ 손전등 빛이 도자기 컵을 통과하지 못한다.
㉣ 스크린에 도자기 컵 모양의 그림자가 생
긴다.

( )

08 물체에 빛을 비추었을 때 흐리고 연한 그림자가
생기는 것은 어느 것입니까? ( )

①
⬆ 유리병

②
⬆ 농구공

③
⬆ 나무 도막

④
⬆ 쇠숟가락

서술형 ㅂ
09 다음과 같은 불투명한 도자기 컵과 투명한 유리컵
에 빛을 비추었습니다.

⬆ 도자기 컵   ⬆ 유리컵

(1) 도자기 컵과 유리컵 중 더 진한 그림자가 생
기는 것은 어느 것인지 쓰시오.

( )

(2) 위 (1)번 답의 컵이 더 진한 그림자가 생기는
까닭을 쓰시오.

_____

_____

꼭나와 ㅂ
10 다음 안경에 대한 설명으로 옳은 것은 어느 것
입니까? ( )

㉠

㉡

① ㉠은 투명하다.
② ㉡은 불투명하다.
③ 빛을 비추었을 때 ㉠은 연한 그림자가 생긴다.
④ 빛을 비추었을 때 ㉡은 진한 그림자가 생긴다.
⑤ 빛을 비추었을 때 ㉠은 빛이 통과하지 못하
지만, ㉡은 빛이 대부분 통과한다.

[11~13] 다음과 같이 물체와 스크린은 그대로 두고 불을 켠 손전등의 위치를 이동하였습니다. 물음에 답하시오.

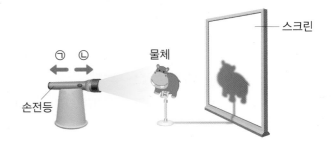

11 위 실험은 무엇을 알아보기 위한 것입니까?
( )

① 물체의 크기에 따른 그림자의 크기 변화
② 물체의 색깔에 따른 그림자의 크기 변화
③ 스크린의 크기에 따른 그림자의 크기 변화
④ 스크린의 높이에 따른 그림자의 크기 변화
⑤ 손전등과 물체 사이의 거리에 따른 그림자의 크기 변화

서술형

12 위 실험에서 손전등의 위치를 각각 ㉠ 방향과 ㉡ 방향으로 이동할 때 그림자의 크기는 어떻게 변하는지 쓰시오.

꼭 들어가야 할 말   손전등, 이동, 커진다, 작아진다

_____

_____

_____

13 앞의 실험에서 물체와 손전등을 그대로 두었을 때 그림자의 크기에 영향을 주는 것으로 옳은 것은 어느 것입니까? ( )

① 물체의 색깔   ② 스크린의 모양
③ 손전등의 크기   ④ 손전등 빛의 밝기
⑤ 물체와 스크린 사이의 거리

14 손전등 빛을 거울에 비추었을 때 나타나는 현상으로 옳은 것은 어느 것입니까? ( )

① 빛이 거울을 통과한다.
② 빛이 거울에서 사라진다.
③ 빛이 나아가는 방향이 바뀐다.
④ 빛이 거울에 부딪쳐 밝아진다.
⑤ 빛이 거울에 부딪쳐 어두워진다.

꼭나와 ♡

15 거울을 향해 손전등 빛을 비추었을 때 빛이 나아가는 모습으로 옳은 것은 어느 것입니까?
( )

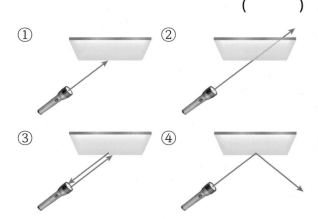

[16~17] 다음은 글자판을 거울에 비춰 보는 모습입니다. 물음에 답하시오.

16 위 실험의 글자판에는 어떤 글자가 적혀 있는지 쓰시오.

(   )

17 문제 16번 답을 통해 알 수 있는 거울에 비친 물체의 모습에 대한 설명으로 옳은 것은 어느 것입니까? (   )

① 실제 물체와 색깔이 다르다.
② 실제 물체와 똑같이 보인다.
③ 실제 물체와 상하만 바뀌어 보인다.
④ 실제 물체와 좌우만 바뀌어 보인다.
⑤ 실제 물체와 상하좌우가 모두 바뀌어 보인다.

꼭나와 ⓤ

18 오른쪽과 같은 글자판을 거울 앞에 세워 두었을 때 거울에 비친 모습으로 옳은 것은 어느 것입니까? (   )

①
거울

②
ﾚ롱

③
울ﾚ

④
ﾚ롱

19 다음 구급차 앞부분에 있는 글자와 숫자를 앞서 가는 자동차 뒷거울로 보았을 때의 모습으로 옳은 것은 어느 것입니까? (   )

① 119구급대
② 119구급대
③ 119구급대
④ 911구급대

20 일상생활에서 거울을 이용한 예로 옳지 <u>않은</u> 것은 어느 것입니까? (   )

① ⓐ 화장실에서 양치질을 할 때

② ⓐ 정육점에서 고기를 사고팔 때

③ ⓐ 신발 가게에서 신발이 잘 맞는지 볼 때

④ ⓐ 미용실에서 머리의 모습을 확인할 때

01 그림자가 생기는 조건에 대하여 옳게 말한 친구의 이름을 쓰시오.

빛과 스크린이 있으면 항상 그림자가 생겨. (유미)

빛만 있으면 물체에 빛을 비추지 않아도 그림자가 생겨. (진수)

물체가 있어도 빛이 없으면 그림자가 생기지 않아. (서준)

(   )

02 다음과 같이 스크린에 동물 그림자를 만들기 위해 필요한 것을 두 가지 고르시오.

(,   )

① 손 ② 거울 ③ 손전등
④ 모양 종이 ⑤ 투명한 물체

03 컵, 손전등, 스크린을 이용해 컵의 그림자를 만들 때 각 물체를 놓는 순서로 옳은 것은 어느 것입니까? (   )

① 컵 - 손전등 - 스크린
② 컵 - 스크린 - 손전등
③ 손전등 - 컵 - 스크린
④ 손전등 - 스크린 - 컵
⑤ 스크린 - 손전등 - 컵

어려워 😀

04 다음과 같이 손전등과 스크린 사이에 여러 가지 모양 종이를 놓고 손전등 빛을 비추었습니다. 모양 종이와 스크린에 생긴 그림자 모양을 알맞게 짝 지은 것은 어느 것입니까? (   )

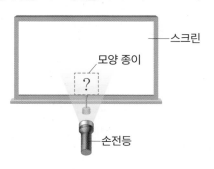

	①	②	③	④	⑤
모양 종이	★	■	●	▲	◆
그림자 모양	★	◆	■	●	▲

05 다음과 같이 ㄱ자 모양 블록을 놓고 손전등 빛을 비출 때 스크린에 생기는 그림자의 모양으로 옳은 것은 어느 것입니까? (   )

[06~07] 다음과 같이 손전등과 스크린 사이에 유리
컵과 도자기 컵을 각각 놓고, 손전등 빛을 비추어 스크
린에 생긴 그림자를 관찰하였습니다. 물음에 답하시오.

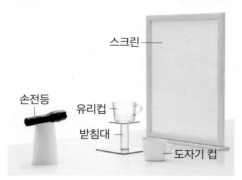

스크린
손전등
유리컵
받침대
도자기 컵

어려워 ↘

06 위 실험에 대한 설명으로 옳은 것은 어느 것입니
까? (   )

① 유리컵은 불투명한 물체이다.
② 도자기 컵은 투명한 물체이다.
③ 스크린에 생긴 유리컵의 그림자는 진하다.
④ 스크린에 생긴 도자기 컵의 그림자는 연하다.
⑤ 물체의 모양이 같아도 빛이 통과하는 정도가
  다르면 그림자 진하기가 다르다.

서술형 ↘

07 위 실험에서 유리컵과 도자기 컵의 그림자 진하기
를 빛이 통과하는 정도와 관련지어 쓰시오.

_____

_____

_____

08 다음과 같은 투명 시계와 투명 시계의 그림자를
관찰한 결과로 옳지 <u>않은</u> 것은 어느 것입니까?
(   )

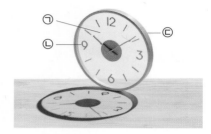

① ㉠은 투명하다.
② ㉡은 불투명하다.
③ ㉡은 진한 그림자가 생긴다.
④ ㉢은 연한 그림자가 생긴다.
⑤ ㉠은 빛이 대부분 통과하지만, ㉡과 ㉢은 빛
  이 통과하지 못한다.

[09~10] 다음과 같은 안경과 안경의 그림자를 관찰하
였습니다. 물음에 답하시오.

09 위 ㉠~㉢ 중 연한 그림자가 생기는 부분의 기호
를 쓰시오.

(   )

10 위 안경을 관찰한 결과로 옳은 것은 어느 것입니
까? (   )

① ㉠은 빛이 대부분 통과한다.
② ㉡은 빛이 통과하지 못한다.
③ ㉢은 빛이 통과하지 못한다.
④ ㉠, ㉡, ㉢은 모두 투명한 부분이다.
⑤ ㉠, ㉡, ㉢은 모두 불투명한 부분이다.

[11~12] 다음과 같이 스크린 앞에 동물 모양 종이를 놓고 손전등 빛을 비추어 그림자를 만들었습니다. 물음에 답하시오.

서술형 상

11 위에서 동물 모양 종이와 스크린은 그대로 두고 그림자의 크기를 작게 만드는 방법을 쓰시오.

_____

_____

어려워 하

12 위에서 동물 모양 종이는 그대로 두고 손전등과 스크린을 움직일 때 그림자의 크기가 커지는 경우를 에서 모두 골라 기호를 쓰시오.

┌─ **보기** ─────────────────────┐

㉠ 스크린은 그대로 두고 손전등을 동물 모양 종이에 가깝게 한다.

㉡ 스크린은 그대로 두고 손전등을 동물 모양 종이에서 멀게 한다.

㉢ 손전등은 그대로 두고 스크린을 동물 모양 종이에 가깝게 한다.

㉣ 손전등은 그대로 두고 스크린을 동물 모양 종이에서 멀게 한다.

└──────────────────────────────┘

(   )

13 그림자의 크기 변화에 영향을 주는 것은 어느 것입니까? (   )

① 물체의 색깔
② 스크린의 크기
③ 물체의 투명한 정도
④ 손전등과 물체 사이의 거리
⑤ 물체 표면의 매끄러운 정도

14 빛의 반사에 대한 설명으로 옳은 것은 어느 것입니까? (   )

① 빛이 거울에 부딪쳐 어두워진다.
② 거울로 빛의 방향을 바꿀 수 없다.
③ 빛이 투명한 물체를 통과해 밝아진다.
④ 빛이 불투명한 물체를 통과해 사라진다.
⑤ 빛이 거울에 부딪쳐 나아가는 방향이 바뀐다.

15 거울을 향해 손전등 빛을 비추었을 때 빛이 나아가는 모습으로 옳은 것은 어느 것입니까?

(   )

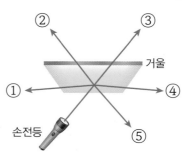

→ 바른답·알찬풀이 49쪽

[16~17] 다음과 같이 종이 거울 앞에 오른쪽 팔을 올린 인형을 놓고 실제 인형과 거울에 비친 인형의 모습을 비교하였습니다. 물음에 답하시오.

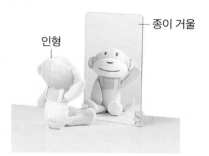

어려워

16 위 실험에서 거울에 비친 인형의 모습에 대한 설명으로 옳은 것을 보기 에서 모두 골라 기호를 쓰시오.

> **보기**
> ㉠ 왼쪽 팔을 올린 모습으로 보인다.
> ㉡ 오른쪽 팔을 올린 모습으로 보인다.
> ㉢ 팔을 들어올린 높이가 다르게 보인다.
> ㉣ 거울에 비친 인형의 색깔은 실제 인형과 같다.

(   )

서술형

17 위 실험에서 실제 인형과 거울에 비친 인형의 모습을 비교해 보고, 같은 점과 다른 점을 각각 한 가지씩 쓰시오.

(1) 같은 점: _____

_____

(2) 다른 점: _____

_____

18 다음은 거울에 비친 물체의 모습에 대한 친구들의 대화입니다. 옳게 말한 친구의 이름을 쓰시오.

실제 물체와 좌우가 바뀌어 보여.

실제 물체와 색깔이 다르게 보여.

실제 물체와 상하좌우가 모두 바뀌어 보여.

유미   진수   서준

(   )

19 일상생활에서 거울을 이용한 예로 옳지 <u>않은</u> 것은 어느 것입니까? (   )

① 미용실에서 거울을 이용하여 머리의 모습을 확인한다.

② 자동차 뒷거울을 이용하여 뒤에 오는 차를 확인한다.

③ 화장실 거울을 이용하여 얼굴에 무엇이 묻었는지 본다.

④ 무용 연습실에서 거울을 이용하여 자신의 동작을 살펴본다.

⑤ 신발 가게에서 거울을 이용하여 내부 공간을 좁아 보이게 한다.

20 오른쪽과 같이 승강기에 거울이 있어 좋은 점을 두 가지 고르시오.

(,   )

① 승강기가 가벼워진다.

② 승강기 안을 좁아 보이게 한다.

③ 승강기 안을 넓어 보이게 한다.

④ 자신의 모습을 비춰 볼 수 있다.

⑤ 승강기에 짐을 많이 실을 수 있다.

과학

4. 화산과 지진

→ 화산 활동은 우리 생활에 많은 피해를 주지만 이로운 점도 있어요.

개념 1 화산 분출물

① 화산: 화산 활동으로 마그마가 분출되어 만들어지는 지형
② 화산 ❶ [ㅂㅊㅁ]: 화산 활동으로 나오는 여러 가지 물질
③ 화산 분출물의 종류

종류	상태	특징
화산 가스	기체	대부분 수증기이며, 여러 가지 기체가 섞여 있음.
❷ [○○]	액체	마그마가 땅 위로 분출된 것으로 매우 뜨거움.
화산재	고체	크기가 아주 작고, 화산 가스와 섞여서 분출되기도 함.
화산 암석 조각	고체	크기와 모양이 다양함.

⬆ 용암　　⬆ 화산재　　⬆ 화산 암석 조각

개념 2 화강암과 현무암

① 화성암: ❸ [ㅁㄱㅁ]가 식어서 만들어진 암석으로, 화강암과 현무암이 대표적입니다.
② 화강암과 현무암의 특징

구분	화강암	현무암
모습		
색깔	밝은색	어두운색
생성 위치	땅속 깊은 곳	땅 위나 지표 근처
알갱이의 크기	크기가 큼.	크기가 작음.
그 밖의 특징	대체로 밝은색이지만 검은색 알갱이도 보임.	표면에 ❹ [ㄱㅁ]이 있는 것도 있고 없는 것도 있음.

개념 3 화산 활동이 우리 생활에 주는 영향

화산 활동의 피해	화산 활동의 이로움
• 용암이 흘러 산불이 나거나 사람이 다칠 수 있음. • 화산재가 마을이나 논밭을 뒤덮어 피해를 줌. • 화산재가 비행기 운항을 어렵게 하여 비행기 운항이 취소됨.	• 화산 활동으로 만들어진 독특한 지형을 관광지로 이용함. • 화산 주변에서 땅속의 열을 이용하여 온천을 개발하거나 전기를 만듦.

개념 4 지진의 발생 원인과 대처 방법

① 지진: 지구 내부에서 작용하는 힘을 받아 땅이 끊어지며 흔들리는 것
② 지진이 발생하는 원인: 지구 내부에서 작용하는 힘에 의해 땅이 끊어지면 지진이 발생합니다.
③ 지진의 세기: 지진의 세기는 ❺ [ㄱㅁ]로 나타낼 수 있으며, 규모의 숫자가 클수록 강한 지진입니다.
④ 상황별 지진 대처 방법

→ 우리나라도 지진의 안전지대가 아니므로 지진에 대비하는 자세가 필요해요.

지진으로 흔들릴 때	흔들림이 멈췄을 때
튼튼한 탁자 아래로 들어가서 몸을 보호하거나 가방 등을 이용하여 머리를 보호함.	전기와 가스를 차단하고 문을 열어 출구를 확보하며, ❻ [ㄱㄷ]을 이용하여 밖으로 나감.
대피 장소로 이동할 때	대피 장소에 도착한 후
건물이나 담장에서 떨어져서 머리를 보호하며 넓은 공간으로 대피함.	라디오나 공공 기관의 안내 방송 등 올바른 정보에 따라 행동함.

정답 ❶ 화산분출물 ❷ 용암 ❸ 마그마 ❹ 구멍 ❺ 규모 ❻ 계단

자료 ① 화산 활동 모형과 실제 화산 활동 비교하기

화산 활동 모형	실제 화산 활동
→설탕과 식용 소다를 넣은 화산 모형을 가열해요. ┌ 화산 모형	
• 연기가 남. • 설탕이 녹은 갈색 액체가 거품과 함께 흘러나옴. →용암과 같아요.	• 붉은색 용암이 나옴. • 큰 소리가 나기도 함. • 화산 가스와 화산재가 나옴. • 작은 암석 조각들이 멀리까지 튐.

POINT
화산 활동 모형에서 물질이 분출하는 모습은 실제 화산 활동과 비슷하지만, 다른 점도 있습니다.

1-1 화산 활동 모형에서 나오는 연기는 화산 가스와 같고, 설탕이 녹은 갈색 액체는 (   )과/와 같습니다.

1-2 화산 활동 모형에서는 한 가지 상태의 물질만 나옵니다. (○ , ×   )

1-3 실제 화산 활동에서는 큰 소리가 나기도 하지만, 화산 활동 모형에서는 큰 소리가 나지 않습니다.
(○ , ×)

자료 ② 화산 활동의 피해와 이로움

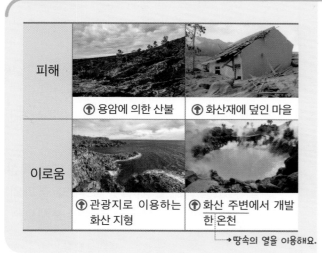

피해
⬆ 용암에 의한 산불   ⬆ 화산재에 덮인 마을

이로움
⬆ 관광지로 이용하는 화산 지형   ⬆ 화산 주변에서 개발한 온천
└→땅속의 열을 이용해요.

POINT
화산 활동은 우리 생활에 많은 피해를 주지만 이로운 점도 있습니다.

2-1 화산 활동으로 분출된 (용암 , 화산 가스)이/가 산불을 일으키거나 사람을 다치게 합니다.

2-2 화산 활동으로 만들어진 독특한 지형을 (관광지 , 주거지)로 이용합니다.

2-3 화산 주변에서 땅속의 (   )을/를 이용해 온천을 개발하거나 전기를 만듭니다.

자료 ③ 지진 발생 모형과 실제 지진 비교하기

지진 발생 모형	실제 지진
우드록	땅
양손으로 미는 힘	지구 내부에서 작용하는 힘
우드록이 부러질 때 손의 떨림	지진

POINT
우드록이 부러질 때 손에 떨림이 느껴지는 것처럼 실제 지진이 일어날 때에는 땅이 끊어지며 주변의 땅이 흔들립니다.

3-1 지진 발생 모형실험에서 우드록은 실제 지진에서 (   )과/와 같습니다.

3-2 양손으로 우드록을 수평 방향으로 밀면 우드록이 휘어지고, 계속 힘을 주면 우드록이 (다시 펴집니다 , 부러집니다).

[01~03] 다음은 화산 활동이 일어날 때 나오는 물질의 모습입니다. 물음에 답하시오.

⬆ 용암 　　　⬆ 화산재 　　　⬆ 화산 암석 조각

01 위와 같이 화산이 분출할 때 나오는 물질을 무엇이라고 하는지 쓰시오.

(　　　　　　)

꼭나와 🙂

02 위 물질에 대한 설명으로 옳은 것은 어느 것입니까? (　　)

① 용암은 매우 차갑다.
② 용암은 마그마가 땅속에서 굳은 것이다.
③ 화산재는 크기가 매우 작다.
④ 화산재는 대부분 수증기로 이루어져 있다.
⑤ 화산 암석 조각은 모두 크기가 매우 작다.

03 위 물질을 상태에 따라 기체, 액체, 고체로 구분할 때 알맞게 짝 지은 것은 어느 것입니까?

(　　　)

	용암	화산재	화산 암석 조각
①	기체	고체	고체
②	액체	기체	고체
③	액체	고체	고체
④	고체	액체	고체
⑤	고체	기체	액체

04 ㉠, ㉡에 들어갈 말을 알맞게 짝 지은 것은 어느 것입니까? (　　　)

화산 가스는 (㉠) 상태의 물질로, 대부분 (㉡)(으)로 이루어져 있다.

	㉠	㉡		㉠	㉡
①	기체	암석	②	기체	수증기
③	액체	용암	④	고체	얼음
⑤	고체	수증기			

서술형 😊

05 다음과 같이 설탕과 식용 소다를 넣은 화산 모형을 알코올램프로 가열했을 때의 결과와 실제 화산 활동의 다른 점을 한 가지만 쓰시오.

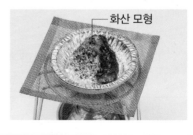
화산 모형

꼭 들어가야 할 말 　화산 모형, 물질, 실제 화산 활동

_____

_____

_____

[06~07] 다음은 화강암과 현무암이 만들어지는 장소를 순서 없이 나타낸 것입니다. 물음에 답하시오.

06 ㉠에서 만들어지는 암석의 이름을 쓰시오.

(   )

07 ㉡에서 만들어지는 암석의 이름과 특징을 알맞게 짝 지은 것은 어느 것입니까? (   )

① 현무암 – 암석의 색깔이 어둡다.
② 현무암 – 반짝이는 알갱이가 있다.
③ 화강암 – 암석의 색깔이 밝다.
④ 화강암 – 암석 표면에 구멍이 많다.
⑤ 화강암 – 알갱이의 크기가 작아서 돋보기로 관찰해도 잘 보이지 않는다.

08 다음은 화강암과 현무암의 알갱이 크기를 비교한 것입니다. >, =, < 중 (   ) 안에 들어갈 알맞은 기호를 쓰시오.

화강암의 알갱이 크기	( )	현무암의 알갱이 크기

09 다음은 화강암과 현무암의 모습을 순서 없이 나타낸 것입니다.

㉠    ㉡

(1) ㉠과 ㉡ 암석의 이름을 각각 쓰시오.
　㉠: (   ), ㉡: (   )

(2) ㉠과 ㉡ 암석의 공통점을 한 가지만 쓰시오.

_____

_____

10 다음은 화산 활동이 우리 생활에 주는 영향에 대한 친구들의 대화입니다. 잘못 말한 친구와 바르게 고쳐 쓴 내용을 알맞게 짝 지은 것은 어느 것입니까?

(   )

유미　　　　진수　　　　서준

① 유미 – 화산재가 마을을 뒤덮으면 도움이 돼.
② 유미 – 화산재를 이용해 전기를 만들 수 있어.
③ 진수 – 용암이 흐르면 홍수가 나기도 해.
④ 진수 – 용암이 흘러 사람이 다치기도 해.
⑤ 서준 – 화산 주변에서 땅속의 화산재를 이용하여 전기를 만들 수 있어.

11 ( ) 안에 들어갈 말로 옳은 것은 어느 것입니까? ( )

화산 주변 지역에서는 땅속의 높은 열을 이용해 ( )을/를 개발하기도 한다.

① 산 ② 온천 ③ 호수
④ 마을 ⑤ 논밭

[12~13] 다음과 같이 양손으로 우드록을 수평 방향으로 밀면서 우드록의 변화를 관찰하였습니다. 물음에 답하시오.

12 위 실험에서 우드록은 실제 지진에서 무엇에 해당하는지 쓰시오.

( )

 꼭나와

13 위 실험에서 양손으로 우드록을 밀 때 우드록에 나타나는 변화로 옳은 것을 보기 에서 모두 골라 기호를 쓰시오.

보기

㉠ 우드록의 두께가 두꺼워진다.
㉡ 우드록을 계속 밀면 부러진다.
㉢ 우드록의 모습은 변하지 않는다.
㉣ 우드록의 가운데가 볼록하게 휘어진다.

( )

서술형 ∺

14 다음은 지진 발생 모형실험을 하는 모습입니다. 이 실험에서 우드록이 부러지는 것은 실제 지진이 일어날 때 무엇과 같은지 쓰고, 이때 손에는 어떤 느낌이 드는지 각각 쓰시오.

우드록

꼭 들어가야 할 말   땅, 떨림

_____
_____

15 다음은 지진이 발생하는 원인에 대한 설명입니다. ( ) 안에 들어갈 말로 옳은 것은 어느 것입니까? ( )

( )에서 작용하는 힘에 의해 땅이 끊어지면 지진이 발생한다.

① 바다 ② 하늘 ③ 다리
④ 극지방 ⑤ 지구 내부

➡ 바른답·알찬풀이 50쪽

16 지진이 일어날 때 나타날 수 있는 현상으로 옳지 <u>않은</u> 것은 어느 것입니까? (   )

① 건물이 부서진다.
② 도로가 끊어진다.
③ 사람이 넘어져서 다친다.
④ 주변의 물건이 흔들리거나 떨어진다.
⑤ 화산재가 논밭을 뒤덮어 피해를 준다.

17 다음은 우리나라에서 일어난 지진의 피해 사례입니다. 밑줄 친 단어에 대한 설명으로 옳은 것을 두 가지 고르시오. (,   )

> 경주에서 <u>규모</u> 5.8의 지진이 발생하여 문화재가 일부 파손되었다.

① 지진의 세기를 나타낸다.
② 숫자가 클수록 약한 지진이다.
③ 숫자가 클수록 강한 지진이다.
④ 지진이 일어난 횟수를 나타낸다.
⑤ 지진이 일어난 장소를 나타낸다.

18 가장 강한 지진은 어느 것입니까? (   )

① 경주에서 일어난 규모 5.8의 지진
② 포항에서 일어난 규모 5.4의 지진
③ 일본에서 일어난 규모 6.6의 지진
④ 멕시코에서 일어난 규모 7.4의 지진
⑤ 알바니아에서 일어난 규모 6.4의 지진

19 다음은 지진이 일어났을 때 안전하게 대처하는 방법입니다. 옳은 것에 ○표, 옳지 <u>않은</u> 것에 ×표 하시오.

(1) 지진이 일어나면 상황과 장소에 맞는 대처 방법에 따라 침착하게 행동한다. (   )
(2) 지진은 미리 알 수 있으므로 평소에 지진 대처 방법을 익힐 필요는 없다. (   )
(3) 우리나라는 지진의 안전지대가 아니므로 지진에 대비하는 자세가 필요하다. (   )

꼭나와 ♡
20 지진이 일어났을 때 상황에 따른 대처 방법으로 옳지 <u>않은</u> 것은 어느 것입니까? (   )

①
⬆ 흔들림이 멈추면 문을 닫음.

②
⬆ 대피 장소에 도착한 후에는 올바른 정보에 따라 행동함.

③
⬆ 대피 장소로 이동할 때에는 머리를 보호하며 움직임.

④
⬆ 지진으로 흔들릴 때에는 튼튼한 탁자 아래로 들어가 머리를 보호함.

01 마그마가 분출되어 만들어진 지형은 어느 것입니까? (   )

① ⊙ 화산

② ⊙ 사막

③ ⊙ 평원

④ ⊙ 갯벌

02 화산 분출물에 대한 설명으로 옳은 것은 어느 것입니까? (   )

① 용암은 기체인 화산 분출물이다.
② 화산재는 고체인 화산 분출물이다.
③ 화산 암석 조각은 액체인 화산 분출물이다.
④ 화산 분출물은 모두 물질의 상태가 같다.
⑤ 화산 활동이 끝난 후 만들어지는 물질이다.

03 화산 활동으로 분출되는 물질 중 고체이며 크기와 모양이 다양한 것은 어느 것입니까 (   )

① ⊙ 용암

② ⊙ 화산재

③ ⊙ 화산 가스

④ ⊙ 화산 암석 조각

서술형 ✿

04 다음은 화산 활동이 일어나고 있는 모습입니다.

(1) 화산 활동이 일어날 때 나오는 물질 중 기체 상태의 물질을 한 가지 쓰시오.

(   )

(2) 위 (1)번에서 답한 물질의 특징을 한 가지만 쓰시오.

_____

_____

[05~06] 다음과 같이 설탕과 식용 소다를 넣은 화산 모형을 알코올램프로 가열하였습니다. 물음에 답하시오.

화산 모형

어려워 ✿

05 위 실험에 대한 설명으로 옳은 것은 어느 것입니까? (   )

① 화산 활동 모형에서 연기가 난다.
② 화산 활동 모형에서 큰 소리가 나기도 한다.
③ 화산 활동 모형에서 설탕이 굳어서 튀어 나온다.
④ 화산 활동 모형에서 액체 물질은 나오지 않는다.
⑤ 화산 활동 모형에서는 실제 화산 활동보다 다양한 물질이 나온다.

06 앞의 실험 결과에 대한 설명입니다. ㉠, ㉡에 들어갈 알맞은 말을 쓰시오.

> 화산 활동 모형에서 나오는 연기는 실제 화산 활동에서 (㉠)과/와 같고, 녹은 설탕은 (㉡)과/와 같다.

㉠: (   ), ㉡: (   )

[07~08] 다음은 화강암과 현무암의 모습을 순서 없이 나타낸 것입니다. 물음에 답하시오.

㉠    ㉡

어려워 🐢

07 위 ㉠과 ㉡에 대한 설명으로 옳은 것은 어느 것입니까? (   )

① ㉠은 화강암이다.
② ㉡은 현무암이다.
③ ㉠은 ㉡보다 색깔이 밝다.
④ ㉠은 ㉡보다 알갱이의 크기가 작다.
⑤ ㉠ 암석은 모두 표면에 구멍이 있다.

08 위 화강암과 현무암의 공통점으로 옳은 것은 어느 것입니까? (   )

① 화산재가 녹아서 만들어진다.
② 화산재가 뭉쳐서 만들어진다.
③ 마그마가 식어서 만들어진다.
④ 화산 가스가 식어서 만들어진다.
⑤ 화산재와 화산 가스가 섞여서 만들어진다.

서술형 🐢

09 다음은 화성암이 만들어지는 장소입니다.

(1) 화강암과 현무암 중 ㉠에서 만들어지는 암석의 이름을 쓰시오.

(   )

(2) 위 (1)번에서 답한 암석의 생김새의 특징을 한 가지만 쓰시오.

_____

_____

10 화산 활동이 우리 생활에 주는 피해로 옳은 것은 어느 것입니까? (   )

①
⚲ 용암에 의한 산불

②
⚲ 화산 주변에서 개발한 온천

③
⚲ 화산 주변에서 만든 전기

④
⚲ 관광지로 이용하는 화산 지형

서술형 낭

11 다음과 같은 화산재가 우리 생활에 주는 피해를 한 가지만 쓰시오.

_____

_____

어려워 낭

12 다음은 화산 활동의 영향에 대한 친구들의 대화입니다. 옳게 말한 친구의 이름을 쓰시오.

화산 활동은 우리 생활에 피해만 줘.

화산 활동은 사람에게는 직접 영향을 주지 않아.

화산 주변에서 땅속의 열을 다양하게 이용하기도 해.

유미   진수   서준

(   )

13 ( ) 안에 들어갈 알맞은 말을 골라 ○표 하시오.

지진은 지구 ㉠(내부 , 외부)에서 작용하는 힘에 의해 땅이 ㉡(휘어지면 , 끊어지면) 발생합니다.

[14~15] 다음과 같이 양손으로 우드록을 수평으로 밀면서 우드록의 변화를 관찰하였습니다. 물음에 답하시오.

14 위 실험은 무엇을 알아보기 위한 것입니까?

(   )

① 지진이 주는 피해
② 지진이 발생하는 원인
③ 화산 활동이 주는 피해
④ 화산 활동이 주는 이로움
⑤ 화성암이 만들어지는 과정

15 위 실험에 대한 설명으로 옳은 것은 어느 것입니까? (   )

① 우드록은 화산과 같다.
② 우드록을 양손으로 밀면 우드록의 두께가 두꺼워진다.
③ 우드록을 양손으로 미는 힘은 지구 내부에서 작용하는 힘과 같다.
④ 땅은 우드록이 부러지는 시간보다 짧은 시간 동안 힘을 받아 끊어진다.
⑤ 우드록을 양손으로 밀면 우드록에는 변화가 없고 손에 뜨거움이 느껴진다.

16 지진이 우리 생활에 주는 피해로 옳은 것을 보기 에서 모두 골라 기호를 쓰시오.

보기

㉠ 도로가 끊어진다.
㉡ 건물에 금이 가거나 부서진다.
㉢ 가뭄이 들어 논밭이 메말라진다.
㉣ 많은 비가 내려 다리가 물에 잠긴다.

(   )

→ 바른답·알찬풀이 51쪽

17 ( ) 안에 공통으로 들어갈 말은 어느 것입니까?

( )

- 지진의 세기는 ( )(으)로 나타낼 수 있다.
- ( )의 숫자가 클수록 강한 지진을 의미한다.

① 힘   ② 연기   ③ 진동
④ 규모   ⑤ 갈라짐

18 다음은 우리나라와 다른 나라에서 일어난 지진의 피해 사례를 조사한 것입니다. 이에 대한 설명으로 옳지 <u>않은</u> 것은 어느 것입니까? ( )

- 2016 년 우리나라 경주에서 규모 5.8의 지진이 일어나 사람들이 다치고 문화재가 파손되었다.
- 2017 년 우리나라 포항에서 규모 5.4의 지진이 일어나 건물의 일부가 떨어져 사람들이 다쳤다.
- 2019 년 알바니아에서 규모 6.4의 지진이 일어나 건물이 부서지고 수백 명의 인명 피해가 발생했다.
- 2020 년 멕시코에서 규모 7.4의 지진이 일어나 집이 부서지고 사람들이 다쳤다.

① 우리나라도 지진에 대비해야 한다.
② 지진으로 인명 피해가 생기기도 한다.
③ 우리나라에서는 약한 지진만 일어나 피해가 없다.
④ 발생 지역이나 시기에 따라 지진의 세기가 다르다.
⑤ 우리나라를 비롯한 여러 나라에서 지진이 일어난다.

19 상황별 지진 대처 방법으로 옳은 것을 에서 모두 골라 기호를 쓰시오.

보기

㉠ 집 안에서 지진으로 흔들릴 때는 튼튼한 탁자 아래로 들어가서 몸을 보호한다.
㉡ 집 안에서 흔들림이 멈추면 전기와 가스를 켜고 현관문을 닫는다.
㉢ 대피 장소로 이동할 때는 건물이나 담장에서 멀리 떨어진다.
㉣ 대피 장소에 도착한 후에는 주변 사람들의 말에 따라 행동한다.

( )

어려워 ♡

20 상황별 지진 대처 방법으로 옳은 것은 어느 것입니까? ( )

① 모든 상황에서 지진 대처 방법은 같다.
② 지진으로 흔들릴 때는 넓은 공간으로 대피한다.
③ 흔들림이 멈췄을 때는 승강기를 이용하여 밖으로 나간다.
④ 대피 장소로 이동할 때는 건물이나 담장과 가까운 곳으로 대피한다.
⑤ 대피 장소에 도착한 후에는 공공 기관의 안내 방송 등 올바른 정보에 따라 행동한다.

과학

개념 1 물의 순환

① 물의 이동: 지구상에서 물은 한곳에 머무르지 않고 ❶ [ㅅㅌ]를 바꾸며 자유롭게 이동합니다.

② 물의 순환: 물은 상태를 바꾸며 바다, 육지, 공기, 생명체 등 여러 곳을 돌고 도는데, 이 과정을 물의 순환이라고 합니다.

| 물이 증발하여 ❷ [ㅅㅈㄱ]가 됨. | → | 수증기가 응결하여 구름이 됨. | → | 구름 속 물방울은 비나 눈이 되어 내림. |

비는 액체이고, 눈은 고체예요. ←

• 물이 강, 호수, 바다로 흘러감.
• 땅속으로 스며든 물은 식물의 ❸ [ㅃㄹ]에 흡수되거나 바다로 흘러감.
→식물이 흡수한 물은 잎에서 수증기가 되어 공기 중으로 흩어져요.

개념 2 물의 순환 과정을 알아보는 모형실험 하기

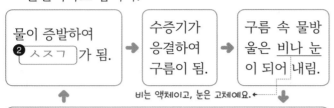

전등
지퍼 백 안쪽에 물방울이 맺혀요.
물의 순환 모형
약 20 cm
얼음이 녹아요.
물＋얼음

① 물의 순환 모형에서 일어나는 물의 순환 과정
  ❶ 지퍼 백 안에서 얼음이 녹아 물이 됩니다.
  ❷ 지퍼 백 안에서 물이 증발하여 수증기가 됩니다.
  ❸ 지퍼 백 안에서 수증기가 ❹ [ㅇㄱ]하여 지퍼 백 안쪽에 물방울이 맺히고, 물방울의 크기가 점점 커지며 아래로 내려옵니다.
  ❹ 지퍼 백 안쪽에 맺힌 물방울이 아래로 내려오면 증발하여 수증기가 되고, 수증기가 응결하여 다시 물방울이 맺힙니다.

② 지퍼 백 안에 들어 있는 물과 얼음이 실제 자연에서 나타내는 것
  • 지퍼 백 안에 들어 있는 물: 강, 호수, 바다 등
  • 지퍼 백 안에 들어 있는 얼음: 바다에 떠 있는 얼음덩어리 등

개념 3 물의 이용

① 물의 중요성: 물은 ❺ [ㅅㅁ]을 유지하는 데 매우 중요하며, 우리 생활에서 다양하게 이용됩니다.

② 물을 이용하는 예: 일상생활에서 이용하거나 가축을 기를 때, 공장에서 물건을 만들 때, 농사를 짓거나 꽃을 가꿀 때 등

개념 4 물 부족 현상

① 물 부족 현상: 우리가 이용할 수 있는 물은 점점 부족해집니다.

② 물 부족 현상의 원인

자연환경	인구 증가	산업 발달
물이 많이 증발하거나 비가 아주 적게 내리는 지역이 있음.	인구가 증가하면서 우리가 이용하는 물의 양이 늘어남.	산업이 발달하면서 우리가 이용하는 물의 양이 늘어남.

개념 5 물 부족 해결 방법

① 물 부족을 해결하기 위한 방법

가정이나 학교에서 물을 효과적으로 이용하는 방법	• 빨랫감은 모아서 한꺼번에 세탁함. • 물장난을 치거나 물을 함부로 버리지 않음. • 빗물을 모아 화단의 식물에 물을 줄 때 이용함.
기업이나 나라에서 물 부족을 해결하기 위해 하는 노력	• 바닷물을 마실 수 있는 물로 바꾸는 기술을 개발함. • 설거지할 때 물을 계속 틀어 놓지 않도록 절수 발판을 만듦. • 물이 새면 경보음이 울리거나 색깔이 변해 바로 알려 주는 제품을 개발함.

② 물을 아껴 써야 하는 까닭: 한번 쓴 물을 다시 이용할 수 있을 때까지는 시간과 ❻ [ㅂㅇ]이 많이 들기 때문입니다.

자료 ① 물의 순환 과정

⬆ 물의 순환 과정: 물은 수증기, 구름, 비나 눈을 거쳐 식물의 뿌리에 흡수되거나 다시 강, 호수, 바다로 흘러감.

POINT
물은 상태를 바꾸며 바다, 육지, 공기, 생명체 등 여러 곳을 순환합니다.

1-1 바다에서 물이 증발하여 수증기가 되어 하늘로 올라가 응결하면 (   )이/가 됩니다.

1-2 구름 속 물방울은 (더운 , 추운) 곳에서는 눈이 되어 내립니다.

1-3 비나 눈이 땅에 내리면 강이나 바다로 흘러갑니다.
(○ , ×)

자료 ② 물의 순환 모형실험과 실제 자연 비교하기

물의 순환 모형실험	실제 자연
전등	태양
지퍼 백 안에 들어 있는 물	강, 호수, 바다 등
지퍼 백 안에 들어 있는 얼음	바다에 떠 있는 얼음덩어리 등

POINT
물의 순환은 여러 곳에서 동시에, 끊임없이 일어납니다.

2-1 물의 순환 모형실험에서 실제 자연의 강, 호수, 바다 등을 나타내는 것은 지퍼 백 안에 들어 있는 (물 , 얼음)입니다.

2-2 지퍼 백 안에서 얼음이 녹아 물이 됩니다.
(○ , ×)

자료 ③ 물을 모으는 장치

구분	와카워터	이슬 물통
모습	→식물의 줄기와 그물망을 이용하여 탑 모양으로 만들어요.	거북의 등 모양이고 표면이 물결 모양이에요.
설치 장소	낮과 밤의 기온 차이가 큰 곳	
물을 모으는 방법	수증기가 응결하여 그물망에 맺힌 물방울이 그물을 타고 흘러내려 탑 아래쪽 바닥에 놓인 물통에 모임.	수증기가 응결하여 장치의 표면에 맺힌 물방울이 흘러내려 가장자리를 둥글게 감고 있는 부분에 모임.

POINT
물이 부족한 지역에서는 지역의 특성을 생각하여 물을 모으는 장치를 만듭니다.

3-1 와카워터와 이슬 물통은 낮과 밤의 기온 차이가 작은 곳에 설치합니다. (○ , ×)

3-2 와카워터는 식물의 줄기와 그물망을 이용하여 (탑 , 구) 모양으로 만듭니다.

3-3 이슬 물통은 거북의 등 모양이고 표면이 (물결 , 물방울) 모양입니다.

3-4 와카워터와 이슬 물통은 수증기가 (   ) 하여 맺힌 물방울을 모으는 장치입니다.

01 지구에 있는 물에 대한 설명으로 옳은 것은 어느 것입니까? (   )

① 물은 한곳에 머무른다.
② 물은 상태가 바뀌지 않고 순환한다.
③ 강과 바다의 물은 증발하지 않는다.
④ 날씨가 추워지면 눈이 녹아 호수나 강으로 흘러간다.
⑤ 물은 상태를 바꾸며 바다, 육지, 공기 등 여러 곳을 돌고 돈다.

02 물의 상태가 나머지와 다른 하나는 어느 것입니까? (   )

① 강물
② 바닷물
③ 땅속의 지하수
④ 식물의 줄기 속에 있는 물
⑤ 바다에 떠 있는 얼음덩어리

[03~05] 다음은 지구에서 물이 이동하는 과정입니다. 물음에 답하시오.

꼭나와 ♡

03 위와 같이 물이 상태를 바꾸며 바다, 육지, 공기, 생명체 등 여러 곳을 돌고 도는 과정을 무엇이라고 하는지 쓰시오.

물의 (   )

04 앞의 물의 이동 과정에 대한 설명으로 옳은 것은 어느 것입니까? (   )

① 물은 증발하여 수증기가 된다.
② 구름은 응결하여 수증기가 된다.
③ 비가 되어 내린 물은 바다로만 흘러간다.
④ 구름 속 물방울은 땅으로 내려오지 않는다.
⑤ 땅속에 스며든 물은 모두 공기 중으로 증발한다.

서술형 ♡

05 앞의 물의 이동 과정에서 공기 중의 수증기는 어떤 과정을 거쳐 땅으로 내려오는지 쓰시오.

꼭 들어가야 할 말 ── 수증기, 구름, 비나 눈, 땅

_____

_____

_____

06 비와 눈에 해당하는 물의 상태를 알맞게 짝 지은 것은 어느 것입니까? (   )

	비	눈		비	눈
①	기체	액체	②	기체	고체
③	액체	액체	④	액체	고체
⑤	고체	기체			

07 오른쪽은 땅속으로 스며 든 물이 이동하는 모습입니다. 이에 대한 설명으로 옳은 것을 보기 에서 모두 골라 기호를 쓰시오.

> **보기**
> ㉠ 땅속의 물이 뿌리에 흡수된다.
> ㉡ 뿌리에 흡수된 물은 줄기를 따라 이동한다.
> ㉢ 식물이 흡수한 물은 뿌리에서 땅으로 빠져 나간다.
> ㉣ 식물이 흡수한 물은 줄기에서 수증기가 되어 공기 중으로 흩어진다.

( )

[08~09] 다음과 같이 지퍼 백에 물과 얼음을 넣고 물의 순환 모형을 만들어 전등 빛을 비추었습니다. 물음에 답하시오.

08 위 실험에 대하여 옳게 말한 친구를 모두 골라 이름을 쓰시오.

( )

09 앞의 실험에 대한 설명입니다. ( ) 안에 들어 갈 알맞은 말을 골라 ◯표 하시오.

> 지퍼 백 안에서 물의 순환이 일어날 때 전체 물의 양은 (줄어든다 , 변하지 않는다).

서술형

10 다음은 지구상에서 일어나는 물의 순환을 설명한 것입니다.

> ㉠ 물이 공기 중으로 증발하여 수증기가 된다. 또, 식물이 뿌리를 통해 흡수한 물은 ㉡ 잎에서 얼음이 되어 공기 중으로 흩어진다. 공기 중의 ㉢ 수증기는 응결하여 구름이 되고, 비나 눈이 되어 내린다. 이러한 물의 순환 과정은 ㉣ 끊임없이 반복해서 일어난다.

(1) ㉠~㉣ 중 옳지 않은 것을 골라 기호를 쓰시오.

( )

(2) 위 (1)번 답의 내용을 바르게 고쳐 쓰시오.

_____

_____

11 물이 우리 생활에 없어서는 안 될 중요한 자원인 까닭으로 옳은 것을 에서 모두 골라 기호를 쓰시오.

> **보기**
>
> ㉠ 물은 한번만 이용할 수 있기 때문이다.
> ㉡ 물은 우리 생활에서 이용되지 않기 때문이다.
> ㉢ 물은 우리 생활에서 다양하게 이용되기 때문이다.
> ㉣ 물은 생명을 유지하는 데 매우 중요하기 때문이다.

(   )

12 우리 생활에서 물을 이용하는 경우로 옳지 <u>않은</u> 것은 어느 것입니까? (   )

①
↑ 가축을 기를 때

②
↑ 손을 씻을 때

③
↑ 연을 날릴 때

④
↑ 공장에서 물건을 만들 때

13 물 부족 현상을 일으키는 자연환경에 대한 설명으로 옳은 것을 두 가지 고르시오.

(,   )

① 물이 많이 증발하는 지역이 있다.
② 비가 아주 많이 내리는 지역이 있다.
③ 비가 아주 적게 내리는 지역이 있다.
④ 강이나 호수의 물은 증발하지 않는다.
⑤ 자연환경은 물 부족 현상과 관련이 없다.

14 다음은 물 부족 현상의 원인 중 하나를 나타낸 것입니다.

(1) 위 사진은 물 부족 현상을 일으키는 원인 중 어느 것에 해당하는지 다음에서 골라 쓰시오.

> 자연환경, 인구 증가, 산업 발달

(   )

(2) 위 (1)번의 원인이 물 부족 현상을 일으키는 까닭을 쓰시오.

_____

_____

15 다음은 물 부족 현상의 원인 중 하나에 대한 설명입니다. ㉠, ㉡에 들어갈 말을 알맞게 짝 지은 것은 어느 것입니까? (   )

> 인구가 점점 (㉠)하여 우리가 이용하는 물의 양이 (㉡) 때문에 물 부족 현상이 일어난다.

	㉠	㉡
①	증가	줄어들기
②	증가	늘어나기
③	증가	변함없기
④	감소	줄어들기
⑤	감소	늘어나기

→ 바른답·알찬풀이 52쪽

16 다음은 물 부족 현상을 해결할 방법에 대한 친구들의 대화입니다. 옳게 말한 친구를 모두 골라 이름을 쓰시오.

물장난을 치거나 물을 함부로 버리면 안돼.

빨랫감이 생길 때마다 세탁해야 물을 아낄 수 있어.

빗물을 모아 화단의 식물에 물을 줄 때 이용해.

유미   진수   서준

(   )

17 기업이나 나라에서 물 부족 현상을 해결하기 위해 하는 노력으로 옳지 <u>않은</u> 것은 어느 것입니까? (   )

① 안개로부터 물을 모으는 장치를 개발한다.
② 바닷물을 마실 수 있는 물로 바꾸는 기술을 개발한다.
③ 설거지할 때 물을 계속 틀어 놓지 않도록 절수 발판을 만든다.
④ 물이 새면 경보음이 울리거나 색깔이 변해 바로 알려 주는 제품을 개발한다.
⑤ 가정이나 학교에서 물을 아끼는 것만으로도 물 부족을 해결할 수 있도록 한다.

꼭나와 ♡

18 물을 아껴 써야 하는 까닭으로 옳은 것은 어느 것입니까? (   )

① 액체인 물만 이용할 수 있기 때문이다.
② 모든 지역에 비가 매우 적게 내리기 때문이다.
③ 물을 이용하는 인구가 점점 줄어들기 때문이다.
④ 산업이 발달하면서 물 이용량이 점점 줄어들기 때문이다.
⑤ 한번 쓴 물을 다시 이용할 수 있을 때까지는 시간과 비용이 많이 들기 때문이다.

[19~20] 다음은 물을 모으는 장치입니다. 물음에 답하시오.

(가)   (나)

19 위 (가)와 (나)의 이름을 알맞게 짝 지은 것은 어느 것입니까? (   )

	(가)	(나)
①	빗물 모으개	와카워터
②	와카워터	이슬 물통
③	와카워터	빗물 모으개
④	이슬 물통	와카워터
⑤	이슬 물통	빗물 모으개

20 위 (가)와 (나)의 공통점에 대한 설명으로 옳은 것을 **보기** 에서 모두 골라 기호를 쓰시오.

보기

㉠ 빗물을 모으는 장치이다.
㉡ 비가 많이 내리는 곳에 설치한다.
㉢ 낮과 밤의 기온 차이가 큰 곳에 설치한다.
㉣ 수증기가 응결하여 맺힌 물방울을 모으는 장치이다.

(   )

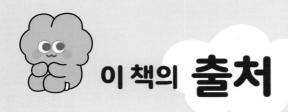

이 책의 출처

📝 제재 출처

제재명	지은이	출처	쪽수
안창호 선생이 아들에게 쓴 편지	오주영 엮음	『세상에서 가장 유명한 위인들의 편지』, 채우리, 2014.	16쪽
「우진이는 정말 멋져!」	강정연	『콩닥콩닥 짝 바꾸는 날』, 시공주니어, 2009.	32쪽
「사라, 버스를 타다」	윌리엄 밀러 글, 박찬석 옮김	『사라, 버스를 타다』, ㈜사계절출판사, 2004.	33쪽
「젓가락 달인」	유타루	『젓가락 달인』, 바람의 아이들, 2014.	35쪽
「김만덕」	신현배	『5000년 한국 여성 위인전 1』, 홍진피앤엠, 2007.	48쪽
「정약용」	김은미	『정약용』, ㈜비룡소, 2010.	48쪽
「헬렌 켈러」(원제목: 『사흘만 볼 수 있다면 그리고 헬렌 켈러 이야기』)	신여명	『사흘만 볼 수 있다면 그리고 헬렌 켈러 이야기』, 두레아이들, 2013.	48쪽
「어머니의 이슬 털이」	이순원	『어머니의 이슬 털이』, 북극곰, 2013.	56쪽
「투발루에게 수영을 가르칠 걸 그랬어!」	유다정	『투발루에게 수영을 가르칠 걸 그랬어!』, 미래아이, 2008.	59쪽
「지하 주차장」	김현욱	『지각 중계석』, ㈜문학동네, 2015.	72쪽
「멸치 대왕의 꿈」	천미진	『멸치 대왕의 꿈』, 도서출판 ㈜키즈엠, 2015.	72쪽
「온통 비행기」	김개미	『쉬는 시간에 똥 싸기 싫어』, 토토북, 2017.	73쪽

사진 출처

셔터스톡, 연합뉴스, 클립아트코리아

퍼즐 학습으로 재미있게 초등 어휘력을 키우자!

퍼즐런

하루 4개씩
25일 완성!

어휘력을 키워야 문해력이 자랍니다.
문해력은 국어는 물론 모든 공부의 기본이 됩니다.

퍼즐런 시리즈로
재미와 학습 효과 두 마리 토끼를 잡으며,
문해력과 함께 공부의 기본을
확실하게 다져 놓으세요.

Fun! Puzzle! Learn!
재미있게!   퍼즐로!   배워요!

미래엔 초등 도서 목록

초코

교과서 달달 쓰기 · 교과서 달달 풀기
1~2학년 국어 · 수학 교과 학습력을 향상시키고
초등 코어를 탄탄하게 세우는 기본 학습서
[4책] 국어 1~2학년 학기별
[4책] 수학 1~2학년 학기별

미래엔 교과서 길잡이, 초코
초등 공부의 핵심[CORE]를 탄탄하게 해 주는
슬림 & 심플한 교과 필수 학습서
[8책] 국어 3~6학년 학기별, [8책] 수학 3~6학년 학기별
[8책] 사회 3~6학년 학기별, [8책] 과학 3~6학년 학기별

전과목 단원평가
빠르게 단원 핵심을 정리하고, 수준별 문제로 실전력을 키우는
교과 평가 대비 학습서
[8책] 3~6학년 학기별

문제 해결의 길잡이

원리 8가지 문제 해결 전략으로 문장제와 서술형 문제 정복
[12책] 1~6학년 학기별

심화 문장제 유형 정복으로 초등 수학 최고 수준에 도전
[6책] 1~6학년 학년별

퍼즐런

초등 필수 어휘를 퍼즐로 재미있게 익히는 학습서
[3책] 사자성어, 속담, 맞춤법

하루한장 예비 초등

한글완성
초등학교 입학 전 한글 읽기·쓰기 동시에 끝내기
[3책] 기본 자모음, 받침, 복잡한 자모음

예비초등
기본 학습 능력을 향상하며 초등학교 입학을 준비하기
[4책] 국어, 수학, 통합교과, 학교생활

하루한장 독해

독해 시작편
초등학교 입학 전 기본 문해력 익히기 30일 완성
[2책] 문장으로 시작하기, 짧은 글 독해하기

어휘
문해력의 기초를 다지는 초등 필수 어휘 학습서
[6책] 1~6학년 단계별

독해
국어 교과서와 연계하여 문해력의 기초를 다지는 독해 기본서
[6책] 1~6학년 단계별

독해+플러스
본격적인 독해 훈련으로 문해력을 향상시키는 독해 실전서
[6책] 1~6학년 단계별

비문학 독해 (사회편·과학편)
비문학 독해로 배경지식을 확장하고 문해력을 완성시키는
독해 심화서
[사회편 6책, 과학편 6책] 1~6학년 단계별

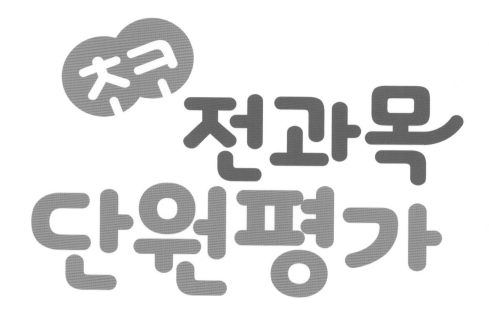

초ㅋ 전과목
단원평가

국어·수학·사회·과학

바른답·알찬풀이

4·2

Mirae N 에듀

초끼 전과목 단원평가 4·2
바른답·알찬풀이

😀 **이렇게 활용해요!**

꼼꼼하고 자세한 해설로 문제의 답을 바로 확인할 수 있어요.
부족한 부분을 확인하고, 왜 틀렸는지 다시 한 번 문제를 살펴봐요.

초끼

초등 공부의 핵심 코어를 탄탄하게!

바른답·알찬풀이

국어

1 이어질 장면을 생각해요

핵심 개념 ●————— 8쪽

1 (1) ○ (2) ✕ (3) ✕   2 성실하고, 친절하다
3 (1) ㉮ (2) ㉯ (3) ㉰

1 영화 제목이 '우리들'이므로, 소영이와 진서가 상상한 것은 영화의 내용으로 알맞지 않습니다.

2 열심히 책을 읽고, 오늘이에게 원천강으로 가는 길을 알려 주는 행동을 통해 매일이가 성실하고 친절한 성격임을 알 수 있습니다.

3 이어질 이야기를 계획할 때, 사건의 중심이 되는 중심인물부터 정하고, 중심인물에게 생긴 일과 그 일이 어떻게 해결되는지를 중심으로 이야기를 상상합니다.

단원평가 기본 ●————— 9~11쪽

01 선, 지아 02 ⑤   03 ②   04 (1) 금을 밟지 (2) 예 지아 편을 들어 주어 지아와 다시 친한 사이가 되고 싶기 때문입니다.   05 ㉡
06 ④   07 ②, ⑤   08 행복   09 ④
10 (1) 매일이, 구름이, 이무기 (2) 예 이무기를 본받고 싶습니다. 자신이 가진 여의주를 버리는 희생을 하면서 오늘이를 구했기 때문입니다.   11 ㉰
12 (2) ○   13 지수   14 ②, ⑤   15 재혁

01 외톨이 선과 전학생 지아 사이에 일어난 일이 영화의 주요 내용이므로 중심인물은 선과 지아입니다.

02 피구를 하려고 편을 가를 때 친구들에게 마지막까지 선택을 받지 못한 상황이므로 선은 실망스럽고 속상할 것입니다.

03 ⑤ → ① → ④ → ③ → ②의 순서로 일이 일어났습니다.

04 장면 **1**~**5**의 내용을 정리해 보고 선과 지아의 관계, 선의 마음을 짐작하여 선이 그렇게 말한 까닭을 씁니다.

채점 기준	
상	(1)에 '금을 밟지'를 쓰고, (2)에 지아와 다시 친한 사이가 되고 싶다는 마음을 드러내어 까닭을 알맞게 쓴 경우
중	(1)에 '금을 밟지'를 썼지만, (2)에 쓴 까닭에 어색한 부분이 있는 경우
하	(1)에 '금을 밟지'만 쓴 경우

05 선이 지아를 외면한 것이 아니라, 지아가 선을 따돌리는 보라 편에 서서 선을 외면했습니다.

06 영화를 감상할 때에는 제목, 광고지, 예고편 등을 보고 내용을 미리 상상하거나, 기억에 남는 대사나 인상 깊은 장면을 생각하고 느낀 점을 글로 써 봅니다.

07 수상한 뱃사람들이 오늘이를 먼 곳으로 데려갔습니다. 낯선 곳에서 오늘이는 야아와 행복하게 살던 원천강으로 돌아가려고 길을 나섰습니다.

08 장면 **3**에 매일이가 행복을 찾겠다며 책만 읽는다는 내용이 나와 있습니다.

09 여의주를 많이 가지고 있다가 나중에 여의주를 버리고 오늘이를 구한 인물은 이무기입니다.

10 오늘이, 매일이, 구름이, 이무기가 처한 상황과 한 행동을 살펴보고, 본받고 싶은 인물을 찾아봅니다.

채점 기준	
상	(1)에 '매일이, 구름이, 이무기'를 쓰고, (2)에 인물이 한 일을 드러내어 본받고 싶은 까닭을 알맞게 쓴 경우
중	(1)에 '매일이, 구름이, 이무기'를 썼지만, (2)에 쓴 까닭에 어색한 점이 있는 경우
하	(1)에 '매일이, 구름이, 이무기'만 쓴 경우

11 오늘이의 고민은 원천강으로 가는 길을 모른다는 것이고, 이무기의 고민은 여의주를 많이 가졌는데도 용이 되지 못한 까닭을 모른다는 것입니다.

12 행복이 무엇인지 알고 싶어 했던 매일이는 책에서 벗어나 구름이와 행복한 시간을 보내는 것으로 고민이 해결되었습니다.

13 이어질 내용을 상상하여 꾸밀 때 등장인물을 모두 바꾸면 이야기가 자연스럽게 이어지지 않습니다.

14 야아가 앓다가 죽어 슬픔에 빠진 오늘이를 용이 된 이무기가 등에 태우고 여행을 떠난다는 내용이므로, ②와 ⑤가 연기할 장면으로 알맞습니다.

15 역할극을 만들 때에는 대본을 쓰거나 외우지 않고 즉흥적으로 연기하며 대사를 만듭니다.

01 아빠 물고기 02 ② 03 ③
04 ②, ④ 05 (3) ○ 06 ③, ⑤ 07 (1) ⓝ
(2) ㉮ (3) ㉰ 08 ① 09 영우 10 (1) ⑩ 선과 지아가 봉숭아 꽃물을 들이며 즐거운 시간을 보내는 장면 (2) ⑩ 얼마 전에 전학 간 내 친구와 함께 놀았던 일이 생각나고, 친구가 보고 싶어졌기 때문입니다. 11 (1) ⓝ (2) ㉮ 12 ⑤
13 ⑤ 14 ③ 15 ⑩ 오늘이가 멀고 낯선 곳에서 어려운 일을 겪고도 포기하지 않고 원천강을 찾아간 것이 멋지다고 느꼈습니다. 16 ④
17 ② 18 (1) ⓝ (2) ㉮ (3) ㉰ 19 ③
20 ⑩ 수상한 뱃사람들이 야아를 데려갔습니다. 오늘이는 용을 타고 야아를 찾아다니다가 여행하던 매일이와 구름이를 만났습니다. 모두 힘을 합쳐 잡혀 있던 야아를 구했습니다.

01 딸은 아버지에게 만화 영화 「니모를 찾아서」에 나오는 아빠 물고기 같다고 하였습니다.

02 딸은 아빠 물고기가 니모를 많이 걱정하는 것처럼 아버지가 걱정이 많다고 생각합니다.

03 만화 영화에서 가장 재미있거나 인상 깊은 장면을 말하는 것이 알맞습니다.

04 영화의 예고편이나 광고지를 보면 내용을 짐작해 볼 수 있습니다.

05 광고지에 나타난 두 소녀의 모습을 통해 영화가 (3)과 같은 내용일 것이라고 상상할 수 있습니다.

06 선과 지아가 여름 방학을 함께 보냈으며, 지아가 선을 따돌리는 보라 편에 서서 선을 외면했습니다.

07 선은 장면 ②에서 지아와 친한 사이가 되어 행복하고, 장면 ③에서는 갑자기 자신을 외면하는 지아가 원망스럽고 다시 외톨이가 되어 속상할 것입니다. 장면 ⑤에서 지아의 편을 들어 준 것은 지아와 예전처럼 친해지고 싶기 때문입니다.

08 영화에서 가장 기억에 남는 대사 "아니, 그게 아니고……."를 생각하여 감상을 말한 내용입니다.

09 보라가 선이 운동을 못하여 따돌렸다는 내용은 장면 ①~⑤에 나타나 있지 않습니다.

10 영화에서 어떤 장면이 가장 인상 깊었는지, 그 장면이 왜 인상 깊었는지 까닭을 씁니다.

채점 기준	
상	(1)에 인상 깊은 장면을 알맞게 쓰고, (2)에 그 장면이 인상 깊은 까닭을 알맞게 쓴 경우
하	(1)에 인상 깊은 장면만 쓴 경우

11 오늘이는 원천강으로 돌아가는 길에 행복을 찾겠다며 책만 읽는 매일이와, 사막에서 비와 구름을 벗어나고 싶어 하는 구름이를 만났습니다.

12 이무기는 가지고 있던 여의주를 버리고 갈라진 얼음 사이로 떨어지는 오늘이를 구해 용이 되었습니다.

13 오늘이가 어려움을 이겨 내고 원천강으로 돌아간 것에서 용기가 있고 의지가 강함을 알 수 있습니다.

14 책을 많이 읽는 매일이를 보고 생각한 점과 느낀 점을 쓴 것이므로, ③이 인상 깊은 장면으로 알맞습니다.

15 만화 영화 「오늘이」의 내용과 등장인물의 행동 등을 떠올려 보고, 생각이나 느낌을 씁니다.

채점 기준	
상	만화 영화의 내용에 알맞게 생각하거나 느낀 점을 바르고 자세하게 쓴 경우
중	생각하거나 느낀 점을 너무 간단히 쓴 경우
하	감상 평에 생각하거나 느낀 점이 드러나지 않은 경우

16 중심인물의 성격과 중심인물이 처한 상황을 고려해 써야 이야기의 흐름이 자연스럽습니다.

17 태윤이와 지호가 쓴 글은 오늘이가 원천강으로 돌아온 뒤에 일어난 일에 대한 내용입니다.

18 야아는 시름시름 앓다가 죽었으므로 ⓝ와 같이, 오늘이는 깊은 슬픔에 빠졌으므로 ㉮와 같이, 이무기는 오늘이를 등에 태우고 여행을 떠난다고 했으므로 ㉰와 같이 연기하는 것이 알맞습니다.

19 지호가 쓴 이야기에서 일이 일어난 순서는 ③ → ② → ① → ⑤ → ④입니다.

20 중심인물을 정하고, 중심인물에게 일어난 일을 해결하는 과정이 나타나도록 이야기를 씁니다.

채점 기준	
상	등장인물과 사건의 전개를 「오늘이」의 내용과 어울리도록 자연스럽게 쓴 경우
중	등장인물과 사건의 전개를 「오늘이」의 내용과 관련 있게 썼지만, 표현이나 내용에 어색한 점이 있는 경우
하	등장인물과 사건의 전개가 「오늘이」의 내용과 관련이 없거나 너무 간단하게 쓴 경우

2 마음을 전하는 글을 써요

16쪽

1 ③   **2** ㉡, ㉢   **3** ㉣

1 글쓴이는 그릇 만드는 것을 친절하게 가르쳐 주신 선생님께 고마운 마음을 전하고 있습니다.

2 글쓴이는 편지에서 아들이 팔을 다쳐서 걱정되는 마음과, 한 학년 올라가게 된 것을 축하하는 마음을 표현했습니다. ㉠, ㉣, ㉤은 사실을 나타내는 표현입니다.

3 아파서 병원에 입원한 친구에게 위로하는 마음을 전하려고 하는 상황이므로 마음을 나타내는 표현 '축하해'는 알맞지 않습니다.

단원 평가 기본
17~19쪽

01 ②   **02** (1) ㉢ (2) ㉮ (3) ㉯   **03** (전)지우, 선생님   **04** ④, ⑤   **05** (1) 고맙습니다 (2) **예** 체험 학습에서 도자기 만드는 것을 선생님께서 도와주셨기 때문입니다.   **06** 홍콩, 필립
07 ③   **08** ①, ④   **09** ㉮, ㉢, ㉣
10 ⑤   **11** ⑤   **12** 축하하는 마음
13 (1) 상을 받은 (2) **예** 학년 달리기 대회에서 상 받은 것을 정말 축하! 너는 달리기를 참 잘하는구나.
14 (1) ○ (3) ○   **15** ㉮, ㉯

01 글쓴이는 달리기를 할 때 넘어진 자신을 일으켜 주고 함께 달려 준 반 친구들에게 고마운 마음을 전하려고 편지를 썼습니다.

02 글쓴이는 '숨고 싶었어', '미안한 마음이 들어', '따뜻한 마음 잊지 않을게'라는 말을 통해 각각 부끄러운 마음, 미안한 마음, 고마운 마음을 표현했습니다.

03 ㉮를 보면 전지우가 선생님께 쓴 편지임을 알 수 있습니다.

04 진흙 반죽으로 그릇 모양을 만들려고 했는데 생각처럼 잘되지 않았고, 만들고 나니 상상했던 모양과 너무 달라 당황스러웠다고 하였습니다.

05 글쓴이는 도자기 만드는 것을 도와주신 선생님께 감사한 마음을 전하려고 편지를 썼습니다.

채점 기준	
상	(1)에 '고맙습니다'를 쓰고, (2)에 체험 학습에서 있었던 일이 드러나도록 선생님께 고마운 마음을 전하고 싶은 까닭을 알맞게 쓴 경우
중	(1)에 '고맙습니다'를 썼지만 (2)의 답에 체험 학습에서 있었던 일이 잘 드러나지 않는 경우
하	(1)에 '고맙습니다'만 쓴 경우

06 첫 부분에 '사랑하는 아들 필립'이라고 편지를 받는 사람이 나타나 있고, 글 ㉮에서 홍콩으로 왔다는 내용이 나오므로 홍콩에서 쓴 편지임을 알 수 있습니다.

07 '받아 보았다'는 편지를 받았다는 사실을 나타낸 표현입니다.

08 글쓴이는 아들에게 좋은 사람이 되려면 진실하고 깨끗해야 한다고 했습니다. 또 좋은 친구를 가려 사귀고, 좋은 책을 가려 읽어야 한다고 했습니다.

09 열심히 공부하는 아들을 기특해하는 내용은 편지에 나타나 있지 않습니다.

10 마음을 전하는 글을 쓸 때는 자신의 마음을 솔직하게 표현하고 읽는 사람을 고려하여 예의 바른 말투로 써야 합니다.

11 그림 ㉮의 아이는 친구가 싫어하는 별명을 부르며 놀려서 미안하다고 말하였습니다.

12 그림 ㉯는 달리기 대회에서 상을 받은 친구에게 말하는 상황이므로 축하하는 마음을 전하려는 것이 알맞습니다.

13 달리기 대회에서 상을 받은 친구에게 어떤 마음을 전해야 하는지 생각하고 그 마음을 드러낼 수 있는 표현을 사용하여 글을 씁니다.

채점 기준	
상	(1)에 '상을 받은'을 쓰고, (2)에 친구를 축하하거나 칭찬하는 표현을 넣어 마음을 전하는 글을 알맞게 쓴 경우
중	(1)에 '상을 받은'을 썼지만 (2)의 답에 축하하거나 칭찬하는 마음을 전하기에 어색한 표현이 있는 경우
하	(1)에 '상을 받은'만 쓴 경우

14 재환이는 이사 온 동네가 낯설지만 마음에 든다고 하였으므로 편지에 속상한 마음은 드러나 있지 않습니다.

15 집 안에서 뛰지 말아 달라고 한 ㉢의 내용에는 환영하는 마음이 담겨 있지 않습니다.

01 ②, ④　　**02 예** 나 혼자 힘차게 달리는 것보다 너와 함께 뛴 것이 더 좋았어.　　**03** ⑤
04 ②　　**05** ①　　**06** ②　　**07** 태우
08 예 스스로 좋은 사람이 되기 위해 힘써야 한다는 것입니다.　　**09** ③, ⑤　　**10** ②　　**11** (1) ④
(2) ㉮　　**12** ②　　**13** 1, 3, 2, 4, 5
14 (1) ㉻ (2) ㉯ (3) ㉮ (4) ㉰　　**15 예** 얼마 전에 친구를 놀려서 친구가 무척 기분 나빠했습니다. 그때 바로 사과하지 못했는데 친구에게 미안한 마음을 전하고 싶습니다.　　**16** 아파트 승강기, 편지
17 ①, ③　　**18** ①　　**19** (2) ○　　**20** ④

01 '미안한'과 '고마워'는 친구들에게 미안한 마음, 고마운 마음을 나타내는 말입니다.

02 친구들에게 미안해하고 고마워하는 글쓴이의 마음을 헤아려 마음을 표현하는 말을 사용하여 씁니다.

채점 기준	
상	마음을 나타내는 표현을 사용하여 편지의 내용과 관련하여 글쓴이에게 할 말을 알맞게 쓴 경우
중	마음을 나타내는 표현을 사용하여 글쓴이에게 할 말을 썼지만 편지에 나타난 상황이 잘 드러나지 않는 경우
하	마음을 나타내는 표현을 사용하지 않은 경우

03 자신이 쓴 글의 좋은 점을 말해 주기를 바라는 성현이의 마음을 헤아려 미안함을 전하는 것이 알맞습니다.

04 이 글은 읽는 사람이 정해져 있는 편지글입니다.

05 글쓴이는 선생님께 체험 학습에서 마음에 드는 그릇을 만들도록 도와주셔서 고맙다고 하였습니다.

06 글쓴이는 팔을 다치고 한 학년 올라간 아들의 안부를 묻고, 좋은 사람이 되려고 힘써야 한다고 당부하기 위해 편지를 썼습니다.

07 편지에 글쓴이가 아들을 믿지 못하는 마음은 나타나 있지 않으므로 태우의 말은 알맞지 않습니다.

08 편지를 쓴 아버지가 편지를 받는 아들에게 무엇을 하라고 당부했는지 찾아 씁니다.

채점 기준	
상	좋은 사람이 되기 위해 힘써야 한다는 내용으로 답을 알맞게 쓴 경우
하	좋은 사람이 되기 위해 힘써야 한다는 내용으로 답을 쓰지 못한 경우

09 글쓴이는 좋은 사람들의 이야기가 담겨 있어 본받을 수 있는 책과 공부에 필요한 지식을 얻기 위한 책을 택하라고 하였습니다.

10 ㉠(내 말)은 이 글에서 아들에게 당부한 내용입니다. 글쓴이는 건강한 몸을 만들라는 당부는 하지 않았습니다.

11 그림 ㉮의 민규는 아픈 친구를 위로하는 마음을, 그림 ㉯의 수지는 정답게 놀던 친구가 그리운 마음을 전하려 하고 있습니다.

12 정답게 놀던 친구가 그리운 마음을 드러내는 표현으로는 "네가 보고 싶구나."가 알맞습니다.

13 가장 먼저, 마음을 표현하고 싶은 일을 떠올립니다. 글의 목적과 형식을 생각한 뒤에 쓸 내용을 정리하고 글을 씁니다. 마지막으로 마음을 잘 표현했는지 글을 점검하고 고쳐 씁니다.

14 지원이는 보건 선생님께 치료를 받은 일에 대해 고마운 마음을 편지로 쓰고 싶다고 하였습니다.

15 미안한 마음, 고마운 마음, 축하하는 마음 등 마음을 전하고 싶은 일을 떠올려 봅니다. 그리고 누구에게 어떤 마음을 전하고 싶은지 정리해 씁니다.

채점 기준	
상	마음을 전할 사람, 있었던 일, 전하려는 마음이 드러나게 마음을 전하고 싶은 일을 알맞게 쓴 경우
중	마음을 전할 사람, 있었던 일, 전하려는 마음 중 두 가지만 드러나게 마음을 전하고 싶은 일을 쓴 경우
하	마음을 전할 사람과 전하려는 마음이 드러나지 않고 있었던 일만 쓴 경우

16 재환이는 이사 온 동네의 이웃들에게 인사를 하려고 아파트 승강기 안에 편지를 붙였습니다.

17 재환이가 쓴 편지를 보면, 앞으로 좋은 이웃이 되고 싶다고 인사하는 내용과 가족을 소개하는 내용이 담겨 있습니다.

18 이웃들이 붙인 쪽지에는 재환이네를 환영하고 반가워하는 마음이 담겨 있습니다.

19 재환이도, 쪽지를 써서 붙인 이웃들도 서로의 마음을 배려하여 따뜻한 인사를 나누었기 때문에 모두 훈훈한 마음이 들었습니다.

20 친구가 쓴 소식에 댓글을 쓸 때에는 간단한 말보다는 자신의 마음을 구체적인 말로 표현해야 합니다.

3 바르고 공손하게

● 24쪽 ●

핵심 개념

1 (1) ○　　　　2 예 다른 사람이 의견을 발표할 때 끼어드는 것　3 영철

1 신유의 생일잔치에 온 친구들은 집에 들어갈 때 신유 어머니께 인사를 공손하게 해야 합니다.

2 강찬우 친구는 말할 기회를 얻지 않고 이희정 친구가 의견을 발표할 때 끼어들어 자기 의견을 말했습니다.

3 영철이가 이름이 아닌 '@.@'을 대화명으로 사용해서 지혜가 영철이를 알아보지 못했습니다.

단원 평가 (기본)
● 25~27쪽 ●

01 ③　　　02 (1) 아랫마을 양반　(2) 예 아랫마을 양반이 자신을 더 존중해 주는 느낌이 들었기 때문입니다.　03 내(가), 제(가)　　04 ㉰
05 ④　　06 (1) ㉯ (2) ㉮　　07 ②
08 ⑤　　09 하경　10 ⑤　　11 대화명
12 (1) ㅇㅈ, ㅋㅋㅋ　(2) 예 무슨 뜻인지 몰라서 대화가 어려울 수 있습니다.　13 ①, ③　14 ④
15 (3) ○

01 젊은 윗마을 양반이 나이가 많은 자신에게 '바우'라고 부르며 함부로 말해서 박 노인은 기분이 나빴을 것입니다.

02 박 노인은 깍듯이 부탁하는 말투로 말하는 아랫마을 양반이 자신을 더 존중해 주는 느낌이 들어 고기를 더 많이 주었습니다.

채점 기준

상	(1)에 '아랫마을 양반'을 쓰고, (2)에 자신을 더 존중해 주는 느낌이 들었기 때문이라는 내용을 알맞게 쓴 경우
중	(1)에 '아랫마을 양반'을 썼지만, (2)의 까닭에 어색한 점이 있는 경우
하	(1)에 '아랫마을 양반'만 쓴 경우

03 어른께 말씀드릴 때는 자신을 낮추어 '제가'라고 말해야 합니다.

04 친구들은 정성껏 음식을 준비해 주신 신유 어머니께 고맙다는 말을 하지 않고 음식을 먹으려고 했습니다.

05 준비해 주신 음식을 먹을 때는 "고맙습니다.", "잘 먹겠습니다."라고 감사의 인사를 드리는 것이 예의입니다. 웃어른께 "수고했어요."라고 말씀드리는 것은 예절에 어긋납니다.

06 거북 역할을 한 친구는 토끼 역할을 한 친구에게 거친 말을 하였고, 사자 역할을 한 친구는 남이 하는 말은 듣지 않고 자기 말만 하였습니다.

07 토끼 역할을 하는 친구는 거북 역할을 하는 친구와 사자 역할을 하는 친구가 대화 예절을 지키지 않아서 불쾌한 기분이 들었을 것입니다.

08 ㉠과 같은 거친 말을 예의 바르게 고친 것은 ⑤입니다.

09 이희정 친구는 의견을 발표하는 도중에 강찬우 친구가 끼어들어서 끝까지 말하지 못했습니다.

10 다른 사람이 의견을 발표할 때 끼어드는 것은 잘못이라는 내용이 나오므로, 손을 들어 말할 기회를 얻고 나서 발표해 달라는 말이 들어가는 것이 알맞습니다.

11 영철이가 대화명을 이름이 아닌 '@.@'으로 사용해서 지혜가 영철이를 알아보지 못했습니다.

12 줄임말을 처음 보는 사람들은 영철이와 같이 무슨 뜻인지 몰라서 오해가 생기거나 대화가 잘 안될 수 있습니다.

채점 기준

상	(1)에 'ㅇㅈ', 'ㅋㅋㅋ'을 쓰고, (2)에 줄임말을 지나치게 쓰면 일어날 수 있는 일을 알맞게 쓴 경우
중	(1)에 'ㅇㅈ', 'ㅋㅋㅋ'을 썼지만, (2)에 쓴 일에 어색한 점이 있는 경우
하	(1)에 'ㅇㅈ', 'ㅋㅋㅋ'만 쓴 경우

13 ㉠은 화가 난 기분을 나타낸 그림말입니다.

14 얼굴을 직접 확인할 수 없는 온라인 대화에서는 자신을 나타내는 적절한 대화명을 사용하는 것이 예의입니다.

15 상대의 얼굴이 보이지 않는다고 해서 자신이 할 말만 하고 대화방에서 나가 버리지 않도록 주의해야 합니다.

01 (1) ㉮ (2) ㉯　　**02** ④, ⑤　　**03** 말투
04 ④　　**05** 예 나는 그 별명 싫은데, 내 이름으로 불러 줄래?　　**06** ④　　**07** (1) 서우
(2) 예 웃어른께 "수고하셨어요."라고 말씀드리는 것은 예절에 어긋나기 때문입니다.　　**08** ㉯
09 신유 방　　**10** ⑤　　**11** ②　　**12** 가희
13 (1) ㉯ (2) ㉮　　**14** (1) ○　　**15** ①, ③
16 ⑤　　**17** 예 다른 사람의 의견을 잘 듣지 않았습니다.　　**18** 대화명　　**19** ②, ③　　**20** (2) ○

01 윗마을 양반은 "바우야, 쇠고기 한 근만 줘라."라고 하였고, 아랫마을 양반은 "박 서방, 쇠고기 한 근만 주게."라고 하였습니다.

02 ④는 말만 잘하면 어려운 일이나 불가능해 보이는 일도 해결할 수 있다는 뜻이고, ⑤는 자기가 남에게 말이나 행동을 좋게 하여야 남도 자기에게 좋게 한다는 뜻이므로 이 글의 내용과 관련이 있는 속담입니다.

03 윗마을 양반과 아랫마을 양반이 받은 고기의 양이 다른 것으로 보아, 똑같은 이야기라도 말하는 사람의 말투에 따라 듣는 사람의 태도가 달라질 수 있음을 알 수 있습니다.

04 민수는 영철이가 자신이 듣기 싫어하는 별명인 '키다리'라고 부르며 인사해서 기분이 상했습니다.

05 영철이가 민수에게 사과하고 앞으로는 이름으로 부르겠다고 대답한 것으로 보아, 민수는 자신이 기분 상한 까닭을 밝히며 그러지 말아 달라고 부탁하는 말을 했을 것입니다.

채점 기준	
상	영철이에게 예의를 갖춰서 부탁하는 말을 알맞게 쓴 경우
중	영철이에게 부탁하는 말을 썼으나 문장 표현이 어색한 경우
하	영철이에게 예의를 갖춰서 부탁하는 말을 쓰지 못한 경우

06 아버지 앞에서는 자신을 낮추어 '제가'라고 표현하는 것이 예절에 맞습니다.

07 두 아이 중에서 높임말을 바르게 사용한 아이는 누구인지 생각해 봅니다.

채점 기준	
상	(1)에 '서우'를 쓰고, (2)에 웃어른께 "수고하셨어요."라고 말하는 것이 예절에 어긋난다는 내용이 드러나게 쓴 경우
중	(1)에 '서우'를 썼지만 (2)에 쓴 까닭에 어색한 점이 있는 경우
하	(1)에 '서우'만 쓴 경우

08 신유 친구들은 집에 들어갈 때 신유 어머니께 ㉯와 같이 말하는 것이 대화 예절에 맞습니다.

09 친구들이 신유 방에 갔을 때 일어난 일입니다.

10 신유 친구들은 신유 앞에서 귓속말을 하지 않는 것이 대화 예절에 맞습니다.

11 사슴 역할을 한 친구는 토끼 역할을 한 친구가 말을 하고 있는 도중에 끼어들었습니다.

12 남의 말은 듣지 않고 자기 말만 한 사자 역할을 한 친구에게 충고의 말을 알맞게 한 친구는 가희입니다.

13 그림 ㉮, ㉯에서 토끼 역할을 한 친구의 기분을 생각하여 예의 바른 말로 고쳐 써야 합니다.

14 친구들이 나쁜 말을 주고받으면 사이가 안 좋아지는 것을 자주 봤다는 것을 까닭으로 제시하였으므로, "고운 말을 사용하자."라는 의견이 알맞습니다.

15 고경희 친구는 손을 들어 말할 기회를 얻지 않고 말하였고, 높임말도 사용하지 않았습니다.

16 강찬우 친구는 말할 기회를 얻지 않고 이희정 친구가 발표할 때 끼어들어 자기 의견을 말했습니다.

17 김찬민 친구는 다른 사람의 의견을 잘 듣지 않아 친구가 말한 내용을 정확하게 말하지 못했습니다.

채점 기준	
상	김찬민 친구가 한 잘못된 행동을 알맞게 쓴 경우
하	김찬민 친구가 한 잘못된 행동을 알맞게 쓰지 못한 경우

18 온라인 대화 상황에서는 자신을 잘 표현하는 대화명을 사용합니다.

19 영철이는 누군지 알아보기 힘든 대화명(@.@)을 썼고, 친구들은 뜻을 알기 어려운 줄임말과 그림말을 많이 사용했습니다.

20 온라인 대화는 직접 만나지 않고도 이야기할 수 있어 편리한 반면 표정을 볼 수 없어서 오해가 생기기 쉬우므로 대화할 때 예절을 지켜야 합니다.

4 이야기 속 세상

핵심 개념 ●─────────────── 32쪽 ●

1 (1) 배경 (2) 인물 (3) 사건　　**2** ②, ⑤

3 (2) ○

1 사라의 방은 '배경'에, 사라와 사라의 어머니는 '인물'에, 사라의 어머니께서 사라를 위로한 일은 '사건'에 해당합니다.

2 벌레가 있을까 봐 손을 넣기 싫다고 말한 것에서 깔끔하고 조심성이 많음을 알 수 있습니다.

3 우봉이는 자신과 다른 문화를 지닌 사람을 이해하지 못하는 융통성 없는 성격이어서 주은이와 눈이 마주치지 않으려고 피했을 것입니다.

단원평가 기본 ●─────────────── 33~35쪽 ●

01 ②　　**02** ③　　**03** (1) 버스 안 (2) 예 버스 뒷자리에 앉아 있던 사라가 버스 앞자리로 가서 앉았습니다. **04** ②　　**05** 앞자리　　**06** ③

07 ④　　**08** 장난꾸러기　　**09** 성훈

10 ⑤　　**11** (3) ○　　**12** (1) 예 성실하고 적극적입니다.　(2) 예 우봉이가 젓가락왕을 가리는 결승전에서 주은이와 겨루게 되었습니다.　　**13** ②, ⑤

14 ①, ③　　**15** ④

01 글 **가**~**다**에는 사라, 사라 어머니, 백인 아주머니, 백인 아이들 등이 나옵니다.

02 사라는 버스에서 백인들이 앉는 자리와 구분된 뒷자리에 앉았다고 했습니다. 사라 어머니의 말씀으로 보아, 이전에는 백인과 흑인의 차별이 더 심했음을 짐작할 수 있습니다.

03 버스 안에서 일어난 일 중에서 가장 중요한 사건은 사라가 버스 앞자리로 가서 앉은 일입니다.

채점 기준	
상	(1)에 '버스 안'을 쓰고, (2)에 사라가 버스 앞자리로 가서 앉은 사건을 정리하여 쓴 경우
중	(1)에 '버스 안'을 썼지만, (2)에 중요하지 않은 사건만을 정리하여 쓴 경우
하	(1)에 '버스 안'만 쓴 경우

04 흑인들이 버스를 타지 않은 까닭은 잘못된 법을 따르고 싶지 않고 또 잘못된 법을 바꾸고 싶었기 때문입니다.

05 흑인들이 버스를 타지 않자 법이 바뀌어 흑인들도 버스 앞자리에 앉을 수 있게 되었습니다.

06 우진이에게 칭찬받고 좋아하는 윤아를 얄미워하는 행동으로 보아, '나'는 샘이 많은 성격입니다.

07 창훈이가 공기놀이를 하던 윤아와 부딪치는 바람에 윤아의 손등에 있던 공기 알이 떨어져 그중 하나가 사물함 밑으로 굴러 들어갔습니다.

08 '장난꾸러기'는 장난스러운 창훈이의 성격을 잘 나타내 주는 낱말입니다.

09 우진이가 내민 핀을 선뜻 받지 못하는 행동으로 보아, '나'는 내성적인 성격임을 알 수 있습니다.

10 우진이는 자신이 건넨 핀을 보고 윤아가 더럽다고 해서 부끄러운 마음이 들어 쓰레기통에 핀을 넣어 버렸던 것입니다.

11 우봉이는 할아버지가 시간을 재 주면 나무젓가락으로 바둑알을 집어 옮기는 연습을 했습니다.

12 우봉이는 성실하고 적극적인 성격이기 때문에 젓가락질 연습을 열심히 하였고, 그 결과 젓가락왕을 가리는 결승전에 나가게 되었습니다.

채점 기준	
상	(1)에 '성실하다', '적극적이다', '승부욕이 강하다' 중에서 한 가지를 쓰고, (2)에 우봉이가 젓가락왕을 가리는 대회에 나가게 되었다는 내용을 알맞게 쓴 경우
중	(1)과 (2)를 모두 썼지만, (2)의 답을 글 **나**에서 일어난 결과가 아닌 다른 내용으로 쓴 경우
하	(1)에만 '성실하다', '적극적이다', '승부욕이 강하다' 중에서 한 가지를 쓴 경우

13 우봉이는 우연히 주은이가 채소 가게 안에서 젓가락질 연습을 하고 있는 것과 주은이 어머니께서 손으로 음식을 드시는 것을 보았습니다.

14 작은 규모로 물건을 파는 집을 뜻하는 '가게'와 뜻이 비슷한 낱말은 '상점', '점포'입니다.

15 손으로 음식을 드시는 주은이 어머니를 보고 메스꺼워하고 주은이와 마주칠까 봐 다른 사람 뒤로 몸을 숨긴 행동에서 우봉이가 융통성이 없는 성격임을 알 수 있습니다.

01 서호　　**02** ①　　**03** ④　　**04** ②
05 ◉ 다른 사람을 피부색으로 차별하는 것은 잘못된 일이라는 생각이 들었습니다.　　**06** 사라의 방
07 ③　　**08** 선후　　**09** ◉ 사라의 어머니께서 법은 언젠가는 바뀐다며 사라를 위로하셨습니다.
10 ①　　**11** 공기 알, 나비 핀　　**12** (1) ⓒ
(2) ⓐ (3) ⓑ **13** ②　　**14** (3) ○
15 ◉ 창훈이는 배려심이 없고, 우진이는 의롭습니다.
16 ⑤　　**17** ⓒ → ⓑ → ⓐ　　**18** ⓒ
19 할아버지, 일기　　**20** 승아

01 이야기가 펼쳐지는 시간과 장소인 배경 중에서 '언제'에 해당하는 것을 시간적 배경이라고 하고, '어디에서'에 해당하는 것을 공간적 배경이라고 합니다.

02 사라는 버스에서 흑인이 앉으면 안 되는 앞자리에 용기 있게 앉아 당당한 모습을 보였습니다.

03 이 이야기의 공간적 배경은 버스 안이고, 사라가 버스 뒷자리로 돌아가지 않자 운전사가 경찰관을 데려온 사건이 일어났습니다.

04 경찰관과 사람들은 사라가 버스 앞자리에 앉은 것이 법을 어긴 행동이라고 생각했습니다.

05 사라의 행동이나 버스 안에서 일어난 사건 등과 관련지어 자신의 생각을 자유롭게 씁니다.

채점 기준	
상	사라의 용기 있는 행동이나 피부색에 따라 버스에 앉는 자리를 정해 놓은 법과 관련된 자신의 생각을 알맞게 쓴 경우
중	사라의 행동이나 버스에서 일어난 일과 관련된 생각을 썼지만 내용에 어색한 점이 있는 경우
하	사라의 행동이나 버스에서 일어난 일과 관련된 내용을 썼지만 자신의 생각이 드러나지 않는 경우

06 글 ⑦ 의 배경이 되는 장소는 경찰서이고, 글 ⓒ 의 배경이 되는 장소는 사라의 방입니다.

07 경찰서에서는 신문 기자가 사라의 사진을 찍어 갔습니다. 나머지는 이 글에서 일어난 일이 아닙니다.

08 사라는 어머니께서 자신이 착하고 특별한 아이라고 하셨는데, 버스 앞자리에 왜 타면 안 되는지 이해가 되지 않아서 혼란스러웠던 것입니다.

09 사라의 어머니가 한 말과 행동을 정리하여 씁니다.

채점 기준	
상	사라의 어머니께서 법은 언젠가는 바뀐다며 사라를 위로해 주었다는 내용을 알맞게 쓴 경우
하	사라의 어머니가 사라에게 한 행동만 간단히 쓴 경우

10 '벌레'라는 말에 사물함 밑으로 넣었던 손을 얼른 뺀 행동에서 소심한 성격임을 알 수 있습니다.

11 우진이는 사물함 밑에서 꺼낸 공기 알과 나비 핀을 '나'와 윤아에게 내밀었습니다.

12 ㉠에서 우진이는 정이 많은 성격임을, ㉡에서 '나'는 마음을 겉으로 드러내지 못하는 내성적인 성격임을, ㉢에서 윤아는 다른 사람의 마음을 헤아리지 못하는 성격임을 알 수 있습니다.

13 우진이가 건넨 핀을 윤아가 더럽다고 해서 우진이가 부끄러워하며 쓰레기통에 버리는 것을 보고 '나'는 윤아를 한 대 쥐어박고 싶은 마음이 들었습니다.

14 우진이의 성의를 무시하고 우진이의 마음을 헤아리지 못하는 윤아의 성격과 비슷한 친구는 어머니의 마음을 헤아리지 못하는 (3)의 세형입니다.

15 창훈이가 '나'와 윤아에게 한 행동과 우진이가 창훈이에게 한 말을 통해 성격을 파악해 봅니다.

채점 기준	
상	창훈이와 우진이의 성격을 모두 알맞게 쓴 경우
중	한 사람의 성격만 알맞게 쓴 경우
하	두 사람의 성격을 모두 잘못 파악하여 쓴 경우

16 우봉이는 손으로 밥을 먹는 것이 나쁜 것이며 야만인이나 원시인이 하는 행동이라고 생각합니다.

17 우봉이가 젓가락질 연습을 하는 주은이를 본 일, 손으로 음식을 먹는 아줌마를 본 일, 가족과 손으로 음식을 먹는 것에 대해 이야기한 일의 차례로 일이 일어났습니다.

18 '채소'는 그 잎이나 줄기, 열매 등을 먹는 밭에서 기르는 농작물로, '야채'와 뜻이 비슷한 낱말입니다.

19 우봉이는 동무들을 이길 생각 말고 달인만 되라는 할아버지의 말씀과 상품권으로 사고 싶은 게 있다는 주은이의 일기가 생각나서 머뭇거렸습니다.

20 결승전에서 지기 싫으면서도 젓가락질에 집중하지 못하고 고민하는 우봉이의 성격에 어울리게 이어질 내용을 상상한 친구는 승아입니다.

5 의견이 드러나게 글을 써요

1 ③   2 (2) ○   3 ㉠

1 주어진 문장은 '세 아들은(누가) + 밭으로 달려갔습니다.(어찌하다)'의 짜임입니다.

2 목화 장수들은 광 속의 쥐 때문에 고양이를 샀으므로 '목화 장수들이(누가)'와 '고양이를 샀다.(어찌하다)'로 나누어 쓴 것이 알맞습니다.

3 ㉠이 댐 건설에 반대한다는 글쓴이의 의견이 드러난 부분입니다. ㉡과 ㉢은 의견을 뒷받침하는 까닭입니다.

단원 평가 (기본) ────────────── ● 41~43쪽 ●

01 ①   02 ㉣ → ㉡ → ㉮ → ㉤   03 그 다리를 맡은 목화 장수는   04 ⑤   05 (1) 목홧값 (2) 예 고양이의 아픈 다리를 맡았던 목화 장수가 목홧값을 물어야 한다는 것입니다.   06 댐, 취소   07 ④   08 ①, ②   09 (1) ㉮ (2) ㉤ (3) ㉡   10 ⑤   11 ㉤   12 (1) 휴대 전화(핸드폰) (2) ① 예 길에서는 휴대 전화를 사용하지 말아야 합니다. ② 예 주변을 보지 못해 다른 사람과 부딪치거나 교통사고가 날 수 있어 위험합니다.   13 ③, ④   14 ②   15 ③

01 주어진 문장의 짜임은 '예지가(누가) + 열심히 공부합니다.(어찌하다)'입니다.

02 목화 장수들이 산 고양이의 다친 다리에 불이 붙고 그 불이 번져 목화가 몽땅 타 버렸습니다. 그 뒤 목화 장수들이 큰 싸움을 벌였습니다.

03 문장 ㉠은 '그 다리를 맡은 목화 장수는(누가)'과, '고양이 다리에 산초기름을 발라 주었다.(어찌하다)'로 나눌 수 있습니다.

04 나중에 팔려고 광 속에 보관해 둔 목화가 다 타 버려 목화 장수들은 큰 손해를 입었습니다.

05 고양이의 성한 다리를 맡은 목화 장수들이 말한 내용을 찾아 살펴보고 의견을 정리하여 씁니다.

채점 기준	
상	(1)에 '목홧값'을 쓰고, (2)에 목홧값을 누가 물어야 하는지에 대해 고양이의 성한 다리를 맡은 목화 장수 세 명의 의견을 알맞게 정리하여 쓴 경우
중	(1)에 '목홧값'을 썼지만, (2)의 답을 목홧값에 대한 의견이 아닌 다른 내용으로 쓴 경우
하	(1)에 '목홧값'만 쓴 경우

06 마을에 댐을 건설하기로 한 계획을 취소해 주시기를 부탁한다는 내용을 통해 편지를 쓴 까닭을 알 수 있습니다.

07 "저는 댐을 건설하는 것에 반대합니다."에 글쓴이의 의견이 분명하게 드러나 있습니다.

08 글쓴이는 ③, ④, ⑤와 같이 마을에 댐을 건설했을 때 생기는 문제들을 의견을 뒷받침하는 까닭으로 제시했습니다.

09 홍수로 겪는 피해가 해마다 늘어나고 있다는 내용의 ㉠이 문제 상황이고, ㉢은 이러한 문제 상황을 해결하기 위해 글쓴이가 제시한 의견입니다. ㉡은 의견을 뒷받침하는 까닭입니다.

10 의견을 제시하는 글을 쓸 때에는 읽는 사람이 들어줄 수 있는 의견인지도 생각해 보아야 합니다.

11 학교 화단에 쓰레기가 버려진 문제 상황과 어울리는 의견과 까닭으로는 ㉤의 내용이 알맞습니다.

12 휴대 전화를 보면서 횡단보도를 건너면 어떤 일이 생길지 생각해 보고, 자신의 의견이 분명하게 드러나도록 씁니다.

채점 기준	
상	(1)에 '휴대 전화'를 쓰고, (2)에 문제 상황을 해결할 수 있는 의견과 까닭을 모두 알맞게 쓴 경우
중	(1)에 '휴대 전화'를 썼지만, (2)에 의견만 썼거나 까닭을 '위험하기 때문이다.'와 같이 간단하게 쓴 경우
하	(1)에 '휴대 전화'만 쓴 경우

13 의견을 제시할 필요가 있는 상황은 ③, ④와 같이 해결해야 할 문제가 있는 상황입니다.

14 학급 신문을 만드는 방법과 과정은 '② → ① → ③ → ⑤ → ④'입니다.

15 주제가 '지구 환경 살리기'이고 의견을 뒷받침하는 까닭이 '일회용품을 많이 쓰면 쓰레기가 많아진다.'이므로, 의견으로는 '일회용품 사용을 줄여야 한다.'가 알맞습니다.

01 ㉮　**02** ①　**03** ⑤　**04** ②, ③
05 정현　**06** (1) 예 내 꿈은 유치원 선생님이다.
(2) 예 구슬이 데굴데굴 굴러간다.　(3) 예 동화책이
재미있다.　**07** ㉮, ㉯, ㉰　**08** ⑤
09 고양이의 아픈 다리를 맡았던 목화 장수
10 (1) 목화 장수들은　(2) 사또에게 판결을 부탁했다.
11 (1) ×　**12** 가　**13** ③　**14** ④
15 예 저는 댐 건설에 반대합니다. 댐을 건설하면 자
연환경이 파괴되고, 한번 파괴된 자연환경은 되돌리
기 힘들기 때문입니다.　**16** (1) 까닭 (2) 의견 (3) 문
제 상황　**17** 태준　**18** ②　**19** ②, ③
20 (1) 예 학급 문고에 있는 책을 함부로 다루지 않
아야 합니다.　(2) 예 책이 더러워지거나 찢어지면 다
른 친구들이 볼 때 기분이 좋지 않습니다.

01 문장 ㉮는 '늙은 농부의 세 아들은(누가) + 게을렀
습니다.(어떠하다)'의 짜임입니다.

02 ㉯는 '늙은 농부는(누가)+세 아들에게 밭에 보물이
있다고 말해 주었습니다.(어찌하다)'의 짜임입니다.

03 문장 ㉰는 '아버지께서 밭에 묻어 두신 보물은(무엇
이) + 주렁주렁 열린 포도송이였습니다.(무엇이다)'
의 짜임으로, '교통 신호는(무엇이) + 우리 모두가
꼭 지켜야 할 생명 규칙이다.(무엇이다)'와 짜임이
같습니다.

04 ①, ⑤는 '어떠하다'에, ④는 '무엇이다'에 해당합
니다.

05 문장의 짜임을 알면 문장의 뜻을 이해하기 쉽고, 문
장의 앞뒤 연결을 생각하며 글을 쓸 수 있습니다.

06 문장의 앞부분인 '무엇이'에는 사람이 아닌 것을 쓰
고, 뒷부분이 자연스럽게 연결되도록 씁니다.

채점 기준	
상	문장의 짜임에 맞게 (1)~(3)을 모두 알맞게 쓴 경우
중	(1)~(3) 중에서 두 가지만 알맞게 쓴 경우
하	(1)~(3) 중에서 한 가지만 알맞게 쓴 경우

07 ㉰는 '광 속의 목화가(무엇이) + 몽땅 불에 타 버렸
다.(어찌하다)'의 짜임입니다.

08 다리에 불이 붙은 고양이가 목화 더미 위에서 굴러
서 불이 번져 광 속의 목화가 몽땅 타 버렸습니다.

09 제시된 내용은 고양이의 아픈 다리를 맡았던 목화
장수가 까닭을 들어 의견을 말한 것입니다.

10 주어진 문장은 '목화 장수들은(누가)' + '사또에게
판결을 부탁했다.(어찌하다)'로 나눌 수 있습니다.

11 담당자들은 홍수로 인한 만강 하류의 피해를 막기
위해 효은이가 사는 마을에 댐을 건설해야 한다고
했습니다.

12 글 나는 상수리에 댐을 건설해야 한다는 의견을 쓴
글입니다.

13 글 나에서는 상수리에 댐을 건설하면 폭우로 생기
는 문제를 막을 수 있다는 점을 의견을 뒷받침하는
까닭으로 제시했습니다.

14 ④는 댐 건설 기관 담당자의 생각으로 알맞습니다.

15 글 가와 나에서 제시된 의견과 까닭을 살펴보고, 댐
건설에 대한 자신의 의견을 정리하여 씁니다.

채점 기준	
상	의견을 뒷받침하는 까닭을 들어 댐 건설에 대한 자신의 의견을 분명하게 쓴 경우
하	댐 건설에 대한 자신의 의견만 쓰고 까닭은 쓰지 않은 경우

16 (3)은 문제 상황을 나타낸 내용이고, (2)가 문제에
대한 의견입니다. (1)은 인터넷에서 찾은 자료를 베
끼지 않아야 하는 까닭에 해당합니다.

17 재미있게 글을 썼는지는 의견을 제시하는 글을 평가
하는 기준으로 알맞지 않습니다.

18 두 아이는 학급 신문의 이름을 무엇으로 정할지에
대해 대화하고 있습니다.

19 학급 신문의 주제는 ②, ③과 같이 반 아이들이 함
께 생각해 보고 글을 쓸 수 있는 것이 알맞습니다.

20 학급에서 해결되어야 할 문제 상황을 떠올려 보고,
그것에 대한 자신의 의견과 까닭을 정리해 씁니다.

채점 기준	
상	학급에서 일어나는 문제와 관련하여 자신의 의견과 의견을 뒷받침하는 까닭을 알맞게 쓴 경우
중	학급에서 일어나는 문제와 관련하여 자신의 의견과 의견을 뒷받침하는 까닭을 썼으나 그 까닭에 어색한 점이 있는 경우
하	학급에서 일어나는 문제와 관련한 자신의 의견만 쓴 경우

6 본받고 싶은 인물을 찾아봐요

1 ㉠에는 4년 동안 제주도에 흉년이 계속되었다는 시대 상황이 나타나고, ㉡에는 김만덕이 한 일이 나타납니다.

2 정약용이 지방 관리가 백성을 위해 어떤 마음가짐으로 일해야 하는지를 담은 『목민심서』를 집필한 것에서 백성에게 도움이 되는 일을 하는 삶을 가치 있게 생각함을 알 수 있습니다.

3 말을 할 수 없는 장애를 가진 헬렌은 말하기를 배우는 것이 너무 힘들었지만 새, 장난감, 개에게도 말을 하며 끝임없이 노력했습니다.

단원 평가 기본 ● 49~51쪽 ●
01 ④   02 ③   03 ①, ⑤   04 성아
05 ㉯, ㉰   06 (2) ×   07 열다섯 살 때
08 백성   09 ③, ④   10 (1) 거중기 (2) 예 성을 짓는 일에 자주 나오지 않아도 되어 마음 편히 농사를 지을 수 있었습니다.   11 ㉮, ㉯   12 ⑤
13 슬프다, 무섭다, 답답하다   14 ⑤
15 (1) 배우고 싶다는 (뜨거운) 마음 (2) 예 글자를 통해 자기 생각을 전할 수 있게 되기까지 노력한 점을 본받고 싶습니다.

01 대부분의 사람들이 우리글을 읽지 못하던 시대에 최초로 국어 문법의 틀을 세운 인물은 주시경입니다.

02 가난한 선비 집안에서 태어난 김만덕은 기생의 수양딸이 되었다가 스물세 살 때 기생의 신분에서 벗어났습니다.

03 글 ㉮를 통해 김만덕이 살았던 시대가 신분이 있는 사회였음을 알 수 있고, 글 ㉯를 통해 4년 동안 제주도에 흉년이 들었던 시대 상황을 알 수 있습니다.

04 굶주리는 사람들을 살리기 위해 전 재산으로 곡식을 산 행동을 통해 자신이 가진 것을 나누고 베푸는 삶을 중요하게 생각함을 짐작할 수 있습니다.

05 전기문은 인물의 삶을 사실에 근거해 쓴 글입니다.

06 정약용은 어릴 때부터 배불리 먹지 못하고 세금을 내지 못해 머슴살이를 하는 백성들의 힘든 삶을 지켜보았습니다.

07 정약용은 열다섯 살 때 아버지를 따라 한양으로 가서 많은 사람을 만나 학문을 배우고 익혔다고 하였습니다.

08 정약용은 실학이 백성이 잘 사는 데 도움이 되는 학문이어서 관심을 갖게 되었습니다.

09 정조는 정약용에게 성을 짓는 데 드는 돈을 줄이면서 백성의 수고도 덜 수 있는 방법을 찾아보라고 하였습니다.

10 정약용은 거중기를 만들어 성을 짓는 백성들의 수고를 덜어 주었습니다.

채점 기준	
상	(1)에 '거중기'를 쓰고, (2)에 거중기가 백성들에게 준 도움을 알맞게 쓴 경우
하	(1)에 '거중기'만 쓴 경우

11 전기문에서 인물의 말과 행동, 인물의 생각이 드러난 곳과 인물이 한 일의 까닭을 찾아보면 인물의 가치관을 짐작할 수 있습니다.

12 제멋대로 행동하고 성격이 난폭해진 헬렌은 집안 식구들을 괴롭혔습니다.

13 어둠과 침묵의 세계에 갇힌 헬렌은 무섭고 답답하고, 사람들과 의사소통을 할 수 없어서 슬펐을 것입니다.

14 헬렌은 물을 나타내는 낱말이 'water'이고 세상의 모든 것이 각각 이름을 가지고 있다는 것을 깨닫게 되었습니다.

15 사물에는 글자로 나타내는 이름이 있다는 것을 알게 된 헬렌은 배우고 싶다는 마음이 들었고, 하루 종일 글을 쓰며 노력하여 글자를 통해 자기 생각을 전할 수 있게 되었습니다.

채점 기준	
상	(1)에 '배우고 싶다는 (뜨거운) 마음'을 쓰고, (2)에 헬렌이 글자로 자기 생각을 전할 수 있게 되기까지 노력한 행동과 관련해 본받을 점을 쓴 경우
중	(1)에 '배우고 싶다는 (뜨거운) 마음'을 썼지만, (2)에 인물의 행동과 직접적으로 관련 없는 내용을 썼거나 '노력한 점을 본받고 싶다.'와 같이 간단하게 쓴 경우
하	(1)에 '배우고 싶다는 (뜨거운) 마음'만 쓴 경우

01 ③　　02 세종 대왕　　03 (1) ㉯ (2)
㉰ (3) ㉮　　04 ①, ③　　05 ⓔ 이순신 장군을 본
받고 싶습니다. 이순신 장군은 용기와 지혜를 발휘
하여 적은 수의 군사로 일본군을 크게 무찔러 임진
왜란을 승리로 이끌었습니다.　　06 ㉮, ㉯, ㉰
07 ②　　08 전 재산　　09 ①, ⑤　　10 ⓔ 그 당
시의 규범을 깨는 소원을 말한 것으로 보아, 적극적
으로 도전하는 가치관을 가졌습니다.　　11 (1) 암행어
사 (2) 목민심서　　12 ②　　13 ⓔ 지방
관리가 나쁜 짓을 일삼으면 백성은 어렵게 살 수밖
에 없다는 것을 깨닫고 백성을 잘 다스리기 위해 지
방 관리가 어떤 마음을 가져야 하는지 말하고 싶었
기 때문입니다.　　14 아름　　15 ⑤
16 ④, ⑤　　17 ⑤　　18 ㉮　　19 태극기,
독립 만세　　20 ④

01 인물의 삶을 사실대로 기록한 글은 전기문입니다.

02 세종 대왕은 우리글이 없고 어려운 한자만 쓰던 시
대에 백성들을 위해 훈민정음을 만들었습니다.

03 주시경은 최초로 국어 문법의 틀을 세웠고, 헬렌 켈
러는 장애에 대한 편견을 없애는 데 큰 역할을 했습
니다. 세종 대왕은 훈민정음을 만들었습니다.

04 여자아이는 주시경이 살았던 시대 상황, 주시경이
한 일과 그 일을 한 까닭을 이야기하였습니다.

05 훌륭한 일을 한 인물 중에서 자신이 본받고 싶은 인
물을 정하고, 인물이 한 일을 정리하여 씁니다.

채점 기준	
상	인물이 한 일을 드러내어 본받고 싶은 인물에 대해 잘 정리하여 쓴 경우
중	인물이 한 일을 드러내어 본받고 싶은 인물에 대해 썼지만 문장 표현이 어색한 경우
하	'이순신 장군을 본받고 싶습니다.'와 같이 본받고 싶은 인물의 이름만 드러나게 쓴 경우

06 마지막 문단에 김만덕이 장사를 하면서 지킨 세 가
지 원칙 ㉮, ㉯, ㉰가 나와 있습니다.

07 적당한 가격으로 정직하게 거래를 한다는 장사 원
칙을 통해 김만덕이 정직과 신뢰를 중요하게 여김
을 짐작할 수 있습니다.

08 임금의 말을 통해 김만덕이 굶주린 사람들을 살리

기 위해 전 재산을 내놓았음을 알 수 있습니다.

09 김만덕은 소원으로 임금의 용안을 뵙는 것과 금강
산 구경을 말했습니다.

10 그 당시 규범을 깨는 소원을 말한 것을 통해 김만덕
의 가치관을 짐작하여 씁니다.

채점 기준	
상	김만덕이 말한 소원으로 짐작할 수 있는 가치관을 알맞게 쓴 경우
하	김만덕이 말한 소원과 관련없는 내용으로 인물의 가치관을 쓴 경우

11 정약용은 서른세 살 때 암행어사가 되었고, 쉰일곱
살에 『목민심서』를 펴냈습니다.

12 정약용은 암행어사로 일하는 동안 지방 관리가 어
떤 마음을 가져야 하는지에 대해 깊이 생각했습니다.

13 정약용은 암행어사 때의 경험과 어릴 때 보았던 백
성의 삶을 통해 지방 관리의 마음가짐이 중요하다
는 것을 깨닫고 『목민심서』를 펴냈습니다.

채점 기준	
상	글의 내용을 바탕으로 하여 '어려운 백성의 삶', '지방 관리가 가져야 할 마음'과 관련된 내용을 넣어 『목민심서』를 펴낸 까닭을 알맞게 쓴 경우
하	『목민심서』를 펴낸 까닭을 글의 내용과 관련 없는 내용으로 쓴 경우

14 정약용이 암행어사가 된 것은 정조 임금의 비밀 명
령을 받았기 때문입니다.

15 전기문을 읽을 때에는 시대 상황과 인물이 한 일을
관련지으며 읽어야 합니다.

16 헬렌은 토미를 도와 달라는 글을 여러 사람과 신문
사에 보냈고, 모금에 돈을 보탰습니다.

17 남을 도우면 큰 기쁨을 누릴 수 있다는 깨달음을 얻
을 수 있는 친구는 민아입니다.

18 헬렌이 한 일을 바르게 파악하여 본받을 점을 알맞
게 말한 것은 ㉮입니다.

19 일본이 만세 운동을 하는 사람들에게 총칼을 휘두
르고 강제로 학교 문을 닫게 하자, 유관순은 고향으
로 돌아와 태극기를 만들고 아우내 장터에 모인 사
람들과 독립 만세를 외쳤습니다.

20 일본의 침략에서 벗어나고자 독립 만세 운동을 한
유관순에게 본받을 점은 나라를 사랑하는 마음입니다.

7 독서 감상문을 써요

핵심 개념 ────────── ● 56쪽 ●

1 한 가지를 볼 때 여러 가지 시각으로 봐야겠다고
생각했습니다.　　2 죄송한　　　3 시

1 글의 마지막 문장에 글쓴이가 책을 읽고 생각하거
나 느낀 점이 나타나 있습니다.

2 학교에 가기 싫어하던 아들이 어머니께 죄송한 마
음이 들어 다음부터 혼자 학교에 가겠다고 말한 것
입니다.

3 『아름다운 꼴찌』를 읽고 재미있는 표현을 사용해
간단하게 쓴 시 형식의 독서 감상문입니다.

단원 평가 기본 ────────── ● 57~59쪽 ●

| 01 ⑤ | 02 동지의 풍속 | 03 (1) ㉯ (2) |
㉮ (3) ㉰　　04 (2) ○　05 ②　　06 ③
07 (1) 이슬　(2) 예 학교에 가기 싫어하는 아들의 마
음을 되돌리려고 노력하는 어머니의 마음이 느껴졌
기 때문입니다.　　08 ①, ⑤　09 꽃담이,
편지　　　10 ㉡　　　11 ⑤　　　12 ④
13 (1) 할아버지　(2) 예 다른 나라에 가면 지금보다
훨씬 힘들게 살 것이기 때문입니다.　　14 ④
15 만화

01 정석이와 규헌이는 자신이 재미있게 읽은 책에 대
한 생각이나 느낌을 이야기하고 있습니다.

02 글쓴이는 겨울의 세시 풍속 가운데에서 동지의 풍
속이 인상 깊었다고 했습니다.

03 독서 감상문에서 ㉠은 책을 읽은 동기, ㉡은 책 내
용, ㉢은 책을 읽고 생각하거나 느낀 점에 해당합니
다.

04 책 제목인 『세시 풍속』을 넣어 독서 감상문의 제목
을 붙인 것은 (2)입니다.

05 읽은 책의 내용을 전부 외우려고 독서 감상문을 쓰
는 것이 아닙니다. 독서 감상문을 쓰면 읽은 책의
내용을 다시 한번 정리할 수 있어서 좋습니다.

06 '나'는 어머니께 공부도 재미가 없고, 학교 가는 것
도 재미가 없어서 학교에 가기 싫다고 말했습니다.

07 학교에 가기 싫어하는 '나'를 위해 어머니께서 하신
일이 왜 감동적인지 생각해 봅니다.

채점 기준	
상	(1)에 '이슬'을 쓰고, (2)에 감동받은 까닭을 알맞게 쓴 경우
중	(1)에 '이슬'을 썼지만, (2)에 쓴 까닭에 어색한 점이 있는 경우
하	(1)에 '이슬'만 쓴 경우

08 글 내용이 자신의 경험이나 생각과 비슷해서 공감
할 수 있는 부분에서 감동을 느낄 수 있습니다. 또
한 이해하기 어려운 내용이 많으면 감동을 느끼기
가 어렵습니다.

09 이 글은 『초록 고양이』를 읽고 주인공 꽃담이에게
하고 싶은 말을 말하듯이 쓴 편지 형식의 독서 감상
문입니다.

10 ㉠은 글쓴이가 읽은 책의 제목을 쓴 부분이고, ㉡
은 글쓴이가 책을 읽고 생각하거나 느낀 점을 쓴 것
입니다.

11 로자와 고양이 투발루는 늘 함께하지만 투발루가
물을 싫어하기 때문에 수영을 같이 하지는 않습니
다.

12 로자의 부모님께서는 투발루섬을 떠나기 싫지만 바
닷물이 불어나 곧 나라 전체가 물에 잠기게 될 거라
서 어쩔 수 없이 투발루섬을 떠나야 한다고 말씀하
셨습니다.

13 글 ㉱에 투발루섬을 떠날 때 고양이 투발루를 어떻
게 하면 좋을지에 대한 아빠의 생각이 드러나 있습
니다.

채점 기준	
상	(1)에 '할아버지'를 쓰고, (2)에 아빠가 말한 내용 중에서 까닭을 잘 파악하여 쓴 경우
중	(1)에 '할아버지'를 썼지만, (2)의 답을 너무 간단히 쓴 경우
하	(1)에 '할아버지'만 쓴 경우

14 로자는 고양이 투발루와 함께 지낼 때는 행복한 마
음이었지만, 아빠가 투발루를 할아버지에게 맡기고
떠나자고 해서 슬픈 마음이 들었습니다.

15 글에서 인상 깊은 장면을 생생하게 표현하기에는
만화 형식이 알맞습니다. 편지는 생각과 느낌을 누
군가에게 말하듯이 쓰기에 알맞은 형식입니다.

01 태경 　　**02** ②, ④ 　　**03** 세시 풍속

04 (1) 예 몰랐던 동지 (2) 예 동지와 관련해 내가 몰랐던 내용을 새롭게 알 수 있었기 때문입니다.

05 ② 　　**06** ⑤ 　　**07** ①, ⑤ 　　**08** (1) 예 어머니께서 '나'를 학교에 보내려고 달래시는 장면에서 감동받았습니다. (2) 예 자식을 바른길로 이끌려는 어머니의 노력을 알 수 있었기 때문입니다.

09 ⑤ 　　**10** 다현 　　**11** ④ 　　**12** (1) ④ (2) ⑦ 　　**13** ② 　　**14** 일기 　　**15** 성재

16 ④, ⑤ 　　**17** (1) ○ 　　**18** ⑤ 　　**19** 연수

20 예 투발루섬을 떠나는 로자의 마음이 안타깝게 느껴졌습니다. 그래서 편지를 써서 로자를 위로하는 마음을 전하고 싶습니다.

01 태경이는 읽은 책에 대한 생각이나 느낌을, 우림이는 책의 내용을 정리하여 말하였습니다.

02 글 **가**의 첫 문장에 책을 읽은 동기가, 글 **다**의 마지막 문장에 인상 깊게 읽은 내용이 드러나 있습니다. 글 **라**는 책을 읽고 생각하거나 느낀 점을 쓴 부분입니다.

03 『세시 풍속』은 계절의 차례대로 봄, 여름, 가을, 겨울의 세시 풍속을 소개한 책입니다.

04 독서 감상문의 제목은 책 제목이나 책을 읽고 생각한 점이 잘 드러나게 붙일 수 있고, 독서 감상문의 형식이 돋보이게 붙일 수도 있습니다.

채점 기준	
상	(1)에 어울리는 제목을 붙이고, (2)에 그렇게 제목을 붙인 까닭을 알맞게 쓴 경우
중	(1)에 어울리는 제목을 붙이고, (2)에 그렇게 제목을 붙인 까닭을 썼지만 어색한 점이 있는 경우
하	(1)에 어울리는 제목만 붙인 경우

05 독서 감상문을 쓸 때에는 가장 먼저 독서 감상문을 쓸 책을 골라야 합니다.

06 '나'는 공부도 재미가 없고, 학교 가는 것도 재미가 없어서 학교에 가기 싫다고 말했습니다.

07 ⑦과 ⓛ은 학교에 가기 싫은데 어머니께서 학교에 가라고 해서 귀찮고 짜증 나서 한 말입니다.

08 인물의 행동이나 말 등에서 특히 감동받은 부분을 찾고, 감동받은 까닭도 구체적으로 씁니다.

채점 기준	
상	(1)에 감동받은 부분을 정리하여 쓰고, (2)에 감동받은 까닭을 알맞게 정리하여 쓴 경우
중	(1)에 감동받은 부분을 정리하여 썼지만, (2)에 쓴 까닭에 어색한 점이 있는 경우
하	(1)에 감동받은 부분만 정리하여 쓴 경우

09 어머니께서는 아들의 옷이 이슬에 젖지 않도록 이슬을 털며 산길을 걸으셨습니다.

10 어머니의 품속에 있었던 새 양말과 새 신발에는 아들에게 좋은 것만 주고 싶은 어머니의 사랑이 담겨 있습니다.

11 읽으면서 여러 가지 생각을 한 책이나 기억에 남는 내용이 있는 책으로 독서 감상문을 씁니다.

12 글 **가**는 시 형식의 독서 감상문이고, 글 **나**는 편지 형식의 독서 감상문입니다.

13 글 **나**에는 책을 쓴 사람은 나타나 있지 않습니다.

14 날짜와 날씨, 제목을 쓴 것으로 보아, 일기 형식으로 쓴 독서 감상문임을 알 수 있습니다.

15 '나무 그늘', '총각'이라는 낱말과 "나는 내 것이면 뭐든지 나 혼자 써도 된다고 생각했다."라는 문장 등으로 『나무 그늘을 산 총각』에 나오는 욕심쟁이 영감이 영감이 되어 쓴 글이라는 것을 알 수 있습니다.

16 로자는 바닷물이 마당까지 들이닥치는 상황에서 걱정되고 긴장되어 ⑦과 같이 손톱을 물어뜯었을 것입니다.

17 글 **나**에 고양이 투발루가 로자의 손을 핥아 주며 위로하는 모습이 나옵니다.

18 마지막 문장에 로자가 간절히 빈 내용이 나타나 있습니다.

19 로자처럼 누군가와 헤어졌던 경험을 말한 친구를 찾아봅니다.

20 표현할 생각이나 느낌을 떠올려 어떤 형식으로 표현하고 싶은지 정리하여 씁니다.

채점 기준	
상	자신의 생각이나 느낌을 표현할 글의 형식과 그 까닭을 모두 알맞게 쓴 경우
중	자신의 생각이나 느낌을 표현할 글의 형식과 까닭을 썼지만 까닭이 글의 형식과 어울리지 않는 경우
하	자신의 생각이나 느낌을 표현할 글의 형식만 쓴 경우

8 생각하며 읽어요

● 64쪽 ●

1 (1) ○   **2** (2) ○   **3** 편식해도 된다

1 사람마다 생각이 다르기 때문에 다른 사람의 의견을 받아들이기 전에 그것이 적절한지 판단해야 합니다.

2 '바람직한 독서 방법'이라는 주제와 관련된 의견은 책을 읽는 방법이나 태도와 관련된 내용이어야 합니다. 도서관의 편의 시설을 늘리는 것은 바람직한 독서 방법과 관련이 없습니다.

3 먹기 싫은 음식을 억지로 먹었을 때의 문제점을 뒷받침 내용으로 제시했으므로 '편식해도 된다'가 의견으로 알맞습니다.

● 65~67쪽 ●

01 ⑤   **02** (1) 농부 (2) ⑩ 당나귀는 원래 짐을 싣거나 사람을 태우는 동물이기 때문입니다.
03 찬민   **04** 여러 분야의 책   **05** ㉠
06 (1) 사실 (2) 주제 (3) 문제 상황 (4) 의견
07 ②   **08** ⑤   **09** ㉮   **10** 세윤, 희민
11 ①   **12** (2) ○ (3) ○ (4) ○   **13** 세희
14 (1) 편식 (2) ⑩ 여러 가지 영양소를 균형 있게 섭취하려면 편식하면 안 됩니다.   **15** ③

01 노인은 아버지는 걷게 하고 편하게 당나귀를 타고 가는 아이에게 버릇이 없다고 호통을 쳤습니다.

02 아버지는 농부의 의견을 듣고 당나귀는 원래 짐을 싣거나 사람을 태우는 동물이라는 생각을 하며 아이를 당나귀에 태웠습니다.

채점 기준	
상	(1)에 '농부'를 쓰고, (2)에 농부의 의견을 듣고 아버지가 생각한 내용을 잘 정리하여 쓴 경우
중	(1)에 '농부'를 썼지만, (2)에 짐을 싣거나 사람을 태울 수 있다는 내용 중에서 한 가지만 드러나게 쓴 경우
하	(1)에 '농부'만 쓴 경우

03 사람마다 생각이 달라 그 가운데에서 더 나은 의견을 선택해야 하기 때문에 다른 사람의 의견이 적절한지 판단해야 합니다.

04 첫 문장에 글쓴이의 의견이 제시되어 있습니다.

05 뒷받침 내용 ㉡은 글쓴이의 의견과 관련이 없고, 개인적인 경험이라서 믿을 만하지 못합니다.

06 글쓴이의 의견이 적절한지 평가할 때에는 의견이 주제와 관련 있는지, 의견과 뒷받침 내용이 관련 있는지, 뒷받침 내용이 사실이고 믿을 만한지, 의견이 문제 상황을 해결할 수 있는지 등을 살펴보아야 합니다.

07 글 ㉮와 ㉯는 '바람직한 독서 방법'을 주제로 쓴 글입니다.

08 글 ㉮의 글쓴이는 바람직한 독서 방법은 도서관의 편의 시설을 늘리는 것이라는 의견을 제시했습니다.

09 주제와 관련 없는 의견은 뒷받침 내용이 믿을 만하다고 해도 적절하다고 할 수 없습니다.

10 바람직한 독서 방법은 자신이 좋아하는 책만 읽는 것이라는 글쓴이의 의견은 주제와 관련이 있지만, 그 의견대로 독서를 할 경우 문제가 생길 수 있습니다. 제시한 뒷받침 내용들은 의견과 관련이 있고 모두 믿을 만한 사실입니다.

11 이 글은 '국가유산을 개방해야 하는가'를 주제로 쓴 글입니다.

12 글쓴이는 '국가유산을 개방해야 한다'는 의견을 뒷받침하기 위해 첫 번째 문단에서 (2)의 내용을, 두 번째 문단에서 (3)의 내용을, 세 번째 문단에서 (4)의 내용을 제시했습니다.

13 국가유산을 개방하면 국가유산 훼손을 막을 수 있다는 글쓴이의 의견이 적절하지 않다는 입장에서 말한 친구는 세희입니다.

14 편식에 대한 자신의 의견을 까닭을 들어 씁니다.

채점 기준	
상	(1)에 '편식'을 쓰고, (2)에 뒷받침하는 내용을 알맞게 넣어 편식에 대한 자신의 의견을 쓴 경우
중	(1)에 '편식'을 썼지만, (2)에 '편식해도 된다.', 또는 '편식하면 안 된다.'와 같이 의견만 간단히 쓴 경우
하	(1)에 '편식'만 쓴 경우

15 의견을 뒷받침하는 내용이 사실이며 믿을 만한지 알아보려면 책, 전문가의 말, 관련 전문 자료, 인터넷 정보 등을 활용할 수 있습니다. 친구들의 의견으로는 정확한 정보를 얻기가 어렵습니다.

01 (1) ㉮ (2) ㉯　　**02** ②　　**03** ㉱

04 ④　　**05** (1) 예 둘 다 당나귀를 타고 가야 한다. (2) 예 당나귀에 둘 다 탈 수 있기 때문입니다.

06 ①　　**07** ②　　**08** ⑤　　**09** 예 뜻하지 않게 잘못된 결과가 나올 수 있기 때문입니다.

10 서현　　**11** ④　　**12** ①, ④　　**13** 선경

14 자신이 좋아하는 책　　**15** ㉮, ㉰　　**16** ①

17 ㉱, ㉰　　**18** ③　　**19** (1) ㉯ (2) ㉮

20 (1) 예 비속어를 쓰지 말아야 합니다. (2) 예 말싸움을 하다가 다른 큰 싸움으로 번지는 경우가 많기 때문입니다.

01 농부는 땀을 뻘뻘 흘리면서도 당나귀를 타지 않고 끌고 가는 아버지와 아이를 비웃었습니다. 노인은 아버지는 걷게 하고 편하게 당나귀를 타고 가는 아이에게 버릇이 없다고 호통을 쳤습니다.

02 아이는 노인에게 버릇없다는 말을 듣고 당나귀에서 내리고 아버지를 태웠습니다.

03 아버지와 아이는 농부와 노인이 말한 의견이 적절한지 판단해 보지 않고 그대로 따랐습니다.

04 아낙은 어린아이는 걷게 하고 아버지만 편하게 당나귀를 타고 가는 것을 보고 놀라서 혀를 찼습니다.

05 아낙은 자기만 편하게 당나귀를 타고 가는 아버지에게 자기라면 아이도 함께 태우겠다고 말했습니다.

채점 기준	
상	(1)에 아낙의 의견을 쓰고, (2)에 아버지와 아이가 아낙의 의견을 받아들인 까닭을 알맞게 쓴 경우
하	(1)에 아낙의 의견만 알맞게 쓴 경우

06 청년은 힘이 다 빠진 당나귀를 보고 "나라면 당나귀를 메고 갈 텐데."라고 말했습니다.

07 아버지와 아이는 청년의 말대로 당나귀를 메고 가다 강물에 놓쳐 귀한 당나귀를 잃고 말았습니다.

08 아버지와 아이는 다른 사람의 말만 듣다가 귀한 당나귀를 잃고 만 것을 후회했습니다.

09 아버지와 아이는 다른 사람의 의견이 적절한지 판단하지 않고 그대로 따랐습니다. 그 결과 일어난 일을 생각하여 다른 사람의 의견이 적절한지 판단해야 하는 까닭을 씁니다.

채점 기준	
상	글에서 일어난 일과 관련지어 다른 사람의 의견이 적절한지 판단해야 하는 까닭을 알맞게 쓴 경우
하	의견이 적절한지 판단해야 하는 까닭과 거리가 먼 내용을 쓴 경우

10 다른 사람의 말만 듣고 그대로 따르다가 당나귀를 잃게 된 아버지와 아이에게 충고하는 말을 알맞게 한 친구는 서현입니다.

11 도서관의 편의 시설을 늘리자는 혜원이의 의견은 '바람직한 독서 방법'이라는 주제와 관련이 없다고 평가한 것입니다.

12 ②와 ③은 혜원이가 제시한 뒷받침 내용에 해당하고, ⑤는 민서의 의견에 해당합니다.

13 한 분야의 책만 읽으면 시력이 나빠진다는 뒷받침 내용은 민서의 개인적인 경험이므로 믿을 만한 사실이라고 평가할 수 없습니다.

14 바람직한 독서 방법은 자신이 좋아하는 책만 읽는 것이라는 의견을 첫 문장에 제시하였습니다.

15 준우의 의견대로 자신이 좋아하는 책만 읽을 경우 한 분야의 책만 읽게 되고, 한 가지 문제만 생각해 다양한 사고를 할 수 없게 됩니다.

16 국가유산을 개방해야 한다는 의견을 뒷받침하는 내용들입니다.

17 의견의 적절성을 평가하려면 주제와 의견의 관련성, 의견과 뒷받침 내용의 관련성, 뒷받침 내용의 사실 여부, 문제 상황의 해결 가능성 등을 따져 보아야 합니다.

18 '20○○년 7월 ○○일 신문 기사를 보니'라는 부분에 사용한 자료의 출처가 나와 있습니다.

19 각각의 의견을 뒷받침할 수 있는 내용을 찾아봅니다.

20 즐겁고 행복한 학교를 만들기 위해 우리가 할 수 있는 일을 의견으로 쓰고, 그렇게 생각한 까닭을 뒷받침 내용으로 씁니다.

채점 기준	
상	즐겁고 행복한 학교 만들기에 대한 의견과 뒷받침 내용을 모두 알맞게 쓴 경우
중	즐겁고 행복한 학교 만들기에 대한 의견을 알맞게 썼지만 뒷받침 내용에 의견과 맞지 않는 점이 있는 경우
하	즐겁고 행복한 학교 만들기에 대한 의견만 쓴 경우

9 감동을 나누며 읽어요

핵심 개념 ●————————————————● 72쪽 ●

1 (2) ○   **2** 김밥, 동숙이   **3** (1) ⓒ (2) ⓐ

1 주차장에서 나와 아빠께서 하시는 말인 2연의 내용이 말이 안 되는 이야기이므로, 아빠에게 할 물음으로 (2)가 알맞습니다.

2 달걀이 들어간 김밥을 싸 달라고 투정을 부리다 어머니께 꾸중을 듣는 동숙이가 안쓰럽다는 생각을 표현할 수 있습니다.

3 (1)은 멸치 대왕에게 화가 나서 토라진 넓적 가자미가 할 말로 알맞고, (2)는 망둥 할멈이 자신을 반갑게 맞아들이는 멸치 대왕에게 할 말로 알맞습니다.

단원평가 기본 ●————————————————● 73~75쪽 ●

01 비행기   **02** ④   **03** (2) ○   **04** 지하 주차장   **05** 재민   **06** ③   **07** 달걀, 김밥   **08** ⓒ   **09** ④   **10** (1) 병원비 (2) ⓐ 동숙이가 달걀을 깨뜨렸을 때 안타까웠습니다. 넘어지지만 않았어도 달걀이 들어간 김밥을 먹을 수 있었을 텐데 그러지 못해 무척 속상할 것 같습니다.   **11** 자신의 꿈   **12** ④   **13** ⓒ   **14** ④   **15** (1) 뺨을 때렸다 (2) ⓐ "아주 나쁜 꿈이라고? 감히 그런 꿈풀이를 하다니, 괘씸하다!"

01 3연과 4연에 말하는 이가 비행기 조종석에 앉아 있는 상상을 하는 내용이 나타나 있습니다.

02 말하는 이는 비행기를 무척 좋아하므로 비행기를 무서워하는 모습은 시의 내용과 어울리지 않습니다.

03 말하는 이는 온통 비행기 생각뿐이므로 당연히 커서 되고 싶은 것이 비행기와 관련된 일을 하는 사람이기 때문에 묻지 말라고 한 것입니다.

04 3연의 내용을 통해 아빠께서 차를 찾느라 지하 주차장을 헤매고 다니다가 늦게 나타나신 것을 알 수 있습니다.

05 2연에서 아빠가 하신 이야기는 변명이고 사실이 아님을 아이가 알고 있기 때문에 재민이는 시의 내용을 잘못 파악하고 말하였습니다.

06 시의 장면 떠올리기, 시 속 인물이 되어 보기, 시 속 인물과 면담하기, 시 속 인물과 비슷한 자신의 경험 떠올리기 등을 통해 시에 대한 느낌을 떠올릴 수 있습니다.

07 동숙이는 소풍날 달걀이 들어간 김밥을 가져가고 싶어서 어머니께 투정을 부렸습니다.

08 동숙이는 사정을 안 선생님께서는 동숙이가 안쓰러워서 김밥 도시락을 돌려주려고 배탈이 났다고 하셨습니다.

09 동숙이는 선생님께 받은 김밥을 먹지 않고 저녁때 주무시는 아버지 옆에 두었습니다.

10 동숙이는 편찮으신 아버지께서 주신 병원비로 달걀 한 줄을 샀습니다. 그러나 집에 오다가 넘어지는 바람에 달걀을 깨뜨렸습니다. 이러한 행동을 보고 든 생각을 정리하여 씁니다.

채점 기준	
상	(1)에 '병원비'를 쓰고, (2)에 장면 ❸에 나타난 동숙이의 행동에 대한 자신의 생각을 알맞게 쓴 경우
중	(1)에 '병원비'를 썼지만, (2)의 답에 동숙이의 행동과 어울리지 않는 점이 있는 경우
하	(1)에 '병원비'만 쓴 경우

11 멸치 대왕은 이상한 꿈을 꾼 뒤에 그 꿈이 무슨 꿈인지 몹시 궁금해했습니다.

12 멸치 대왕은 망둥 할멈의 꿈풀이를 듣고 기분이 좋아 춤을 추었으므로 ④와 같이 말하는 것이 상황에 어울립니다.

13 멸치 대왕이 "오, 아주 훌륭한 꿈풀이로다. 하하하."와 같이 말하는 것을 실감 나게 표현하는 말투와 행동으로는 ⓒ가 알맞습니다.

14 넓적 가자미는 멸치 대왕의 꿈이 큰 변을 당하게 될, 아주 나쁜 꿈이라고 말했습니다.

15 넓적 가자미가 꿈풀이를 나쁘게 하자 멸치 대왕은 화가 나서 넓적 가자미의 뺨을 때렸습니다. 이러한 상황과 멸치 대왕의 행동에 어울리는 말을 씁니다.

채점 기준	
상	(1)에 '뺨을 때렸다'를 쓰고, (2)에 상황과 화가 난 멸치 대왕의 기분이 드러나게 말을 알맞게 쓴 경우
중	(1)에 '뺨을 때렸다'를 썼지만, (2)의 답에 상황이나 멸치 대왕의 기분에 어울리지 않는 점이 있는 경우
하	(1)에 '뺨을 때렸다'만 쓴 경우

01 ①　　**02** ③　　**03** ①, ③　　**04** ㉰
05 정우　　**06** ⑤　　**07** (1) ㉱ (2) ㉯
08 ⑤　　**09** (1) 예 아이 (2) 예 아빠가 한참 동안 나타나지 않았을 때 어떤 마음이 들었습니까?
10 현지　　**11** ②　　**12** ⑤　　**13** 4
14 ④　　**15** 예 (장면 3에서) 아무리 달걀이 들어간 김밥을 먹고 싶어도 편찮으신 아버지의 병원비로 달걀을 산 동숙이의 행동은 잘못이라고 생각합니다.　　**16** (1) ×　　**17** (1) 예 "고생해서 망둥 할멈을 데려왔는데 나를 푸대접하다니, 정말 너무해."(2) 예 찡그린 표정을 지으며 불만스러운 말투로 말합니다.**18** (1) ㉮ (2) ㉯　　**19** (1) 넓적 가자미 (2) 꼴뚜기 (3) 망둥 할멈　　**20** ㉯, ㉰

01 3연과 4연은 글쓴이가 상상한 내용입니다.

02 말하는 이는 비행기를 무척 좋아하므로 비행기와 관련 있는 일을 하고 싶을 것입니다.

03 5연에서 비행기를 구경하는 것, 그리는 것, 생각하는 것을 좋아한다고 하였습니다.

04 말하는 이는 머릿속에 비행기에 대한 생각이 가득 차 있는 것을 ㉠과 같이 표현하였습니다.

05 어떤 것을 좋아하거나 머릿속이 어떤 생각으로 차 있었던 경험을 떠올리는 것이 알맞습니다.

06 3연을 통해 아빠께서 차를 어디에 두었는지 기억이 안 나 차를 찾아 헤맸음을 알 수 있습니다.

07 아빠께서는 주차장 밖에서 기다리고 있을 아이가 걱정되고, 빨리 차를 찾아야겠다는 생각에 다급한 마음이 들었을 것입니다. 아이는 한참 동안 아빠를 기다리느라 지루하고 지쳤을 것입니다.

08 아이가 ㉠과 같이 말한 것은 아빠가 지하 주차장에서 겪었다는 이야기가 말이 안 돼서 변명이라는 것을 안다는 의미입니다.

09 시에 나오는 아빠와 아이 중 한 사람을 정해 시의 상황과 관련 있는 물음을 만들어 봅니다.

채점 기준	
상	시에 나오는 아빠와 아이 중 면담하고 싶은 인물을 고르고, 시 속 상황에 알맞게 물음을 만들어 쓴 경우
하	시에 나오는 아빠와 아이 중 면담하고 싶은 인물만 고른 경우

10 현지가 말한 것은 시에 대한 느낌을 떠올리는 방법은 되지만 표현하는 방법은 될 수 없습니다.

11 동숙이는 쑥을 팔지 못했고, 선생님께서는 김밥을 먹지 않고 동숙이에게 주셨습니다. 소풍날 친구가 동숙이에게 김밥을 나누어 주었고, 어머니께서는 김밥을 싸 달라는 동숙이를 나무라셨습니다.

12 장면 1에 동숙이가 어머니께 달걀이 들어간 김밥을 싸 달라고 투정을 부린 내용이 나옵니다.

13 주어진 글은 장면 4를 보고 소풍날 배탈이 났다고 하시면서 동숙이에게 김밥 도시락을 건네주신 선생님의 행동에 대한 생각을 쓴 것입니다.

14 ㉠에서는 자신의 마음을 몰라주고 나무라신 어머니께 서운했을 것이고, ㉡에서는 쑥이 팔리지 않아 속상했을 것입니다. ㉢에서는 아버지께서 달걀을 사라고 돈을 주셔서 기뻤다고 했습니다.

15 동숙이의 행동 중에 인상 깊은 것을 찾아 그 행동을 보고 어떤 생각이 들었는지 씁니다.

채점 기준	
상	동숙이가 한 행동을 드러내고, 그 행동에 대한 자신의 생각을 구체적으로 쓴 경우
하	동숙이의 행동만 쓴 경우

16 넓적 가자미는 하늘을 오르락내리락하는 것을 낚싯대에 걸린 것이라고 풀이했습니다.

17 화가 난 넓적 가자미가 했을 말과, 말에 어울리는 표정, 말투, 행동을 씁니다.

채점 기준	
상	(1)에 넓적 가자미가 처한 상황에 알맞은 말을 쓰고, (2)에 넓적 가자미의 말을 실감 나게 표현할 수 있는 표정이나 말투, 행동 등을 알맞게 쓴 경우
중	(1)에 넓적 가자미가 처한 상황에 알맞은 말을 썼지만, (2)의 표정이나 말투, 행동에 어색한 점이 있는 경우
하	(1)의 말만 쓴 경우

18 자신을 푸대접한다고 토라진 넓적 가자미는 속이 좁고 잘 삐치는 성격이고, 멸치 대왕의 꿈을 좋게 풀이한 망둥 할멈은 아부를 잘하는 성격입니다.

19 글 ❶의 뒷부분에 넓적 가자미, 꼴뚜기, 망둥 할멈의 변한 모습이 나타나 있습니다.

20 상황에 알맞은 말을 넣고, 인물의 특성에 알맞게 표현하면 이야기를 실감 나게 들려줄 수 있습니다.

1 분수의 덧셈과 뺄셈

● 82쪽

핵심 개념

1 2, 4, 6
2 6, 2 / 6, 2
3 4, 3, 1
4 9, 7
5 7, 5, 2

 **단원평가** 기본 1회

● 83~85쪽

01 4, 2, 6

02 (1) $1\frac{1}{6}\left(=\frac{7}{6}\right)$ (2) $1\frac{3}{8}\left(=\frac{11}{8}\right)$

03 ( ) (○)

04 $\frac{5}{3}+\frac{11}{3}=\frac{16}{3}=5\frac{1}{3}$
05 $3\frac{8}{11}$

06 $6\frac{4}{10}$
07 $4\frac{6}{7}$ L
08 ㉡

09 $9\frac{3}{12}$
10 6, 3, 3
11 $\frac{8}{15}$, $\frac{1}{15}$

12 (교차선)
13 $2\frac{3}{5}$ m
14 ㉠

15 16, 7 / 9, 1, 3
16 ( ) (×)

17 $1\frac{11}{12}$ km
18 $5\frac{9}{13}$ m
19 $2\frac{4}{9}$ cm

20 2, 7 / $2\frac{6}{11}$

03 • $\frac{3}{9}+\frac{7}{9}=\frac{3+7}{9}=\frac{10}{9}=1\frac{1}{9}$

• $\frac{6}{9}+\frac{6}{9}=\frac{6+6}{9}=\frac{12}{9}=1\frac{3}{9}$

➡ $1\frac{1}{9}<1\frac{3}{9}$

05 $2\frac{5}{11}+1\frac{3}{11}=3+\frac{8}{11}=3\frac{8}{11}$

06 $3\frac{6}{10}+2\frac{8}{10}=5+\frac{14}{10}=5+1\frac{4}{10}=6\frac{4}{10}$

---

07 ❶ (만든 분홍색 페인트의 양)$=2\frac{1}{7}+2\frac{5}{7}$

❷ $2\frac{1}{7}+2\frac{5}{7}=4+\frac{6}{7}=4\frac{6}{7}$ (L)

채점 기준	
상	풀이 과정을 완성하여 만든 분홍색 페인트의 양은 몇 L인지 구한 경우
중	풀이 과정을 완성했지만 일부가 틀린 경우
하	답만 쓴 경우

08 ㉠ $1\frac{5}{8}+6\frac{7}{8}=7+\frac{12}{8}=7+1\frac{4}{8}=8\frac{4}{8}$

㉡ $4\frac{4}{8}+4\frac{2}{8}=8+\frac{6}{8}=8\frac{6}{8}$

㉢ $5\frac{1}{8}+3\frac{3}{8}=8+\frac{4}{8}=8\frac{4}{8}$

09 가장 큰 수: $5\frac{10}{12}$, 가장 작은 수: $3\frac{5}{12}$

➡ $5\frac{10}{12}+3\frac{5}{12}=8+\frac{15}{12}=8+1\frac{3}{12}=9\frac{3}{12}$

11 $\frac{14}{15}-\frac{6}{15}=\frac{8}{15}$, $\frac{8}{15}-\frac{7}{15}=\frac{1}{15}$

13 (남은 실의 길이)$=3-\frac{2}{5}=2\frac{5}{5}-\frac{2}{5}=2\frac{3}{5}$ (m)

14 ❶ ㉠ $1-\frac{3}{10}=\frac{10}{10}-\frac{3}{10}=\frac{7}{10}$

㉡ $1-\frac{5}{10}=\frac{10}{10}-\frac{5}{10}=\frac{5}{10}$

❷ $\frac{7}{10}$과 $\frac{5}{10}$ 중에서 1에 더 가까운 수는 $\frac{7}{10}$이므로 계산 결과가 1에 더 가까운 식은 ㉠입니다.

채점 기준	
상	풀이 과정을 완성하여 계산 결과가 1에 더 가까운 식의 기호를 쓴 경우
중	풀이 과정을 완성했지만 일부가 틀린 경우
하	답만 쓴 경우

17 ❶ (학교에서 도서관까지의 거리)$=3\frac{1}{12}-1\frac{2}{12}$

❷ $3\frac{1}{12}-1\frac{2}{12}=2\frac{13}{12}-1\frac{2}{12}=1\frac{11}{12}$ (km)

채점 기준	
상	풀이 과정을 완성하여 학교에서 도서관까지의 거리는 몇 km인지 구한 경우
중	풀이 과정을 완성했지만 일부가 틀린 경우
하	답만 쓴 경우

18 (주황색 끈의 길이)

$$=7\frac{5}{13}-1\frac{9}{13}=6\frac{18}{13}-1\frac{9}{13}=5\frac{9}{13} \text{ (m)}$$

19 가장 긴 변: $8\frac{1}{9}$ cm, 가장 짧은 변: $5\frac{6}{9}$ cm

➡ $8\frac{1}{9}-5\frac{6}{9}=7\frac{10}{9}-5\frac{6}{9}=2\frac{4}{9}$ (cm)

20 계산 결과가 가장 작은 뺄셈을 만들려면 빼지는 수는 가장 작게, 빼는 수는 가장 크게 만들어야 합니다.

➡ $5\frac{2}{11}-2\frac{7}{11}=4\frac{13}{11}-2\frac{7}{11}=2\frac{6}{11}$

단원평가 기본 2회 ●━━━ 86~88쪽

01 4, 3 / 7 / 4, 3, 7 **02** $1\frac{3}{6}\left(=\frac{9}{6}\right)$

03 $\frac{7}{12}$ L **04** (1) $3\frac{6}{7}$ (2) $6\frac{4}{9}$

05 ( ) **06** 4 kg **07** ㉠
(○)

08 $3\frac{1}{4}$시간 **09** $5\frac{6}{7}$ **10** $\frac{4}{13}$

11 · · **12** $3\frac{1}{3}$, $6\frac{3}{8}$ **13** >
· × ·

14 $\frac{4}{9}$ **15** $\frac{30}{4}-\frac{15}{4}=\frac{15}{4}=3\frac{3}{4}$

16 (1) $3\frac{4}{6}$ (2) $5\frac{8}{11}$ **17** $2\frac{2}{7}$ m

18 $\frac{7}{14}$ kg **19** $2\frac{3}{10}$ **20** 17개

03 (어제 마신 우유의 양)+(오늘 마신 우유의 양)

$$=\frac{3}{12}+\frac{4}{12}=\frac{3+4}{12}=\frac{7}{12} \text{ (L)}$$

05 $3\frac{9}{10}+1\frac{7}{10}=4+\frac{16}{10}=4+1\frac{6}{10}=5\frac{6}{10}$

06 $1\frac{2}{5}+2\frac{3}{5}=3+\frac{5}{5}=3+1=4$ (kg)

07 ❶ ㉠ $4\frac{3}{11}+3\frac{2}{11}=7+\frac{5}{11}=7\frac{5}{11}$

㉡ $2\frac{10}{11}+4\frac{9}{11}=6+\frac{19}{11}=6+1\frac{8}{11}=7\frac{8}{11}$

❷ $7\frac{5}{11}<7\frac{8}{11}$이므로 계산 결과가 더 작은 것은 ㉠입니다.

채점 기준	
상	풀이 과정을 완성하여 계산 결과가 더 작은 것의 기호를 쓴 경우
중	풀이 과정을 완성했지만 일부가 틀린 경우
하	답만 쓴 경우

08 (버스와 기차를 탄 시간)

$$=1\frac{2}{4}+1\frac{3}{4}=2+\frac{5}{4}=2+1\frac{1}{4}=3\frac{1}{4}(\text{시간})$$

09 어떤 대분수를 □라 하면 □$-2\frac{2}{7}=3\frac{4}{7}$입니다.

➡ □$=3\frac{4}{7}+2\frac{2}{7}=5+\frac{6}{7}=5\frac{6}{7}$

10 $\frac{6}{13}<\frac{10}{13}$ ➡ $\frac{10}{13}-\frac{6}{13}=\frac{10-6}{13}=\frac{4}{13}$

11 · $\frac{11}{20}-\frac{4}{20}=\frac{7}{20}$ · $\frac{10}{20}-\frac{2}{20}=\frac{8}{20}$
· $\frac{14}{20}-\frac{6}{20}=\frac{8}{20}$ · $\frac{16}{20}-\frac{9}{20}=\frac{7}{20}$

12 $4-\frac{2}{3}=3\frac{3}{3}-\frac{2}{3}=3\frac{1}{3}$,
$7-\frac{5}{8}=6\frac{8}{8}-\frac{5}{8}=6\frac{3}{8}$

13 $1-\frac{2}{6}=\frac{6}{6}-\frac{2}{6}=\frac{4}{6}$, $\frac{5}{6}-\frac{2}{6}=\frac{3}{6}$

➡ $\frac{4}{6}>\frac{3}{6}$

14 ❶ 어제와 오늘 읽은 양은 전체의 $\frac{3}{9}+\frac{2}{9}=\frac{5}{9}$입니다.

❷ 다 읽으려면 전체의 $1-\frac{5}{9}=\frac{9}{9}-\frac{5}{9}=\frac{4}{9}$만큼을 더 읽어야 합니다.

채점 기준	
상	풀이 과정을 완성하여 다 읽으려면 전체의 얼마만큼을 더 읽어야 하는지 구한 경우
중	풀이 과정을 완성했지만 일부가 틀린 경우
하	답만 쓴 경우

16 (1) $5\frac{3}{6}-1\frac{5}{6}=4\frac{9}{6}-1\frac{5}{6}=3\frac{4}{6}$

(2) $9\frac{5}{11}-3\frac{8}{11}=8\frac{16}{11}-3\frac{8}{11}=5\frac{8}{11}$

17 (긴 막대의 길이)-(짧은 막대의 길이)

$$=7\frac{6}{7}-5\frac{4}{7}=2+\frac{2}{7}=2\frac{2}{7} \text{ (m)}$$

18 (감자의 무게)−(양파의 무게)

$$=2\frac{3}{14}-1\frac{10}{14}=1\frac{17}{14}-1\frac{10}{14}=\frac{7}{14}\text{ (kg)}$$

19 $\square=7\frac{1}{10}-4\frac{8}{10}=6\frac{11}{10}-4\frac{8}{10}=2\frac{3}{10}$

20 ❶ $5\frac{5}{8}-3\frac{4}{8}=2+\frac{1}{8}=2\frac{1}{8}$

❷ $2\frac{1}{8}=\frac{17}{8}$ 이므로 $\frac{1}{8}$ 이 17개입니다.

채점 기준	
상	풀이 과정을 완성하여 $5\frac{5}{8}-3\frac{4}{8}$ 의 계산 결과는 $\frac{1}{8}$ 이 몇 개인지 구한 경우
중	풀이 과정을 완성했지만 일부가 틀린 경우
하	답만 쓴 경우

단원평가 실전 • 89~91쪽 •

01 $1\frac{2}{5}\left(=\frac{7}{5}\right)$

02 $\frac{6}{8}+\frac{4}{8}$ 에 ○표

03 5개

04 $5\frac{3}{4}$

05 예 $2\frac{4}{7}+1\frac{5}{7}=3+\frac{9}{7}=3+1\frac{2}{7}=4\frac{2}{7}$ /

예 $2\frac{4}{7}+1\frac{5}{7}=\frac{18}{7}+\frac{12}{7}=\frac{30}{7}=4\frac{2}{7}$

06 $17\frac{2}{6}$ kg

07 $5\frac{3}{10}$ m

08 예 $1\frac{8}{9}, 3\frac{2}{9}, 5\frac{1}{9}$

09 9

10 <

11 $\frac{7}{10}$

12 예 $7-2\frac{3}{5}=6\frac{5}{5}-2\frac{3}{5}=4\frac{2}{5}$

13 $4\frac{5}{13}$

14 $\frac{12}{21}$ L

15 $6\frac{6}{15}$

16 $3\frac{3}{4}$ m

17 ㉢

18 $\frac{5}{14}$ kg

19 $9\frac{6}{10}$ cm

20 6

02 $\frac{5}{8}+\frac{7}{8}=\frac{12}{8}=1\frac{4}{8}$, $\frac{6}{8}+\frac{4}{8}=\frac{10}{8}=1\frac{2}{8}$

➡ $1\frac{4}{8}>1\frac{2}{8}$

03 $\frac{4}{12}<\frac{\square+2}{12}<\frac{10}{12}$ 이므로 $4<\square+2<10$ 입니다. 따라서 □ 안에 들어갈 수 있는 자연수는 3, 4, 5, 6, 7이므로 모두 5개입니다.

06 (효연이네 가족과 선호네 가족이 딴 포도의 무게)

$$=7\frac{3}{6}+9\frac{5}{6}=16+1\frac{2}{6}=17\frac{2}{6}\text{ (kg)}$$

07 (창민이가 가지고 있는 리본의 길이)

$$=2\frac{5}{10}+\frac{3}{10}=2\frac{8}{10}\text{ (m)}$$

➡ (두 친구가 가지고 있는 리본의 길이의 합)

$$=2\frac{5}{10}+2\frac{8}{10}=4+1\frac{3}{10}=5\frac{3}{10}\text{ (m)}$$

채점 기준	
상	풀이 과정을 완성하여 두 친구가 가지고 있는 리본의 길이는 모두 몇 m인지 구한 경우
중	풀이 과정을 완성했지만 일부가 틀린 경우
하	답만 쓴 경우

08 계산 결과가 가장 작은 덧셈식은 가장 작은 수와 두 번째로 작은 수를 더해야 합니다.

➡ $1\frac{8}{9}+3\frac{2}{9}=4+1\frac{1}{9}=5\frac{1}{9}$

09 • 만들 수 있는 가장 큰 대분수: $6\frac{5}{8}$

• 만들 수 있는 가장 작은 대분수: $2\frac{3}{8}$

➡ $6\frac{5}{8}+2\frac{3}{8}=8+\frac{8}{8}=9$

10 $\frac{11}{14}-\frac{6}{14}=\frac{5}{14}$, $\frac{9}{14}-\frac{3}{14}=\frac{6}{14}$ ➡ $\frac{5}{14}<\frac{6}{14}$

11 작은 눈금 한 칸의 크기는 $\frac{1}{10}$ 입니다.

㉠ $\frac{2}{10}$, ㉡ $\frac{9}{10}$ ➡ ㉡−㉠$=\frac{9}{10}-\frac{2}{10}=\frac{7}{10}$

13 오른쪽 카드에 적힌 수를 □라 하면 $\frac{8}{13}+\square=5$ 입니다. ➡ $\square=5-\frac{8}{13}=4\frac{13}{13}-\frac{8}{13}=4\frac{5}{13}$

14 (어제 사용하고 남은 식용유의 양)

$$=1-\frac{4}{21}=\frac{21}{21}-\frac{4}{21}=\frac{17}{21}\text{ (L)}$$

➡ (오늘 사용하고 남은 식용유의 양)

$$=\frac{17}{21}-\frac{5}{21}=\frac{12}{21}\text{ (L)}$$

채점 기준	
상	풀이 과정을 완성하여 오늘 사용하고 남은 식용유의 양은 몇 L인지 구한 경우
중	풀이 과정을 완성했지만 일부가 틀린 경우
하	답만 쓴 경우

15 $9\frac{4}{15} > 2\frac{13}{15}$

➡ $9\frac{4}{15} - 2\frac{13}{15} = 8\frac{19}{15} - 2\frac{13}{15} = 6\frac{6}{15}$

16 $6\frac{1}{4} - 2\frac{2}{4} = 5\frac{5}{4} - 2\frac{2}{4} = 3\frac{3}{4}$ (m)

17 ㉠ $2\frac{8}{16} - 2\frac{3}{16} = \frac{5}{16}$

㉡ $5 - 4\frac{8}{16} = 4\frac{16}{16} - 4\frac{8}{16} = \frac{8}{16}$

㉢ $5\frac{5}{16} - 4\frac{7}{16} = 4\frac{21}{16} - 4\frac{7}{16} = \frac{14}{16}$

따라서 $\frac{14}{16} > \frac{8}{16} > \frac{5}{16}$이므로 계산 결과가 가장 큰 것은 ㉢입니다.

채점 기준	
상	풀이 과정을 완성하여 계산 결과가 가장 큰 것을 찾아 기호를 쓴 경우
중	풀이 과정을 완성했지만 일부가 틀린 경우
하	답만 쓴 경우

18 (참외와 토마토의 무게의 합)

$= 2\frac{3}{14} + 3\frac{7}{14} = 5\frac{10}{14}$ (kg)

➡ (빈 바구니의 무게)

$= 6\frac{1}{14} - 5\frac{10}{14} = 5\frac{15}{14} - 5\frac{10}{14} = \frac{5}{14}$ (kg)

19 (한 시간 동안 타는 양초의 길이)

$= 2\frac{3}{10} + 2\frac{3}{10} = 4\frac{6}{10}$ (cm)

(한 시간 후에 양초의 길이)

$= 14\frac{2}{10} - 4\frac{6}{10} = 13\frac{12}{10} - 4\frac{6}{10} = 9\frac{6}{10}$ (cm)

20 $7\frac{4}{9} - 2\frac{\square}{9} = 4\frac{8}{9}$이라 하면

$2\frac{\square}{9} = 7\frac{4}{9} - 4\frac{8}{9} = 2\frac{5}{9}$, $\square = 5$입니다.

따라서 □ 안에 들어갈 수 있는 자연수는 5보다 크고 9보다 작은 수이고 이 중에서 가장 작은 수는 6입니다.

---

2 삼각형

핵심 개념 ●─────────── ● 92쪽

1 4 **2** 두에 ○표

3 ( ) (○)

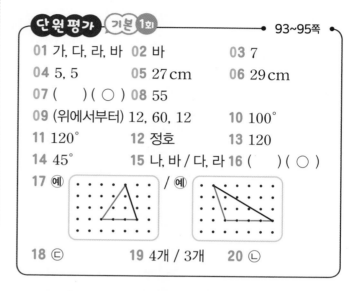

단원평가 기본 1회 ●─────── ● 93~95쪽

01 가, 다, 라, 바 **02** 바 **03** 7

04 5, 5 **05** 27 cm **06** 29 cm

07 ( ) (○) **08** 55

09 (위에서부터) 12, 60, 12 **10** 100°

11 120° **12** 정호 **13** 120

14 45° **15** 나, 바 / 다, 라 **16** ( ) (○)

17 예 / 예

18 ㉢ **19** 4개 / 3개 **20** ㉡

04 정삼각형은 세 변의 길이가 같습니다.

05 정삼각형은 세 변의 길이가 같으므로 세 변의 길이의 합은 $9 + 9 + 9 = 27$ (cm)입니다.

06 ❶ 변 ㄱㄷ과 변 ㄴㄷ의 길이가 같으므로

(변 ㄱㄷ) = (변 ㄴㄷ) = 8 cm입니다.

❷ (삼각형의 세 변의 길이의 합)

$= 8 + 13 + 8 = 29$ (cm)

채점 기준	
상	풀이 과정을 완성하여 삼각형의 세 변의 길이의 합은 몇 cm인지 구한 경우
중	풀이 과정을 완성했지만 일부가 틀린 경우
하	답만 쓴 경우

10 ❶ 삼각형 ㄱㄴㄷ은 이등변삼각형이므로

(각 ㄴㄷㄱ) = (각 ㄴㄱㄷ) = 40°입니다.

❷ (각 ㄱㄴㄷ) = $180° - 40° - 40° = 100°$

채점 기준	
상	풀이 과정을 완성하여 각 ㄱㄴㄷ은 몇 도인지 구한 경우
중	풀이 과정을 완성했지만 일부가 틀린 경우
하	답만 쓴 경우

11 ㉠＋㉡＝60°＋60°＝120°

12 • 수연: (나머지 한 각의 크기)
$$＝180°－80°－55°＝45°$$
• 정호: (나머지 한 각의 크기)
$$＝180°－30°－120°＝30°$$
따라서 이등변삼각형을 말한 친구는 정호입니다.

13 □°＝180°－60°＝120°

14 (직각을 제외한 두 각의 크기의 합)
$$＝180°－90°＝90°$$
따라서 이등변삼각형은 두 각의 크기가 같으므로
㉠＝90°÷2＝45°입니다.

18 ㉢ 둔각삼각형은 둔각이 1개입니다.

19 • 예각삼각형은 나, 마, 바, 아로 4개입니다.
• 둔각삼각형은 다, 라, 사로 3개입니다.

20 ❶ (지워진 부분의 각의 크기)
$$＝180°－70°－45°＝65°$$
❷ 세 각이 모두 예각이므로 삼각형의 이름은 ㉡ 예각삼각형입니다.

채점 기준	
상	풀이 과정을 완성하여 삼각형의 이름으로 알맞은 것을 찾아 기호를 쓴 경우
중	풀이 과정을 완성했지만 일부가 틀린 경우
하	답만 쓴 경우

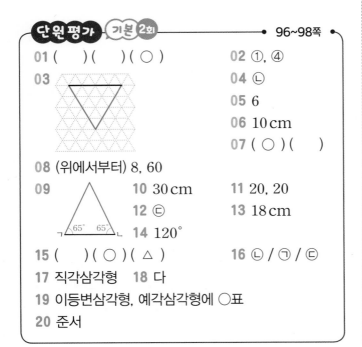

단원평가 기본 2회 • 96~98쪽

01 ( ) ( ) (○)
02 ①, ④
03
04 ㉡
05 6
06 10 cm
07 (○) ( )
08 (위에서부터) 8, 60
09
10 30 cm
11 20, 20
12 ㉢
13 18 cm
14 120°
15 ( ) (○) (△)
16 ㉡ / ㉠ / ㉢
17 직각삼각형
18 다
19 이등변삼각형, 예각삼각형에 ○표
20 준서

04 이등변삼각형은 두 변의 길이가 같은 삼각형이므로 이등변삼각형이 아닌 것은 ㉡입니다.

05 정삼각형은 세 변의 길이가 같습니다.
➡ □＝18÷3＝6

06 ❶ (변 ㄱㄴ)＋(변 ㄱㄷ)＝28－8＝20 (cm)
❷ 변 ㄱㄴ과 변 ㄱㄷ의 길이가 같으므로
(변 ㄱㄴ)＝20÷2＝10 (cm)입니다.

채점 기준	
상	풀이 과정을 완성하여 변 ㄱㄴ의 길이는 몇 cm인지 구한 경우
중	풀이 과정을 완성했지만 일부가 틀린 경우
하	답만 쓴 경우

08 정삼각형은 세 변의 길이가 같고, 세 각의 크기가 60°로 같습니다.

09 선분 ㄱㄴ의 양 끝에 각각 65°인 각을 그린 후 두 각의 변이 만나는 점을 찾아 삼각형을 완성합니다.

10 ❶ 세 각의 크기가 같으므로 정삼각형입니다.
❷ 정삼각형은 세 변의 길이가 같으므로 세 변의 길이의 합은 10＋10＋10＝30 (cm)입니다.

채점 기준	
상	풀이 과정을 완성하여 삼각형의 세 변의 길이의 합은 몇 cm인지 구한 경우
중	풀이 과정을 완성했지만 일부가 틀린 경우
하	답만 쓴 경우

11 이등변삼각형이므로 두 각의 크기가 같습니다. 남은 두 각의 크기의 합은 180°－140°＝40°이고, 남은 두 각의 크기는 같으므로 □°＝40°÷2＝20°입니다.

12 ㉢ 정삼각형은 세 각의 크기가 60°로 같습니다.

13 (나머지 한 각의 크기)＝180°－60°－60°＝60°
따라서 만든 삼각형은 정삼각형이므로 한 변은 54÷3＝18 (cm)입니다.

14 자른 삼각형은 두 변의 길이가 같으므로 이등변삼각형입니다. ➡ ㉠＝180°－30°－30°＝120°

16 ㉠ 한 각이 직각이므로 직각삼각형입니다.
㉡ 세 각이 모두 예각이므로 예각삼각형입니다.
㉢ 한 각이 둔각이므로 둔각삼각형입니다.

17 ㉠에 걸린 고무줄을 오른쪽으로 한 칸 움직이면 한 각이 직각이므로 직각삼각형이 됩니다.

18 가: 세 변의 길이가 모두 다른 삼각형, 둔각삼각형
　나: 이등변삼각형, 직각삼각형
　라: 이등변삼각형, 예각삼각형

19 • 두 각의 크기가 같으므로 이등변삼각형입니다.
　• 세 각이 모두 예각이므로 예각삼각형입니다.

20 ❶ (찢어진 부분의 각의 크기)
　　$=180°-35°-110°=35°$
　❷ 두 각의 크기가 같으므로 이등변삼각형이고, 한 각이 둔각이므로 둔각삼각형입니다.
　　따라서 잘못 말한 친구는 준서입니다.

채점 기준	
상	풀이 과정을 완성하여 잘못 말한 친구를 찾아 이름을 쓴 경우
중	풀이 과정을 완성했지만 일부가 틀린 경우
하	답만 쓴 경우

단원평가 실전　　　　99~101쪽

01 정삼각형　　**02** ⓛ, ⓒ　　**03** 13 cm
04 48 cm　　**05** 10 cm　　**06** 28 cm
07 지숙　　**08** 40° / 40°　　**09** 15°
10 예 나머지 한 각의 크기는
　180°$-30°-70°=80°$입니다. 세 각의 크기가 80°, 30°, 70°로 크기가 같은 두 각이 없으므로 이등변삼각형이 아닙니다.
11 40°　　　　**12** 35°　　　　**13** 92°
14 3개 / 2개
15 직각삼각형, 이등변삼각형에 ○표
16 예각삼각형　　**17** 예

18 이등변삼각형, 예각삼각형
19 이등변삼각형, 둔각삼각형　　**20** 8개

02 이등변삼각형은 두 변의 길이가 같은 삼각형이므로 나머지 한 변의 길이가 될 수 있는 것은 6 cm와 9 cm입니다.

03 삼각형 ㄱㄴㄷ과 삼각형 ㄹㄴㅁ은 정삼각형이므로 변 ㄱㄴ은 19 cm, 변 ㄹㄴ은 6 cm입니다.
　➡ (선분 ㄱㄹ)=(변 ㄱㄴ)-(변 ㄹㄴ)
　　　　　　　$=19-6=13$ (cm)

채점 기준	
상	풀이 과정을 완성하여 선분 ㄱㄹ의 길이는 몇 cm인지 구한 경우
중	풀이 과정을 완성했지만 일부가 틀린 경우
하	답만 쓴 경우

04 (큰 정삼각형의 한 변)=$8+8=16$ (cm)
　(초록색 선의 길이)=(큰 정삼각형의 한 변)$\times3$
　　　　　　　　　$=16\times3=48$ (cm)

05 이등변삼각형의 나머지 한 변은 8 cm입니다.
　(이등변삼각형의 세 변의 길이의 합)
　$=8+14+8=30$ (cm)
　➡ (만든 정삼각형의 한 변)$=30\div3=10$ (cm)

06 이등변삼각형의 세 변은 각각 8 cm, 8 cm, □cm 입니다.
　➡ $8+8+□=20$, □$=4$
　사각형 ㄱㄴㄷㄹ의 네 변은 각각 8 cm, $(4+4)$ cm, 8 cm, 4 cm이므로 네 변의 길이의 합은
　$8+8+8+4=28$ (cm)입니다.

07 지숙: 정삼각형은 세 변의 길이가 같습니다.

08 ⊙$+$ⓛ$=180°-100°=80°$
　➡ ⊙$=$ⓛ$=80°\div2=40°$

09 • 이등변삼각형의 두 각의 크기가 같으므로
　　⊙$=75°$입니다.
　• 정삼각형은 세 각의 크기가 60°로 같으므로
　　ⓛ$=60°$입니다.
　➡ ⊙$-$ⓛ$=75°-60°=15°$

10

채점 기준	
상	이등변삼각형이 아닌 이유를 바르게 설명한 경우
중	이등변삼각형이 아닌 이유를 설명한 내용 중에서 일부가 틀린 경우

11 (각 ㄱㄷㄴ)$=180°-110°=70°$
　이등변삼각형은 두 각의 크기가 같으므로
　(각 ㄱㄴㄷ)=(각 ㄱㄷㄴ)$=70°$입니다.
　➡ (각 ㄴㄱㄷ)$=180°-70°-70°=40°$

12 (각 ㄹㄴㄷ)$+$(각 ㄹㄷㄴ)$=180°-130°=50°$
　이등변삼각형은 두 각의 크기가 같으므로
　(각 ㄹㄷㄴ)$=50°\div2=25°$입니다.
　따라서 삼각형 ㄱㄴㄷ에서 (각 ㄱㄷㄴ)$=60°$이므로
　(각 ㄹㄷㄱ)$=60°-25°=35°$입니다.

13 삼각형 ㄱㄴㄷ은 이등변삼각형이므로
(각 ㄱㄷㄴ)=(각 ㄱㄴㄷ)=22°,
(각 ㄴㄱㄷ)=180°-22°-22°=136°입니다.
➡ (각 ㄷㄱㄹ)=180°-136°=44°
따라서 삼각형 ㄱㄷㄹ은 이등변삼각형이므로
(각 ㄷㄹㄱ)=(각 ㄷㄱㄹ)=44°,
(각 ㄱㄷㄹ)=180°-44°-44°=92°입니다.

14 예각삼각형은 예각이 3개이고, 둔각삼각형은 둔각
이 1개, 예각이 2개입니다.

15 주어진 삼각형은 직각이 있으므로 직각삼각형이고,
두 변의 길이가 같으므로 이등변삼각형입니다.

16 (나머지 한 각의 크기)=180°-40°-55°=85°
따라서 세 각이 모두 예각이므로 예각삼각형입니다.

17 한 각이 둔각인 삼각형은 둔각삼각형, 두 변의 길이
가 같은 삼각형은 이등변삼각형입니다.
따라서 둔각삼각형이면서 이등변삼각형인 삼각형
을 그립니다.

18 (나머지 한 각의 크기)=180°-50°-80°=50°
두 각의 크기가 같으므로 이등변삼각형이고, 세 각
이 모두 예각이므로 예각삼각형입니다.

채점 기준	
상	풀이 과정을 완성하여 찢어지기 전 삼각형은 어떤 삼각형인지 모두 쓴 경우
중	풀이 과정을 완성했지만 일부가 틀린 경우
하	답만 쓴 경우

19 (나머지 한 각의 크기)=180°-110°-35°=35°
따라서 그린 삼각형은 두 각의 크기가 같으므로 이
등변삼각형이고, 한 각이 둔각이므로 둔각삼각형입
니다.

20

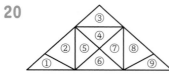

• 작은 삼각형 1개짜리: ①, ③, ④, ⑥, ⑨ ➡ 5개
• 작은 삼각형 4개짜리: ①+②+⑤+⑥,
⑥+⑦+⑧+⑨ ➡ 2개
• 작은 삼각형 9개짜리: ①+②+③+④+⑤+
⑥+⑦+⑧+⑨ ➡ 1개
따라서 크고 작은 둔각삼각형은 모두
5+2+1=8(개)입니다.

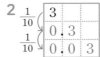 **소수의 덧셈과 뺄셈**

1 이 점 삼육

2
	3	
$\frac{1}{10}$	0.3	
$\frac{1}{10}$	0.03	

3 (위에서부터) 1 / 1, 2, 6
4 (위에서부터) 3, 10 / 4, 1, 5

단원평가 **기본** **1회** ────────●103~105쪽●

01 (1) 0.59 / 영 점 오구 (2) 0.418 / 영 점 사일팔
02 2.06 **03** 소수 셋째 자리 숫자, 0.007
04 1.03, 2.73에 ○표 **05** ㉡
06 (왼쪽에서부터) 0.62, 62 **07** (1) < (2) >
08 ㉡ **09** 지영 **10** 1000배
11 0.07, 0.19 **12** 2.9+2.7에 색칠
13 < **14** 8.3 **15** 1.81 m
16 (1) 3.9 (2) 1.82 **17** 4.49
18 5.3 **19** 0.85 L **20** 2.67 kg

03 5.387에서 7은 소수 셋째 자리 숫자이고, 0.007을
나타냅니다.

04 1.35 ➡ 0.3, 1.03 ➡ 0.03,
3.64 ➡ 3, 2.73 ➡ 0.03

05 ❶ ㉠ 7.985 ➡ 0.08
㉡ 1.832 ➡ 0.8
㉢ 6.498 ➡ 0.008
❷ 0.8>0.08>0.008이므로 8이 나타내는 수가
가장 큰 것은 ㉡입니다.

채점 기준	
상	풀이 과정을 완성하여 8이 나타내는 수가 가장 큰 것을 찾아 기호를 쓴 경우
중	풀이 과정을 완성했지만 일부가 틀린 경우
하	답만 쓴 경우

07 (1) 5.43<6.27 (2) 9.428>9.424
‾5<6‾ ‾8>4‾

08 ㉠ 0.285의 10배 ➡ 2.85
㉡ 2.85의 $\frac{1}{10}$ ➡ 0.285
㉢ 285의 $\frac{1}{100}$ ➡ 2.85

09 $1.364 < 1.376$
  └ $6<7$ ┘
따라서 지영이의 책가방이 더 가볍습니다.

10 ❶ ㉠은 일의 자리 숫자이므로 7을 나타내고, ㉡은
  소수 셋째 자리 숫자이므로 0.007을 나타냅니다.
  ❷ 7은 0.007의 1000배이므로 ㉠이 나타내는 수
  는 ㉡이 나타내는 수의 1000배입니다.

채점 기준	
상	풀이 과정을 완성하여 ㉠이 나타내는 수는 ㉡이 나타내는 수의 몇 배인지 구한 경우
중	풀이 과정을 완성했지만 일부가 틀린 경우
하	답만 쓴 경우

11 작은 눈금 한 칸의 크기는 0.01입니다.
  그림에서 오른쪽으로 0.12만큼 간 다음 오른쪽으로
  0.07만큼 더 가면 0.19입니다.

12 $1.2+3.4=4.6$,
  $2.9+2.7=5.6$

13 $1.46+4.73=6.19$, $2.62+4.29=6.91$
  ➡ $6.19 < 6.91$

14 • 윤아: 0.1이 25개인 수는 2.5입니다.
  • 진호: 0.1이 58개인 수는 5.8입니다.
  따라서 소수의 합은 $2.5+5.8=8.3$입니다.

15 $1\,cm=0.01\,m$이므로 $136\,cm=1.36\,m$입니다.
  ➡ $0.45+1.36=1.81\,(m)$

17 $7.13-2.64=4.49$

18 $9.2>6.5>3.9$이므로 가장 큰 수는 9.2이고, 가장
  작은 수는 3.9입니다.
  ➡ $9.2-3.9=5.3$

19 (상욱이가 마신 물의 양)
  $=1.5-0.65=0.85\,(L)$

20 ❶ $1\,g=0.001\,kg$이므로 $1850\,g=1.85\,kg$입니다.
  ❷ (수정이가 캔 고구마의 양)
  $=4.52-1.85=2.67\,(kg)$

채점 기준	
상	풀이 과정을 완성하여 수정이가 캔 고구마의 양은 몇 kg인지 구한 경우
중	풀이 과정을 완성했지만 일부가 틀린 경우
하	답만 쓴 경우

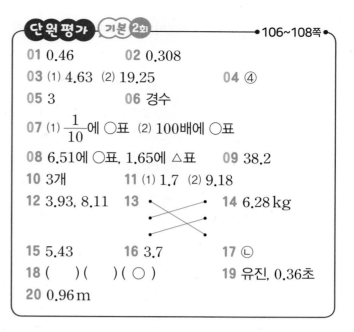

단원평가 기본 2회 ●106~108쪽●
01 0.46　　　**02** 0.308
03 (1) 4.63　(2) 19.25　　　**04** ④
05 3　　　**06** 경수
07 (1) $\frac{1}{10}$에 ○표　(2) 100배에 ○표
08 6.51에 ○표, 1.65에 △표　**09** 38.2
10 3개　　　**11** (1) 1.7　(2) 9.18
12 3.93, 8.11　　**13**　　　**14** 6.28 kg
15 5.43　　　**16** 3.7　　　**17** ㉡
18 (　)(　)(○)　　**19** 유진, 0.36초
20 0.96 m

02 $1000\,m=1\,km$이므로 $1\,m=0.001\,km$입니다.
  ➡ $308\,m=0.308\,km$

03 (1) 1이 4개이면 4, 0.1이 6개이면 0.6, 0.01이 3개
  이면 0.03이므로 4.63입니다.
  (2) 10이 1개이면 10, 1이 9개이면 9, $\frac{1}{10}$이 2개이면
  0.2, $\frac{1}{100}$이 5개이면 0.05이므로 19.25입니다.

04 ① 2.5<u>9</u> ➡ 9　② 0.0<u>8</u>5 ➡ 8　③ 3.1<u>4</u> ➡ 4
  ④ 5.8<u>2</u>7 ➡ 2　⑤ 8.0<u>6</u> ➡ 6

05 ❶ 0.1이 8개이면 0.8, 0.001이 53개이면 0.053이
  므로 설명하는 수는 0.853입니다.
  ❷ 0.853에서 소수 셋째 자리 숫자는 3입니다.

채점 기준	
상	풀이 과정을 완성하여 설명하는 수에서 소수 셋째 자리 숫자를 찾아 쓴 경우
중	풀이 과정을 완성했지만 일부가 틀린 경우
하	답만 쓴 경우

06 $3.29 > 3.18$
  └ $2>1$ ┘
따라서 더 작은 소수를 들고 있는 친구는 경수입니다.

07 (1) 27.5의 $\frac{1}{10}$은 2.75입니다.
  (2) 5.18의 100배는 518입니다.

08 자연수를 비교하면 $6>1$이므로 가장 작은 수는
  1.65이고, 6.51과 6.15에서 소수 첫째 자리 수를
  비교하면 $5>1$이므로 가장 큰 수는 6.51입니다.

09 어떤 수의 $\frac{1}{100}$이 0.382이므로 어떤 수는 0.382의 100배인 38.2입니다.

10 ❶ 0.01이 46개인 수는 0.46입니다.
❷ 0.46과 0.5 사이에 있는 소수 두 자리 수는 0.47, 0.48, 0.49로 모두 3개입니다.

채점 기준	
상	풀이 과정을 완성하여 두 수 사이에 있는 소수 두 자리 수는 모두 몇 개인지 구한 경우
중	풀이 과정을 완성했지만 일부가 틀린 경우
하	답만 쓴 경우

12 $2.56+1.37=3.93$,
$3.93+4.18=8.11$

13 • $5.2+1.3=6.5$ • $3.6+3.4=7$
• $4.1+2.9=7$ • $6.9+2.3=9.2$
• $4.5+4.7=9.2$ • $2.8+3.7=6.5$

14 (귤을 담은 상자의 무게)
$=0.45+5.83=6.28\,(kg)$

15 $3<4<8$이므로 만들 수 있는 가장 작은 소수 두 자리 수는 3.48입니다.
➡ $3.48+1.95=5.43$

16 $8.5-4.8=3.7$

17 ㉠ $3.51+1.72=5.23$
㉡ $9.84-4.13=5.71$
따라서 $5.23<5.71$이므로 계산 결과가 더 큰 것은 ㉡입니다.

18 $5.1-0.6=4.5$, $8.5-4.2=4.3$, $6.3-1.5=$ 4.8

19 $18.52>18.16$이므로 유진이가
$18.52-18.16=0.36$(초) 더 빨리 달렸습니다.

20 ❶ $1\,cm=0.01\,m$이므로 $53\,cm=0.53\,m$입니다.
❷ (㉠~㉣)=(㉠~㉢)+(㉡~㉣)-(㉡~㉢)
$=0.81+0.68-0.53$
$=1.49-0.53=0.96\,(m)$

채점 기준	
상	풀이 과정을 완성하여 ㉠에서 ㉣까지의 거리는 몇 m인지 구한 경우
중	풀이 과정을 완성했지만 일부가 틀린 경우
하	답만 쓴 경우

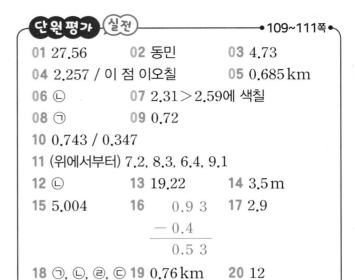

01 27.56 **02** 동민 **03** 4.73
04 2.257 / 이 점 이오칠 **05** 0.685 km
06 ㉡ **07** 2.31 > 2.59에 색칠
08 ㉠ **09** 0.72
10 0.743 / 0.347
11 (위에서부터) 7.2, 8.3, 6.4, 9.1
12 ㉡ **13** 19.22 **14** 3.5 m
15 5.004 **16** $\begin{array}{r} 0.9\,3 \\ -\ 0.4 \\ \hline 0.5\,3 \end{array}$ **17** 2.9
18 ㉠, ㉡, ㉣, ㉢ **19** 0.76 km **20** 12

03 4보다 크고 5보다 작은 소수 두 자리 수이므로 4.□□입니다. 4.□□에서 소수 첫째 자리 숫자는 7, 소수 둘째 자리 숫자는 3이므로 4.73입니다.

채점 기준	
상	풀이 과정을 완성하여 설명하는 소수는 얼마인지 구한 경우
중	풀이 과정을 완성했지만 일부가 틀린 경우
하	답만 쓴 경우

05 (남은 거리)$=1000-315=685\,(m)$
$1000\,m=1\,km$이므로 $1\,m=0.001\,km$입니다.
따라서 $685\,m=0.685\,km$입니다.

08 ㉠ 3.6에서 소수점을 기준으로 수가 왼쪽으로 두 자리 이동하여 360이 되었으므로 3.6의 100배는 360입니다.
㉡ 8.9에서 소수점을 기준으로 수가 왼쪽으로 한 자리 이동하여 89가 되었으므로 8.9의 10배는 89입니다.

09 □ 안에 들어갈 수 있는 소수 두 자리 수는 0.01, 0.02, ..., 0.71, 0.72입니다.
따라서 이 중에서 가장 큰 수는 0.72입니다.

10 카드 5장으로 만들 수 있는 1보다 작은 소수 세 자리 수는 일의 자리 숫자가 0이어야 하므로 0.□□□입니다.
$7>4>3$이므로 만들 수 있는 가장 큰 소수는 높은 자리부터 큰 수를 차례대로 놓아 만든 0.743이고, 만들 수 있는 가장 작은 소수는 높은 자리부터 작은 수를 차례대로 놓아 만든 0.347입니다.

12 ㉠ $7.3+0.8=8.1$ ㉡ $3.5+6.6=10.1$
㉢ $4.82+4.58=9.4$

13 작은 눈금 한 칸의 크기가 0.01이므로 ㉠이 나타내는 수는 9.57이고, ㉡이 나타내는 수는 9.65입니다.
➡ ㉠+㉡$=9.57+9.65=19.22$

14 동생에게 준 철사는 $65\,cm=0.65\,m$입니다.
➡ (재영이가 처음에 가지고 있던 철사의 길이)
$=2.85+0.65=3.5\,(m)$

채점 기준	
상	풀이 과정을 완성하여 재영이가 처음에 가지고 있던 철사의 길이는 몇 m인지 구한 경우
중	풀이 과정을 완성했지만 일부가 틀린 경우
하	답만 쓴 경우

15 • ▲는 0.462의 100배이므로 46.2입니다.
• ■는 ▲보다 3.84 큰 수이므로
$46.2+3.84=50.04$입니다.
• ♥는 ■의 $\frac{1}{10}$이므로 50.04의 $\frac{1}{10}$인 5.004입니다.

17 0.1이 46개인 수는 4.6이고, 0.1이 17개인 수는 1.7입니다. ➡ $4.6-1.7=2.9$

18 ㉠ $2.65+3.82=6.47$ ㉡ $9.02-2.16=6.86$
㉢ $5.7+1.93=7.63$ ㉣ $8.04-0.8=7.24$
따라서 $6.47<6.86<7.24<7.63$이므로 계산 결과가 작은 것부터 차례대로 기호를 쓰면 ㉠, ㉡, ㉣, ㉢입니다.

채점 기준	
상	풀이 과정을 완성하여 계산 결과가 작은 것부터 차례대로 기호를 쓴 경우
중	풀이 과정을 완성했지만 일부가 틀린 경우
하	답만 쓴 경우

19 (새로 만든 잔디밭의 가로)
$=0.42-0.16=0.26\,(km)$
(새로 만든 잔디밭의 세로)
$=0.42+0.08=0.5\,(km)$
➡ (새로 만든 잔디밭의 가로와 세로의 길이의 합)
$=0.26+0.5=0.76\,(km)$

20 • $10+㉢-3=8$, ㉢$=1$
• $5-1+10-㉡=7$, ㉡$=7$
• ㉠$-1-1=2$, ㉠$=4$
➡ ㉠+㉡+㉢$=4+7+1=12$

4 사각형

112쪽

핵심 개념

1 (○)( ) 2 ㉡
3 ( )(×) 4 사다리꼴에 ○표

단원평가 기본 1회

113~115쪽

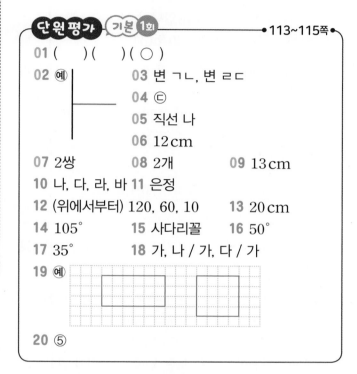

01 ( )( )(○)
02 예
03 변 ㄱㄴ, 변 ㄹㄷ
04 ㉢
05 직선 나
06 12 cm
07 2쌍 08 2개 09 13 cm
10 나, 다, 라, 바 11 은정
12 (위에서부터) 120, 60, 10 13 20 cm
14 105° 15 사다리꼴 16 50°
17 35° 18 가, 나 / 가, 다 / 가
19 예
20 ⑤

03 직선 가와 수직인 변은 변 ㄱㄴ과 변 ㄹㄷ입니다.

04
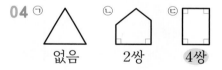
㉠ 없음 ㉡ 2쌍 ㉢ 4쌍

05 직선 나는 아무리 늘여도 직선 가와 만나지 않으므로 직선 가와 평행한 직선은 직선 나입니다.

06 변 ㄱㄹ과 변 ㄴㄷ이 서로 평행하므로 평행선 사이의 거리를 나타내는 변은 변 ㄹㄷ입니다. ➡ 12 cm

07 ❶ 평행선은 직선 다와 직선 마, 직선 라와 직선 바입니다.
❷ 평행선은 모두 2쌍입니다.

채점 기준	
상	풀이 과정을 완성하여 평행선은 모두 몇 쌍인지 구한 경우
중	풀이 과정을 완성했지만 일부가 틀린 경우
하	답만 쓴 경우

08 변 ㄱㄴ과 평행한 변은 변 ㅂㅁ, 변 ㄹㄷ으로 모두 2개입니다.

09 (변 ㄱㅂ과 변 ㄴㄷ 사이의 거리)
= (변 ㅂㅁ) + (변 ㄹㄷ) = 9 + 4 = 13 (cm)

12 마름모는 네 변의 길이가 모두 같고, 마주 보는 두 각의 크기가 같습니다.

13 평행사변형은 마주 보는 두 변의 길이가 같으므로
㉠ = 12 cm, ㉡ = 8 cm입니다.
➡ ㉠ + ㉡ = 12 + 8 = 20 (cm)

14 ❶ 마름모에서 이웃한 두 각의 크기의 합은 180°입니다.
❷ 75° + ㉠ = 180°, ㉠ = 180° − 75° = 105°

채점 기준	
상	풀이 과정을 완성하여 ㉠의 각도를 구한 경우
중	풀이 과정을 완성했지만 일부가 틀린 경우
하	답만 쓴 경우

15 마주 보는 한 쌍의 변이 서로 평행한 사각형이므로 사다리꼴입니다.

16 ❶ 평행사변형에서 이웃한 두 각의 크기의 합은 180°이므로 115° + ㉠ = 180°,
㉠ = 180° − 115° = 65°입니다.
평행사변형은 마주 보는 두 각의 크기가 같으므로 ㉡ = 115°입니다.
❷ ㉡ − ㉠ = 115° − 65° = 50°

채점 기준	
상	풀이 과정을 완성하여 ㉠과 ㉡의 각도의 차를 구한 경우
중	풀이 과정을 완성했지만 일부가 틀린 경우
하	답만 쓴 경우

17 마름모에서 이웃한 두 각의 크기의 합은 180°이므로 (각 ㄴㄷㄹ) = 180° − 35° = 145°입니다.
일직선은 180°이므로 ㉠ = 180° − 145° = 35°입니다.

18 • 직사각형은 네 각이 모두 직각인 사각형입니다.
• 마름모는 네 변의 길이가 모두 같은 사각형입니다.
• 정사각형은 네 각이 모두 직각이고 네 변의 길이가 모두 같은 사각형입니다.

19 직사각형은 네 각이 모두 직각이 되도록 사각형을 그리고, 정사각형은 네 각이 모두 직각이고 네 변의 길이가 모두 같도록 사각형을 그립니다.

20 ⑤ 직사각형 중에는 네 변의 길이가 같지 않은 것이 있으므로 직사각형은 정사각형이 아닙니다.

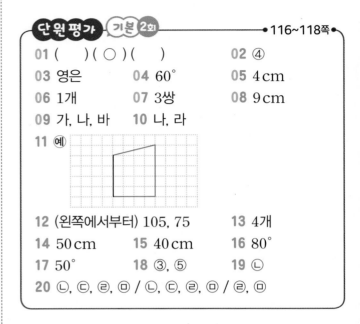

단원평가 기본 2회 ●116~118쪽●

01 ( ) (○) ( )　　**02** ④
03 영은　　**04** 60°　　**05** 4 cm
06 1개　　**07** 3쌍　　**08** 9 cm
09 가, 나, 바　　**10** 나, 라
11 예
12 (왼쪽에서부터) 105, 75　　**13** 4개
14 50 cm　　**15** 40 cm　　**16** 80°
17 50°　　**18** ③, ⑤　　**19** ㉡
20 ㉡, ㉢, ㉣, ㉤ / ㉡, ㉢, ㉣, ㉤ / ㉣, ㉤

03 영은: 한 직선에 수직인 직선은 셀 수 없이 많이 그을 수 있습니다.

04 직선 가가 직선 나에 대한 수선이므로 두 직선이 만나서 이루는 각의 크기는 90°입니다.
➡ ㉠ = 90° − 30° = 60°

05 평행선 사이의 거리는 평행선 사이에 그은 수직인 선분의 길이이므로 4 cm입니다.

06

가 ─────────────

　　　　─────────────
　　　　　　ㄱ

한 점을 지나고 주어진 직선에 평행한 직선은 1개뿐입니다.

07 ❶ 서로 평행한 변은 변 ㄱㅂ과 변 ㄷㄹ, 변 ㄱㄴ과 변 ㅁㄹ, 변 ㄴㄷ과 변 ㅂㅁ입니다.
❷ 서로 평행한 변은 모두 3쌍입니다.

채점 기준	
상	풀이 과정을 완성하여 서로 평행한 변은 모두 몇 쌍인지 구한 경우
중	풀이 과정을 완성했지만 일부가 틀린 경우
하	답만 쓴 경우

08 • 직선 가와 직선 나 사이의 거리: 5 cm
• 직선 나와 직선 다 사이의 거리: 4 cm
➡ 직선 가와 직선 다 사이의 거리: 5 + 4 = 9 (cm)

09 • 수선이 있는 도형: 가, 나, 라, 바
• 평행선이 있는 도형: 가, 나, 다, 마, 바
따라서 수선도 있고 평행선도 있는 도형은 가, 나, 바입니다.

11 마주 보는 한 쌍의 변이 서로 평행하도록 사각형을 그립니다.

12 평행사변형은 마주 보는 두 각의 크기가 같습니다.

13 직사각형 모양의 종이띠는 위와 아래의 변이 서로 평행하므로 잘라 낸 도형 중 사각형은 모두 사다리꼴입니다.
따라서 사다리꼴은 나, 다, 라, 바로 모두 4개입니다.

14 ❶ 평행사변형은 마주 보는 두 변의 길이가 같습니다.
(변 ㄱㄴ)=(변 ㄹㄷ)=10 cm,
(변 ㄱㄹ)=(변 ㄴㄷ)=15 cm
❷ (평행사변형 ㄱㄴㄷㄹ의 네 변의 길이의 합)
=10+15+10+15=50 (cm)

채점 기준	
상	풀이 과정을 완성하여 평행사변형 ㄱㄴㄷㄹ의 네 변의 길이의 합은 몇 cm인지 구한 경우
중	풀이 과정을 완성했지만 일부가 틀린 경우
하	답만 쓴 경우

15 마름모는 마주 보는 꼭짓점끼리 이은 선분이 서로 이등분하므로 (선분 ㄱㅇ)=16÷2=8 (cm),
(선분 ㄴㅇ)=30÷2=15 (cm)입니다.
➡ (삼각형 ㄱㄴㅇ의 세 변의 길이의 합)
=17+15+8=40 (cm)

16 평행사변형에서 이웃한 두 각의 크기의 합은 180°입니다.
따라서 55°+45°+(각 ㄱㄷㄹ)=180°,
(각 ㄱㄷㄹ)=180°−100°=80°입니다.

17 ❶ 마름모는 네 변의 길이가 모두 같으므로 삼각형 ㄱㄴㄷ은 이등변삼각형입니다.
(각 ㄴㄷㄱ)+(각 ㄴㄱㄷ)=180°−80°=100°
❷ (각 ㄴㄷㄱ)=100°÷2=50°

채점 기준	
상	풀이 과정을 완성하여 각 ㄴㄷㄱ은 몇 도인지 구한 경우
중	풀이 과정을 완성했지만 일부가 틀린 경우
하	답만 쓴 경우

18 네 변의 길이가 모두 같은 사각형은 마름모와 정사각형입니다.

19 ㉡ 네 변의 길이는 모두 같지만 네 각이 모두 직각이 아니므로 정사각형이 아닙니다.

20 • 마주 보는 두 변의 길이가 같은 사각형
➡ 평행사변형, 마름모, 직사각형, 정사각형
• 마주 보는 두 쌍의 변이 서로 평행한 사각형
➡ 평행사변형, 마름모, 직사각형, 정사각형
• 네 각이 모두 직각인 사각형
➡ 직사각형, 정사각형

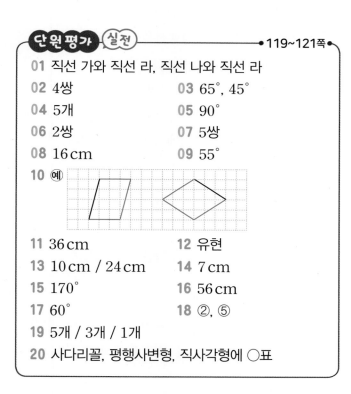

단원평가 실전 ●119~121쪽●

01 직선 가와 직선 라, 직선 나와 직선 라
02 4쌍
03 65°, 45°
04 5개
05 90°
06 2쌍
07 5쌍
08 16 cm
09 55°
10 예

11 36 cm
12 유현
13 10 cm / 24 cm
14 7 cm
15 170°
16 56 cm
17 60°
18 ②, ⑤
19 5개 / 3개 / 1개
20 사다리꼴, 평행사변형, 직사각형에 ○표

01 직선 가와 직선 라, 직선 나와 직선 라가 만나서 이루는 각이 각각 직각이므로 서로 수직입니다.

02 서로 수직인 변은 변 ㄱㄴ과 변 ㄱㅅ, 변 ㄱㄴ과 변 ㄴㄷ, 변 ㄱㅅ과 변 ㅂㅅ, 변 ㄴㄷ과 변 ㄷㄹ이므로 모두 4쌍입니다.

03 직선 가가 직선 나에 대한 수선이므로 두 직선이 만나서 이루는 각의 크기는 90°입니다.
➡ ㉠=90°−25°=65°, ㉡=90°−45°=45°

채점 기준	
상	풀이 과정을 완성하여 ㉠과 ㉡의 각도를 각각 구한 경우
중	풀이 과정을 완성했지만 일부가 틀린 경우
하	답만 쓴 경우

04 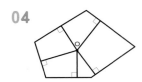 점 ㅇ에서 각 변에 그을 수 있는 수선은 모두 5개입니다.

05 평행선 사이의 선분 중에서 수선의 길이가 가장 짧으므로 ㉠=90°입니다.

06 직사각형은 네 각이 모두 직각입니다.
따라서 서로 평행한 변은 변 ㄱㄹ과 변 ㄴㄷ, 변 ㄱㄴ과 변 ㄹㄷ으로 모두 2쌍입니다.

07 서로 평행한 선분은 선분 ㄱㄴ과 선분 ㅂㄷ, 선분 ㄱㄴ과 선분 ㅁㄹ, 선분 ㅂㄷ과 선분 ㅁㄹ, 선분 ㄱㅂ과 선분 ㄴㄷ, 선분 ㅂㅁ과 선분 ㄷㄹ입니다.
따라서 찾을 수 있는 평행선은 모두 5쌍입니다.

08 직선 가와 직선 나 사이의 거리는 8 cm입니다.
➡ (직선 나와 직선 다 사이의 거리)
  =24−8=16 (cm)

09 직선 가와 직선 나 사이에 수선을 그어 삼각형을 만들어 봅니다.

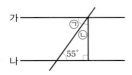

삼각형의 세 각의 크기의 합은 180°이므로
㉡+55°+90°=180°,
㉡=180°−55°−90°=35°입니다.
㉠+㉡=90°이므로 ㉠=90°−35°=55°입니다.

10 마주 보는 두 쌍의 변이 서로 평행하도록 사각형을 그립니다.

11 (마름모의 네 변의 길이의 합)
  =9+9+9+9=36 (cm)

12 마주 보는 두 쌍의 변이 서로 평행하도록 선분을 그은 친구를 찾습니다.

13 (선분 ㄷㅇ)=(선분 ㄱㅇ)=5 cm,
(선분 ㄴㅇ)=(선분 ㄹㅇ)=12 cm이므로
(선분 ㄱㄷ)=5+5=10 (cm),
(선분 ㄴㄹ)=12+12=24 (cm)입니다.

14 평행사변형은 마주 보는 두 변의 길이가 같으므로 변 ㄱㄴ의 길이를 □ cm라 하면 (변 ㄹㄷ)=□ cm이고, □+11+□+11=36입니다.
➡ □+□=14, □=7
따라서 변 ㄱㄴ은 7 cm입니다.

채점 기준	
상	풀이 과정을 완성하여 변 ㄱㄴ의 길이는 몇 cm인지 구한 경우
중	풀이 과정을 완성했지만 일부가 틀린 경우
하	답만 쓴 경우

15 • ㉠+125°=180°, ㉠=180°−125°=55°
• ㉡+65°=180°, ㉡=180°−65°=115°
➡ ㉠+㉡=55°+115°=170°

16 이등변삼각형은 두 변의 길이가 같으므로
(변 ㄱㄷ)=(변 ㄱㄴ)=12 cm입니다.
마름모는 네 변의 길이가 모두 같으므로
(변 ㄷㄹ)=(변 ㅁㄹ)=(변 ㄱㅁ)
  =(변 ㄱㄷ)=12 cm입니다.
➡ (사각형 ㄱㄴㄹㅁ의 네 변의 길이의 합)
  =12+8+12+12+12=56 (cm)

채점 기준	
상	풀이 과정을 완성하여 사각형 ㄱㄴㄹㅁ의 네 변의 길이의 합은 몇 cm인지 구한 경우
중	풀이 과정을 완성했지만 일부가 틀린 경우
하	답만 쓴 경우

17 각 ㄴㄷㄹ의 크기를 □°라 하면
(각 ㄱㄴㄷ)=□°+□°입니다.
평행사변형에서 이웃한 두 각의 크기의 합은 180°이므로 (각 ㄱㄴㄷ)+(각 ㄴㄷㄹ)=180°,
□°+□°+□°=180°, □°=180°÷3=60°입니다.

18 마주 보는 두 쌍의 변이 서로 평행하므로 사다리꼴, 평행사변형이고, 네 각이 모두 직각이므로 직사각형입니다.

19 • 사다리꼴: 가, 나, 다, 라, 마 ➡ 5개
• 평행사변형: 가, 다, 마 ➡ 3개
• 마름모: 마 ➡ 1개

20 같은 길이의 막대가 2개씩 있으므로 마주 보는 두 변의 길이가 같은 사각형을 만들 수 있습니다.
따라서 사다리꼴, 평행사변형, 직사각형을 만들 수 있습니다.

5 꺾은선그래프

핵심 개념 ──────●122쪽

1 꺾은선그래프   2 기온
3 23   4 11

단원평가 기본 1회 ──────●123~125쪽

01 시각 / 온도   02 학교 운동장의 온도 변화
03 1 °C   04 13 °C
05 8일과 15일 사이   06 8일
07 4 cm   08 0명, 예 70명   09 예 1명

10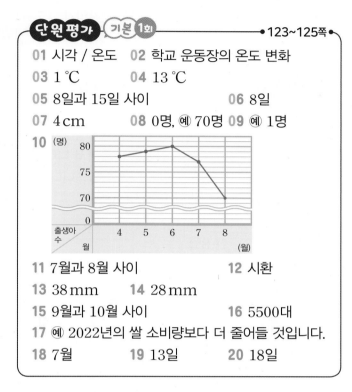

11 7월과 8월 사이   12 시환
13 38 mm   14 28 mm
15 9월과 10월 사이   16 5500대
17 예 2022년의 쌀 소비량보다 더 줄어들 것입니다.
18 7월   19 13일   20 18일

04 세로 눈금 한 칸이 1 °C이고, 오후 1시는 세로 눈금 13칸이므로 13 °C입니다.

06 (세로 눈금 한 칸의 크기)
$= 10 \div 5 = 2$ (cm)
따라서 식물의 키가 18 cm인 날은 세로 눈금 9칸인 8일입니다.

07 ❶ 22일에 식물의 키는 34 cm, 29일에 식물의 키는 38 cm입니다.
❷ 식물의 키가 $38 - 34 = 4$ (cm) 더 자랐습니다.

채점 기준	
상	풀이 과정을 완성하여 22일에 비해 29일에는 식물의 키가 몇 cm 더 자랐는지 구한 경우
중	풀이 과정을 완성했지만 일부가 틀린 경우
하	답만 쓴 경우

11 출생아 수가 가장 많이 변한 때는 선이 가장 많이 기울어진 7월과 8월 사이입니다.

13 (세로 눈금 한 칸의 크기)$= 10 \div 5 = 2$ (mm)
3월의 눈금을 읽으면 강수량은 38 mm입니다.

14 강수량이 가장 많은 달은 6월이고, 60 mm입니다.
강수량이 가장 적은 달은 2월이고, 32 mm입니다.
➡ (강수량의 차)$= 60 - 32 = 28$ (mm)

16 가습기 생산량이 가장 많은 달은 12월로 3500대이고, 가장 적은 달은 8월로 2000대입니다.
➡ (생산량의 합)$= 3500 + 2000 = 5500$ (대)

17 쌀 소비량이 점점 줄어들고 있으므로 2024년의 쌀 소비량은 2022년의 쌀 소비량보다 더 줄어들 것입니다.

19 세로 눈금 한 칸이 1일을 나타내므로 6월에 비가 온 날은 7일, 9월에 비가 온 날은 6일입니다.
➡ $7 + 6 = 13$(일)

20 ❶ 8월에 비가 온 날은 13일입니다.
❷ 8월은 31일까지 있으므로 8월에 비가 오지 않은 날은 $31 - 13 = 18$(일)입니다.

채점 기준	
상	풀이 과정을 완성하여 8월에 비가 오지 않은 날은 며칠인지 구한 경우
중	풀이 과정을 완성했지만 일부가 틀린 경우
하	답만 쓴 경우

단원평가 기본 2회 ──────●126~128쪽

01 10대   02 90대   03 8월
04 7월   05 0명, 예 20명   06 (나) 그래프
07 9명   08 60 kg   09 860 kg
10 예 감자 생산량이 가장 많은 해는 2020년입니다.
/ 예 감자 생산량이 줄어들고 있습니다.

11 예

12 58회   13 57회   14 ㉡, ㉢
15 오후 2시   16 오후 3시
17 예 21 °C / 예 16 °C   18 14일, 16일
19 986개   20 3칸

03 냉장고 판매량이 가장 많은 달은 꺾은선그래프에서 점이 가장 높게 찍혀 있는 8월입니다.

04 전달에 비해 냉장고 판매량이 가장 많이 변한 달은 선이 가장 많이 기울어진 7월입니다.

07 ❶ 초등학생 수는 2021년이 31명, 2019년이 22명입니다.

❷ 2021년은 2019년보다 초등학생 수가 $31-22=9$(명) 더 늘었습니다.

채점 기준	
상	풀이 과정을 완성하여 2021년은 2019년보다 초등학생 수가 몇 명 더 늘었는지 구한 경우
중	풀이 과정을 완성했지만 일부가 틀린 경우
하	답만 쓴 경우

08 2022년의 감자 생산량은 440 kg, 2020년의 감자 생산량은 500 kg입니다. ➡ $500-440=60$ (kg)

09 2021년의 감자 생산량은 480 kg, 2023년의 감자 생산량은 380 kg입니다. ➡ $480+380=860$ (kg)

10	채점 기준
상	꺾은선그래프를 보고 알 수 있는 내용을 두 가지 쓴 경우
중	꺾은선그래프를 보고 알 수 있는 내용을 한 가지만 쓴 경우

12 지진 발생 횟수가 가장 많은 해는 2022년이고, 지진 발생 횟수는 58회입니다.

13 선이 가장 적게 기울어진 곳이 지진 발생 횟수가 가장 적게 변한 해이므로 2023년입니다.
따라서 2023년의 지진 발생 횟수는 57회입니다.

16 교실과 복도의 온도 차가 가장 큰 때는 두 점 사이가 가장 멀어진 오후 3시입니다.

17 • 교실: 오전 11시에 20 ℃, 낮 12시에 22 ℃이므로 오전 11시 30분에는 20 ℃와 22 ℃의 중간인 21 ℃였을 것 같습니다.

• 복도: 오전 11시에 14 ℃, 낮 12시에 18 ℃이므로 오전 11시 30분에는 14 ℃와 18 ℃의 중간인 16 ℃였을 것 같습니다.

19 ❶ 세로 눈금 5칸이 10개를 나타내므로 세로 눈금 한 칸은 $10\div5=2$(개)를 나타냅니다.

❷ (5일 동안의 과자 판매량)
$=194+188+200+196+208=986$(개)

채점 기준	
상	풀이 과정을 완성하여 5일 동안의 과자 판매량은 모두 몇 개인지 구한 경우
중	풀이 과정을 완성했지만 일부가 틀린 경우
하	답만 쓴 경우

20 14일과 15일의 과자 판매량의 차이가 $200-188=12$(개)이므로 세로 눈금 한 칸이 4개를 나타내도록 바꾼다면 세로 눈금은 3칸 차이가 납니다.

단원평가 실전 ●129~131쪽●

01 29 mm		**02** 2022년, 2024년	
03 7 mm			

04 예 필요 없는 부분을 물결선으로 줄여서 나타내면 변화하는 모습을 뚜렷하게 알 수 있습니다.

05 4월, 5월	**06** 138.8 cm / 139 cm	
07 0.3 cm	**08** 330 kg	**09** 기영
10 200 kg	**11** 8월	

13 15700대	**14** 720000원
15 2단 우산, 8개	**16** 6칸
17 112개	**18** 10280 kg
19 20720000원	**20** 54자루

03 적설량이 가장 많은 해는 2022년으로 33 mm, 적설량이 가장 적은 해는 2023년으로 26 mm입니다.
➡ $33-26=7$ (mm)

04	채점 기준
상	물결선을 사용하여 나타내면 좋은 점을 바르게 설명한 경우
중	물결선을 사용하여 나타내면 좋은 점을 설명했지만 일부가 틀린 경우

06 세로 눈금 한 칸은 0.1 cm를 나타냅니다.
3월의 세로 눈금을 읽으면 성준이의 키는 138.8 cm, 현지의 키는 139 cm입니다.

07 꺾은선그래프에서 두 꺾은선 사이의 간격이 가장 큰 달은 1월로 성준이의 키는 138.2 cm, 현지의 키는 138.5 cm입니다.

➡ (키의 차)=138.5－138.2=0.3 (cm)

10 음식물 쓰레기의 양을 나타낸 그래프에서 점이 가장 낮게 찍혀 있는 달을 찾으면 6월입니다. ➡ 200 kg

11 ・6월: 330＋200＝530 (kg)
   ・7월: 300＋210＝510 (kg)
   ・8월: 360＋280＝640 (kg)
   ・9월: 370＋250＝620 (kg)

13 2019년: 3020대, 2020년: 3080대,
   2021년: 3140대, 2022년: 3200대,
   2023년: 3260대
   (5년 동안 휴대폰 판매량의 합)
   ＝3020＋3080＋3140＋3200＋3260
   ＝15700(대)

14 세로 눈금 한 칸은 10개를 나타냅니다.
   16일: 200개, 17일: 220개, 18일: 190개,
   19일: 160개, 20일: 130개
   (5일 동안 판 튀김의 수)
   ＝200＋220＋190＋160＋130＝900(개)
   ➡ (5일 동안 튀김을 판 금액)
      ＝800×900＝720000(원)

15 초록색 선이 빨간색 선보다 더 위에 있으므로 2단 우산이 더 많이 팔렸습니다.
   ➡ 72－64＝8(개)

16 11월에 2단 우산은 50개, 장우산은 56개 팔렸습니다. 세로 눈금 한 칸이 1개를 나타내도록 바꾼다면 세로 눈금은 56－50＝6(칸) 차이가 납니다.

17 세로 눈금 한 칸은 2개를 나타내므로 장우산이 2단 우산보다 세로 눈금 2칸 위에 있는 달을 찾으면 10월입니다. 10월의 장우산 판매량은 58개, 2단 우산 판매량은 54개이므로 판매량의 합은
   58＋54＝112(개)입니다.

	채점 기준
상	풀이 과정을 완성하여 장우산의 판매량이 2단 우산의 판매량보다 4개 더 많은 달의 판매량의 합은 몇 개인지 구한 경우
중	풀이 과정을 완성했지만 일부가 틀린 경우
하	답만 쓴 경우

18 6월: 5060 kg, 9월: 5220 kg
   ➡ 5060＋5220＝10280 (kg)

19 전달에 비해 생산량이 가장 많이 늘어난 달은 7월이고, 생산량은 5180 kg입니다.
   ➡ 5180×4000＝20720000(원)

20 (5일 동안의 연필 판매량)
   ＝135000÷500＝270(자루)
   3일부터 6일까지의 연필 판매량을 알아보면
   3일: 51자루, 4일: 56자루, 5일: 50자루,
   6일: 59자루입니다.
   ➡ (7일에 판 연필의 수)
      ＝270－51－56－50－59＝54(자루)

6 다각형

핵심 개념 ●──────132쪽

| 1 ( ) (○) | 2 정육각형에 ○표 |
| 3 (×) ( ) | 4 삼각형, 사각형에 ○표 |

단원평가 기본 1회 ●──────133~135쪽

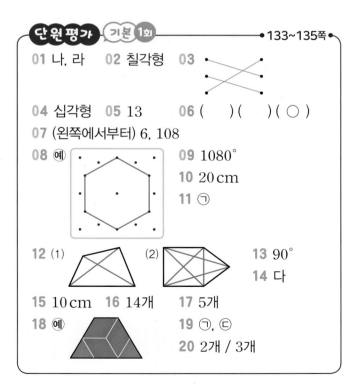

01 나, 라   02 칠각형   03
04 십각형   05 13   06 ( ) ( ) (○)
07 (왼쪽에서부터) 6, 108
08 예   09 1080°
10 20 cm
11 ㉠
12 (1)   (2)   13 90°
14 다
15 10 cm   16 14개   17 5개
18 예   19 ㉠, ㉢
20 2개 / 3개

03 변이 5개이면 오각형, 변이 8개이면 팔각형, 변이 3개이면 삼각형입니다.

04 선분으로 둘러싸인 도형은 다각형이고, 꼭짓점이 10개인 다각형은 십각형입니다.

05 ❶ • 팔각형은 변이 8개이므로 ㉠=8입니다.
　　• 오각형은 꼭짓점이 5개이므로 ㉡=5입니다.
　❷ ㉠+㉡=8+5=13

채점 기준	
상	풀이 과정을 완성하여 ㉠과 ㉡에 알맞은 수의 합을 구한 경우
중	풀이 과정을 완성했지만 일부가 틀린 경우
하	답만 쓴 경우

08 6개의 변의 길이가 모두 같고, 6개의 각의 크기가 모두 같도록 점 6개를 찾고 점들을 선분으로 잇습니다.

09 정팔각형은 각 8개의 크기가 모두 같습니다.
　➡ (정팔각형의 모든 각의 크기의 합)
　　=135°×8=1080°

10 ❶ 정육각형은 6개의 변의 길이가 모두 같습니다.
　❷ (정육각형의 한 변)=120÷6=20 (cm)

채점 기준	
상	풀이 과정을 완성하여 정육각형의 한 변의 길이는 몇 cm인지 구한 경우
중	풀이 과정을 완성했지만 일부가 틀린 경우
하	답만 쓴 경우

13 마름모는 두 대각선이 서로 수직으로 만나므로 두 대각선이 만나서 이루는 각의 크기는 90°입니다.

14

5개　　14개　　2개

15 ❶ 직사각형은 두 대각선의 길이가 같습니다.
　➡ (선분 ㄱㄷ)=(선분 ㄹㄴ)=20 cm
　❷ 직사각형은 한 대각선이 다른 대각선을 똑같이 둘로 나눕니다.
　➡ (선분 ㅇㄷ)=(선분 ㅇㄱ)
　　　　=20÷2=10 (cm)

채점 기준	
상	풀이 과정을 완성하여 선분 ㅇㄷ의 길이는 몇 cm인지 구한 경우
중	풀이 과정을 완성했지만 일부가 틀린 경우
하	답만 쓴 경우

16
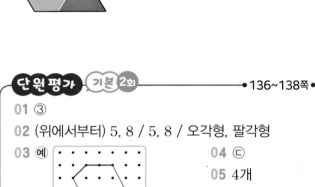
5개　　9개　　➡ 5+9=14(개)

19 ㉡ 예　　　　㉣ 예
평행사변형　　　정육각형

20
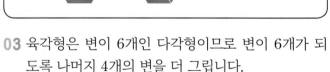
➡ 가: 2개, 나: 3개

단원평가 기본 2회　　　•136~138쪽•
01 ③
02 (위에서부터) 5, 8 / 5, 8 / 오각형, 팔각형
03 예
04 ㉢
05 4개
06 가, 라
07 태민
08 정육각형　　**09** 16개　　**10** 18 cm
11 나　　**12** 9개
13 (왼쪽에서부터) 6, 90　　**14** 1, 3, 2
15 28 cm　　**16** 12 cm
17 예 평행사변형 / 예 정삼각형　　**18** ㉡
19 예 / 예　　**20** 18개

03 육각형은 변이 6개인 다각형이므로 변이 6개가 되도록 나머지 4개의 변을 더 그립니다.

04 ㉢ 변이 2개이면 선분으로 둘러싸여 있지 않고 열려 있으므로 다각형이 아닙니다.

05 ❶ 칠각형은 꼭짓점이 7개이고, 십일각형은 꼭짓점이 11개입니다.
　❷ 11-7=4(개)

채점 기준	
상	풀이 과정을 완성하여 칠각형과 십일각형의 꼭짓점의 수의 차는 몇 개인지 구한 경우
중	풀이 과정을 완성했지만 일부가 틀린 경우
하	답만 쓴 경우

08 6개의 선분으로만 둘러싸인 도형은 육각형인데 변의 길이가 모두 같고, 각의 크기가 모두 같으므로 정육각형입니다.

09 정육각형은 변이 6개, 정십각형은 변이 10개입니다.
➡ $6+10=16$(개)

10 ❶ 정팔각형은 8개의 변의 길이가 모두 같으므로 모든 변의 길이의 합은 $9×8=72$ (cm)입니다.
❷ 정팔각형과 정사각형은 모든 변의 길이의 합이 같으므로
(정사각형의 한 변)$=72÷4=18$ (cm)입니다.

채점 기준	
상	풀이 과정을 완성하여 정사각형의 한 변의 길이는 몇 cm인지 구한 경우
중	풀이 과정을 완성했지만 일부가 틀린 경우
하	답만 쓴 경우

12
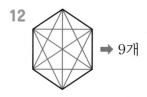 ➡ 9개

13 정사각형은 두 대각선의 길이가 같고, 두 대각선이 서로 수직으로 만납니다.

14
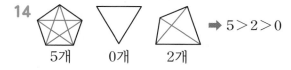 ➡ $5>2>0$
5개　　0개　　2개

15 ❶ 평행사변형은 한 대각선이 다른 대각선을 똑같이 둘로 나누므로 평행사변형의 대각선의 길이는 각각 $6×2=12$ (cm), $8×2=16$ (cm)입니다.
❷ (두 대각선의 길이의 합)$=12+16=28$ (cm)

채점 기준	
상	풀이 과정을 완성하여 두 대각선의 길이의 합은 몇 cm인지 구한 경우
중	풀이 과정을 완성했지만 일부가 틀린 경우
하	답만 쓴 경우

16 (변 ㄱㄴ)$=20÷4=5$ (cm)
마름모는 한 대각선이 다른 대각선을 똑같이 둘로 나누므로 (변 ㄱㅇ)$=6÷2=3$ (cm),
(변 ㄴㅇ)$=8÷2=4$ (cm)입니다.
따라서 삼각형 ㄱㄴㅇ의 세 변의 길이의 합은
$5+4+3=12$ (cm)입니다.

18 ㉠

㉡의 모양 조각을 이용해서는 마름모를 만들 수 없습니다.

19 6개의 변의 길이가 모두 같고, 6개의 각의 크기가 모두 같은 다각형을 만듭니다.

20 주어진 모양을 한 가지 모양 조각으로만 채우려면 ▲ 모양 조각은 12개, ◢ 모양 조각은 6개 필요합니다. ➡ $12+6=18$(개)

단원평가 실전　　●139~141쪽●
01 ④　　　　**02** 다, 칠각형
03 예 다각형은 선분으로만 둘러싸인 도형인데 곡선도 있기 때문에 다각형이 아닙니다.
04 재범
05 (위에서부터) 정사각형, 28 cm / 정육각형, 30 cm
06 40 cm　　**07** 정육각형　　**08** 8 cm
09 45°　　**10** 가, 라　　**11** 나, 라
12 예 대각선은 다각형에서 서로 이웃하지 않는 두 꼭짓점을 이은 선분인데 주어진 도형은 다각형이 아니므로 선분 ㄱㄴ은 대각선이 아닙니다.
13 7개　　　**14** 3　　　**15** 36 cm
16 45°　　　**17** 10개
18 예
　　　　　　　　　　　　19 40개
　　　　　　　　　　　　20 ㉢

01 꼭짓점을 ④로 선택하면 변이 5개가 되므로 오각형이 됩니다.

02 변의 수를 세어 보면 가는 6개, 나는 4개, 다는 7개입니다.
따라서 변의 수가 가장 많은 다각형은 다이고, 다는 변이 7개이므로 칠각형입니다.

03
채점 기준	
상	다각형이 아닌 이유를 바르게 쓴 경우
중	다각형이 아닌 이유를 썼지만 일부가 틀린 경우

04 • 성훈: 십이각형은 변이 12개, 꼭짓점이 12개이므로 합은 24개입니다.

• 민지: 다각형의 이름은 변의 수에 따라 정해집니다.

• 재범: 다각형의 변의 수가 늘어날수록 모양은 원에 가까워집니다.

따라서 잘못 설명한 친구는 재범입니다.

06 (정오각형의 모든 변의 길이의 합)
= $8 \times 5 = 40$ (cm)

07 정다각형은 각의 크기가 모두 같습니다.
(각의 수) = $720° \div 120° = 6$ (개)
각이 6개인 정다각형이므로 정육각형입니다.

08 정팔각형을 만드는 데 사용한 색 테이프의 길이는
$6 \times 8 = 48$ (cm)입니다.
➡ (정육각형의 한 변) = $48 \div 6 = 8$ (cm)

09
(정팔각형의 모든 각의 크기의 합)
= $180° \times 6 = 1080°$
(정팔각형의 한 각의 크기)
= $1080° \div 8 = 135°$
➡ ㉠ = $180° - 135° = 45°$

10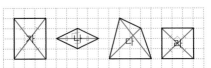

두 대각선의 길이가 같은 사각형은 직사각형인 가와 정사각형인 라입니다.

11 두 대각선이 서로 수직으로 만나는 사각형은 마름모인 나와 정사각형인 라입니다.

12

	채점 기준
상	도형을 보고 말한 것이 잘못된 이유를 바르게 쓴 경우
중	도형을 보고 말한 것이 잘못된 이유를 썼지만 일부가 틀린 경우

13 대각선의 수를 각각 구하면 정삼각형은 0개, 직사각형은 2개, 오각형은 5개입니다.
➡ (세 도형의 대각선 수의 합)
= $0 + 5 + 2 = 7$ (개)

14 • 정사각형은 두 대각선의 길이가 같으므로
㉠ = 9입니다.

• 정팔각형은 8개의 변의 길이가 모두 같으므로
㉡ = $96 \div 8 = 12$입니다.
➡ ㉡ − ㉠ = $12 - 9 = 3$

15 직사각형은 두 대각선의 길이가 같고 한 대각선이 다른 대각선을 똑같이 둘로 나누므로
(선분 ㄷㅇ) = (선분 ㄹㅇ)
= $26 \div 2 = 13$ (cm)입니다.
➡ (삼각형 ㄹㅇㄷ의 세 변의 길이의 합)
= $13 + 13 + 10 = 36$ (cm)

	채점 기준
상	풀이 과정을 완성하여 삼각형 ㄹㅇㄷ의 세 변의 길이의 합은 몇 cm인지 구한 경우
중	풀이 과정을 완성했지만 일부가 틀린 경우
하	답만 쓴 경우

16 정사각형은 두 대각선이 서로 수직으로 만나므로
(각 ㄴㅇㄷ) = $90°$입니다.
(각 ㅇㄴㄷ) + (각 ㅇㄷㄴ) = $180° - 90° = 90°$
정사각형은 두 대각선의 길이가 같고 한 대각선이 다른 대각선을 똑같이 둘로 나누므로 삼각형 ㅇㄴㄷ은 이등변삼각형입니다.
➡ (각 ㅇㄷㄴ) = (각 ㅇㄴㄷ)
= $90° \div 2 = 45°$

17  ➡ 10개

18 주어진 모양 조각을 가장 적게 이용하여 모양을 채워야 하므로 사다리꼴 모양 조각으로 먼저 채운 후 나머지 부분을 정삼각형과 정사각형 모양 조각으로 채웁니다.

19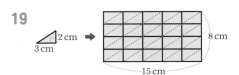

삼각형 2개로 가로가 3 cm, 세로가 2 cm인 직사각형을 만들 수 있습니다.
오른쪽 직사각형을 채우기 위해 만든 직사각형은 모두 20개 필요합니다.
➡ (필요한 삼각형의 수) = $2 \times 20 = 40$ (개)

20 한 꼭짓점을 중심으로 ㉠은 60°인 각이 6개 모이면 $60° \times 6 = 360°$, ㉡은 90°인 각이 4개 모이면 $90° \times 4 = 360°$가 되므로 ㉠, ㉡은 평면을 빈틈없이 채울 수 있습니다.
㉢은 한 꼭짓점을 중심으로 108°인 각이 3개 모이면 $108° \times 3 = 324°$로 360°가 되지 않으므로 평면을 빈틈없이 채울 수 없습니다.

사회

1 촌락과 도시의 생활 모습

1 촌락과 도시의 특징

핵심 자료 ●────────────── 145쪽 ●

1-1 촌락   1-2 농촌   1-3 산지촌
2-1 도시   2-2 ✕   2-3 교통
2-4 ◯   3-1 줄어들고
3-2 늘어나고, 줄어들고

확인 평가 ●────────────── 146~147쪽 ●

01 ④   02 ④   03 ㉡ ◯   04 ②
05 지훈   06 ㉫ 회사나 공장에서 일합니다. 시장에서 여러 가지 물건과 음식을 판매합니다. 공공 기관에서 사람들이 편리하게 생활할 수 있도록 도와주는 일을 합니다. 07 ⑤   08 ②, ④   09 ㉠, ㉡
10 ①, ⑤   11 ㉫ 쓰레기 분리배출을 실천합니다. 친환경 자동차를 이용합니다. 친환경 에너지 사용을 늘립니다.

03 ㉠은 농촌의 모습, ㉡은 산지촌의 모습입니다.

04 ② 비닐하우스를 많이 볼 수 있는 곳은 촌락 중 농촌입니다.

05 시우가 다녀온 평창의 대관령(산지촌)과 하나가 다녀온 김제의 호남평야(농촌)는 촌락입니다.

06	채점 기준	
상	도시 사람들이 하는 일을 두 가지 모두 알맞게 쓴 경우	
중	도시 사람들이 하는 일을 한 가지만 쓴 경우	

07 ①, ②는 도시, ③, ④는 촌락에 해당하는 설명입니다.

10 그림의 왼쪽에는 도시의 주차 공간 부족 문제, 오른쪽에는 교통 혼잡 문제가 나타나 있습니다.

11	채점 기준	
상	예시 답안의 내용 중 한 가지를 쓴 경우	
중	환경을 보호해야 한다고만 쓴 경우	

2 함께 발전하는 촌락과 도시

핵심 자료 ●────────────── 149쪽 ●

1-1 ✕   1-2 도시
2-1 지역 축제   2-2 직거래 장터 2-3 ✕
3-1 의존   3-2 ◯   3-3 농촌 유학

확인 평가 ●────────────── 150~151쪽 ●

01 교류   02 ㉠, ㉡, ㉢   03 ㉫ 공부하거나 일자리를 찾을 수 있기 때문입니다. 지역의 문화가 서로 달라 다른 문화를 경험할 수 있기 때문입니다. 지역마다 생산되는 물건이 달라 필요한 물건을 사고팔 수 있기 때문입니다.   04 ⑤
05 지역 축제   06 ③   07 ④
08 ㉠ 촌락, ㉡ 도시   09 ㉠, ㉡   10 ②
11 ㉫ 촌락과 도시는 서로 교류하며 도움을 주고받는 상호 의존 관계를 맺고 있습니다.

02 ㉢ 자기 집 텃밭에서 채소를 기르는 것은 사람들이 오고 가거나 물건, 문화, 기술 등을 주고받는 것이 아니므로 교류라고 할 수 없습니다.

03	채점 기준	
상	예시 답안의 내용 중 한 가지를 쓴 경우	
중	지역마다 자연환경이 다르기 때문이라고만 쓴 경우	

04 촌락은 도시 사람들에게 목재, 농수산물 등을 제공하고, 도시는 촌락 사람들에게 의류와 백화점, 종합병원 등의 시설을 제공합니다.

05 금산 인삼 축제와 같이 지역의 자연환경과 특산물을 이용하여 여는 축제를 지역 축제라고 합니다.

07 도시 사람들은 촌락에서 열린 지역 축제에 참가하여 지역의 특색 있는 문화를 체험할 수 있습니다.

08 도시에서는 촌락 사람들이 재배한 농수산물을 직접 판매하는 직거래 장터를 열어 서로 교류합니다.

10 촌락과 도시는 함께 발전하기 위해 서로 교류하며 도움을 주고받습니다.

11	채점 기준	
상	촌락과 도시가 서로 교류하며 도움을 주고받고, 상호 의존 관계를 맺는다고 쓴 경우	
중	촌락과 도시가 서로 교류하며 도움을 주고받는다고만 쓴 경우	

01 (1) ㉠ (2) ㉢ (3) ㉡　　**02** ⑤　　**03** ②

04 ④　　**05** 서연, 시훈

06 (1) ㉠ 촌락, ㉡ 도시　(2) 예 사람들이 모여 사는 곳입니다. 사람들이 주변 환경을 알맞게 이용하며 다양한 모습으로 살아갑니다.　　**07** ③

08 예 마을 회관과 폐교 등을 고쳐 문화 시설이나 편의 시설로 이용　　**09** ①, ④　　**10** ①

11 ③　　**12** 자매결연　　**13** 예 도시 사람들은 직거래 장터에서 신선한 농수산물을 저렴한 가격에 살 수 있습니다.　　**14** ㉠, ㉢

15 ②

02 ①, ②, ③은 어촌, ④는 산지촌에 사는 사람들이 주로 하는 일입니다.

04 ④ 자연환경을 이용하여 농업, 임업, 어업에 종사하는 것은 촌락의 생활 모습입니다.

05 다정 - 임업을 주로 하는 곳은 농촌이 아니라 산지촌입니다. 농촌에서는 농업을 주로 합니다.

06 촌락과 도시는 사람들이 모여 사는 곳으로, 사람들이 주변 환경을 알맞게 이용하며 다양한 모습으로 살아간다는 공통점이 있습니다.

채점 기준	
상	(1)에 촌락과 도시를 알맞게 쓰고, (2)에 촌락과 도시의 공통점을 예시 답안과 같이 구체적으로 쓴 경우
하	(1)에 촌락과 도시만 쓴 경우

07 농수산물 가격이 내려가면, 농수산물을 생산하여 판매하는 촌락 사람들의 소득이 줄어들게 됩니다. 소득 감소 문제를 해결하기 위해 촌락에서는 좋은 품질의 농수산물을 생산하고자 노력하고 있습니다.

08 촌락에는 많은 사람들이 도시로 떠나 생활에 필요한 시설을 이용하는 사람이 줄어 시설들이 문을 닫기도 합니다.

채점 기준	
상	마을 회관과 폐교 등을 고쳐 문화 시설이나 편의 시설로 이용한다고 쓴 경우
중	마을 회관과 폐교 등을 새롭게 이용한다고만 쓴 경우

09 ②, ③, ⑤는 촌락에서 나타나는 문제입니다.

10 그림은 촌락 사람들이 필요한 물건을 사기 위해 도시에 방문한 모습입니다.

11 도시는 사람들에게 다양한 편의 시설을 제공합니다. 그래서 도시를 찾는 촌락 사람들은 공공 기관, 병원, 영화관 등 다양한 시설을 이용할 수 있습니다.

12 자매결연으로 도시의 기업이나 단체가 촌락을 찾아가 촌락 일손 돕기, 무료 진료 등의 봉사 활동을 하기도 합니다.

13

채점 기준	
상	신선한 농수산물을 저렴하게 살 수 있다고 쓴 경우
중	농수산물을 살 수 있다고만 쓴 경우

14 촌락 아이들의 도시 문화 탐방을 통해 촌락 아이들은 촌락에서 흔히 경험할 수 없는 시설들을 구경하고, 도시 사람들은 소득을 높일 수 있습니다.

15 촌락과 도시는 서로 교류하고 도움을 주고받는 상호 의존 관계를 바탕으로 함께 발전하고 있습니다.

01 ㉠ 촌락, ㉡ 도시　　**02** ㉠, ㉢　　**03** ②, ④

04 예 교통이 발달하여 사람과 물건의 이동이 편리한 곳입니다. 회사나 공장이 있어 일자리가 많은 곳입니다. 사람들의 필요로 새롭게 계획하여 만든 곳입니다.　　**05** ⑤　　**06** 은수　　**07** ④, ⑤

08 예 자동차가 너무 많아서 생기는 교통 문제를 해결하기 위해서입니다.　　**09** ⑤　　**10** ㉠, ㉢

11 ③, ⑤　　**12** ②　　**13** 예 도시 사람들은 지역의 특색 있는 문화를 체험할 수 있고, 촌락 사람들은 먹거리나 즐길 거리 등을 제공하여 소득을 올릴 수 있습니다.　　**14** 농촌 유학　　**15** 의존

01 자연환경을 주로 이용해 살아가는 곳은 촌락, 많은 사람이 모여 살면서 사회·정치·경제활동의 중심이 되는 곳은 도시입니다.

02 촌락에서는 산에서 목재를 구하는 것과 같이 자연환경을 이용해 주로 음식이나 물건을 만드는 데 필요한 다양한 재료를 생산하는 일을 합니다.

03 도시에서는 버스나 지하철과 같은 다양한 교통수단과 공공 기관, 상점, 회사나 공장, 아파트 등 많은 건물을 볼 수 있습니다.

04 도시가 발달한 곳은 교통이나 산업 등 인문환경이 잘 갖추어져 있습니다.

채점 기준	
상	도시가 발달한 곳의 특징을 두 가지 모두 알맞게 쓴 경우
중	도시가 발달한 곳의 특징을 한 가지만 쓴 경우

05 ㉠은 농촌, ㉡은 어촌, ㉢은 도시, ㉣은 산지촌입니다. 촌락과 도시 사람들은 주변 환경을 알맞게 이용하며 살아갑니다.

06 태호 - 14세 이하 어린이 인구는 줄고 있습니다. 미연 - 촌락의 전체 인구는 2020년에 약간 늘기는 했지만, 1990년에 비해서는 많이 줄어들었습니다.

07 촌락에서는 젊은 사람들이 일자리를 찾아 도시로 떠나면서 고령화 현상과 일손 부족 문제가 나타나고 있습니다.

08 승용차 요일제를 실시하는 까닭은 도로의 자동차 수를 줄여 교통 혼잡을 줄이기 위해서입니다.

채점 기준	
상	자동차가 너무 많아서 생기는 교통 문제를 해결하기 위해서라고 쓴 경우
중	교통 문제를 해결하기 위해서라고만 쓴 경우

09 촌락에서는 일손 부족, 시설 부족, 소득 감소 등의 문제가 나타나고, 도시에서는 주택 문제, 교통 문제, 환경 문제 등이 나타납니다.

10 ㉡ 교류는 사람들이 오고 가거나 물건, 문화, 기술 등을 서로 주고받는 것입니다. ㉣ 지역마다 생산되는 물건들이 달라서 교류가 이루어집니다.

11 ①, ②, ④는 촌락을 찾는 도시 사람들이 얻을 수 있는 도움입니다.

12 ② 지역 축제를 통해 촌락 사람들이 소득을 올릴 수 있습니다.

13 지역 축제를 통해 촌락과 도시 사람들은 서로 도움을 주고받을 수 있습니다.

채점 기준	
상	도시 사람들은 지역의 특색 있는 문화를 체험하고, 촌락 사람들은 소득을 올릴 수 있다고 쓴 경우
중	촌락과 도시 사람들이 서로 교류할 수 있다고만 쓴 경우

15 촌락과 도시는 서로 교류하고 도움을 주고받는 상호 의존 관계를 바탕으로 함께 발전하고 있습니다.

2 필요한 것의 생산과 교환

❶ 경제활동과 현명한 선택

핵심 자료 ●159쪽●

1-1 경제활동   1-2 선택
2-1 현명한 선택 2-2 ×
3-1 생산   3-2 소비   3-3 생산, 소비

확인 평가 ●160~161쪽●

01 ②   **02** 예 쓸 수 있는 돈이나 시간이 한정되어 있기 때문입니다.   **03** 희소성   **04** ①, ③
05 ⑤   **06** ㉡, ㉢, ㉣   **07** ㉠ 생산,
㉡ 소비   **08** 예 생산하지 않으면 소비할 수 없고 소비하지 않으면 생산할 필요가 없습니다.
09 (1) ㉠ (2) ㉢ (3) ㉡   **10** ③   **11** 서윤
12 ②

01 ②의 상황은 선택할 문제가 없습니다.

02
채점 기준	
상	쓸 수 있는 돈이나 시간이 한정되어 있기 때문이라고 쓴 경우
중	자원이 부족하기 때문이라고만 쓴 경우

05 ① 오래 쓸 물건을 선택해야 합니다. ② 같은 조건이면 더 싼 물건을 선택해야 합니다. ③ 꼭 필요한 물건을 선택해야 합니다. ④ 품질, 디자인 등을 모두 고려하여 물건을 선택해야 합니다.

06 ㉠ 텔레비전 홈 쇼핑, 온라인 쇼핑과 같이 사람들이 직접 만나지 않는 시장도 있습니다.

08
채점 기준	
상	예시 답안과 같이 생산과 소비의 관계를 구체적으로 쓴 경우
중	생산과 소비가 밀접한 관계가 있다고만 쓴 경우

09 ㉠은 농사를 짓는 모습, ㉡은 가수가 노래를 부르는 모습, ㉢은 공장에서 물건을 만드는 모습입니다.

10 ③ 고장 난 물건을 고치는 것은 물건을 산 뒤에 사용하면서 일어날 수 있는 일입니다.

11 정민 - 계획성 있게 소비하지 못해 필요한 물건을 구매하지 못 하였습니다.

❷ 교류하며 발전하는 우리 지역

핵심 자료 ●163쪽●

1-1 생산지　　　1-2 ✕

2-1 경제적 교류　2-2 다르기

3-1 성장합니다　3-2 누리집　　　3-3 ✕

확인 평가 ●164~165쪽●

01 ③　　　02 지민　　03 ㉠ 경제적 이익을 얻기

04 ①　　　05 ①　　　06 ㉠, ㉢, ㉣

07 ④　　　08 ②　　　09 ③

10 ㉠ 지역 신문이나 소식지에서 찾아봅니다.

11 다정

---

02 다른 지역에서 우리 지역으로 다양한 상품이 들어오는 까닭은 우리 지역에서 그 상품이 생산되지 않거나 부족하기 때문입니다.

03 개인이나 지역은 경제적 이익을 얻기 위해 경제적 교류를 합니다.

채점 기준	
상	경제적 이익을 얻기 위해서라고 쓴 경우
중	이익을 얻기 위해서라고만 쓴 경우

04 ① 친구에게 책을 빌려 읽는 것은 경제적 이익을 얻기 위해 서로 상품이나 자원, 기술, 정보 등을 주고받는 것이 아니므로 경제적 교류가 아닙니다.

05 지역마다 자연환경, 기술, 자원, 문화 등이 다르기 때문에 경제적 교류가 이루어집니다.

06 ㉡ 경제적 교류를 하면 각 지역은 경제적 이익을 얻고 서로 화합할 수 있습니다.

08 다른 나라의 뮤지컬 배우가 우리나라에 와서 공연하는 것은 문화 활동을 통한 경제적 교류입니다.

09 대구광역시와 광주광역시가 '달빛동맹'을 맺었다는 것에서 지역과 지역 간의 경제적 교류의 모습임을 알 수 있습니다.

10	채점 기준
상	지역 신문이나 소식지에서 찾아본다고 쓴 경우
중	신문을 살펴본다고만 쓴 경우

11 다정 - 지역을 대표하는 상품을 소개하기 위해서는 우리 지역을 대표하는 캐릭터를 만들어야 합니다.

단원평가 기본 ●166~168쪽●

01 희소성　　02 ②　　　03 유진　　04 (1) 연필

(2) ㉠ 내가 가진 돈으로 살 수 있고, 편리하게 사용할 수 있으며, 나에게 당장 필요한 것이기 때문입니다.

05 ④　　　06 (1) ㉡, ㉣ (2) ㉠, ㉢　07 ㉠ 사람들의 생활을 편리하고 즐겁게 해 주는 활동입니다.

08 ③, ④　　09 ④　　　10 ④　　　11 (1) 경제적 교류 (2) ㉠ 경제적 이익을 얻을 수 있습니다. 기술 협력과 문화 교류를 통해 함께 발전할 수 있습니다. 지역 간에 여러 가지 소식과 정보를 주고받으며 더욱 가깝게 지낼 수 있습니다.　　　12 진서

13 개인, 기업　　　14 ④　　　15 ㉠, ㉡, ㉣

---

01 경제활동에서 선택의 문제를 겪는 까닭은 쓸 수 있는 돈이나 시간이 한정되어 있는 희소성 때문입니다.

02 ② 숙제를 한 후 게임을 하는 것은 경제활동에서의 선택의 문제가 아닙니다.

03 유진 - 현명한 선택을 한다고 해도 희소성 때문에 비싸고 좋은 물건을 모두 가질 수는 없습니다.

04 선택 기준표에서 가장 높은 점수를 얻은 연필을 사는 것이 현명한 선택입니다.

채점 기준	
상	(1)에 연필을 쓰고, (2)에 연필을 선택한 까닭을 알맞게 쓴 경우
하	(1)에 연필만 쓴 경우

05 ④는 생활에 필요한 것을 자연에서 얻는 모습입니다.

06 생산은 생활에 필요한 물건이나 서비스를 만들어 내는 활동이고, 소비는 생산한 것을 구매하여 사용하거나 서비스를 이용하는 활동입니다.

07	채점 기준
상	생활을 편리하고 즐겁게 해 주는 활동이라고 쓴 경우
중	생활을 편리하게 해 주는 활동, 생활을 즐겁게 해 주는 활동 중 한 가지만 쓴 경우

08 용돈 기입장을 쓰면 용돈을 어디에 썼는지 알 수 있고, 계획에 맞게 돈을 쓰는 습관을 기를 수 있어서 현명한 소비 생활을 할 수 있습니다.

09 ① 상품 포장지에 표시된 정보 보기, ② 원산지 표시판 보기, ③ 품질 인증 표시 보기의 방법으로 상품의 생산지를 확인하는 모습입니다.

10 지역이나 국가마다 자연환경, 기술, 자원 등이 다르기 때문에 경제적 교류를 합니다.

11

채점 기준	
상	⑴에 경제적 교류를 쓰고, ⑵에 좋은 점을 알맞게 쓴 경우
하	⑴에 경제적 교류만 쓴 경우

12 진서 – 도시와 농어촌이 생산물을 통한 경제적 교류에 참여하고 있습니다.

13 경제적 교류를 하는 대상에는 개인, 기업, 지역, 국가 등이 있습니다.

14 전통 시장에 가면 다양한 상품을 직접 보고 살 수 있습니다.

15 우리 지역의 경제적 교류 모습을 조사하기 위해서는 지역과 관련된 자료를 찾아보아야 합니다.

단원평가 실전 ●169~171쪽●

01 ①　　**02** 예 사람들이 경제활동을 하면서 선택의 문제를 겪는 까닭은 쓸 수 있는 돈이나 시간이 한정되어 있기 때문입니다.　　**03** ④
04 현호, 연우　　**05** ①　　**06** 생산
07 ㉠, ㉡　　**08** ⑤　　**09** ③　　**10** 예 우리 지역에서 부족하거나 생산되지 않기 때문입니다. 지역 간에 경제적 교류가 이루어지기 때문입니다.
11 ㉡, ㉢　　**12** 예 다른 지역과 기술 협력을 하여 새로운 상품을 만들 수 있습니다. 기술 협력으로 부족한 부분을 보완하여 함께 발전할 수 있습니다.
13 ①, ③　　**14** ②　　**15** ㉠, ㉡, ㉢

01 경제활동은 사람들이 생활하는 데 필요한 여러 가지 것들을 만들고 사용하는 것과 관련된 모든 활동입니다.

02 경제활동을 하는 사람이라면 누구나 자원의 희소성 때문에 선택의 문제를 겪게 됩니다.

채점 기준	
상	쓸 수 있는 돈이나 시간이 한정되어 있기 때문이라고 쓴 경우
중	원하는 것을 모두 가질 수 없기 때문이라고만 쓴 경우

03 ④ 예쁜 운동화 대신 발이 편한 운동화를 선택한 것에 대한 만족감이 나타나 있으므로 현명한 선택을 한 것입니다.

04 지은 – 인터넷으로 물건을 살 수 있는 시장은 온라인 쇼핑 등 사람들이 직접 만나지 않는 시장입니다.

05 ①은 생산 활동, ②~④는 소비 활동입니다.

06 다양한 생산 활동이 이루어지면 소비 활동도 다양해집니다. 이렇듯 생산 활동과 소비 활동은 서로 밀접한 관련이 있습니다.

07 그림은 생활에 필요한 것을 자연에서 얻는 활동입니다. ㉢은 생활에 필요한 것을 만드는 활동, ㉣은 생활을 편리하고 즐겁게 해 주는 활동입니다.

08 ⑤ 광고 모델만 보고 무조건 물건을 사는 것은 현명한 소비 생활이 아닙니다.

09 사진은 시장이나 가게에 안내된 원산지 표시판을 보고 상품 정보를 확인하는 모습입니다.

10 지역 간에 경제적 교류를 통해 우리 주변에서 다양한 상품을 볼 수 있습니다.

채점 기준	
상	예시 답안의 내용 중 한 가지를 알맞게 쓴 경우
중	교류를 하기 때문이라고만 쓴 경우

11 경제적 교류는 물건, 문화 등을 통해 이루어지고, 경제적 교류를 통해 두 지역이 함께 경제적 이익을 얻을 수 있습니다.

12 그림은 다른 지역과 기술 협력을 하여 사과 잼과 사과 식초를 만든 모습입니다.

채점 기준	
상	다른 지역과 기술 협력을 통해 새로운 상품을 만드는 등 함께 발전할 수 있다고 쓴 경우
중	기술을 교류한다고만 쓴 경우

13 오늘날에는 교통과 통신의 발달로 경제적 교류의 모습과 대상이 다양해졌습니다.

14 인터넷, 스마트폰과 같은 대중 매체를 이용하면 장소나 시간의 제약 없이 편리하게 교류할 수 있습니다.

15 지역 홍보 자료 만들기, 지역 대표 상품 만들기, 지역 관광 지도 만들기 등의 방법을 통해 경제적 교류를 늘릴 수 있습니다. ㉣ 우리 지역을 방문한 관광객을 만나 질문해야 합니다.

3 사회 변화와 문화 다양성

1 사회 변화로 나타난 일상생활의 모습

● 173쪽 ●

핵심 자료

1-1 저출산   1-2 높아지고
2-1 정보화   2-2 화상   2-3 ✕
3-1 세계화   3-2 ✕   3-3 전통문화

확인 평가

● 174~175쪽 ●

01 ②   02 例 어린이 인구는 줄어들고 노인 인구는 늘어나고 있습니다.   03 ㉠, ㉡, ㉢
04 ②   05 ④   06 정보   07 ①
08 ㉠, ㉡, ㉢   09 例 인터넷과 스마트폰의 사용 시간을 정해 스스로 지킵니다. 10 세계화
11 수정, 다현   12 ①, ⑤

01 ② 옛날에는 교실에 텔레비전, 컴퓨터가 없었습니다.

02

채점 기준	
상	어린이 인구는 줄어들고 노인 인구는 늘어난다고 쓴 경우
중	어린이 인구보다 노인 인구가 많다고 쓴 경우

03 저출산에 따라 학생 수, 일할 사람, 가족 구성원의 수가 줄어들었습니다.

04 ② 오늘날에는 노인의 수가 많이 늘어났습니다.

06 정보화는 사회가 발전해 가는 데 정보가 중요한 자원이 되어 중심 역할을 담당하는 것을 말합니다.

07 ① 오늘날에는 교실에 직접 가지 않고 화상 수업을 하기도 합니다.

08 정보화 사회에서 사이버 폭력, 저작권 침해, 개인 정보 유출, 인터넷·스마트폰 중독 등의 문제가 나타납니다.

09

채점 기준	
상	인터넷과 스마트폰의 사용 시간을 정해 스스로 지킨다고 쓴 경우
중	인터넷과 스마트폰의 사용 시간을 줄인다고만 쓴 경우

10 세계화로 지구가 한 마을처럼 되어 간다는 뜻에서 오늘날 세계를 가리켜 '지구촌'이라고 합니다.

11 준상 - 우리나라에서 일하는 외국 사람들과 다른 나라에서 일하는 우리나라 사람들이 많아졌습니다.

2 다양한 문화에 대한 이해와 존중

핵심 자료

● 177쪽 ●

1-1 문화   1-2 다릅니다   1-3 ○
1-4 ✕   2-1 편견   2-2 차별
2-3 ○   3-1 교육   3-2 금지

확인 평가

● 178~179쪽 ●

01 문화   02 ①   03 ③, ⑤   04 ㉠ 더운, ㉡ 추운   05 例 문화가 다른 사람에게 자신의 문화를 강요하기도 합니다. 나와 다른 사람들에 대해 한쪽으로 치우친 생각을 가집니다.   06 ㉠ 편견, ㉡ 차별   07 例 성별에 따른 차별의 모습입니다.
08 영서   09 ②   10 ㉠, ㉡, ㉢
11 문화   12 ③

02 ①은 본능에 따른 행동으로, 문화가 아닙니다.

03 한 나라나 사회 안에도 다양한 문화가 나타납니다. ①, ②, ④는 문화의 공통성을 보여 주는 사례입니다.

05

채점 기준	
상	예시 답안의 내용 중 한 가지를 알맞게 쓴 경우
중	다양한 문화가 충돌한다고만 쓴 경우

06 공정하지 못하고 한쪽으로 치우친 생각인 편견 때문에 차별이 나타납니다.

07 그림에는 여자는 축구를 하지 못한다고 생각하는 차별의 모습이 나타나 있습니다.

채점 기준	
상	성별에 따른 차별의 모습이라고 쓴 경우
중	여자라서 차별을 받고 있다고만 쓴 경우

08 서연이는 나이, 수호는 성별에 대한 편견을 가지고 있습니다.

09 ② 편견과 차별로 인해 능력을 발휘하지 못하는 사람들이 많아져 사회 발전이 늦어질 수 있습니다.

10 ㉢ 다른 사람의 입장을 존중해야 합니다.

11 서로의 문화를 배우고 체험하는 활동을 하면서 편견과 차별에서 벗어날 수 있습니다.

12 ③ 사용하는 언어나 출신 지역에 관계없이 똑같이 대우해야 합니다.

01 ㉠ 옛날, ㉡ 오늘날   **02** (1) 고령화 (2) 예 전체 인구에서 노인이 차지하는 비율이 높아지는 현상입니다.   **03** ③, ④   **04** 정보화   **05** ⑤
06 ②   **07** ③   **08** ③   **09** 예 서로 다른 점을 인정하고 존중해야 합니다. 서로의 문화를 이해하려고 노력해야 합니다.   **10** 정우
11 ②, ⑤   **12** ㉠, ㉡, ㉣   **13** 편견
14 ④   **15** 예 다른 나라의 문화를 이해할 수 있습니다.

02

채점 기준	
상	(1)에 고령화를 쓰고, (2)에 고령화의 뜻을 알맞게 쓴 경우
하	(1)에 고령화만 쓴 경우

03 ①, ②, ⑤는 저출산에 대비하기 위한 노력입니다.

04 정보화로 지식과 정보를 더 쉽고 빠르게 활용할 수 있게 되면서 생활이 더욱 편리해졌습니다.

05 정보화로 컴퓨터나 휴대 전화로 물건을 구매하거나 은행 업무를 볼 수 있고, 학교 누리집에서 학교 소식을 알 수 있습니다. 또한 인터넷으로 과제에 들어갈 내용을 검색할 수 있습니다.

08 ③ 세계화로 인해 외국에 가지 않고도 외국의 음악을 들을 수 있습니다.

09

채점 기준	
상	예시 답안의 내용 중 두 가지를 모두 알맞게 쓴 경우
중	예시 답안의 내용 중 한 가지만 쓴 경우

10 정우 - 한 나라나 사회 안에서도 다양한 문화가 나타납니다.

11 ①, ③, ④는 여러 나라나 지역에서 공통적으로 나타나는 사례입니다.

12 ㉢은 저출산으로 인한 문제입니다.

14 ①은 성별, ②는 나이, ③은 장애에 대한 편견으로 차별이 나타나고 있습니다.

15

채점 기준	
상	다른 나라의 문화를 배우고 체험하는 활동으로 얻을 수 있는 좋은 점을 알맞게 쓴 경우
중	다른 문화를 알 수 있다고만 쓴 경우

01 ㉡, ㉣   **02** ㉠ 저출산, ㉡ 고령화   **03** ④
04 (1) ㉡, ㉢ (2) ㉠, ㉣   **05** 예 직접 만나지 않고 화상 통화를 하거나 화상 수업을 합니다.
06 ⑤   **07** ①, ②   **08** 세계화   **09** ㉠ 예 세계 여러 나라의 다양한 문화를 쉽게 접할 수 있습니다. ㉡ 예 서로의 문화를 이해하지 못해 문제가 생깁니다.
10 ④   **11** ③   **12** 예 공정하지 못하고 한쪽으로 치우친 생각인 편견을 가지기 때문이야.
13 ⑤   **14** ①   **15** ㉡, ㉢

01 ㉠ 학생의 수가 줄어 문을 닫는 학교가 늘어났습니다. ㉡ 노인을 위한 시설과 노인 관련 산업이 늘어났습니다.

03 ④ 저출산으로 출산을 도와주는 병원이 점점 사라지고 있습니다.

05

채점 기준	
상	화상 통화나 화상 수업을 한다고 쓴 경우
중	직접 만나지 않고 소식을 전한다고만 쓴 경우

06 제시된 내용은 개인 정보 유출 문제입니다. 개인 정보 유출을 막기 위해 비밀번호를 주기적으로 바꿔야 합니다.

08 그림은 세계화로 인해 달라진 생활 모습입니다.

09

채점 기준	
상	㉠에 세계화의 긍정적 영향을, ㉡에 세계화의 부정적 영향을 모두 알맞게 쓴 경우
중	세계화의 긍정적 영향과 부정적 영향 중 한 가지만 쓴 경우

10 두 사람이 먹는 김치의 종류가 다른 것을 통해 사는 지역에 따라 즐겨 먹는 음식이 다를 수 있음을 알 수 있습니다.

12

채점 기준	
상	공정하지 못하고 한쪽으로 치우친 생각인 편견을 가지기 때문이라고 쓴 경우
중	편견을 가지기 때문이라고만 쓴 경우

13 서찬이는 성별에 관한 편견이 없고, 윤아는 외모에 관한 편견이 있습니다.

15 제시된 내용의 아이들은 장애를 가진 친구의 어려움을 이해하고 배려하고 있습니다.

과학

1 식물의 생활

●189쪽●

핵심 자료

1-1 뾰족한　　1-2 ×
2-1 다섯　　2-2 톱니 모양　　2-3 손바닥, 부채
3-1 생김새　　3-2 토끼풀, 은행나무
3-3 ○

핵심 자료

●191쪽●

1-1 떠서　　1-2 공기 방울　　1-3 ○
2-1 ○　　2-2 잎　　2-3 바오바브나무
3-1 수세미　　3-2 연잎　　3-3 ○

단원평가 기본

●192~195쪽●

01 ㉠, ㉢　　02 ⑤　　03 ①　　04 ⑤
05 ③　　06 ①, ④　　07 ㉠, ㉡　　08 ⑤
09 (1) × (2) ○ (3) ○　　10 예 잎이 물 밖에 나와서 삽니다. 물속이나 물가의 땅에 뿌리를 내립니다. 등
11 ④　　12 ㉢, ㉣　　13 ⑤　　14 예 선인장은 굵은 줄기에 물을 많이 저장할 수 있기 때문입니다.　　15 ④　　16 진수　　17 ②
18 적응　　19 ③　　20 (1) ㉠ 도꼬마리 열매, ㉡ 찍찍이 테이프 (2) 예 표면이 갈고리 모양입니다. 사람의 옷에 잘 붙고 떨어지지 않습니다. 등

01 식물의 생김새와 생활 방식은 식물의 종류에 따라 서로 다릅니다.

03 잎의 색깔이 예쁜지는 사람에 따라 다르게 판단할 수 있으므로 분류 기준으로 알맞지 않습니다.

04 나무는 대부분 풀보다 줄기가 굵습니다.

05 잣나무와 강아지풀은 잎의 전체적인 모양이 길쭉합니다.

06 토끼풀과 나팔꽃은 풀입니다.

07 들이나 산과 같은 땅에서 사는 식물은 대부분 땅에 뿌리를 내리고 살며, 줄기와 잎이 잘 구분됩니다.

09 부레옥잠은 잎이 넓고 둥글며, 잎자루가 볼록하게 부풀어 있는 모양입니다.

10 부들과 수련은 모두 잎이 물 밖에 나와서 사는 식물입니다.

채점 기준	
상	제시어를 모두 언급해서 부들과 수련의 공통점 두 가지를 모두 옳게 쓴 경우
중	제시어 한두 개를 언급하지 않았거나 부들과 수련의 공통점을 한 가지만 쓴 경우

11 검정말과 나사말은 물속에 잠겨서 사는 식물입니다.

12 강이나 연못과 같은 물에서 사는 식물은 몸의 일부 또는 전체가 물속에 잠겨서 살거나 물에 떠서 삽니다.

14	채점 기준	
	상	제시어를 모두 언급해서 선인장이 굵은 줄기에 물을 많이 저장할 수 있기 때문이라고 쓴 경우
	중	선인장의 줄기에 물이 많기 때문이라고만 쓴 경우

16 낮과 밤의 온도차가 크고 물이 부족한 환경은 사막입니다.

17 붕어마름은 강이나 연못과 같은 물에서 사는 식물입니다.

19 프로펠러는 단풍나무 열매가 떨어지면서 돌아가는 모습을 모방하여 만든 것입니다.

20	채점 기준	
	상	(1)의 ㉠에 도꼬마리 열매, ㉡에 찍찍이 테이프를 쓰고, (2)에 도꼬마리 열매와 찍찍이 테이프의 공통점 한 가지를 옳게 쓴 경우
	하	(1)의 ㉠에 도꼬마리 열매, ㉡에 찍찍이 테이프만 쓴 경우

단원평가 실전

●196~199쪽●

01 ⑤　　02 ④　　03 ①　　04 영배
05 예 잎의 가장자리 모양이 톱니 모양인가?
06 ⑤　　07 ④, ⑤　　08 ④　　09 ⑤
10 지훈　　11 예 잎자루에서 공기 방울이 나와 위로 올라갑니다.　　12 ④　　13 ③
14 ⑤　　15 ㉠ 잎, ㉡ 줄기　　16 (1) ×
(2) ○　　17 ⑤　　18 ⑤　　19 ③
20 예 연잎의 표면에 수많은 돌기가 나 있어 물에 젖지 않는 특징을 모방하였습니다.

03 잣나무는 잎이 길쭉하고, 단풍나무는 잎이 손바닥 모양입니다. 은행나무는 잎이 부채 모양입니다.

04 잎에서 좋은 냄새가 나는지는 사람에 따라 다르게 판단할 수 있으므로 분류 기준으로 알맞지 않습니다.

05 토끼풀과 벚나무는 잎의 가장자리 모양이 톱니 모양이지만, 강아지풀과 은행나무는 잎의 가장자리 모양이 톱니 모양이 아닙니다.

채점 기준	
상	잎의 분류 기준을 옳게 쓴 경우
중	톱니 모양을 언급하지 않고 잎의 가장자리 모양이라고만 쓴 경우

06 땅에서 사는 식물은 한해살이 식물도 있고 여러해살이 식물도 있습니다.

07 나팔꽃은 한해살이 식물이며 줄기가 가늘고 부드럽습니다. 주목은 여러해살이 식물이며 줄기가 길고 단단합니다.

08 은행나무는 줄기가 길고 단단합니다.

09 검정말과 나사말은 물속에 잠겨서 사는 식물이며, 줄기가 가늘고 약해 물의 흐름에 따라 휘어집니다.

10 마름은 잎이 물 밖에 나와서 사는 식물입니다. 잎이 물 밖에 나와서 사는 식물은 줄기가 단단합니다.

11

채점 기준	
상	잎자루에서 공기 방울이 나와 위로 올라간다고 쓴 경우
중	잎자루에 공기 주머니가 있다고만 쓴 경우

12 잎자루를 눌렀을 때 공기 방울이 나왔으므로 잎자루에 공기가 들어 있다는 것을 알 수 있습니다.

13 사막은 비가 적게 내려 물이 부족합니다.

15 선인장은 잎이 가시 모양이고, 줄기가 굵습니다.

16 선인장은 잎이 가시 모양이어서 물이 빠져나가는 것을 줄입니다.

17 극지방에서 사는 식물은 키가 대체로 작습니다.

19 수세미는 수세미오이 열매 안쪽의 그물 모양을 모방하여 만들었습니다.

20

채점 기준	
상	연잎의 표면에 수많은 돌기가 나 있어 물에 젖지 않는 특징을 모방했다고 쓴 경우
중	연잎이 물에 젖지 않는 특징을 모방했다고만 쓴 경우

2 물의 상태 변화

핵심 자료 ●201쪽●

1-1 ○　　1-2 낮아집니다　2-1 ○
2-2 빠르게　　2-3 수증기　　3-1 물방울
3-2 무거워집니다　　　　3-3 수증기

단원평가 기본 ●202~205쪽●

01 ④　　**02** 수증기　**03** 유미　　**04** 예 고체인 얼음이 녹아 액체인 물이 되고, 물은 시간이 지나면 기체인 수증기가 되어 공기 중으로 흩어집니다.
05 ①　　**06** >　　**07** ②　　**08** ②
09 (1) 늘어나기 (2) 예 페트병에 물을 가득 넣어 얼리면 페트병이 커집니다. 추운 겨울 바위틈에 있던 물이 얼면서 바위가 쪼개집니다. 등　　**10** 부피
11 ③　　**12** ①　　**13** ②　　**14** 지훈
15 예 물이 끓을 때에는 물 표면과 물속에서 물이 수증기로 빠르게 상태가 변하기 때문입니다.
16 ②, ④　　**17** <　　**18** ④
19 ㉠ 수증기, ㉡ 물　　**20** ①

01 물은 눈에 보이고 담는 용기에 따라 모양이 변합니다.

03 물은 다른 상태로 변할 수 있습니다.

04 고체인 얼음을 공기 중에 놓아두면 녹아 액체인 물이 되고, 물은 시간이 지나면 기체인 수증기가 되어 공기 중으로 흩어집니다.

채점 기준	
상	제시어를 모두 언급해서 고체인 얼음을 공기 중에 놓아두면 녹아 액체인 물이 되고, 액체인 물은 시간이 지나 기체인 수증기가 된다고 옳게 쓴 경우
중	제시어 한두 개를 언급하지 않고 상태가 변한다고만 쓴 경우

05 물이 얼 때와 얼음이 녹을 때 부피가 변한다는 것을 알 수 있습니다.

06 얼음이 녹으면 부피가 줄어듭니다.

07 물이 얼 때와 얼음이 녹을 때 무게는 변하지 않으므로 13.2 g입니다.

08 알루미늄 캔에 물을 가득 넣어 얼리면 물의 부피는 늘어나지만 무게는 변하지 않습니다.

09

채점 기준	
상	(1)에 늘어나기라고 쓰고, (2)에 물이 얼 때 물의 부피 변화와 관련된 예 한 가지를 옳게 쓴 경우
하	(1)에 늘어나기라고만 쓴 경우

12 가뭄이 들면 땅속에 있던 액체인 물이 기체인 수증기로 천천히 상태가 변하는 증발이 일어나면서 논바닥이 갈라집니다.

13 국을 끓이는 것은 끓음과 관련된 예입니다.

14 처음부터 물이 끓기 전까지는 매우 작은 기포가 조금씩 생기고, 물이 끓을 때 생기는 기포는 액체인 물이 기체인 수증기로 상태가 변한 것입니다.

15

채점 기준	
상	제시어를 모두 언급해서 물이 끓을 때에는 수증기로 더 빠르게 상태가 변한다고 쓴 경우
중	물이 수증기로 상태가 변한다고만 쓴 경우

17 공기 중에 있던 수증기가 차가운 플라스틱병에 닿아 물방울로 맺히기 때문에 플라스틱병의 무게가 늘어납니다.

19 공기 중의 수증기가 차가운 물체를 만나 물체 표면에서 응결하여 물로 상태가 변합니다.

20 개수대에 묻은 물이 시간이 지나면 마르는 것은 액체인 물이 기체인 수증기로 상태가 변하는 예입니다.

단원평가 실전 ●206~209쪽●

01 얼음 **02** ④ **03** 상태 **04** ⑤
05 높아집니다. 예 물이 얼면 부피가 늘어나기 때문입니다. **06** 13.2 **07** ③ **08** 유미
09 ①, ② **10** ① **11** ④ **12** ③, ④
13 ㉠, ㉢ **14** 예 액체인 물이 기체인 수증기로 상태가 변합니다. **15** ② **16** 공기 중의 수증기 **17** ⑤ **18** ㉠ **19** ②
20 예 맑은 날 아침 풀잎에 물방울이 맺힙니다. 맑은 날 아침 거미줄에 물방울이 맺힙니다. 욕실의 차가운 거울 표면에 물방울이 맺힙니다. 등

02 물은 흐를 수 있습니다. 단단한 것은 얼음이고, 눈에 보이지 않는 것은 수증기입니다.

03 손바닥에 올려놓은 얼음은 시간이 지나면 녹아 물이 되고, 물은 시간이 지나면 수증기가 되어 손바닥에서 사라집니다.

04 얼음 틀 위로 튀어나와 있던 얼음이 녹아 물의 높이가 낮아지는 것은 얼음이 녹을 때의 부피 변화와 관련된 예입니다.

05

채점 기준	
상	얼음의 높이가 높아진다고 쓰고, 그 까닭을 물이 얼면 부피가 늘어나기 때문이라고 옳게 쓴 경우
중	얼음의 높이가 높아진다고만 쓴 경우

06 물이 얼 때 무게는 변하지 않으므로, 물을 얼린 시험관의 무게는 13.2 g입니다.

08 얼음이 녹으면 부피가 줄어들기 때문에 물의 높이가 낮아집니다.

09 페트병에 물을 가득 넣어 얼리면 물의 부피가 늘어나기 때문에 페트병이 커집니다. 이때 물의 무게는 변하지 않습니다.

10 입구를 막지 않은 비커는 비커 안의 물이 증발하므로 물의 높이가 낮아집니다.

13 물이 끓을 때 액체인 물이 기체인 수증기로 상태가 변해 공기 중으로 흩어지기 때문에 물의 양이 줄어들고 물의 높이가 낮아집니다.

14 빨래를 햇볕에 말리는 것은 물 표면에서 물이 수증기로 상태가 변하는 증발과 관련된 예이고, 물을 끓이는 것은 물 표면과 물속에서 물이 수증기로 상태가 변하는 끓음과 관련된 예입니다.

채점 기준	
상	물의 상태와 관련지어 물이 수증기로 상태가 변했다고 옳게 쓴 경우
중	물의 상태가 변했기 때문이라고만 쓴 경우

15 물이 끓을 때에는 물 표면과 물속에서 액체인 물이 기체인 수증기로 빠르게 상태가 변합니다.

18 고드름이 햇볕을 받아 녹는 것은 고체인 얼음이 액체인 물로 상태가 변하는 것입니다.

20 차가운 플라스틱병 표면에 물방울이 맺히는 것은 공기 중의 수증기가 응결한 예입니다.

채점 기준	
상	생활 속에서 공기 중의 수증기가 응결하는 예 두 가지를 옳게 쓴 경우
중	생활 속에서 공기 중의 수증기가 응결하는 예를 한 가지만 쓴 경우

3 그림자와 거울

단원평가 기본 ●──────212~215쪽

01 그림자　02 ㉤　03 ④　04 ②
05 예 빛이 직진하기 때문에 스크린에 오각형 모양 그림자가 생깁니다.　06 (1) 원　(2) 비슷한
07 ㉢, ㉣　08 ①　09 (1) 도자기 컵　(2) 예 도자기 컵과 같이 불투명한 물체는 빛이 통과하지 못하기 때문입니다.　10 ⑤　11 ⑤
12 예 손전등을 ㉠ 방향으로 이동하면 그림자의 크기가 작아지고, 손전등을 ㉡ 방향으로 이동하면 그림자의 크기가 커집니다.　13 ⑤　14 ③
15 ④　16 우리나라 좋은 나라　17 ④
18 ③　19 ②　20 ②

02 공 뒤쪽에 있는 흰 종이에 공의 그림자가 생깁니다.

03 구름이 낀 날은 구름이 햇빛을 가려 햇빛이 나무를 비추지 않으므로 그림자가 생기지 않습니다.

04 빛이 직진하기 때문에 물체 모양과 그림자 모양은 비슷합니다.

05

채점 기준	
상	제시어를 모두 언급해서 빛이 직진하기 때문에 스크린에 오각형 모양 그림자가 생긴다고 옳게 쓴 경우
중	제시어 한두 개를 언급하지 않고 빛이 직진하기 때문이라고만 쓴 경우

07 손전등 빛이 도자기 컵을 통과하지 못하므로 스크린에 진한 그림자가 생깁니다.

08 유리병과 같이 투명한 물체는 빛이 대부분 통과하여 흐리고 연한 그림자가 생깁니다.

09

채점 기준	
상	(1)에 도자기 컵을 쓰고, (2)에 도자기 컵이 더 진한 그림자가 생기는 까닭을 옳게 쓴 경우
하	(1)에 도자기 컵만 쓴 경우

10 불투명한 안경테 부분(㉠)은 빛이 통과하지 못하므로 진한 그림자가 생기고, 투명한 안경알 부분(㉡)은 빛이 대부분 통과하므로 연한 그림자가 생깁니다.

11 물체와 스크린은 그대로 두고 손전등의 위치를 이동하며 그림자의 크기 변화를 알아보는 실험입니다.

12 손전등을 물체에서 멀게 하면 그림자의 크기는 작아지고, 손전등을 물체에 가깝게 하면 그림자의 크기는 커집니다.

채점 기준	
상	제시어를 모두 언급해서 ㉠, ㉡ 방향에 따른 그림자의 크기 변화를 모두 옳게 쓴 경우
중	제시어 한두 개를 언급하지 않고 쓴 경우

14 손전등 빛은 곧게 나아가는데, 곧게 나아가던 빛이 거울에 부딪치면 거울에서 빛의 방향이 바뀝니다.

15 손전등 빛이 나아가다가 거울에 부딪치면 거울에서 빛의 방향이 바뀝니다.

16 물체를 거울에 비춰 보면 좌우만 바뀌어 보입니다.

18 글자를 거울에 비춰 보면 글자의 상하는 바뀌어 보이지 않지만 좌우는 바뀌어 보입니다.

19 구급차 앞에 가는 자동차의 뒷거울로 보면 구급차 앞부분에 있는 글자와 숫자의 좌우가 다시 바뀌어 똑바로 보입니다.

20 정육점에서 고기를 사고팔 때는 저울을 이용해 무게를 측정합니다.

단원평가 실전 ●──────216~219쪽

01 서준　02 ①, ③　03 ③　04 ①
05 ①　06 ⑤　07 예 유리컵은 빛이 대부분 통과하기 때문에 연한 그림자가 생기고, 도자기 컵은 빛이 통과하지 못하기 때문에 진한 그림자가 생깁니다.　08 ④　09 ㉢　10 ②
11 예 손전등을 동물 모양 종이에서 멀게 합니다.
12 ㉠, ㉣　13 ④　14 ⑤　15 ⑤
16 ㉠, ㉣　17 (1) 예 인형의 색깔이 같습니다. 인형의 상하 모습이 같습니다. 등　(2) 예 실제 인형은 오른쪽 팔을 올렸고, 거울에 비친 인형은 왼쪽 팔을 올렸습니다.　18 유미　19 ⑤　20 ③, ④

01 그림자가 생기려면 빛과 물체가 있어야 합니다.

02 손에 손전등 빛을 비추면 스크린에 그림자가 생깁니다.

03 빛과 스크린 사이에 물체를 놓아야 합니다.

04 물체 모양과 그림자 모양은 비슷하므로 ★ 모양 종이의 그림자 모양은 ★ 모양입니다.

05 물체의 모양과 그림자 모양은 비슷합니다.

06 투명한 유리컵은 손전등 빛이 대부분 통과하고, 불투명한 도자기 컵은 손전등 빛이 통과하지 못합니다.

07 물체에 따라 그림자 진하기가 다른 까닭은 빛이 물체를 통과하는 정도가 다르기 때문입니다.

채점 기준	
상	유리컵과 도자기 컵의 그림자 진하기를 빛이 통과하는 정도와 관련지어 옳게 쓴 경우
중	유리컵과 도자기 컵에서 빛이 통과하는 정도가 다르기 때문에 그림자 진하기가 다르다고만 쓴 경우

08 숫자(ⓛ)와 테두리(ⓒ)는 불투명한 물체로 빛이 통과하지 못하여 진한 그림자가 생깁니다.

09 투명한 안경알(ⓒ)의 그림자는 연합니다.

10 불투명한 부분인 ㉠과 ⓛ은 빛이 통과하지 못합니다.

11 물체와 스크린 사이의 거리가 일정할 때 손전등을 물체에서 멀게 하면 그림자의 크기가 작아집니다.

채점 기준	
상	손전등과 물체 사이의 거리를 멀게 한다고 쓴 경우
중	손전등과 물체 사이의 거리를 다르게 한다고만 쓴 경우

12 물체와 스크린은 그대로 두고 손전등을 물체에 가깝게 하거나 물체와 손전등은 그대로 두고 스크린을 물체에서 멀게 하면 그림자의 크기가 커집니다.

13 물체의 색깔, 스크린의 크기, 물체의 투명한 정도, 물체 표면의 매끄러운 정도는 그림자의 크기에 영향을 주지 않습니다.

15 손전등에서 나온 빛이 곧게 나아가다가 거울에서 반사하여 빛의 방향이 바뀝니다.

16 거울에 비친 인형의 모습은 실제 인형과 색깔은 같고, 좌우만 바뀌어 보입니다.

17

채점 기준	
상	같은 점과 다른 점을 모두 옳게 쓴 경우
중	같은 점과 다른 점 중 한 가지만 옳게 쓴 경우

18 거울에 비친 물체의 모습은 실제 물체와 상하는 바뀌어 보이지 않지만 좌우는 바뀌어 보입니다. 또, 거울에 비친 물체의 색깔은 실제 물체의 색깔과 같습니다.

19 신발 가게에서 거울을 이용하여 신발이 발에 잘 맞는지 살펴봅니다.

20 승강기 거울은 승강기 안을 넓어 보이게 합니다. 또, 승강기 거울을 통해 자신의 모습을 비춰 볼 수 있습니다.

4 화산과 지진

핵심 자료 ●221쪽●

1-1 용암   1-2 ×   1-3 ○
2-1 용암   2-2 관광지   2-3 열
3-1 땅   3-2 부러집니다

단원평가 기본 ●222~225쪽●

01 화산 분출물   02 ③   03 ③
04 ②   05 ⑩ 화산 모형에서는 기체와 액체 물질만 나오지만, 실제 화산 활동이 일어날 때에는 더 다양한 물질이 나옵니다.   06 현무암   07 ③
08 >   09 (1) ㉠ 화강암, ⓛ 현무암 (2) ⑩ 마그마가 식어서 만들어집니다. 화성암입니다. 등
10 ④   11 ②   12 땅   13 ⓛ, ㉣
14 ⑩ 우드록이 부러지는 것은 땅이 끊어지는 것과 같고, 이때 손에 떨림이 느껴집니다.   15 ⑤
16 ⑤   17 ①, ③   18 ④   19 (1) ○ (2) × (3) ○   20 ①

01 화산 활동으로 나오는 여러 가지 물질을 화산 분출물이라고 합니다. 화산 분출물에는 화산 가스, 용암, 화산재, 화산 암석 조각 등이 있습니다.

02 용암은 마그마가 땅 위로 분출된 것으로, 매우 뜨거운 액체입니다. 화산재와 화산 암석 조각은 모두 고체이며, 화산재는 크기가 매우 작고 화산 암석 조각은 크기와 모양이 다양합니다.

채점 기준	
상	제시어를 모두 언급해서 화산 활동 모형과 실제 화산 활동의 다른 점을 옳게 쓴 경우
중	제시어 한두 개를 언급하지 않고 화산 활동 모형과 실제 화산 활동이 다르다고만 쓴 경우

06 현무암은 마그마가 땅 위나 지표 근처에서 식어서 만들어집니다.

07 ㉡에서 만들어지는 화강암은 ㉠에서 만들어지는 현무암보다 색깔이 밝고, 알갱이의 크기가 큽니다.

09 화강암과 현무암은 모두 마그마가 식어서 만들어진 화성암입니다.

채점 기준	
상	(1)의 ㉠에 화강암, ㉡에 현무암을 옳게 쓰고, (2)에 화강암과 현무암의 공통점 한 가지를 옳게 쓴 경우
하	(1)의 ㉠에 화강암, ㉡에 현무암만 옳게 쓴 경우

10 화산 활동으로 분출된 용암은 산불을 일으키거나 사람을 다치게 할 수도 있습니다.

12 지진 발생 모형실험에서 우드록은 땅과 같습니다.

13 양손으로 우드록을 수평 방향으로 밀면 우드록은 가운데가 볼록하게 휘어지고, 계속 밀면 소리를 내며 부러집니다.

14 지구 내부에서 작용하는 힘에 의해 땅이 끊어져 지진이 발생하는 것처럼, 우드록에 계속 힘을 가하면 우드록이 부러지고 이때 손에 떨림이 느껴집니다.

채점 기준	
상	우드록이 부러지는 것은 땅이 끊어지는 것과 같고, 이때 손에 떨림이 느껴진다는 것을 모두 옳게 쓴 경우
중	우드록이 부러지는 것은 땅이 끊어지는 것과 같고, 이때 손에 떨림이 느껴진다는 것 중 한 가지만 옳게 쓴 경우

16 화산재가 논밭을 뒤덮는 것은 화산 활동으로 생기는 피해입니다.

18 규모의 숫자가 클수록 강한 지진입니다.

19 지진은 갑자기 일어나므로 평소에 지진 대피 훈련을 통해 올바른 지진 대처 방법을 익혀두어야 합니다.

20 지진이 일어났을 때 흔들림이 멈추면 전기와 가스를 차단하고 문을 열어 출구를 확보한 다음 계단을 이용하여 밖으로 나갑니다.

단원평가 실전 ●226~229쪽●

01 ①	02 ②	03 ④	04 (1) 화산

가스 (2) 예 대부분 수증기로 이루어져 있습니다. 여러 가지 기체가 섞여 있습니다. 등 **05** ① **06** ㉠ 화산 가스, ㉡ 용암 **07** ④ **08** ③ **09** (1) 현무암 (2) 예 색깔이 어둡습니다. 알갱이의 크기가 작습니다. 표면에 구멍이 있는 것도 있습니다. 등 **10** ① **11** 예 마을이나 논밭을 뒤덮어 피해를 줍니다. 비행기 운항을 어렵게 합니다. 등 **12** 서준 **13** ㉠ 내부, ㉡ 끊어지면 **14** ② **15** ③ **16** ㉠, ㉡ **17** ④ **18** ③ **19** ㉠, ㉢ **20** ⑤

02 화산 분출물에는 기체인 화산 가스, 액체인 용암, 고체인 화산재와 화산 암석 조각 등이 있습니다.

03 용암은 액체이고 화산재는 크기가 매우 작은 고체이며, 화산 가스는 기체입니다.

04

채점 기준	
상	(1)에 화산 가스를 쓰고, (2)에 화산 가스의 특징 한 가지를 옳게 쓴 경우
하	(1)에 화산 가스만 쓴 경우

05 화산 활동 모형에서는 연기가 나고, 설탕이 녹은 갈색 액체가 흘러나옵니다. 실제 화산 활동에서는 큰 소리가 나기도 하고, 화산 활동 모형보다 다양한 물질이 나옵니다.

07 색깔이 어둡고 알갱이의 크기가 작은 ㉠은 현무암이고, 색깔이 밝고 알갱이의 크기가 큰 ㉡은 화강암입니다. 현무암은 표면에 구멍이 있는 것도 있고 구멍이 없는 것도 있습니다.

09 현무암은 마그마가 땅 위나 지표 근처에서 식어서 만들어진 암석입니다.

채점 기준	
상	(1)에 현무암을 쓰고, (2)에 현무암의 생김새의 특징 한 가지를 옳게 쓴 경우
하	(1)에 현무암만 쓴 경우

10 화산 주변에서 땅속의 열을 이용해 온천을 개발하거나 전기를 만드는 것, 화산 활동으로 만들어진 독특한 지형을 관광지로 이용하는 것은 화산 활동이 우리 생활에 주는 이로움입니다.

11	채점 기준
상	화산재가 우리 생활에 주는 피해를 옳게 쓴 경우
하	화산재가 우리 생활에 주는 피해를 정확히 쓰지 못한 경우

15 실험에서 우드록은 땅, 양손으로 우드록을 미는 힘은 지구 내부에서 작용하는 힘과 같습니다.

18 우리나라에서도 규모 5.0 이상의 지진이 일어나 많은 피해가 생겼습니다.

19 집안에서 흔들림이 멈추면 전기와 가스를 차단하고 문을 열어 출구를 확보해야 합니다. 대피 장소에 도착한 후에는 라디오나 공공 기관의 안내 방송 등 올바른 정보에 따라 행동해야 합니다.

20 지진으로 흔들릴 때는 튼튼한 탁자 아래로 들어가서 몸을 보호하고, 흔들림이 멈췄을 때는 계단을 이용하여 밖으로 나갑니다. 대피 장소로 이동할 때는 건물이나 담장에서 떨어져서 머리를 보호하며 넓은 공간으로 대피합니다.

5 물의 여행

핵심 자료 ●231쪽●

1-1 구름	1-2 추운	1-3 ○
2-1 물	2-2 ○	3-1 ×
3-2 탑	3-3 물결	3-4 응결

단원 평가 기본 ●232~235쪽●

01 ⑤   02 ⑤   03 순환   04 ①
05 예 수증기가 올라가 응결하여 구름이 되고, 구름 속 물방울은 비나 눈이 되어 다시 땅으로 내려옵니다.
06 ④   07 ㉠, ㉡   08 유미, 진수
09 변하지 않는다   10 (1) ㉡ (2) 예 잎에서 수증기가 되어 공기 중으로 흩어집니다.
11 ㉢, ㉣   12 ③   13 ①, ③   14 (1) 산업 발달 (2) 예 산업이 발달하면서 우리가 이용하는 물의 양이 늘어나기 때문입니다.   15 ②
16 유미, 서준   17 ⑤   18 ⑤
19 ②   20 ㉢, ㉣

02 강물, 바닷물, 땅속의 지하수, 식물의 줄기 속에 있는 물은 액체 상태이고, 바다에 떠 있는 얼음덩어리는 고체 상태입니다.

04 물은 증발하여 수증기가 되고, 수증기는 응결하여 구름이 됩니다. 구름 속 물방울은 비나 눈이 되어 내리고, 강, 호수, 바다 등으로 흘러갑니다. 땅속에 스며든 물은 식물의 뿌리에 흡수되거나 바다로 흘러갑니다.

05	채점 기준
상	제시어를 모두 언급해서 공기 중의 수증기가 하늘로 올라가 응결하여 구름이 되었다가 비나 눈이 되어 땅으로 내려오는 과정을 옳게 쓴 경우
중	제시어 한두 개를 언급하지 않고 수증기가 하늘로 올라갔다가 비가 되어 내려온다는 내용만 쓴 경우

07 뿌리에서 흡수한 물은 줄기를 따라 이동하여 잎에서 수증기가 되어 공기 중으로 흩어집니다.

08 지퍼 백 안에 들어 있는 얼음은 실제 자연의 바다에 떠 있는 얼음덩어리 등을 나타냅니다.

10	채점 기준
상	(1)에 ㉡을 쓰고, (2)에 바르게 고쳐 쓴 경우
하	(1)에 ㉡만 쓴 경우

11 한번 이용한 물은 없어지는 것이 아니라 물의 순환을 통해 다시 돌아옵니다.

12 가축을 기를 때, 손을 씻을 때, 공장에서 물건을 만들 때 등 다양한 곳에 물을 이용합니다.

14	채점 기준
상	(1)에 산업 발달을 쓰고, (2)에 산업 발달로 우리가 이용하는 물의 양이 늘어나기 때문이라고 쓴 경우
중	(1)에 산업 발달을 쓰고, (2)에 산업이 발달했기 때문이라고만 쓴 경우

16 물 부족 현상을 해결하기 위해 물을 아껴 쓰려면 빨랫감은 모아서 한꺼번에 세탁하도록 합니다.

17 물 부족 현상을 해결하기 위해 가정이나 학교 뿐만 아니라 기업이나 나라에서도 많은 노력을 하고 있습니다.

19 (가)는 식물의 줄기와 그물망을 이용하여 탑 모양으로 만든 와카워터이고, (나)는 거북의 등 모양이고 표면이 물결 모양인 이슬 물통입니다.

하루 한장 문해력 향상 프로젝트

하루한장 어휘

구　성 1~6학년 단계별 [6책]
콘셉트 문해력의 기초를 다지는 초등 필수 어휘 학습서
키워드 필수 어휘 익히기

하루한장 독해

구　성 1~6학년 단계별 [6책]
콘셉트 교과서와 연계된 읽기 목표를 바탕으로 기본 문해력을 다지는
　　　　독해 기본서
키워드 기본 문해력 다지기

하루한장 독해 플러스

구　성 1~6학년 단계별 [6책]
콘셉트 본격적인 독해 훈련으로 실전 문해력을 높이는 독해 실전서
키워드 실전 문해력 높이기

하루한장 독해 비문학 독해

구　성 1~6학년 단계별 [사회편 6책, 과학편 6책]
콘셉트 사회·과학 교과 연계 읽기로 교과 공부력과
　　　　문해력을 확장하는 독해 심화서
키워드 비문학 독해력 강화하기

www.mirae-n.com

학습하다가 이해되지 않는 부분이나 정오표 등의 궁금한 사항이 있나요?
미래엔 홈페이지에서 해결해 드립니다.

교재 내용 문의
나의 교재 문의 | 수학 과외쌤 | 자주하는 질문 | 기타 문의

교재 자료 및 정답
동영상 강의 | 쌍둥이 문제 | 정답과 해설 | 정오표

미래엔 N 맘
No.1 New Network
http://cafe.naver.com/mathmap

함께해요! ▶
바른 공부법 캠페인

궁금해요! ▶
교재 질문 & 학습 고민 타파

공부해요! ▶
미래엔 에듀 초·중등 교재

참여해요! ▶
선물이 마구 쏟아지는 이벤트

			초등학교
학년	반	이름	

초등학교에서 탄탄하게 닦아 놓은
공부력이 중·고등 학습의 실력을 가릅니다.

하루한장 쏙셈

쏙셈 시작편
초등학교 입학 전 연산 시작하기
[2책] 수 세기, 셈하기

쏙셈
교과서에 따른 수·연산·도형·측정까지 계산력 향상하기
[12책] 1~6학년 학기별

쏙셈+플러스
문장제 문제부터 창의·사고력 문제까지 수학 역량 키우기
[12책] 1~6학년 학기별

쏙셈 분수·소수
3~6학년 분수·소수의 개념과 연산 원리를 집중 훈련하기
[분수 2책, 소수 2책] 3~6학년 학년군별

하루한장 한자

그림 연상 한자로 교과서 어휘를 익히고 급수 시험까지 대비하기
[4책] 1~2학년 학기별

하루한장 한국사

큰별★쌤 최태성의 한국사
최태성 선생님의 재미있는 강의와 시각 자료로
역사의 흐름과 사건을 이해하기
[3책] 3~6학년 시대별

하루한장 ENGLISH BITE

ENGLISH BITE 알파벳 쓰기
알파벳을 보고 듣고 따라쓰며 읽기·쓰기 한 번에 끝내기
[1책]

ENGLISH BITE 파닉스
자음과 모음 결합 과정의 발음 규칙 학습으로
영어 단어 읽기 완성
[2책] 자음과 모음, 이중자음과 이중모음

ENGLISH BITE 사이트 워드
192개 사이트 워드 학습으로 리딩 자신감 키우기
[2책] 단계별

ENGLISH BITE 영문법
문법 개념 확인 영상과 함께 영문법 기초 실력 다지기
[Starter 2책 , Basic 2책] 3~6학년 단계별

ENGLISH BITE 영단어
초등 영어 교육과정의 학년별 필수 영단어를
다양한 활동으로 익히기
[4책] 3~6학년 단계별

초등 교과서 발행사 미래엔의
교재로 초등 시기에 길러야 하는
공부력을 강화해 주세요.

"문제 해결의 길잡이"와 함께 문제 해결 전략을 익히며 수학 사고력을 향상시켜요!

초등 수학 상위권 진입을 위한
"문제 해결의 길잡이" 비법 전략 4가지

비법 전략 1 문제 분석을 통한 수학 독해력 향상

문제에서 구하고자 하는 것과 주어진 조건을 찾아내는 훈련으로 수학 독해력을 키웁니다.

비법 전략 2 해결 전략 집중 학습으로 수학적 사고력 향상

문해길에서 제시하는 8가지 문제 해결 전략을 익히고 적용하는 과정을 집중 연습함으로써 수학적 사고력을 키웁니다.

비법 전략 3 문장제 유형 정복으로 고난도 수학 자신감 향상

문장제 및 서술형 유형을 풀이하는 연습을 반복적으로 함으로써 어려운 문제도 흔들림 없이 해결하는 자신감을 키웁니다.

비법 전략 4 스스로 학습이 가능한 문제 풀이 동영상 제공

해결 전략에 따라 단계별로 문제를 풀이하는 동영상 제공으로 자기 주도 학습 능력을 키웁니다.